The Little SAS® Book 中文版

[美] 洛拉·D. 德尔维奇(Lora D. Delwiche)
苏珊·J. 斯劳特(Susan J. Slaughter) ◎ 著

小小SAS翻译组 ◎ 译

清华大学出版社
北京

The correct bibliographic citation for this manual is as follows: Delwiche, Lora D., and Susan J. Slaughter. 2012. *The Little SAS® Book: A Primer, Fifth Edition*. Cary, NC: SAS Institute Inc.

The Little SAS® Book: A Primer, Fifth Edition

Copyright © 2012, SAS Institute Inc., Cary, NC, USA

EISBN 978-1-61290-343-9 (Hard copy)

北京市版权局著作权合同登记号　图字：01-2017-7185

本书封面贴有清华大学出版社防伪标签，无标签者不得销售。

版权所有，侵权必究。举报：010-62782989，beiqinquan@tup.tsinghua.edu.cn。

图书在版编目(CIP)数据

The Little SAS Book中文版 /(美)洛拉·D.德尔维奇(Lora D. Delwiche)，(美)苏珊·J.斯劳特(Susan J. Slaughter)著；小小SAS翻译组译. — 北京：清华大学出版社，2018（2023.9重印）
书名原文：The Little SAS Book: A Primer, Fifth Edition
ISBN 978-7-302-48710-4

Ⅰ. ①T… Ⅱ. ①洛… ②苏… ③小… Ⅲ. ①统计分析—应用软件 Ⅳ. ①C819

中国版本图书馆 CIP 数据核字(2017)第 277719 号

责任编辑：刘　洋
封面设计：李召霞
版式设计：方加青
责任校对：王荣静
责任印制：刘海龙

出版发行：清华大学出版社
网　　址：http://www.tup.com.cn，http://www.wqbook.com
地　　址：北京清华大学学研大厦 A 座　　邮　编：100084
社 总 机：010-83470000　　邮　购：010-62786544
投稿与读者服务：010-62776969，c-service@tup.tsinghua.edu.cn
质 量 反 馈：010-62772015，zhiliang@tup.tsinghua.edu.cn

印 装 者：三河市君旺印务有限公司
经　　销：全国新华书店
开　　本：187mm×235mm　　印　张：26　　字　数：496 千字
版　　次：2018 年 2 月第 1 版　　印　次：2023 年 9 月第 12 次印刷
定　　价：99.00 元

产品编号：076361-01

《The Little SAS Book 中文版》
编　委　会

翻　译：小小 SAS 翻译组
谷鸿秋，国家神经系统疾病临床医学研究中心
刘欣宇，赛仕软件（北京）有限公司
孔　雁，赛仕软件（北京）有限公司
李　默，赛仕软件研究开发(北京)有限公司
辛　岩，广州佰聆数据股份有限公司
李兆钧，赛仕软件（北京）有限公司
杨志欣，赛仕软件（北京）有限公司
钱明凤，赛仕软件（北京）有限公司
王　伟，赛仕软件研究开发(北京)有限公司
杨　珂，赛仕软件（北京）有限公司

审　核：
马晓丽，赛仕软件研究开发(北京)有限公司
王　伟，赛仕软件研究开发(北京)有限公司
薛剑平，赛仕软件研究开发(北京)有限公司
栾思凯，赛仕软件研究开发(北京)有限公司
曾秋媚，赛仕软件（北京）有限公司

项目管理：蒋顺利
责任编辑：刘　洋

《The Little SAS Book 中文版》
各界联袂推荐

  数据科学的发展日新月异，新成果层出不穷。作为数据分析领域的领导者，SAS 也经历了 40 余年的变革，从早期的大型机软件，到今天开放的 Viya 云端分析平台。SAS 在企业的核心业务领域里继续扮演着重要的角色，SAS 的学习者与日俱增。诞生于 1995 年的 *The Little SAS Book* 一直以来是 SAS 学习领域里的翘楚，是当仁不让的第一推荐用书。幸运的是，今天它终于跟我们广大的中国读者见面了。SAS 公司 CEO 吉姆·古德奈特博士和原著者都为中文版的出版特别撰写序言，可见这本书的分量。祝大家能够从中找到学习 SAS 的乐趣。

—— 刘政
SAS 中国研发中心总经理

  一本好的入门教材，既能很快带领读者进入新的领域，又能激发读者对该领域的兴趣。*The Little SAS Book* 经洛拉·D. 德尔维奇和苏珊·J. 斯劳特两位女士 20 多年潜心耕耘，不断锤炼，数易其版，日臻完善，堪称 SAS 入门之经典力作。其结构合理严谨，编排独特有序，内容由浅入深、循序渐进、丰富实用，备受 SAS 爱好者推崇，读者无不从中获益。小小 SAS 翻译组推出的《The Little SAS Book 中文版》，追求"信、达、雅"之境界，精心打磨，反复推敲，精益求精。无论是初学者还是专业统计人士都值得一读！

—— 陈峰
南京医科大学生物统计教授

  风险是经济社会的固有基因，金融风险管理则是优化金融结构的基因工程。SAS 软件通过大数据统计分析和数据挖掘等技术，为金融风险识别、监测和控制提供了有效的工具。The Little SAS Book 以初学者的视角，浅显易懂的说明，简单直观的例子，向读者开启了功能强大且操作简洁的 SAS 之门。《The Little SAS Book 中文版》在精确表达原书意思的同时，做到了语言流畅，行文优雅。相信一定会成为中国 SAS 爱好者的必备入门书目！

—— 陈忠阳
中国人民大学财政金融学院金融风险管理教授

在"互联网+"时代，以移动互联网、大数据、人工智能为代表的新兴技术不断推动人类社会高速向前发展，如果说 Google 借助搜索引擎的海量数据预测出流感病毒爆发，向人们展现了大数据技术的神奇，那么 AlphaGo 大战李世石则让人们看到了大数据技术的力量。我所在的银行业已逐渐从传统的依赖线下网点的人力资本经营模式，转变为依托线上创新变革的技术资本经营模式：从早期的产品业务驱动发展模式，逐渐向数据技术驱动发展模式转变。

借用狄更斯的话：这是最好的时代，这是最坏的时代。对于大数据而言，这是最缺数据的时代，这是最不缺数据的时代。互联网技术创造了海量的数据，却又将之分离。一家公司是否具备强大的技术能力充分利用超高维度稀疏数据，决定了它能否在大数据时代的数据海洋扬帆远航。SAS 作为数据分析领域的常青树，将在大数据时代最大化发挥其价值。SAS 的解决方案几乎覆盖了金融业的客户、营销、财务、风险管理等业务领域的数据分析工作。

本书作为 The Little SAS Book 的中文译本，它很好地继承了原版书籍的专业性及实用性，相信会让广大中国读者受益匪浅，也会进一步提升 SAS 在中国数据分析领域的影响力和贡献。

—— 孙中东
上海华瑞银行副行长兼首席信息官

技术的进步正在快速影响全球各产业的经营模式与运营管理，更让产业间的界线愈来愈模糊。技术遇见不同的领域，碰撞出大小不一的火花，加速许多产业的发展，譬如：技术遇见信息，成为 IT（Information Technology）；技术遇见数据，成为 DT（Data Technology）；技术遇见金融，成为 FinTech（Financial Technology）。

在技术的协助下，数据分析可以运用相较以往更有效的方式，以更快的速度（Velocity）

处理海量（Volume）、多样（Variety）的大数据，提升拟定战略与制订计划的实际成效。简要来说，这个世界原本就充满着各种数据，数据背后连接着各式各样的逻辑，通过数据技术，让我们能够看清楚这个世界真正的轮廓，掌握事物运行背后的关键。

数据技术要达成的目标是什么？以玉山银行投入数据分析 13 年的经验，我们认为目标就是要创造人的价值，打造更美好的生活。如果只是将精准的数据做理性的分析，没有应用在与人相关的事物上，不能提升人民的生活水平，这样的数据是没有影响力的。唯有以人为本，以数据为媒介，以体验为核心，才能发挥数据的最大效用，创造美好的消费者旅程，为人民创造价值。

以人为本的实现方式就是找出消费者的 Jobs to be done，Jobs 为消费者在特定情况下想要解决的问题，通过了解消费者真正的需求以及各种决策背后的逻辑，提出最适合的产品及服务，并且持续地调整与精进，才能提供良好的体验，这样的方式也是创新的精髓。

优秀的数据科学家会以开放的胸怀接受各种新事物的挑战，融合专业知识与数据技术，学习各产业的实务经验，避开相关性的陷阱，挖掘出数据间的因果关系，揭开数据背后的奥秘。因此，深耕技术与跨界学习将是数据科学家制胜的最重要因素。The Little SAS Book 作为学习数据技术的经典读物，通过浅显易懂的文字与图表、具体的案例及详细的步骤，正成为帮助大家学习和掌握数据分析、获得成功的优质工具书。

最后，期望通过大家共同的努力，我们不仅能够逍遥自在地徜徉在浩瀚的数据世界里，更能够一起创造更美好的未来。

—— 李正国

中国台湾玉山银行数位金融长，《亚洲银行家》2017 年度台湾创新领袖奖获得者

在大数据时代，数据分析是驱动决策和优化的代名词。SAS 是全球数据分析软件市场的领导者，无论您是否渴望成为 SAS 专业人士或了解数据分析科学，我强烈推荐阅读这本经典的 The Little SAS Book 的中文版。相信你阅读之后一定有所收获。

—— 梁建文

中信银行（国际）有限公司资讯科技及营运总监

我在美国的金融和保险业从事数据分析、建模及与大数据相关的工作达 20 多年，The Little SAS Book 这本书对我最初入门学习和掌握 SAS 起到了非常关键的作用。这是一本非常方便好用的 SAS 入门书，尤其适合于初学者，是灵活掌握和应用 SAS 必不可少的一本参考书。此书浅显易懂，简单实用，很易于查找答案，是在美国 SAS 用户世界里面广泛流传的一本深受大家喜爱的书。我相信国内的 SAS 精英们也一定会喜欢这本书。

—— 来凤嬛

美国银行信用卡风险管理战略部副总裁

我是 1999 年第一次接触 SAS 软件，当时觉得很神奇，到目前还是印象很深刻。统计是一门基于数据，对社会现象或自然现象进行研究分析的方法，是探索未知世界的重要工具，其前提是要有大量的数据、分析思路和分析工具。SAS 已经将我们几乎能够想象的分析方法、思路和过程整合到一起。2007 年，我们华安基金指数与量化部门购买了 SAS 的服务器版本，一直使用到现在，已经成为我们构建金融数据平台、沟通量化投资模型的重要平台和工具，也成为量化投资的管理平台。The Little SAS Book 作为我很多同事使用 SAS 的入门参考、手头必备书籍，比较直观、清晰地给出了 SAS 最为精华的部分，使得 SAS 的学习和应用更为便捷和富有乐趣。作为国内规模最大的指数与量化投资团队之一的负责人，我愿意推荐大家使用这本经典读物的中文版，在 SAS 的平台上实现自己的梦想。

—— 许之彦

华安基金管理有限公司指数与量化事业部总经理、基金经理

我接触 SAS 数据分析软件是在 2005 年年初，当时上汽通用汽车有限公司已拥有上海金桥、山东烟台与辽宁沈阳三个生产制造基地，在国内市场保有量已达上百万辆，上市新车逐年提升，年销量迅速达至几十万乃至上百万辆之多，怎么确保对销售的车辆在使用过程中可能产生的批量问题进行预警摆在了我们 IT 人面前，需要我们思考。这时，SAS 数据分析软件映入了我们的眼帘，上千的数学算法与分析模型让我们开了眼界。当年，经过 4 个月的项目实施，原本需半年时间的数据收集才能发现市场产品批量问题，我们只用了一周时间，并及时反馈至相关部门，把产品质量问题及时修复，提高了我们的产品质量，提升了客户的满意度和忠诚度。我们项目当年的投资回报率高达 1200%，取得了非常好的经济效益。

当今世界的万物互联、大数据、云计算、VR、AR、AI、深度学习，都离不开数据分析，离不开分析模型，离不开算法。《The Little SAS Book 中文版》这本书为我们想入门或想了解这领域知识的人们提供了一个非常好的捷径。如果你认真阅读了这本书，相信你

一定会有收获。

—— 王健

上汽通用汽车有限公司首席架构师

The Little SAS Book 是本小而精的经典 SAS 入门工具书，基本是 SAS 初学者的必备。此书通俗易懂，从介绍 SAS 软件开始，细致而翔实地覆盖了数据分析的关键步骤，包括数据输入、数据转换、数据汇总、数据存储、总结分析结果及报表等，同时还包括了 SAS 编程中出现问题时如何解决。《The Little SAS Book 中文版》是初学者的好伙伴，也是初学者的导师。

随着大数据时代的到来，大数据分析和应用更是刻不容缓。智能分析、机器学习和深度学习已经被广泛应用到各个领域，帮助社会各个领域进行有分析驱动的智能化管理和智慧决策。SAS 公司作为数据分析领域的全球领袖，40 多年来一直专注于数据分析的研究和创新，SAS 编程专家们也不断地对 *The Little SAS Book* 进行着完善，与时共进，更好地为 SAS 爱好者服务。

此次中文版的问世，是对中国 SAS 粉丝的一份厚爱。中科聚信（SCAI）作为国内分析智能和金融科技领域的领袖企业，同时也是 SAS 在中国的唯一金牌合作伙伴，公司员工很多是 SAS 的忠实爱好者，因此对于此中文版的问世也是非常兴奋和开心。"千里之行，始于足下，"《The Little SAS Book 中文版》将是我们在数据分析的海洋里乘风破浪的好伙伴。

—— 马占军

中科聚信信息技术（北京）有限公司董事长兼 CEO

SAS 于我，亦师、亦友，有情、有忆！

仍然记得 9 年前，我刚加入 SAS 中国区从事管理工作的时候，虽是历经十数年 IT 沙场的老将，也曾趟过硬件、软件（中间件、BI）的不同 IT 时代的河流，仍然还是不小心被 DT 的不同闪了一个趔趄，且不说 DT 与 IT 完全不同的商业模式所带来的水土不服，彼时的中国市场对于数据应用的重视尚属拂晓前的沉寂。

"忽如一夜春风来，千树万树梨花开"，这几年来随着国内经济的快速转型发展以及各级政府从上至下的重视，数据应用的春天如约而至，大数据已成为当下最热的风口之一，我本人也响应李总理"创新创业"的号召，创办了自己的企业，专注于大数据的挖掘分析应用，帮助客户提炼数据的巨大价值。

SAS 的分析工具作为全球数据分析领域的王者，而本书作为全球 SAS 使用者的经典工具教材，相信这次中译版的出版发行，将给广大中国用户带来方便和帮助。很高兴佰聆数据的员工辛岩作为国内 SAS 用户的佼佼者，也参与了本书的翻译工作。

"路漫漫其修远兮"，中国的数据应用之路刚解缆起航，未来仍然任重道远，让我们一起努力，尽快完成这个领域又一次从追赶到超越的历程！幸哉快哉！

—— 杨钊

广州佰聆数据股份有限公司董事长兼总经理

我从 2003 年开始在大学教数据分析课程，用的程序语言就是 SAS。十多年来，也培养了近千名 SAS 程序员。不过当时一直苦于没有很好的 SAS 中文教材，今天看到由论坛版主谷鸿秋博士参与翻译的此书，格外欣喜。该书浅显易懂，又简明扼要，经典之余仍不失风趣，生动的图示给本书加分不少，严谨的写作态度继承了 SAS 公司的一贯作风，是学习 SAS 的一本很好的参考书！相信《The Little SAS Book 中文版》能成为学习数据分析、SAS 语言、大数据读者的又一优良选择，也希望广大坛友能借此书进入 SAS 的数据分析世界！

—— 赵坚毅

经管之家（原人大经济论坛）创始人

我是从初学 SAS 就开始看 *The Little SAS Book* 这本书的，当时是怀着对 SAS 的敬畏之心开始学习的，觉得这应该是一种非常难以学习的语言（看到网上都是这么说的），我原定的一个月学习时间，最后实际只用了不到一个星期。可能是因为我有一定的编程基础，但是我觉得更多的是 SAS 的语言结构非常直接地刺痛了我的心，这原本就是很多做编程的人需要的语言形式！

这本书没有一上来去举一些高大上的例子来炫耀语言的功能，也没有给我们去展示 SAS 的强大，而是耐心地告诉我们 SAS 为一个编程的人，一个做数据分析的人考虑了什么。书中一上来就告诉我们 SAS 的语言结构是如此的自由、不拘一格，这恰恰是一个编程人所追求的。严格的语言结构虽然看起来完美，但是那不是我们真正想要的。在互联网飞速发展的今天，自由才是真正的方向，这让我们怎么能不喜欢 SAS！

有人说 SAS 是用来做数据分析的，但是我用过之后，印象更加深刻的是 SAS 的数据管理功能。这本书的作者也深知这一点，书中花了大量的篇幅来告诉我们如何把数据导入 SAS 当中，如何让数据以我们想要的样子展现出来，初识数据分析的人对于这些部分可能并不感兴趣，他们可能期待的是高大上的数据分析方法如何实现，但是当他们真正开始进入数据分析，他们就会马上知道其实数据导入这些工作最耗费时间，最容易出错。*The Little SAS Book* 给我们的功能才是最能帮助到我们的功能。这本书的内容对于数据分析的老手同样有益，这些细致的输入输出讲解可以让我们效率提升不少。我是在高校中开过几年 SAS 数据分析课程的，一开始我认为学生用 SAS，关键是要会实现一些统计分析方法，和先修的多元统计、时间序列等课程相结合。到第一批学生毕业答辩的时候我才发现，很多同学虽然学了四年的统计专业，但连基本的分类汇总、多表拼接、报表生成都不会，他们知道图可以表现出数据的特点，但是他们根本不知道应该画什么图，应该针对什么去画图。这或许可以归咎于课程体系的设计，但是更多的我觉得是我们缺少对于数据的理解，从老师到学生都觉得学一些高大上的方法是有益的，殊不知这些方法是要首先有一个完美的数据集。数据集从哪里来？课本可以给我们提供完美的实例，但是真正到了数据分析的时候，完美的数据集本身是不存在的，需要我们花时间、花精力去构建，老师或许不愿意花时间讲这些内容，但是学生真的应该好好去学习。本书应该可以教你这些，它的语言浅显易懂，配图细致直观，可以很好地帮你们过这一关！

出于对 SAS 语言的喜爱，我觉得我们应该仔细去读一本好书，一本让我们可以随时拿起来品评的书。不多说了，开卷有益，你绝对不会失望！

——马壮

数学中国网站（www.madio.net）站长

专家推荐序一

各位朋友们，大家好！

很高兴诸位决定来学习SAS。于诸位而言，学习SAS或将开辟一个满是机会的新世界，或将有助于您职位的升迁。于我而言，更欣慰的是目睹SAS语言正在全球各地蓬勃发展，并将世界顶尖的科技人才关联到一项共同的事业中：通过数据为善。

当我们于1976年成立这家公司时完全没有料到，短短40余年时间，分析领域竟有如此之进展。当今世界高度互联，我们每个人都以惊人的速度产生大量数据。越来越多的企业见证了基于数据的决策所带来的价值，程序员和数据科学家也成为热需人才，我们因而真正迈进了分析的黄金时代。

在这个新时代，我们的任务是通过揭示洞察来推动进步。诚然我们已经拥有了众多工具来完成使命——原始数据、计算能力、算法等。但我们更需要的是你们这些未来的人才，通晓SAS，并且可以自信地利用分析应对世间最困难挑战的人才。

此前已经有很多前辈以本书开始了他们的分析之旅。不过诸位更是恰逢其时、更具优势。人工智能、自动化以及互联性的融合力量，正驱动着分析实现各种不可思议的前沿成就。与此同时，我们也彻底革新了SAS平台，使其完全开放、灵活，并为未来准备就绪。通过其易用性，SAS界出现了一个分析专业人士社区，各专业人士可以应用其个人才能为棘手的问题贡献强大的力量。所有这一切都意味着：诸位选择了一个绝佳的时机来学习SAS。

所以，我热忱地欢迎诸位加入这个全球社区，并诚挚邀请诸位一起共同探索和拥抱未知。诸君及贵国亦都将为此贡献力量。中国乃世界舞台的主角，新技术领域的中流砥柱，同时也是SAS重点培育的市场。所以，当诸位在SAS社区中寻得一席之地时，请谨记这个平台将会且一直会持续成长。我深切鼓励诸君融入其中，与 SAS 相伴，共同学习，共同成长！

祝诸君学有所成！

吉姆·古德奈特

SAS 联合创始人兼 CEO

2017 年 8 月，美国

专家推荐序二

近年来人工智能、大数据、物联网以及认知计算等已成为我们业界最热门的研究和发展课题,在这一波风起云涌的分析经济浪潮中,很多数据分析领域的专家、客户或者媒体朋友在与我探讨业务价值和趋势的时候,都会非常关注如何能以更容易入门的方式学习像 SAS 这样的大数据分析软件,以及快速培养更多的分析人才,而这本《The Little SAS Book 中文版》正是应时而生的最佳学习利器。

2017 年,SAS 已经走过 41 年,多年以来我们一直专注在数据分析这个领域,并不断耕耘、持续创新,成为全球分析领域的领导者,同时也成为帮助客户成功并倡导"数据为善"(Data for Good)的行动者。我们资深的专业咨询顾问和同事们帮助用户解决最刁钻复杂的问题,在这一过程中运用了许多复杂的分析模型、算法和解决方案,但这并不意味着 SAS 是一个难以亲近的高科技公司,也不代表 SAS 是一门起点很高的艰深技术。相反的,我们非常开放,也拥抱多元,正如我们近期投资了十亿美元所打造的全新开放平台——SAS® Viya™,它不但具有强大的高性能分析功能和基于云平台灵活部署的优势,而且让用户对各种主要开源软件的熟悉变得更容易。

英文版 *The Little SAS Book* 是一本非常经典的 SAS 入门书,多年来在全球 SAS 用户和爱好者圈内广受欢迎,已经更新再版了多次。在 SAS 用户们聚会互动的场合,就曾有多位用户向我表达了对这本书的喜爱,他们充满热忱地表示,正是这本书将他们带入了 SAS 这个美妙的世界。尤其是有些从海外回国的 SAS 粉丝,他们早在 20 年前就开始用 SAS,是最早期的忠实用户,对这本书的中文版特别期待。

众望所归,我也衷心期盼这本书对全球所有的 SAS 爱好者以及大数据分析求知者,尤其是国内的青年才俊们有所启发和帮助。

工欲善其事，必先利其器。祝愿读者们能灵活运用这本实用的技术宝典，掌握开启智慧之门的钥匙，在大数据分析所带来的发展风口上御风而行！

吴辅世
SAS 大中华区总裁
2017 年 8 月，北京

原作者序

1992 年我们开始着手撰写 The Little SAS Book，那时典型的 SAS 程序员都是满书架厚厚的 SAS 手册。就拿《SAS 语言参考》（SAS Language: Reference）这本手册来说，厚达 4.5 厘米，重达 2 千克！于是我们决定将我们的新书命名为 The Little SAS Book，以示不同。

我们热爱编写 SAS 程序，也希望帮助别人学习编写 SAS 程序。我们都曾在商业界和学术界工作过，深知 SAS 最实用的功能；我们也曾在咨询台工作过，熟知初学者所面临的问题。鉴于此，我们希望我们的书小巧友好、轻松易读、以图述题、并尽可能避免术语。此外，我们确保所有程序完整无误，以便读者在自己的计算机上运行并查看结果。

历经 3 年的努力，The Little SAS Book 第 1 版于 1995 年出版。我们乐见其很快成为了 SAS 类图书榜的畅销书，时至今日依然畅销。

自第 1 版问世，SAS 软件改变了许多，The Little SAS Book 也随之做了大量的更新。2012 年，我们出版了第 5 版。现如今，这版的中文版将成为本书一个新的里程碑，它将在新的世界获得新的读者。

数据分析需求是全球化的，数据驱动着全球范围内的探索和决策，世界迫切需要优秀的数据分析师来为科学家和决策者提供最高质量的数据。这本书备受赞誉，我们希望您能享受阅读该中文版的乐趣，也希望它能助您达成事业和生活的目标。

祝好！

洛拉·D. 德尔维奇，苏珊·J. 斯劳特
The Little SAS Book 作者
2017 年 8 月，美国

译者序

如果一定要给 SASor（SAS 爱好者的自称）推荐一本圣经级的读物的话，那一定非它莫属：*The Little SAS Book*。

关于原版书

说起这本经典 SAS 书，相信大多数的 SASor 都不会陌生。如果您是首次听说，那容我再唠叨几句。

The Little SAS Book 是洛拉·D.德尔维奇（Lora D. Delwiche）和苏珊·J.斯劳特（Susan J. Slaughter）两位女士的呕心沥血之作。自 1995 年第 1 版问世，至今已逾 20 年，最新版为 2012 年出的第 5 版。20 多年的时间，虽不是沧海桑田、斗转星移，也已是物是人非、今非昔比。然而，两位女士竟然一直坚守不移，深耕细作。从第 1 版到第 5 版，*The Little SAS Book* 一直延续相同的封面设计，变化的是封面颜色、更加精细的章节内容，不变的是作者那份持久的专注和坚持。

如果一件事，做到坚持累积 20 年，迭代精进 20 年，还有何理由不能成为经典？

关于中译本

碰到有意思的人，我们忍不住，说话总要谈及；读到经典的书，我们耐不住，有空总想推荐。对于外文书籍，一个绝妙的推荐方式就是将它翻译出版。动过此念头的 SASor 应该不在少数，我也是其中之一。可惜，起初和 SAS 出版社的沟通，并非那么顺利。如今甚好，《The Little SAS Book 中文版》弥补了这个缺憾。

翻译这本经典，对我们来说如临深渊，如履薄冰。译得好，可算不偏不倚、无所惊奇；译得糟，那便是毁坏经典、遭人鄙夷。SAS 中国也一再叮嘱，此中译本将以 SAS 官方的名义推出。因此，从书名到内容，我们都不得不小心谨慎。

关于书名，我们考虑过尽量本土化的译名，如《SAS 学习手册》《SAS 入门指南》

《SAS 学习精粹》等，也考虑过紧贴原名的译名，如《小小 SAS 书》《迷你 SAS 书》《袖珍 SAS 书》等。但要找一个可以服众的译名与 *The Little SAS Book* 对应，确实很难。既然如此，最终我们索性定为《The Little SAS Book 中文版》，这也是众望所归的结果。至于呼声甚高的《小小 SAS 书》，我们也没舍得浪费。我们用它冠名了我们翻译组的名字：小小 SAS 翻译组。

关于内容，为避免"毁坏经典"，小小 SAS 翻译组在翻译之初便制订了如下的策略：（1）每位译者首先自译自校；（2）每两位译者交叉验证译稿；（3）SAS 官方审核译稿。在经历了两轮交叉验证和两轮审核后，我们终于拿出了一个满意的译本。此外，为了更符合中文读者的习惯，我们将原书中的英文版软件截图全部替换为对应的中文版，代码中的英文注释也做了汉化。所有这些努力，都只是基于一群喜爱本书的 SASor 最基本的要求：经典不能毁于我们之手。当然，我们并非专业的翻译人员，限于时间、精力及水平，本书翻译如有不妥之处，还请诸位读者多多反馈给本书的译者或者审核人员。

本书的译者团队：谷鸿秋（前言～第 1 章以及 翻译总体分工规划）、刘欣宇（第 2 章）、孔雁（第 3 章）、李默（第 4 章）、辛岩（第 4～5 章）、李兆钧（第 6 章）、杨志欣（第 7～8 章）、钱明凤（第 9～10 章）、王伟（第 11 章～附录）。此外，杨珂负责了全书的中文版软件截图和代码注释的翻译。

本书的审核团队：马晓丽、王伟、薛剑平、栾思凯、曾秋媚。

致谢

本书的翻译得到了原作者洛拉·D. 德尔维奇（Lora D. Delwiche）和苏珊·J.斯劳特（Susan J. Slaughter）的鼓励和支持；原 SAS 大中华区市场总监蒋顺利先生为本书版权引进做了大量的前期协调、沟通和管理工作；清华大学出版社经管畅销书编辑室主任刘洋先生为推动本书的出版，做了大量的努力和付出，在此表示致谢。

本书是小小 SAS 翻译组各位组员集体智慧的结晶，更凝聚了审核团队的心血。因为爱好和热情，我们一起完成了本书，虽然截至本书完稿，我们中的很多人还未曾谋面。就如即将阅读本书的你，我们也未曾谋面，但愿我们"以书会友，友遍天下"。

小小 SAS 翻译组　谷鸿秋

2017 年 8 月 8 日

致 谢

尽管我们竭尽全力来撰写本书，但我们永远不可能独自完成。感谢来自 SAS 公司许多朋友给予的诸多帮助，本书才得以面世。致我们诸位辛勤的审稿人：Amber Elam，Dan Heath，Chris Hemedinger，Anthony House，Sanjay Matange，Lelia McConnell，Sandy Owens，Peter Ruzsa，David Schlotzhauer，Jan Squillace 以及 Grace Whiteis。我们想说："感谢和我们一起坚持和努力。"致我们的文字编辑 Mary Beth Steinbach 以及设计师 Patrice Cherry 和 Jennifer Dilley，"谢谢你们把本书打造得如此耐看"。致我们的技术出版专家 Candy Farrell，"谢谢整理文中的引号，精写了最后的语句，并且发现缺失的图片"。致我们的市场营销专家 Stacey Hamilton 和 Aimee Rodriguez，"姑娘们，加油！"最后同样要感谢我们的总编辑 Julie Platt，责任编辑 Mary Beth Steinbach 和策划/组稿编辑 Stephenie Joyner，你们时时超前、强过 Microsoft Word 并且一蹴而就。

其他很多非 SAS 公司的朋友对本书亦有贡献。在此特别感谢读者，尽管我们看上去有点害羞，但非常乐意在各种会议场合中与诸位相遇。没有你们，我们就没有理由继续坚持写下去。最后，也是最重要的，我们要感谢家人的理解和支持。

SAS 软件介绍

全球数百万人都在使用 SAS 软件——在超过 134 个国家里有 6 万多个软件安装点。SAS（发音为"sass"）既是一家公司，也是一款软件。当人们说起 SAS 时，有时他们是指电脑上运行的 SAS 软件，有时则是指 SAS 公司。

人们经常会问 SAS 到底代表何意？最初，字母 S-A-S 代表 Statistical Analysis System（请勿与 Scandinavian Airlines System，San Antonio Shoemakers 或者 Society for Applied Spectroscopy 混淆）。由于 SAS 产品变得多样化，早年间，SAS 公司便干脆正式放弃了 Statistical Analysis System 的名字，成就了现在简单的缩写称谓：SAS。

SAS 产品 SAS 软件的起源可追溯到 20 世纪 70 年代，它起步于统计分析软件包，但并未止步于此。到 20 世纪 80 年代中期，SAS 已经扩展到图形、在线数据录入以及 C 语言编译器等领域。20 世纪 90 年代，SAS 家族的产品已经发展到包括数据可视化、数据仓库管理以及万维网接口创建等工具。在 21 世纪，SAS 相继设计研发了数据清洗、药物探索与开发、反洗钱等产品，并在不断扩充新的功能。正如 AT&T 现在不仅仅意味着电话和电报一样，SAS 也不仅仅意味着统计。

SAS 系列拥有多样化的产品，而且大多数产品是可集成的。也就是说，它们可以像构件一样共同构建起一个无缝系统。例如，您可以使用 SAS / ACCESS 来读取存储在诸如 Oracle 的外部数据库中的数据；使用 SAS / ETS 软件（业务建模和预测）进行分析；使用 ODS Graphics 生成复杂的图表，然后通过电子邮件把结果发给你的同事；所有的这些都可以通过一个计算机程序完成。要了解有关 SAS 产品的更多信息，请参阅网站 www.sas.com。

操作环境 SAS 软件可广泛运行于各种操作环境。您可以在个人计算机上编写程序，只需更改特定的文件处理语句便可在大型机上运行。由于 SAS 程序是最大限度"可移植"的，因此 SAS 程序员也是"可移植"的。如果您已经了解了一个操作环境中的 SAS，无须额外学习便可切换到另一个操作环境中。

　　SASware Ballot　SAS 将其营收的很高比例投入研发，SAS 用户每年都可以在 SASware Ballot 上通过投票来帮助确定如何使用这笔资金。该投票是一个新特性和增强功能的建议列表，所有 SAS 用户都有资格进行投票，从而影响 SAS 软件未来的发展。您甚至可以发送电子邮件给 suggest@sas.com，向 SASware Ballot 提出自己的建议。

关于本书

何人需要此书 本书适用于商业、政府和学术等领域的所有 SAS 新手，或者是任何使用 SAS 软件进行数据分析的人员。无论您是否拥有 SAS 使用经验，本书都可帮助您学习未知技术，作为参考书亦有裨益。

本书涵盖内容 本书以大量实例、清晰简明的解释以及尽可能少的术语来介绍 SAS 语言，且大部分的功能均来自 Base SAS。Base SAS 包含了所有程序员所使用的核心功能。但也有例外，例如第 9 章包含了使用 SAS/STAT 模块的过程；此外还有第 2 章及第 10 章中，介绍从其他软件导入导出数据，其中一些方法要求使用 SAS/ACCESS Interface to PC Files。

我们努力介绍初学者可能需要的所有 Base SAS 特性。有些读者可能会对某些主题的出现感到惊讶，例如宏，虽然宏通常被认为是高级技能，有时候新手同样需要用到，因此我们也做了介绍。但这并不是说您需要了解本书的全部内容，您仅需阅读能够解决您问题的部分章节即可。即便是从头到尾通读过此书，当碰到新的编程挑战时，您仍可能需要重启记忆，回来温习相关内容。

本书未涉及的内容 SAS 零基础者亦可阅读本书，但您必须对本地计算机和运行环境有所了解。从一个操作环境转换到另一个操作环境时，SAS 语言几乎是相同的，但有些差异也不可避免。例如，每个操作环境都有不同的文件存储机制和访问方式，一些操作环境比其他操作环境具有更多的交互计算能力，或者您的公司可能有规章制度限制打印文件的大小。本书会尽可能地回答操作环境的相关疑问，但没有任何一本书可以回答与本地系统相关的全部问题，因此您必须对自身的操作环境有一定实践基础，或碰到问题时有可求助之人。

本书并非是 SAS 帮助文档以及众多其他 SAS 出版物的替代品，本书中未能涉及的细节内容，您可以从其他相关资料里进行了解和学习。

我们仅仅讨论了众多 SAS 统计过程中的个别事例。幸运的是，众多的统计过程可以共享语句、选项和输出，因此，介绍的这几个过程可以看作是其他过程的引入。一旦您阅读了第 9 章，自然而然就会熟悉其他统计过程。

遗憾的是，本书无法对诸如自由度、交叉和嵌套效应等统计概念进行深入介绍。统计检验要有效，就必须满足数据的一些基本假设。实验设计和模型的选择也至关重要。结果的解读往往也很困难，且偏主观。我们假定对统计计算感兴趣的读者对统计学已经有了一定的了解。

希望使用统计过程但不熟悉这些统计概念的读者可以咨询统计学家、寻找统计入门资料，或者更好的办法是学习统计课程。

模块化章节 我们撰写本书的目的就是让学习 SAS 的过程尽可能轻松愉快。当然，我们也需要正视现实：SAS 是一个宏大的话题，您可能曾驻足于满架的 SAS 出版物前挠头苦恼，抑或盯着满屏的文档直到两眼模糊。我们无法将全部 SAS 内容压缩到这本小书中，但我们可以将话题浓缩成短小、易读的章节。

本书每个章节都是一个完整的主题，您可以跳过不适用的部分。当然，我们认为每个章节都很重要，否则就不会在此一一介绍，但您无须通晓全书即可完成相关工作。我们认为把主题以简短、易懂的章节形式呈现，学习 SAS 会更加简单有趣，正如一日三餐要好过一周一次的暴饮暴食。

插图 我们将尽可能用插图来标识章节中的内容或者帮助解释主题。带波纹边框的表示原始数据文件；带平滑边框的表示 SAS 数据集。框内的波纹（〰）表示数据（任何原始数据），句点（·）表示缺失值。这些框之间的箭头则表示：该章节解释了如何从一个框里的数据变成另一个框里的数据。有些章节有标明打印输出的插图。这些插图看起来像印有页眉的一堆纸片。

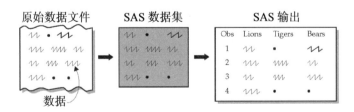

排版约定 SAS 并不区分程序中字母的大小写，您可以随意使用大小写编写程序。本书中，我们区别使用大小写是为了提示一些隐含信息。左边的语句展示的是程序的语法，或者一般形式；而右边展示的则是可能出现在 SAS 程序中的实际语句。

语法	示例
`PROC PRINT DATA = data-set-name;` `VAR variable-list;`	`PROC PRINT DATA = bigcats;` `VAR Lions Tigers;`

注意：关键词 PROC PRINT，DATA 和 VAR 在左右两边都相同，但语法中的描述性词语 *data-set-name* 和 *variable-list* 已经被替换为示例中的数据集名和变量名。

在本书中，所有 SAS 关键词全部用大写字母。关键词是 SAS 的指令，且必须拼写正确。任何小写斜体内容都是该语句中当前位置的描述信息，而不是您实际要输入的内容。任何小写或混合大小写的字母（不是斜体字）都是由程序员来编写的，例如变量名称、SAS 数据集的名称、注释和标题。有关 SAS 名称大小写意义的进一步讨论，请参见第 1.2 节。

缩进 本书包含了许多 SAS 程序代码，每段程序代码都是完整可执行的，且程序代码的格式易读易理解。不过 SAS 非常灵活，您无须用这种格式编写您的程序代码，但若注意这些细节，您的程序代码会更易于阅读。当您需要回溯、解读几个月或几年之前的程序时，易读的程序代码可节约您的时间，或者是您以每小时 100 美元聘请的咨询顾问的时间。

缩进首条语句之后的所有其他语句可以体现程序的结构，这个简单的方法可增强程序的可读性，也是我们应该努力养成的好习惯。SAS 并不在意语句的起始位置，即便是所有语句都在一行也无所谓。下面的程序中，缩进了 INFILE 和 INPUT 语句，这表明它们从属于 DATA 语句。

```
*从文件中读取动物的体重。打印结果;
DATA animals;
   INFILE 'C:\MyRawData\Zoo.data';
   INPUT Lions Tigers;
RUN;

PROC PRINT DATA = animals;
RUN;
```

本书使用的数据与程序 您可以通过任何一位作者的主页 support.sas.com/delwiche 或者 support.sas.com/slaughter 获取本书示例数据和程序。在主页上，您可以选择示例代码和数据来重现本书中包含的数据和程序。

最后，我们尽力让本书具备可读性，甚至可以轻松阅读。一旦掌握好本册小书的内容，您将不再是 SAS 新手。

最新特性

乍看之下，本书的第五版和第四版太过相似。然而，正如人们常说的那样，表象常常具有欺骗性。事实上，本版的 150 个章节几乎都或多或少进行了修订。

许多章节只是以新的默认格式（HTML）展示输出，但其他章节则是全新撰写。SAS 9.2 推出的 ODS Graphics 产品现在已经成熟，我们觉得有必要用完整的一章来介绍它。自从第二版以来，我们第一次在有关宏编程的那一章中增加了新的章节。当然，对于喜欢以前默认格式（文本）输出的用户，我们也增加了如何将结果输出到 LISTING 上的内容。

我们对本版非常满意，认为它是迄今为止最好的一版，并且希望您也能认同。以下是按章节列出的新主题：

章节	特性
1.6, 1.9	结果查看窗口现在是默认的输出窗口
2.8	$UPCASE.、STIMER. 和 COMMAX. 格式
2.17	PROC IMPORT 的 MIXED=YES 选项
3.4, 3.8, 3.9	YRDIF 函数的 AGE 参数允许计算精确年龄
4.4	PROC SORT 的 SORTSEQ=LINGUISTIC 选项可实现忽略大小写的排序
4.7	$UPCASE.、DTDATE.、EUROX. 和 ERCENT. 格式
4.10	PROC MEANS 的 MAXDEC= 和 MISSING 选项
4.12	PROC FREQ 的 MISSPRINT 选项
5.4	文本输出的 LISTING 目标
7.3	拼接宏变量和其他文本
8.2	ALPHA=、DATALABEL=、DISCRETEOFFSET=、LIMITSTAT=、MISSING 以及 GROUPDISPLAY= 条形图选项
8.3	BINSTART=、BINWIDTH=、NBINS= 和 TRANSPARENCY= 直方图选项
8.3	TRANSPARENCY= 密度图的选项

章节	特性
8.4	EXTREME, GROUP=, MISSING 以及 TRANSPARENCY= 箱线图选项
8.5	DATALABEL=, NOMISSINGGROUP 以及 TRANSPARENCY= 散点图选项
8.6	CURVELABEL=, DATALABEL=, NOMISSINGGROUP, 以及 TRANSPARENCY= 折线图选项
8.7	ALPHA, CLI, CURVELABEL=, NOLEGCLI 以及 CLMTRANSPARENCY= 拟合曲线选项
8.8	坐标轴的 GRID 选项
8.9	KEYLEGEND 和 INSET 语句
8.10	FILLATTRS=, LABELATTRS=, LINEATTRS=, MARKERATTRS= 以及 VALUEATTRS= 控制图片属性选项
8.11	创建面板图的 PROC SGPANEL
8.12	申明图片属性和保存输出图片的选项
9.4, 9.5	均数比较的 PROC TTEST
9.7	PROC FREQ 的 AGREEPLOT, RELRISKPLOT 以及 RISKDIFFPLOT 图

SAS Studio、SAS University Edition 及 SAS OnDemand for Academics

您可以在多个界面下使用 SAS。本书初印之时，SAS Windows 环境（有时称为"显示管理器"）和 SAS Enterprise Guide 是两个主要的界面。如今 SAS Studio 已是 SAS 的一个重要新界面。我们为使用 SAS Studio 的读者撰写了一份本书的网上补充说明以备您之需要。

SAS Studio 已包含在 Base SAS 的许可中，它是 SAS University Edition 的界面，也是 SAS OnDemand for Academics 的默认界面。SAS University Edition 和 SAS OnDemand for Academics 均可免费用于非商业用途。

SAS Studio 是 SAS 的网页版界面。您在 SAS Studio 环境下编写程序、提交到 SAS 服务器后，结果会反馈到 SAS Studio 会话。SAS 服务器可以是本地机，也可以是远程 SAS 服务器。SAS University Edition 采用 SAS Studio 作为 SAS 服务器的接口，SAS 服务器运行于本机安装的虚拟 Linux 服务器。SAS OnDemand for Academics 运行于 SAS 公司的 Linux 服务器上。不管您的计算机是何种操作系统（比如 Windows, OS X for Macs 或者 Linux），SAS University Edition 和 SAS OnDemand for Academics 都会运行于 Linux 系统。

无论您使用何种界面，SAS 编程语言均一样。因此，本书的大部分章节都是准确且时新的，不过，部分章节（1.6～1.12 节）是展示如何使用 SAS Windows 环境的。如果使用 SAS Studio 作为界面，您大可忽略这些章节转而阅读线上的补充说明材料。

文档"Using the SAS Studio Interface: Supplement to The Little SAS Book, Fifth Edition"可从本书任何一位作者的主页下载：http://support.sas.com/publishing/authors。

目 录

第 1 章 SAS 软件使用入门 001
- 1.1 SAS 语言 002
- 1.2 SAS 数据集 004
- 1.3 DATA 步和 PROC 步 006
- 1.4 DATA 步的内置循环 007
- 1.5 选择提交 SAS 程序的模式 009
- 1.6 SAS 窗口环境下的窗口和命令 011
- 1.7 在 SAS 窗口环境中提交程序 013
- 1.8 阅读 SAS 日志 016
- 1.9 查看结果 018
- 1.10 SAS 数据逻辑库 020
- 1.11 在 VIEWTABLE 窗口中查看数据集 024
- 1.12 用 SAS 资源管理器查看数据集属性 026
- 1.13 使用 SAS 系统选项 028

第 2 章 导入数据到 SAS 031
- 2.1 导入数据到 SAS 的方法 032
- 2.2 使用 VIEWTABLE 窗口输入数据 034
- 2.3 使用导入向导读取文件 036

2.4	指定原始数据位置	039
2.5	读取空格分隔的原始数据	042
2.6	读取按列排列的原始数据	044
2.7	读取非标准格式的原始数据	046
2.8	常用输入格式	049
2.9	混合的输入样式	051
2.10	读取杂乱的原始数据	053
2.11	为每个观测读取多行原始数据	055
2.12	从每行原始数据读取多个观测	058
2.13	读取原始数据文件的一部分	059
2.14	在 INFILE 语句中使用选项控制输入	061
2.15	使用 DATA 步读取分隔文件	064
2.16	使用 IMPORT 过程读取分隔文件	066
2.17	使用 IMPORT 过程读取 Excel 文件	069
2.18	临时和永久 SAS 数据集	071
2.19	通过 LIBNAME 语句使用永久 SAS 数据集	074
2.20	通过直接引用使用永久 SAS 数据集	076
2.21	列出 SAS 数据集中的内容	079

第 3 章　使用数据 083

3.1	创建和重定义变量	084
3.2	使用 SAS 函数	086
3.3	常用 SAS 字符函数	088
3.4	常用 SAS 数值函数	090
3.5	使用 IF-THEN 语句	092
3.6	用 IF-THEN/ELSE 语句分组观测	095
3.7	提取数据的子集	097
3.8	使用 SAS 日期	099
3.9	常用日期输入格式、函数和输出格式	102

3.10 使用 RETAIN 语句与求和语句 104
3.11 利用数组简化程序 106
3.12 使用变量名列表的快捷方式 108

第 4 章 排序、打印和汇总数据 113

4.1 使用 SAS 过程 114
4.2 使用 WHERE 语句在过程中生成子集 116
4.3 使用 PROC SORT 对数据排序 118
4.4 更改字符数据的排序顺序 120
4.5 使用 PROC PRINT 打印数据 123
4.6 使用输出格式更改打印值的外观 125
4.7 可供选择的标准输出格式 127
4.8 使用 PROC FORMAT 创建自己的输出格式 130
4.9 编写简单的自定义报表 132
4.10 使用 PROC MEANS 汇总数据 134
4.11 将汇总统计量写入 SAS 数据集 136
4.12 使用 PROC FREQ 为数据计数 139
4.13 使用 PROC TABULATE 生成数据报表 141
4.14 将统计量添加到 PROC TABULATE 输出 143
4.15 美化 PROC TABULATE 输出 145
4.16 更改 PROC TABULATE 输出的表标题 147
4.17 为 PROC TABULATE 输出的数据单元格指定多种输出格式 150
4.18 使用 PROC REPORT 生成简单输出 151
4.19 在 PROC REPORT 中使用 DEFINE 语句 153
4.20 使用 PROC REPORT 创建汇总报表 156
4.21 在 PROC REPORT 输出中添加汇总分割 158
4.22 在 PROC REPORT 输出中添加统计量 160
4.23 在 PROC REPORT 输出中添加计算变量 162
4.24 在过程步中使用用户自定义输出格式分组数据 165

第 5 章　使用输出交付系统（ODS）增强输出 ·············· 169

5.1　初识输出交付系统 ·············· 170
5.2　追踪和选择过程步输出结果 ·············· 172
5.3　从过程步输出中创建 SAS 数据集 ·············· 174
5.4　创建文本输出 ·············· 177
5.5　创建 HTML 输出 ·············· 179
5.6　创建 RTF 输出 ·············· 181
5.7　创建 PDF 输出 ·············· 184
5.8　自定义标题和脚注 ·············· 186
5.9　通过"STYLE="选项自定义 PRINT 过程输出 ·············· 188
5.10　通过"STYLE="选项自定义 REPORT 过程输出 ·············· 190
5.11　通过"STYLE="选项自定义 TABULATE 过程输出 ·············· 192
5.12　在输出中添加信号灯效果 ·············· 195
5.13　样式属性列表 ·············· 197

第 6 章　修改和合并数据 ·············· 201

6.1　使用 SET 语句修改数据集 ·············· 202
6.2　使用 SET 语句堆叠数据集 ·············· 204
6.3　使用 SET 语句交错连接数据集 ·············· 206
6.4　使用一对一匹配合并数据集 ·············· 208
6.5　使用一对多匹配合并数据集 ·············· 211
6.6　合并汇总统计量和原始数据 ·············· 213
6.7　合并总计与原始数据 ·············· 215
6.8　通过事务更新主数据集 ·············· 217
6.9　使用 OUTPUT 语句输出多个数据集 ·············· 219
6.10　使用 OUTPUT 语句将一条观测变为多条观测 ·············· 222
6.11　使用 SAS 数据集选项 ·············· 224
6.12　使用"IN="选项追踪和选择观测 ·············· 226

6.13　使用"WHERE="选项选择观测 228
6.14　使用 PROC TRANSPOSE 将观测转置为变量 231
6.15　使用 SAS 自动变量 233

第 7 章　使用 SAS 宏编写灵活的代码 237

7.1　宏概述 238
7.2　用宏变量替换文本 239
7.3　拼接宏变量与其他文本 242
7.4　使用宏创建模块代码 244
7.5　向宏添加参数 246
7.6　编写带条件逻辑的宏 248
7.7　使用 CALL SYMPUT 编写数据驱动程序 251
7.8　调试宏错误 253

第 8 章　可视化数据 257

8.1　ODS 图形概述 258
8.2　绘制条形图 260
8.3　绘制直方图和密度曲线 262
8.4　绘制盒形图 264
8.5　绘制散点图 266
8.6　绘制序列图 268
8.7　绘制拟合曲线 270
8.8　控制坐标轴和参考线 272
8.9　控制图例和插入项 274
8.10　自定义图形属性 276
8.11　绘制面板图形 279
8.12　指定图像属性和保存图形输出 281

第 9 章　基本统计过程的使用方法 ……………………………………………… 285

9.1　使用 PROC UNIVARIATE 检验数据的分布 …………………………… 286
9.2　使用 PROC UNIVARIATE 创建统计图形 ……………………………… 288
9.3　使用 PROC MEANS 生成统计量 ………………………………………… 290
9.4　使用 PROC TTEST 检验样本均值 ……………………………………… 292
9.5　使用 PROC TTEST 绘制统计图形 ……………………………………… 294
9.6　使用 PROC FREQ 检验分类数据 ………………………………………… 297
9.7　使用 PROC FREQ 创建统计图形 ………………………………………… 299
9.8　使用 PROC CORR 检验数据的相关性 …………………………………… 301
9.9　使用 PROC CORR 创建统计图形 ………………………………………… 303
9.10　使用 PROC REG 进行简单回归分析 …………………………………… 305
9.11　使用 PROC REG 创建统计图形 ………………………………………… 308
9.12　使用 PROC ANOVA 进行单因素方差分析 …………………………… 310
9.13　理解 PROC ANOVA 的输出 ……………………………………………… 313

第 10 章　导出数据 ……………………………………………………………………… 317

10.1　数据导出方法 ……………………………………………………………… 318
10.2　使用导出向导生成文件 …………………………………………………… 319
10.3　使用 EXPORT 过程导出带分隔符的文件 ……………………………… 322
10.4　使用 EXPORT 过程导出 Microsoft Excel 文件 ……………………… 324
10.5　使用 DATA 步导出原始数据文件 ……………………………………… 326
10.6　使用 ODS 生成带分隔符的文件和 HTML 文件 ……………………… 329

第 11 章　调试 SAS 程序 ……………………………………………………………… 333

11.1　编写有效的 SAS 程序 …………………………………………………… 334
11.2　修复无效程序 ……………………………………………………………… 336
11.3　查找缺失的分号 …………………………………………………………… 338

11.4 提示：INPUT 语句到达一行的末尾 ·············· 341
11.5 提示：LOST CARD ·············· 343
11.6 提示：无效的数据 ·············· 345
11.7 提示：生成缺失值 ·············· 347
11.8 提示：数值已转换为字符（或反之） ·············· 349
11.9 DATA 步产生错误结果而没有错误消息 ·············· 352
11.10 错误：选项无效、选项无法识别、语句无效 ·············· 354
11.11 提示：变量未初始化 / 错误：变量未找到 ·············· 357
11.12 SAS 截断字符型变量 ·············· 359
11.13 SAS 在程序的中间停止 ·············· 361
11.14 SAS 耗尽内存或磁盘空间 ·············· 363

附录 从 SQL 到 SAS ·············· 367

第 1 章　SAS 软件使用入门

> 诚实的故事，即使以平淡的方式讲，也传得最快。[1]
> ——威廉·莎士比亚

---

[1] 出自《理查三世》，作者威廉·莎士比亚。公共领域。

1.1 SAS 语言

诸多软件应用不是菜单驱动，就是命令驱动（即输入命令，然后查看结果），但 SAS 两者都不是。在 SAS 中，你用语句来写一系列指令，这些指令被称为 SAS 程序。SAS 程序传达你想要做的事情，而 SAS 程序是由 SAS 语言写成的。SAS 也有一些菜单驱动的前端应用，如 SAS Enterprise Guide，这使 SAS 看起来像是点击式的软件。不过这些前端应用仍然是用 SAS 语言来写程序的。如果你尝试用 SAS 语言自己来编程的话，那会更加灵活。可能你最不想做的事就是去学习一门新的语言，但请相信，虽然 SAS 语言和你熟悉的语言（无论是英语还是 JAVA）有相似之处，但学习 SAS 要容易得多。

SAS 程序　SAS 程序就是一系列按顺序执行的语句。语句向 SAS 发出信息或指令，且必须置于程序中适当的位置。一段 SAS 程序就如同现实生活中我们去一趟银行，你走进银行，然后排队，最后来到柜员窗口前，告知要办理的业务。你所说的话可按程序形式写下来：

我想取现金。

我的账户是 0937。

我要取 200 美元现金。

请给我 5 张 20 美元，2 张 50 美元。

请注意，你首先说明要办理的业务，然后向柜员提供所有所需信息。后续语句的顺序可能并不重要，但你必须首先总体上说明要办理的业务。例如，你不会一上来就对柜员说："给我 5 张 20 美元，2 张 50 美元。"这不仅是不礼貌的举止，而且很可能会让柜员心里扑通一跳。你必须确保后续语句都围绕第一句展开。当你从活期存款账户取现时，你不会说："我想要你们这里最大的保险箱。"此话在"我想开设一个保险箱"后面说才合适。SAS 程序就是一系列有序的 SAS 语句，这正如你去银行时使用的一系列有序指令一样。

SAS 语句　同其他任何语言一样，SAS 编程也需要遵循一些语法规则。幸运的是，相比英语，SAS 编程的规则要少很多，简单很多。最重要的规则是：

每一条 SAS 语句都以分号结尾

这看起来非常简单。小孩子可以逐渐改掉忘记在句末加句号的习惯，但 SAS 程序员好像总是忘记在 SAS 语句末尾加分号。即便是最有经验 SAS 程序员，偶尔也会忘记。

如果你谨记此简单规则，你将领先别人几步。

SAS 程序的结构布局　关于如何布局 SAS 程序，实际上没有任何规则。每行放置一条语句，并利用缩进体现程序的不同部分，这样做的确有助于保持程序整洁，但并非必需。

- SAS语句不区分大小写
- 一条语句可以写在多行（只要不拆分单词）
- 多条语句也可以写在一行
- 语句可以从任意列开始

所以你看，SAS 是如此的灵活，灵活到可以编写如此杂乱的程序，以至于没有人可以读懂它们，甚至包括你自己。（当然，此做法我们不推荐。）

注释　你可以在程序中插入注释，以便提高程序的可读性，至于注释中写什么并不重要，因为 SAS 并不检查注释内容。如果愿意，你甚至可以把你最喜欢的饼干食谱放到注释中。不过，注释通常是用来注解程序的，以便别人更容易读懂你的程序，理解你在做什么以及这么做的原因。

关于注释，有两种样式：一种是以星号（*）开头，分号（;）结尾；另一种是以斜杠星号（/*）开头，星号斜杠（*/）结尾。下面的 SAS 程序展示了两种注释样式的使用方法：

```
*从文件中读取动物的体重;
DATA animals;
   INFILE 'C:\MyRawData\Zoo.data';
   INPUT Lions Tigers;
PROC PRINT DATA = animals;  /*打印结果 */
```

某些操作环境会将第一列中的斜线星号（/*）作为作业结束的标记，因此在使用此类型的注释时不要将其放在第一列。基于此原因，本书选择星号分号（*;)的注释风格。

编程技巧　初学编程语言的人通常会感到沮丧，因为他们第一次写的程序不能正常运行。编写程序应该从小步推进，不要一开始就写一个长而复杂的程序。如果你从小段程序开始，步步为营，并在推进过程中时时检查结果，这将会大大提升你的编程效率。一些没有报错的程序仍有可能是错误的，这就是为什么即便是没有报错，仍然需要检查结果的重要原因。如果确实发生了错误，也不必担心。大多数程序第一次都不能正常运行，原因无他，就因为你是人类。你会忘记分号、拼错单词、手指放错键盘位置，这是常有的事情。一个小的错误往往会导致一大堆的错误。如果你一点一滴地打造你的程序，当出现错误时，也非常容易更正。

1.2　SAS 数据集

SAS 必须先读入数据，然后才能运行分析、撰写报告以及对数据进行任何其他处理。数据必须以一种特殊的形式，也即 SAS 数据集的形式存储，SAS 才能对其进行分析（例外情况请参见 2.1 章节）。SAS 非常灵活，几乎可以读入任何类型的数据，因此把数据读入 SAS 通常会非常简单。一旦数据读入数据集，SAS 会持续追踪其内容和形态。你所做的只需指定所需的数据集的名称和位置，SAS 就会了解其中的内容。

变量和观测　当然，数据是构成任何数据集的基本成分。在传统 SAS 术语中，数据由变量和观测组成。借用关系型数据库的术语，SAS 数据集也可称为表，观测也可称为行，变量则称为列。表 1-1 是一个包含小数据集的矩形表，每行代表一条观测，而 Id、Name、Height 和 Weight 则代表变量。数据点 Charlie 是变量 Name 的一个值，也是第二条观测的一部分。

表 1-1　矩形表

		变量（也称为列）			
		Id	Name	Height	Weight
	1	53	Susie	42	41
	2	54	Charlie	46	55
观测	3	55	Calvin	40	35
（也称为行）	4	56	Lucy	46	52
	5	57	Dennis	44	.
	6	58		43	50

数据类型　原始数据有多种不同的形式，不过 SAS 将其进行了简化。在 SAS 中，只有两种数据类型：数值型和字符型。数值字段就是数值，它们可加可减、可有任意的小数位数、可正可负。除了数字外，数值字段还可包含正号（+）、负号（-）、小数点（.）以及表示科学计数法的 E。数值型数据之外的其余数据均为字符型数据。字符型数据可以包含数字、字母或特殊符号（如 $ 或者 !），最长为 32 767 个字符长度。

如果变量值包含字母或特殊字符，那它必定是字符型变量。但是，如果它只包含数字，那么它可能是数值型也可能是字符型变量，应该根据如何使用该变量做出决定（如果磁盘空间是一个需要考虑的问题，可以选择根据存储容量做出决定，请参见第 11.14 节）。有时，仅包含数字的数据当作字符型变量比当作数值型变量更有意义。例如，邮政编码由数字组成，但是加减乘除邮政编码没有任何意义，这样的数值存储为字符型更为合理。在前面的数据集中，Name 显然是一个字符型变量，而 Height 和 Weight 是数值型。但是，Id 可以是数值型，也可以是字符型，这取决于你的选择。

缺失数据 有时候，即便你尽了最大的努力，数据仍有可能不完整，有些观测的个别变量的值可能缺失。此时,缺失的字符变量用空白表示,缺失的数值变量用句点表示(.)。在此前的数据集中，第 5 条观测的 Weight 变量缺失，其位置用句点标记。第 6 条观测的 Name 变量缺失，就用留空表示。

SAS 数据集大小 SAS 9.1 以前，SAS 数据集最多可以有 32 767 个变量。从 SAS 9.1 开始，SAS 数据集里的变量多少仅仅受限于你计算机的可用空间。但是，超过 32 767 个变量的 SAS 数据集无法在 SAS 9.1 之前的版本中使用。至于观测的数量，不管你使用哪个版本的 SAS，都只取决于你计算机处理和存储数据的能力。

SAS 数据集与变量命名规则 你需要为数据集和数据集中的变量命名。能表明数据所含内容的名称，特别是变量名称，会很有帮助。尽管诸如 A、B 和 C 之类的变量名看似不错，编程时也易于输入，但当你 6 个月后回头再看程序时，Sex、Height 和 Weigh 之类的变量名或许更为有用。

在命名变量和数据集时，请遵循以下这些简单的规则：

- 名称的长度不能超过32个字符。
- 名称必须以字母或下划线"_"开始。
- 名称仅可包含字母、数字或者下划线，不可包含%$!*&#@[①]。
- 名称中的字母大小写均可。

最后一条很重要，SAS 不区分大小写，因此你可以用大写、小写或者大小写混合，只要你看着舒服就行，SAS 不关心大小写。数据集名称 heightweight、HEIGHTWEIGHT 和 HeightWeight 在 SAS 看来都是一样的。与此类似，变量名 BirthDate 与 BIRTHDATE 和 birThDaTe 也是一样的。然而，SAS 变量名有一点不同，那就是 SAS 会记住每个变量名第一次出现时的大小写，打印结果时就会采用这种大小写。基于此原因，本书对 SAS 变量名采用混合式大小写，对其他 SAS 名称采用小写。

SAS 数据集中存储的说明信息 除了实际的数据，SAS 数据集还包含了数据集的相关信息，诸如名称、创建日期以及创建数据集所用的 SAS 版本。SAS 还存储了每个变量

---

① 如果指定系统选项 VALIDVARNAME=ANY 并采用名称文字形式 '变量名' N，则特殊字符、空格可用于变量名。自 SAS 9.3 开始，非 Windows 环境下运行时，一些特殊字符可以用于 SAS 数据集名。

的信息,包括名称、标签(如果有的话)、类型(数值或者字符)、长度(或者存储大小)以及在数据集中的位置。这些信息有时也被称为数据集的描述部分,这使得 SAS 数据集可以自我说明。

1.3　DATA 步和 PROC 步

SAS 程序由两个基本部分构成:DATA 步和 PROC 步。典型的程序由 DATA 步起始创建 SAS 数据集,而后将数据传递给 PROC 步进行处理。以下是一个简单的示例程序,使用 DATA 步将英里转换为公里,然后用 PROC 步打印结果:

```
DATA step    ┌ DATA distance;
             │     Miles = 26.22;
             └     Kilometers = 1.61 * Miles;
PROC step    ┌ PROC PRINT DATA = distance;
             └ RUN;
```

DATA 步和 PROC 步都由语句组成。一个步中的语句,少则有一条,多则有几百条。大多数的语句只能在一种步中有效,比如只能在 DATA 步中有效,在 PROC 步中无效,反之亦然。新手常犯的错是将语句错误地用于某种步。如果能谨记以下内容,则不太可能犯此错误:DATA 步读取、修改数据;PROC 步分析数据、执行实用功能以及打印报表。

DATA 步以 DATA 语句开始,而 DATA 语句当然以单词 DATA 开头。DATA 关键字后面紧跟着你命名的 SAS 数据集名称。上例中的 DATA 步创建一个名为 distance 的 SAS 数据集。此外,除了从外部原始文件读取数据,DATA 步还可以包含 DO 循环语句、IF-THEN/ELSE 逻辑语句以及各式各样的数值及字符函数。DATA 步还可以按照你期望的几乎任何方式组合数据,包括连接和匹配合并。

而 SAS 过程则以 PROC 语句开头,该语句由关键字 PROC 及其后的过程名(比如 PRINT、SORT 或者 MEANS)组成。大部分 SAS 过程都只有少量的语句。就像遵循食谱一样,你每次基本上都使用相同的语句和要素。SAS 过程可以胜任从简单的排序、打印,到方差分析、3D 图制作等一系列任务。

在下列情形下,SAS 会结束当前的步:当 SAS 碰到新步时(DATA 步或者 PROC 步),

或者碰到 RUN、QUIT、STOP、ABORT 语句时，抑或是在批处理模式下运行到程序结尾处。RUN 语句通知 SAS 去运行本步中此前所有的行，以及在此之间既不属于 DATA 步，也不属于 PROC 步的少许全局语句。上例的程序中，SAS 碰到 PROC 语句就知道 DATA 步结束了。该 PROC 步以 RUN 语句结束，也即程序的结束。

尽管典型的程序以 DATA 步输入或修改数据开始，而后将数据传递给 PROC 步。但这绝非 DATA 步和 PROC 步混合的唯一模式。正如你可以按任何顺序堆叠积木，你也可以按任何顺序排列 DATA 步和 PROC 步。程序甚至可以只包含 DATA 步或只包含 PROC 步。

总结一下，下表汇总了 DATA 步和 PROC 步的基本差异。

DATA 步	PROC 步
● 以 DATA 语句开始	● 以 PROC 语句开始
● 读取、修改数据	● 完成特定分析或者特定功能
● 创建数据集	● 产生结果或报表

查看上表时请谨记，该表将这些差异简单化了。由于 SAS 特别灵活，DATA 步和 PROC 步之间的区别其实没有那么明显。上表并不意味着 PROC 步绝不创建 SAS 数据集（大多数 PROC 步确实如此），或者 DATA 步绝不产生报表（其实它们也可以）。尽管如此，如果你了解 DATA 步和 PROC 步的基本功能，在编写 SAS 程序时会更加轻松。

1.4 DATA 步的内置循环

DATA 步以一种灵活的方式进行数据读取和修改，你可以对数据的处理方式有更多的控制。不过，DATA 步有一个底层结构，即隐含的内置循环。你不必通知 SAS 去执行这个循环，SAS 会自动执行它。

请谨记：

DATA 步逐行执行语句、逐条处理观测

这个基本概念很少有明确说明。因此，很多新手即便是成为老手也没能自行悟出这个道理。

DATA 步逐行执行的理念非常直白简单，也易于理解。这意味着，默认情况下，SAS 首先执行 DATA 步的第 1 行，然后才执行第 2 行，接下来再执行第 3 行，以此类推。这似乎是常识，但是新手经常碰到麻烦，因为他们在创建某变量之前就试图使用该变量。

如果名为 Z 的变量是 X 和 Y 的乘积，那么最好确保创建 X 和 Y 的语句在创建 Z 的语句之前。

SAS 逐行执行语句容易理解，但 SAS 也是逐条观测执行的，这一点就不那么容易理解了。这意味着 SAS 读取第一条观测，然后针对它从头到尾运行 DATA 步（当然是逐行运行）；然后以同样的方式接着处理第二条观测。以这样的方式，SAS 每次只处理一条观测。

我们用慢动作来看 SAS 程序的运行：SAS 从输入数据集读取第一条观测，然后 SAS 执行 DATA 步处理此条观测。如果 SAS 运行到该 DATA 步末尾且未遇到任何严重错误，则将当前的观测写入新的输出数据集。而后返回到该 DATA 步开始处，以同样的方式继续处理下一条观测。直到最后一条观测写入输出数据集，SAS 结束该 DATA 步执行。如果有下一步的话，继续执行下一步。结束慢动作，恢复正常速度。

图 1-1 说明了 DATA 步处理多条观测的流程。

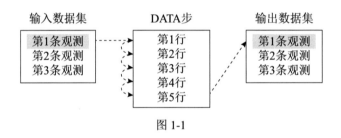

图 1-1

SAS 读取第 1 条观测，然后执行 DATA 步程序的第 1 行，接着执行第 2 行，依此类推，直到 DATA 步末尾。然后，SAS 将此观测写入输出数据集。图 1-1 展示了逐行循环的第一个执行过程。一旦 SAS 处理完第 1 条观测，立即返回到该 DATA 步起始处，继续读取并处理第 2 条观测。当 SAS 读取完最后一条观测时，就会自动停止循环。

打一个比方，DATA 步的处理过程有点像投票。到达投票站时，你排在其他先到的投票人之后。当你到达队伍的最前面时，你要回答标准问题"你叫什么名字？你住在哪里？"接下来，你签下姓名，投出选票。在这个类比中，选民就如同观测，投票过程就好比 DATA 步。选民逐个投票，就好比观测被逐条处理。每个选民的选择都是秘密，偷窥旁人的选票绝对是不受欢迎的。此外，每个选民都以相同的顺序（逐行）完成过程的每个步骤。在你提供姓名和地址之前，你不能投票，一切都必须按正确的顺序完成。

如果这有点过于结构化，SAS 也提供了一些打破逐行执行程序，逐条处理观测的方法，这些方法包括 RETAIN 语句（第 3.10 节）和 OUTPUT 语句（第 6.9 和 6.10 节）。

1.5 选择提交 SAS 程序的模式

目前我们已经讨论了如何编写 SAS 程序，但是仅仅编写程序并不会得到任何结果。就如同写信给国会代表，不邮寄出去也不会有结果。SAS 程序在你提交运行之前也是毫无动静。你可以采取多种方式执行 SAS 程序，但并非每个方法都适用于所有操作环境。请查阅与你的操作环境相关的 SAS 帮助文档，找到适用的方法。你选择运行 SAS 程序的方法将取决于你的偏好以及你的应用程序和环境。如果你在具有大量用户的场所使用 SAS，请多方询问，找出最易接受的运行 SAS 的方法。如果你在自己的个人电脑上使用 SAS，请选择适合你的方法。

SAS 窗口环境　如果在系统提示符下输入 SAS，或单击 SAS 图标，则很有可能进入 SAS 窗口环境（也称为显示管理器）。在这种交互式环境中，你可以编写 SAS 程序，提交程序进行处理，并查看和打印结果。此外，还有许多 SAS 窗口用于执行不同的任务，例如管理 SAS 文件、自定义界面、访问 SAS 帮助文档以及导入导出数据。窗口环境的确切效果取决于所使用的计算机类型、该计算机的操作环境以及启动 SAS 时生效的选项。如果你使用的是个人计算机，则 SAS 窗口环境将与计算机上的其他程序类似，并且许多功能你也很熟悉。图 1-2 显示了微软 Windows 操作系统下的 SAS 窗口环境。

图 1-2

SAS Enterprise Guide　如果你有 SAS Enterprise Guide 软件（仅有 Windows 版），

你可以选择在 SAS Enterprise Guide 里提交你的程序。为此，打开一个"程序"窗口，输入 SAS 程序或打开现有的 SAS 程序。SAS Enterprise Guide（从版本 4.3 开始）的程序编辑器在你键入程序时会自动显示语法帮助，并且有一个程序分析器将生成程序图，以帮助你可视化各部分及其组合架构。你可以选择在本机或在已安装了 SAS 的远程服务器上运行代码。要在远程服务器上运行 SAS 程序，可能还需要安装其他 SAS 软件。此外，SAS Enterprise Guide 可以通过其众多的菜单系统为你编写 SAS 代码。SAS Enterprise Guide 是基于项目的，所以你的所有程序、结果及相应的数据引用都存储在一个项目文件中。图 1-3 显示了 SAS Enterprise Guide 4.3 中的一个项目。

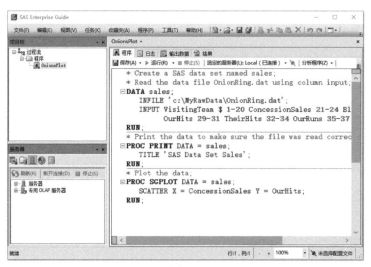

图 1-3

批处理或者后台模式　在批处理或者后台模式下，SAS 程序就是一个文件。你提交这个文件供 SAS 处理，你的 SAS 程序可能立即被执行，也可能会在其他作业后排队。批处理在大型机上使用很普遍，当你的作业在处理时，你仍然可以继续使用你的电脑。更棒的是，你甚至可以去参加棒球比赛，让计算机在你缺席的情况下工作。批处理通常比其他方法成本低，特别适用于大型作业，这些作业可以在非高峰时段进行，这样费用就可以最低。当你的作业完成后，结果将保存于一个或多个文件中，随时可以显示或者打印。

想知道如何以批处理模式提交 SAS 程序，请查阅适用于你的操作环境的 SAS 帮助文档，或者咨询你所在软件安装点的其他 SAS 用户。即便是操作环境相同的软件安装点，以批处理模式提交作业的方式也可能会有所不同。

1.6 SAS 窗口环境下的窗口和命令

SAS 窗口环境（也称"显示管理器"）采用操作环境的外观，这对你有益，因为这样 SAS 窗口环境的许多方面你都会比较熟悉。但是，由于你可以通过多种方式自定义 SAS 环境，这就让介绍 SAS 窗口环境变得困难，因为我们无法确切地指出你的 SAS 会话的界面和行为。不过，各种操作环境之间都有通用的元素，你可能已经了解那些不同的元素。

SAS 窗口

SAS 窗口有 5 种：结果窗口、资源管理器窗口以及 3 种程序窗口（编辑器、日志、输出）。在 Windows 操作环境中，还有第 6 个窗口，如果你运行的程序产生可打印结果的话，就会出现"结果查看器"。有时窗口不会立即显示，例如，在 Windows 操作环境中，"输出"窗口最初显示在"编辑器"和"日志"窗口后面。还有许多其他 SAS 窗口可用于诸如获取帮助、更改 SAS 系统选项以及自定义 SAS 会话等任务。图 1-4 显示了微软 Windows SAS 会话的窗口，指针在主 SAS 窗口。

图 1-4

编辑器 这是一种文本编辑器，你可以输入、编辑、提交 SAS 程序，也可以编辑其他文本文件，比如原始数据文件。在 Windows 操作环境中，默认的编辑器是增强型编辑器。增强型编辑器对语法敏感，可以给代码着色，使程序易读，易发现错误。增强型编辑器还可以折叠和扩展程序中的各种步。在其他操作环境下，默认的编辑器是程序编辑器，其特性因 SAS 版本和操作环境而异。

日志 日志窗口包含有关 SAS 会话的提示信息，在提交 SAS 程序后，与程序相关的任何提示、错误或警告以及程序语句本身都将显示在"日志"窗口中。

输出 在 z / OS 操作环境中，所有表格结果将显示在"输出"窗口中。在 Windows 和 UNIX 环境中，"输出"窗口默认不显示任何内容。但是如果你开启了 LISTING 目标（见第 5.4 节），那么结果将显示在"输出"窗口中。

结果查看器 在 Windows 操作环境中，如果程序生成可打印的结果，则会打开"结果查看器"窗口并显示结果。

结果 "结果"窗口就如同"输出"窗口和"结果查看器"窗口的目录。结果树以纲要形式列出每部分结果。

资源管理器 "资源管理器"窗口可以让你轻松访问 SAS 文件和逻辑库。

SAS 命令

SAS 命令可完成多种任务，其中一些可能比较常见，例如打开和保存文件、剪切和粘贴文本以及访问帮助。其他一些命令是 SAS 特有的，比如提交 SAS 程序。你有多达三种方式提交命令：菜单、工具栏以及 SAS 命令栏（或者命令行），图 1-5 显示了在 Windows 操作环境中这三种环境提交 SAS 命令的位置。

图 1-5

下拉菜单 大多数操作环境将在每个窗口顶部或屏幕顶部设有下拉菜单。如果你的菜单位于屏幕顶部，则当你激活不同的窗口（通常通过单击它们）时，菜单将会更改。对于每个窗口，当你用鼠标右击或按中央按钮时就会出现上下文相关的弹出式菜单。

工具栏 工具栏（如果有的话）提供某些命令的快捷方式，这些命令都能在下拉菜单中找到，但并非所有操作环境都有工具栏。

SAS 命令栏 命令栏是可以键入 SAS 命令的地方。在某些操作环境中，命令栏和工具栏（如上图所示）挨着；在其他操作环境中，你可以使用每个 SAS 窗口的命令行（通常由"Command =>"标识）。你可以在命令栏中键入的大多数命令也可以通过下拉菜单或工具栏访问。

控制你的窗口 窗口下拉菜单可让你选择屏幕上窗口的放置位置。你还可以通过从窗口下拉菜单中选择窗口或通过单击窗口来激活任何编程窗口。

1.7 在 SAS 窗口环境中提交程序

费心费力写好 SAS 程序之后，你自然希望看到结果。如前所述，提交 SAS 程序的方法有多种。如果使用 SAS 窗口环境，则可以在窗口环境中完成从编辑程序、提交程序直到查看结果的所有任务。

将程序置入编辑器 你需要做的第一件事就是将程序置入"编辑器"窗口中。你可以在编辑器中键入程序，也可以将程序从文件中放入编辑器窗口。对于编辑器的"编辑"以及"打开文件"命令，你应该不陌生。SAS 尽量遵循你的操作环境的惯例。例如，要在编辑器中打开文件，你可以从菜单栏中选择 **文件▶打开**。对于某些操作环境，工具栏上可能有一个"打开"图标，你也可以选择将剪贴板中的文件粘贴到编辑器中。

提交 SAS 程序 一旦你的 SAS 程序出现在编辑器中，你就可以用 SUBMIT 命令执行它（可执行整个程序或者突出显示的部分）。因操作环境的不同，执行 SUBMIT 命令的方式会有所不同。首先，单击激活"编辑器"窗口，接下来你可以选择以下操作中的一项执行

单击工具栏上的**"提交"**按钮 ⚘。

在 SAS 会话的命令行区域输入"SUBMIT"命令，如图 1-6 所示。

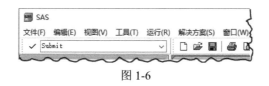

图 1-6

在菜单栏选择 **运行▶提交**，如图 1-7 所示。

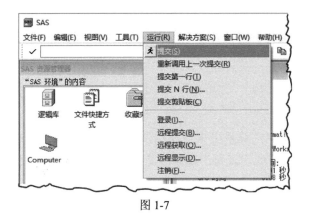

图 1-7

查看 SAS 日志和结果　在 Windows 操作环境中，提交程序后，该程序将保留在"增强型编辑器"窗口中，程序的结果进入"日志"和"结果查看器"窗口。在 UNIX 环境中，你的结果进入"日志"窗口和单独的 Web 浏览器窗口。而在 z / OS 中，你的结果将进入日志"日志"和"输出"窗口。对于 UNIX 和 z / OS，程序提交后，会从"程序编辑器"窗口中消失。一开始时，看到程序从你的眼前消失，你可能会感到很惊讶。别担心，你花了这么长时间写的程序并没有就此消失。如果程序有任何输出，"结果"窗口就会有新条目。"结果"窗口就如同是"输出"窗口的目录，更多详细信息将在第 1.9 节中介绍。图 1-8 展示了在 Windows 环境中，从增强型编辑器提交程序后屏幕的样子。

图 1-8

你可能无法同时看到所有的窗口。在有些操作环境下，一些窗口会在其他一些窗口前面。在图1-8中，"资源管理器"窗口在"结果"窗口后面，"输出"窗口和"日志"窗口在"增强型编辑器"窗口和"结果查看器"窗口后面，通过单击窗口或者其选项卡，或者在命令行区域键入其名称，或者在窗口菜单中选择，均可将其置于最前面。

找回程序　不幸的是，对于大多数人来说，我们的程序并不能每次都完美运行。如果你的程序出现错误，你很可能想要编辑程序并再次运行。如果你使用的是增强型编辑器，那么你的程序将在你提交之后保留在窗口中。但是，如果使用的是"程序编辑器"窗口，则需要使用RECALL命令将程序恢复到"程序编辑器"窗口中。你可以通过两种方式执行RECALL命令。

1.确保"程序编辑器"窗口是活动窗口，然后在SAS会话的命令行区域敲入RECALL命令，如图1-9所示。

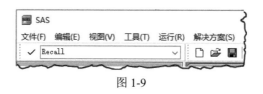

图 1-9

2.确保"程序编辑器"窗口是活动窗口，然后从菜单栏选择**运行 ▸ 重新调用上一次提交**，如图1-10所示。

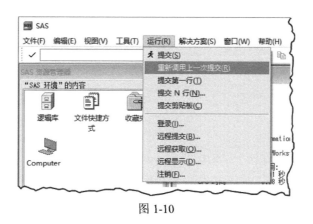

图 1-10

RECALL命令将返回你提交的最后一个语句块。如果再次使用RECALL命令，它将插入倒数第二个提交的语句块，依此类推，直到它找回所有你提交的语句。

1.8 阅读 SAS 日志

每次提交 SAS 程序时，SAS 都会在日志中写入消息。许多 SAS 程序员忽略 SAS 日志直接查看输出结果。这样做可以理解，但这种做法很危险。输出结果有时看似正确，实际上却不正确，这是有可能出现的情况，而且迟早我们都会碰到。及早知道它们是坏结果的唯一方法是检查 SAS 日志。程序正常运行并不意味着结果就是正确的。

SAS 日志的位置 SAS 日志的位置因操作环境、模式（SAS 窗口环境或者批处理）以及本机设置的不同而异。如果在窗口环境中提交程序，SAS 日志默认会显示在"日志"窗口中，正如图 1-11 所示。

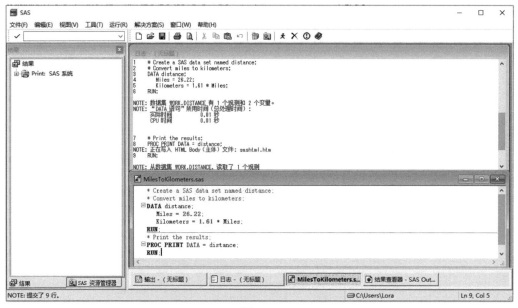

图 1-11

如果在批处理模式下提交 SAS 程序，日志将写到一个文件中，这个文件你可以通过操作环境命令查看和打印。日志文件的名字基本上就是将原程序名字置换一下。例如，如果程序的名字是 Marathon.sas，那日志的名字一定是 Marathon.log。

日志包含的内容 人们倾向于将 SAS 日志视为程序的改写或者只是一堆含混的信息。好吧，我们承认，SAS 日志中确有一些琐碎的技术细节，但也有很多重要的信息。以下是将英里转换为公里并打印结果的简单程序：

```
*创建一个名字为distance的SAS数据集;
*把英里转换为千米;
DATA distance;
  Miles = 26.22;
  Kilometers = 1.61 * Miles;
RUN;
*打印结果;
PROC PRINT DATA = distance;
RUN;
```

如果你运行该程序，SAS将产生如下的类似日志。

```
❶ NOTE: Copyright (c) 2002-2012 by SAS Institute Inc., Cary, NC, USA.
   NOTE: SAS (r) Proprietary Software 9.3 (TS1M0)
         Licensed to XYZ Inc, Site 0099999001.
   NOTE: 该会话正在平台 W32_VSPRO  上执行。
   NOTE: "SAS初始化"所用时间:
         实际时间            1.40 秒
         CPU时间             0.96 秒
❷ 1     *创建一个名字为distance的SAS数据集;
   2     *把英里转换成千米;
   3     DATA distance;
   4        Miles = 26.22;
   5        Kilometers = 1.61 * Miles;
   6     RUN;
❸ NOTE: 数据集 WORK.DISTANCE 有1个观测和2个变量。
❹ NOTE: "DATA 语句"所用时间(总处理时间):
         实际时间            0.03 秒
         CPU时间             0.03 秒
❷ 7     *打印结果;
   8     PROC PRINT DATA = distance;
   9     RUN;
   NOTE: 从数据集 WORK.DISTANCE. 读取了 1 个观测
❹ NOTE: "PROCEDURE PRINT"所用时间(总处理时间):
         实际时间            0.01 秒
         CPU时间             0.00 秒
```

上面的SAS日志是SAS执行该程序的逐条记录。

❶ 以SAS版本和SAS软件安装点编号开始。

❷ 包含了原始程序语句，并在左侧添加了行号。

❸ DATA步紧跟着注释，注释里包括创建的SAS数据集名称（WORK.DISTANCE）、观测数（1）和变量数（2）。匆匆一瞥就可以确保你没有丢失观测，或者是否不小心创建了大量不需要的变量。

❹ DATA 步和 PROC 步都会产生关于所用计算机资源的注释。起初你可能丝毫不会在意。但是，如果你是在多用户系统上运行或者拥有大量数据集的长作业时，这些统计信息可能就会引起你的兴趣。如果你想知道为什么你的作业需要运行这么长的时间，那么看一眼 SAS 日志，你就会知道哪些步骤是罪魁祸首。

如有错误消息，它们会在日志中显示，说明 SAS 在何处出错以及执行的操作。你还可能会发现警告和其他类型的提示信息，这些提示信息有时会指示有错误，有时只是提供有用的信息。第 11 章讨论了 SAS 用户碰到的几种常见错误。

1.9 查看结果

如何查看输出取决于所用的操作环境以及提交程序的方式。

SAS 窗口环境 如果在微软 Windows 系统下以 SAS 窗口环境提交程序，那么输出默认会显示在"结果查看器"窗口中，且以 HTML 形式呈现。如果是在 UNIX 环境下，输出仍然默认以 HTML 形式呈现，但是会在一个单独的 Web 窗口呈现。如果是在 z/OS 环境下，输出结果会以文本形式呈现在输出窗口中。

批处理模式 如果以批处理模式提交程序，输出将会保存在计算机上的一个文件中，你可以利用操作环境命令查看这个输出文件（也称为列表）。例如，如果在 UNIX 系统中以批处理方式执行 SAS 程序，那么输出将保存在扩展名为 .lst 的文件中。要查看该文件，你需要使用 cat 或者 more 命令。

结果查看器窗口 当你在微软 Windows 系统下以 SAS 窗口环境提交程序后，程序结果将显示在"结果查看器"窗口中。"结果查看器"窗口自动打开并出现在所有打开的程序窗口的上面。图 1-12 展示了在提交包含 ANOVA（方差分析）过程的程序后"结果查看器"的可能的样子。请注意，"结果查看器"窗口自动滚动到最底部，所以你看到的是该过程输出的结尾。

结果窗口 当你有大量的输出时，"结果"窗口就非常有帮助。"结果"窗口就如同输出内容的目录，它列出了产生输出的每个过程。如果你打开或者展开"结果"树中的过程，就会看到该过程的每一部分输出。要展开结果树，点击加号（+），或者右击结果，然后选择**全部展开**。

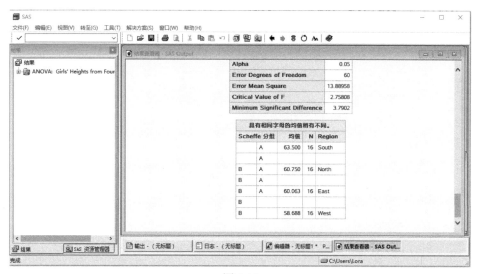

图 1-12

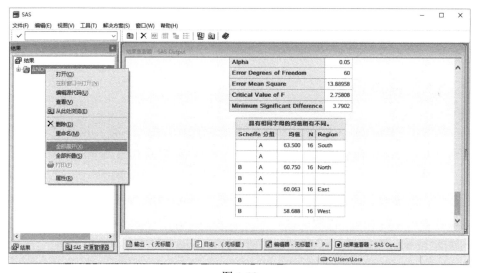

图 1-13

双击你想要查看的输出，它就会出现在"结果查看器"的顶部。图 1-14 展示了双击"结果查看器"窗口的**总体 ANOVA** 条目后"结果查看器"窗口的外观。

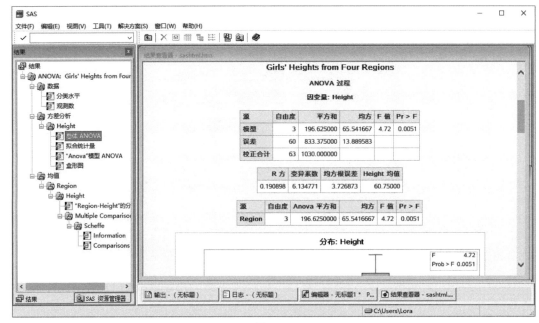

图 1-14

1.10 SAS 数据逻辑库

在使用 SAS 数据集前，你需要告诉 SAS 它放在什么地方。你可以通过设置 SAS 逻辑库实现这一点。SAS 逻辑库只是一个存储 SAS 数据集（以及其他类型 SAS 文件）的位置。根据操作环境的不同，SAS 逻辑库可能是计算机上的一个文件夹或者目录，也可能是一个物理位置，如硬盘、闪存盘或者 CD。要设置 SAS 逻辑库，只需给你的逻辑库取名，并将其位置告诉 SAS 即可。设置 SAS 逻辑库有若干种方法，包括使用 LIBNAME 语句（在第 2.18 节至第 2.19 节中介绍）和在 SAS 窗口环境中使用"新建逻辑库"窗口。

启动 SAS 窗口环境时，你会看到基本的 SAS 窗口，如图 1-15 所示，包括"资源管理器"窗口（如果"资源管理器"窗口在"结果"窗口下面，单击其选项卡将其前置）。如果你双击逻辑库图标，资源管理器会打开"当前逻辑库"窗口，并显示所有已定义的逻辑库。要返回到资源管理器的之前窗口，在菜单栏选择**视图 > 向上一级**，或者单击激活"资源管理器"窗口，然后单击工具栏上的"向上一级"按钮。

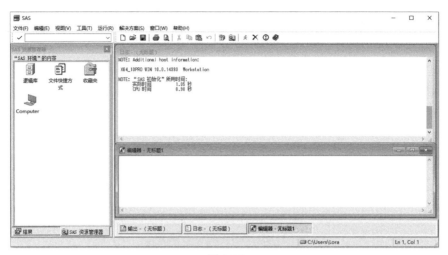

图 1-15

图 1-16

当前逻辑库窗口 打开"当前逻辑库"窗口,你将至少看到三个逻辑库:SASHELP、SASUSER 和 WORK。可能还有其他特定 SAS 产品的逻辑库(如 SAS/GRAPH 软件的 MAPS 逻辑库),或由你或同事设置的逻辑库,如图 1-16 所示。SASHELP 逻辑库包含控制你 SAS 会话的信息以及 SAS 示例数据集。WORK 逻辑库是 SAS 数据集的临时存储位置，它也是默认逻辑库。若你创建 SAS 数据集时不指定逻辑库，那么 SAS 会将其放入 WORK 逻辑库中，然后在结束会话时将其删除。如果你更改 SAS 窗口环境的默认设置，则该信息将存储在 SASUSER 逻辑库中。你还可以将 SAS 数据集、SAS 程序和其他 SAS 文件存储在 SASUSER 逻辑库中。但是，很多人喜欢为他们的 SAS 文件创建一个新的逻辑库。

创建新逻辑库 你可以使用"新建逻辑库"窗口创建新的 SAS 逻辑库。要打开该窗口，从菜单栏选择**工具** ▸ **新建逻辑库** 或者右击"当前逻辑库"窗口，然后从弹出菜单中选择**新建**，如图 1-17 所示。

图 1-17

如图 1-18 所示，在"新建逻辑库"窗口中，键入你要创建的逻辑库的名称。该名称被称为逻辑库引用名（libref，即 library reference 的缩写）。逻辑库引用名不能超过 8 个字符，以字母或者下划线开头，且只能包含字母、数字或下划线。在此窗口中，键入名称 BIKES 作为逻辑库引用名。在"路径"字段中，输入要存储数据集的文件夹或目录的完整路径，或单击**浏览（R）**… 按钮导航到该位置。如果你不想每次启动 SAS 时都定义逻辑库引用，则选中"启动时启用"复选框。单击"**确定**"按钮，然后你的新逻辑库引用将出现在"当前逻辑库"窗口中。

图 1-18

如图 1-19 所示，这是显示了新建的 BIKES 逻辑库的"当前逻辑库"窗口。

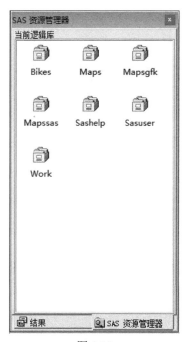

图 1-19

1.11 在 VIEWTABLE 窗口中查看数据集

除了列出当前逻辑库和创建新逻辑库，还可以使用 SAS 资源管理器打开 SAS 数据集，以便在 VIEWTABLE 中查看。当编写程序时，及时检查你创建的数据集的正确性，总是一个不错的主意。VIEWTABLE 是查看 SAS 数据集的一种方式。

双击上一节中显示的"资源管理器"窗口中的逻辑库图标，这样会打开"当前逻辑库"窗口，显示系统中当前定义的所有逻辑库。如果双击逻辑库图标，SAS 会打开一个"内容"窗口，显示特定逻辑库中的所有 SAS 文件，如图 1-20 所示。

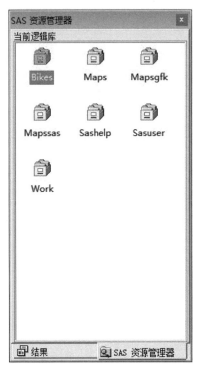

图 1-20

要返回资源管理器中之前的窗口，从菜单栏中选择**视图 ▶ 向上一级**，或者单击激活"资源管理器"窗口，然后点击工具栏的"向上一级"按钮。

内容窗口 该窗口显示逻辑库的内容。SAS 数据集由一个小数据表和红色球组成的图标表示。图 1-20 右侧显示的逻辑库库中包含两个名为 MODELS 和 DISTANCE 的数据集。如果双击某个数据集，SAS 将打开一个 VIEWTABLE 窗口显示该数据集。（如果你还没有自己的 SAS 数据集，你可以查看 SASHELP 逻辑库中 SAS 提供的示例数据集，SASHELP 库中的 CLASS 数据集是查看数据集的一个不错的选择。）

更改列标题　默认情况下，VIEWTABLE 使用变量标签作为列标题，或者如果变量没有标签，则显示变量名称。有时你可能希望看到实际的变量名称而不是标签，要实现这一点，请单击激活 VIEWTABLE 窗口，然后从菜单栏中选择**视图▶列名**。图 1-21 是显示列（也称为变量）名称而非标签的 MODELS SAS 数据集。

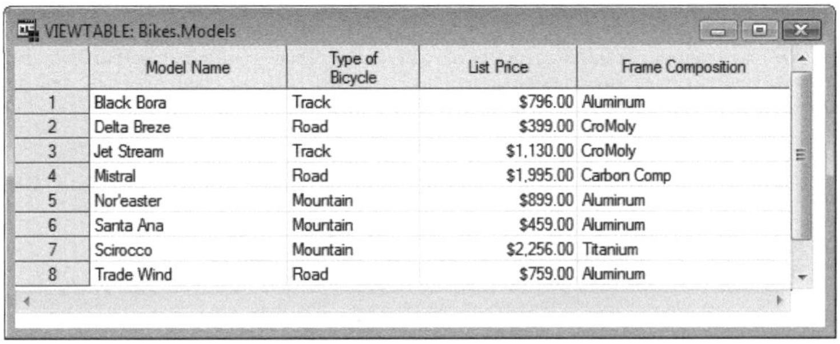

![VIEWTABLE 窗口显示 Bikes.Models 数据集]

图 1-21

列选项　如果右击列标题，则弹出菜单中将显示几个选项，如图 1-22 所示。你可以控制颜色、字体和查看列属性。你可以选择按列中的值对数据进行排序。在非编辑模式下，可以选择创建包含已排序数据的新数据集。你也可以隐藏或冻结列。如果你选择隐藏列，则数据将不会在当前的 VIEWTABLE 会话中显示。要取消隐藏列，请从菜单栏中选择**数据▶隐藏/取消隐藏**以打开"隐藏/取消隐藏"窗口。在此窗口中，你可以更改所有列的可见性。当你选择冻结某列时，即使你向右滚动滚动条，该列及其左侧的每一列都始终可见。

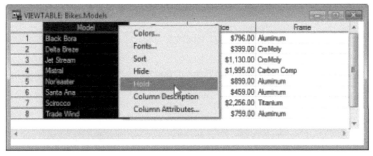

图 1-22

1.12 用 SAS 资源管理器查看数据集属性

SAS 数据集的"属性"窗口包含了一些非常有用的信息，例如数据集的创建日期和时间、观测个数、所有变量名以及变量属性。"属性"窗口包含了与第 2.21 节中 CONTENTS 过程产生输出类似的信息。

打开"属性"窗口 要打开"属性"窗口，请先从"资源管理器"窗口中双击逻辑库图标，然后双击包含 SAS 数据集的逻辑库。SAS 将在"资源管理器"窗口中显示逻辑库的内容。如图 1-23 所示，右击数据集的图标，然后从弹出菜单中选择"属性"，此时将打开"属性"窗口，其中的"常规"选项卡位于最前面。图 1-24 显示了微软 Windows 操作环境中"属性"窗口的外观。

图 1-23

"常规"选项卡 此窗口显示有关数据集的信息，例如其创建日期以及行数（或观测数）和列数（或变量数）。

"列"选项卡 如果单击"列"选项卡，则 SAS 将显示有关该数据集中的列（或变量）的信息，如图 1-25 所示。变量名称、类型和长度以及分配给变量的输入输出格式都将显示。变量标签也显示在此窗口中，但要查看它们，你需要向右拖动滚动条。

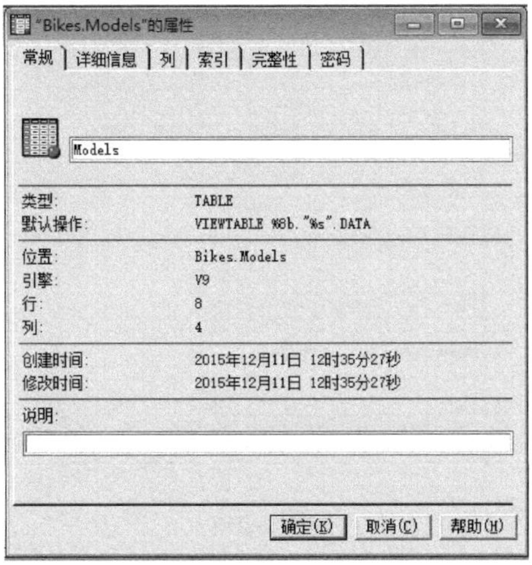

图 1-24

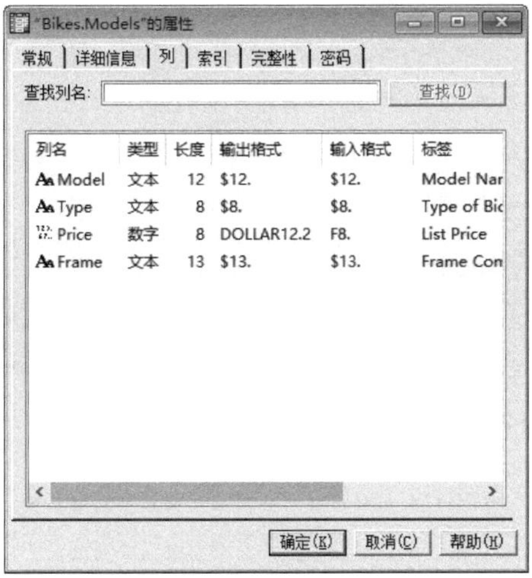

图 1-25

如果你的数据集中有很多变量，使用排序和查找功能可以使你的工作更轻松。你可以通过单击列标题实现按字母顺序对这些列进行排序。如图 1-26 所示，此窗口显示了按名称排序的变量，你可以在标有"查找列名"的框中键入列名称，从而查找该列。

图 1-26

1.13 使用 SAS 系统选项

系统选项是你可以更改从而影响 SAS 的一些参数,包括 SAS 的工作方式、输出样式、使用的内存量、错误处理方式,等等。SAS 对你希望如何工作做了许多预设。这很好,你肯定不希望每次使用 SAS 时都去指定每一个小细节。但是,你可能并不总是喜欢 SAS 做出的预设。系统选项为你提供了更改某些预设的方法。

并非每个选项都适用于所有操作环境。SAS 帮助文档中将显示你的操作环境特定的选项列表。你可以通过打开"SAS 系统选项"窗口或使用 OPTIONS 过程来查看系统选项及其当前值的列表。要使用 OPTIONS 过程,请提交以下 SAS 程序并在 SAS 日志中查看结果:

```
PROC OPTIONS;
RUN;
```

指定系统选项的方式有四种,有些选项只能用这些方法中一部分来指定。你的操作环境的 SAS 帮助文档会说明每个系统选项的适用方法。

(1)创建包含系统选项设置的 SAS 配置文件。SAS 每次启动时都会访问该文件。配置文件由系统管理员创建。(如果你使用的是个人电脑,系统管理员可能就是你自己)。

(2)启动 SAS 时从系统提示符指定系统选项(称为调用)。

(3)如果使用 SAS 窗口环境,更改"SAS 系统选项"窗口中的所选选项。

（4）在 SAS 程序中使用 OPTIONS 语句。

以上方法按优先级由低到高的顺序列出：方法 2 将覆盖方法 1，方法 3 将覆盖方法 2，依此类推。如果你在使用 SAS 窗口环境，方法 3 和方法 4（"SAS 系统选项"窗口和 OPTIONS 语句）将相互覆盖。因此，最后使用的那个方法将生效。本章节仅介绍最后两种方法。前两种方法非常依赖于系统。要了解有关这些方法的更多信息，请参阅有关你的操作环境的 SAS 帮助文档。

OPTIONS 语句　　OPTIONS 语句是 SAS 程序的一部分，并影响其后的所有步。它以关键字 OPTIONS 开头，后面紧跟选项列表及其值，例如：

```
OPTIONS LEFTMARGIN = 1IN NODATE;
```

OPTIONS 语句是不属于 PROC 或 DATA 步的特殊 SAS 语句之一。这个全局语句可以出现在 SAS 程序中的任何地方，但通常最合理的方式是将其置于程序的第一行。这样你就可以很容易地看到哪些选项在起作用。如果 OPTIONS 语句处于 DATA 或 PROC 步中，则会影响该步以及后续步。程序中任何后续的 OPTIONS 语句都会覆盖先前的 OPTIONS 语句。

"SAS 系统选项"窗口　　你可以通过"SAS 系统选项"窗口查看和更改 SAS 系统选项。通过在屏幕的命令行区域中键入 OPTIONS 或从菜单栏中选择**工具▶选项▶系统**来打开该窗口，如图 1-27 所示。要更改选项的值，请先通过单击屏幕左侧的相应类别来定位该选项。选项列表及其当前值将显示在屏幕的右侧。右键单击选项本身可以修改值或将其设置为默认值。

图 1-27

打印结果的选项　以下是你可能想要使用的一些系统选项，这些选项会影响打印格式（换言之，即非 HTML）的结果外观：

- CENTER | NOCENTER
  - 控制输出结果是居中还是左对齐，默认值为 CENTER；
- DATE | NODATE
  - 控制是否在每页输出结果顶部显示当前日期，默认值为 DATE；
- NUMBER | NONUMBER
  - 控制是否在 SAS 输出的每一页显示页码，默认值为 NUMBER；
- ORIENTATION = *orientation*
  - 指定打印输出的方向，LANDSCAPE 还是 PORTRAIT，默认值为 PORTRAIT；
- PAGENO = *n*
  - 从 *n* 开始对输出页进行编号，默认值为 1；
- RIGHTMARGIN = *n*
- LEFTMARGIN = *n*
  - 指定打印输出时的页边距（例如，0.75 in 或 2cm）。默认值为 0.00 in。
- TOPMARGIN = *n*
- BOTTOMMARGIN = *n*

第 2 章 导入数据到 SAS

实践是最好的导师。[1]

——菲尔加拉赫

我们都从不断地做,不断地实验(甚至经常失败)和不断地发问中学习。[2]

——杰·雅各布·温迪

---

[1] 出自《巴特利特引用词典》第 13 版,作者约翰·巴特利特,小布朗公司版权所有 1955 年。
[2] 来自 SAS L Listserv,1994 年 3 月 15 日。经作者许可转载。

2.1 导入数据到 SAS 的方法

数据以多种多样的形式存在。数据可能书写在纸张上或者输入计算机中的原始数据文件中。你的数据可能在个人计算机的数据库文件中，或者在办公室里大型机的数据库管理系统（DBMS）中。无论你的数据在哪里，SAS 总有办法使用它们。你可能需要转换数据格式，或者 SAS 能以数据当前的格式直接使用它们。本节概述了一些将数据导入 SAS 的不同方法。大多数的导入方法涵盖在本书之中，但是仍有少数更高级的方法仅仅只是简单提及，以便于让读者知道它们的存在。我们没有试图涵盖所有的导入方法，因为新的方法层出不穷。充满创造力的 SAS 用户总能想出适用于其特定情况的更聪明的办法。不管怎样，本书介绍的方法至少有一种会适合你。

数据导入 SAS 的方法可以被分为四个基本类别：

- 直接将数据输入SAS数据集
- 利用原始数据文件创建SAS数据集
- 将其他软件的数据文件转换成SAS数据集
- 直接读取其他软件的数据文件

当然，选择什么方法取决于你的数据在哪里，以及你手边有哪些工具软件可以使用。

直接将数据输入 SAS 数据集 有时候，将数据输入 SAS 最好的办法就是将数据通过键盘直接输入 SAS 数据集。

- Base SAS软件包含了一个VIEWTABLE窗口（将在第2.2节讨论）。VIEWTABLE能够让你以表格形式输入数据，你可以定义变量或者列，并为它们设置属性，例如：名称、长度、类型（字符或数值）。
- 在Base SAS的Windows版软件里还包含了SAS Enterprise Guide。它有一个类似于VIEWTABLE的数据输入窗口。如同使用VIEWTABLE一样，你能够定义变量以及给变量设置属性。
- SAS/FSP使你能够设计自定义的数据输入界面。当数据输入错误时，它还具备检测到这些错误的能力。SAS/FSP的许可不包含在Base SAS软件中。

从原始数据文件创建 SAS 数据集 本章的大部分内容都着重于描述读取原始数据文件（也称为文本文件、ASCII 文件、顺序文件或者平面文件）。由于 DATA 步是 Base SAS 软件的重要组成部分，所以你可以随时用它来读取原始数据文件。如果你的数据尚不在原始数据文件中，你可以先将你的数据转换成原始数据文件。下面是两种读取原始数据文件的基本方法：

- DATA步（将从本章的2.4节中介绍）的功能如此强大以至于能读取几乎所有类型的原始数据文件。
- 导入向导（将从第2.3节中介绍）以及具有类似功能的IMPORT过程（将在第2.16节中介绍）都可以在UNIX和WINDOWS操作环境中使用。它们为读取特定类型的原始数据文件提供了简单的方法，包括逗号分隔文件（CSV）和其他分隔文件。

将其他软件的数据文件转换成 SAS 数据集　每个软件应用程序都有自己的数据文件格式。这对于软件开发者来说是非常有用的，但是对于软件使用者来说却非常麻烦，尤其是对于数据的存储和分析在不同的应用程序中的情况。以下是一些可用于数据转换的选项：

- 在UNIX和WINDOWS操作环境中，可以使用IMPORT过程和导入向导将Microsoft Excel、Lotus、dBase、Stata、SPSS、JMP、Paradox和Microsoft Access文件转换为SAS数据集。除了JMP以外，所有上述数据格式都需要你在计算机上安装SAS/ACCESS Interface to PC Files模块。导入向导将在第2.3节中介绍，使用IMPORT过程读取Excel文件将在第2.17节中介绍。
- 如果你没有SAS/ACCESS软件，你可以在你的应用程序中创建原始数据文件，然后通过DATA步或IMPORT过程读取它们。许多应用程序都能创建CSV文件，用导入向导、IMPORT过程（将在第2.3节和2.16节中介绍）或者DATA步（将在第2.15节中介绍）都能很容易地读取这种文件。
- 动态数据交换（DDE）仅可在Windows操作环境中使用。要使用DDE，其他的Windows应用程序（例如Microsoft Excel）需要和SAS同时运行在你的计算机上。然后，使用DDE和DATA步可以将数据转换为SAS数据集。

直接读取其他软件的数据文件　在某些特定情况下，你也许能够直接读取数据文件，而无须先将它转成SAS数据集。当有许多人一起更新数据文件的时候，这个方法尤为有用，这样可以确保你使用的是最新的数据。

- SAS/ACCESS产品使你能够直接读取数据文件，而无须预先将其转换成SAS数据集。SAS为大多数主流数据库管理系统提供了相应的SAS/ACCESS产品，其中包括：ORACLE、DB2、INGERS、MYSQL以及SYBASE。本书并不涵盖这种数据访问方法。

- 我们之前提到过，可以使用SAS/ACCESS Interface to PC Files将不同类型的个人计算机文件转换成SAS数据集。但是，你也能使用Excel、Access和JMP引擎直接读取这些类型的文件，无须做数据转换。关于这些引擎的详细信息，请参阅SAS帮助文档。
- Base SAS也包含了一些用于直接读取数据的引擎，包括针对于SPSS、OSIRIS、旧版本的SAS数据集以及SAS数据集传输格式的引擎。有关可用引擎的完整列表，请参见适用于你的操作环境的SAS帮助文档。

在以上这些数据导入方法中，你一定能找到一个或多个适用于你的方法。

2.2 使用 VIEWTABLE 窗口输入数据

VIEWTABLE窗口，作为Base SAS软件[①]的组成部分，提供了一种简易的方式来创建、浏览和编辑 SAS 数据集。从名称就能看出来，VIEWTABLE 窗口以表格形式显示表（数据集的另一个名称）。要打开 VIEWTABLE 窗口，从菜单栏中选择**工具 ▶ 表编辑器**，一个空的 VIEWTABLE 窗口随即打开，如图 2-1 所示。

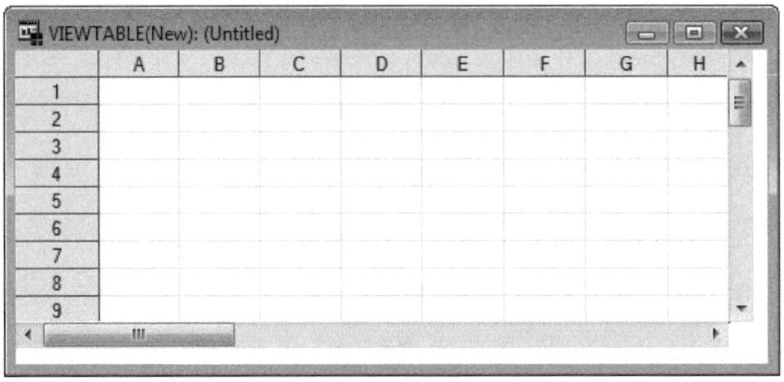

图 2-1

该表没有数据。你能看到以数字作为标签的行（观测）和以字母作为标签的列（变量）。你可以开始向这个默认表输入数据，SAS 将自动识别这个列是数值型还是字符型。然而，最好还是直接告知SAS数据的类型，以便每个列都按照你设想的方式建立。你可以通过"列属性"窗口来设置。

---

① 如果你正在使用一个非图形化监控器，SAS 将用 FSWIEW 来展示你的表格。因此你还额外需要 SAS/FSP 软件的许可。

“列属性”窗口　列顶端的字母被作为默认的变量名称。右键单击一个字母，你可以选择打开该列的“列属性”窗口，如图 2-2 所示。该窗口包含了一系列默认值，你可以根据需求替换这些值。如果你想输入日期，你需要选择一个日期输入格式，以便输入的日期自动转换成 SAS 日期值①。关于输入格式的详细信息，请参见第 2.7 节和第 2.8 节。如果你也选择了一个日期输出格式，它将被显示成一个可读的日期。有关输出格式的详细信息，请参见 4.6 节和 4.7 节。当你对这些值确定后，单击“**应用**”。要切换到其他列，在 VIEWTABLE 窗口里单击该列即可。列属性更改完成后，单击“关闭”按钮。

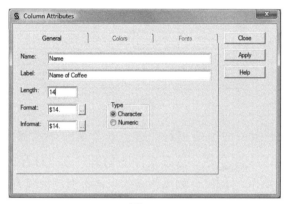

图 2-2

输入数据　列定义完成后，你就可以输入数据。要移动光标，可以单击一个字段或者使用制表符和箭头键。图 2-3 是一个已经定义完列属性并且输入了数据的表。

	Name of Coffee	Where Grown	Price
1	AA	Kenya	$8.95
2	Antigua	Guatemala	$9.95
3	Blue	Jamaica	$9.95
4	Harrar	Ethiopia	$8.95
5	Kaanapali Moka	Maui USA	$16.95
6	Kona	Hawaii USA	$18.95
7	Malulani	Molokai USA	$15.95
8	Mocha Pure	Yemem	$10.95
9	Santos	Brazil	$9.95
10	Supremo	Columbia	$10.95

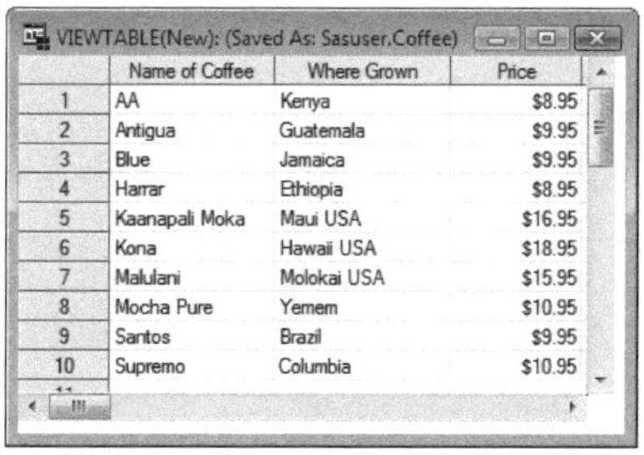

图 2-3

保存表　要保存表，从菜单栏中选择**文件 ▸ 另存为**…打开一个“另存为”窗口（类

① SAS 日期值是从 1960 年 1 月 1 日到该日期的天数。

似于图 2-4 所示的"打开"窗口）。显示的逻辑库对应于计算机上的位置（例如目录），如果要将你的表保存到其他位置，你可以单击"新建逻辑库"图标，打开"新建逻辑库"窗口（如第 1.10 节和第 2.18 节所示），从而添加其他的逻辑库。在"另存为"窗口中，为你的表指定一个名称，然后单击"保存"。

图 2-4

打开现有的表　要浏览或编辑现有的表，从菜单栏中选择**工具 ▸ 表编辑器**打开 VIEWTABLE 窗口，然后从菜单栏中选择**文件 ▸ 打开**。在"打开"窗口中，单击你所需的逻辑库和表名，然后单击"打开"。如果所需的表格不在任何现有的逻辑库中，单击"创建新逻辑库"图标创建一个逻辑库。要从浏览模式（默认）切换到编辑模式，从菜单栏中选择**编辑 ▸ 编辑模式**。你也可以通过在 SAS 资源管理器窗口中导航到现有的表，通过双击打开它。

其他特性　VIEWTABLE 窗口还有许多其他的特性，包括排序、打印、添加和删除行以及查看多个行（默认设置，称作"表视图"）或者一次只查看一行（称作"表单视图"）。你可以使用图标或者菜单控制这些特性。

在 SAS 程序中使用表　在 VIEWTABLE 中创建的表可以在 SAS 程序中使用，正如 SAS 程序中创建的表可以在 VIEWTABLE 中使用一样。例如，如果你把一个名为 COFFEE 的表存在 SASUSER 逻辑库中，你可以用下面的程序将其打印出来：

```
PROC PRINT DATA = Sasuser.coffee;
RUN;
```

 ## 2.3　使用导入向导读取文件

在 Windows 和 UNIX 操作环境中使用导入向导，只需回答几个问题，就能将各种各样的数据文件类型转换成 SAS 数据集。导入向导通过扫描你的文件来决定变量的类型[1]，然后默认用数据的第一行作为变量名称。导入向导可以读取所有类型的分隔文件，包括逗号分隔值（CSV）文件，它是用于在应用程序之间移动数据的常用文件类型。此外，如果你有 SAS/ACCESS Interface to PC Files，则你还可以读取许多主流的 PC 文件类型。

从菜单栏中选择**文件▸导入数据**启动导入向导。从标准数据源列表中选择你要导入的文件类型，如图 2-5 所示。在本示例中，要导入的数据文件是逗号分隔值（CSV）文件。

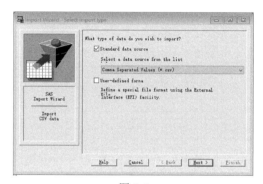

图 2-5

接下来，指明你要导入的文件所在的位置，如图 2-6 所示。默认情况下，SAS 使用文件的第一行作为 SAS 数据集的变量名称，并从第二行开始读取数据。当读取分隔文件、CSV 或者制表符分隔文件时，单击**选项…**按钮打开"分隔文件选项"窗口。

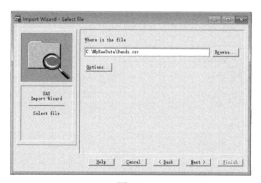

图 2-6

---

[1] 默认情况下，导入向导将扫描带分隔符的文件（delimited file）的前 20 行记录，Microsoft Excel 文件的前 8 行记录。如果某些行数据整体缺失，或者数据不能代表整个文件，导入向导（以及 IMPORT 过程步）可能无法正确地读取文件。更多信息参见第 2.16 节和 2.17 节。

对于分隔文件，在"分隔文件选项"窗口的"分隔符"框中指定分隔符，如图 2-7 所示。对于 CSV 或者制表符分隔文件，分隔符已经确定，所以窗口中该部分为灰色（无法修改）。在这个窗口里，你还能选择是否读取变量名称，指定从第几行开始读取数据，并设置用于猜测变量类型的数据行数。

图 2-7

如图 2-8 所示，下一个窗口要求你为要创建的 SAS 数据集选择 SAS 逻辑库和成员名称。如果你选择 WORK 逻辑库，则当你退出 SAS 的时候，该 SAS 数据集将被删除。如果你选择其他逻辑库，即使你退出 SAS，该 SAS 数据集仍能保留下来。在导入向导中无法定义逻辑库，所以确保在进入导入向导之前，已经预先定义逻辑库。你可以使用第 1.10 节中介绍的"新建逻辑库"窗口定义逻辑库（或者使用 LIBNAME 语句，将在第 2.19 节中介绍）。在选择逻辑库之后，为 SAS 数据集输入一个成员名称。

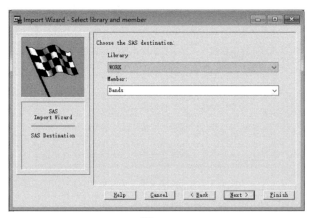

图 2-8

如图 2-9 所示，在最后一个窗口中，你可以选择是否将用于导入该文件的 PROC IMPORT 语句保存起来。

对于某些类型的文件，导入向导会问一些额外的问题。例如，如果你要导入 Microsoft Access 文件，将会询问你数据库名称和要导入的表的名称。

图 2-9

在 SAS 程序中使用导入的数据　通过导入向导导入的数据可以用在任何 SAS 程序中。例如，如果你把数据保存在 WORK 逻辑库中，并且命名为 BANDS，你可以用以下程序将其打印出来：

```
PROC PRINT DATA = WORK.bands;
RUN;
```

或者，由于 WORK 是默认的逻辑库，你也可以使用以下程序：

```
PROC PRINT DATA = bands;
RUN;
```

2.4 指定原始数据位置

如果你的数据存储在原始数据文件（也被称为文本文件、ASCII 文件、顺序文件或者平面文件）中，DATA 步为你提供了最大程度的灵活性来读取这些文件。读取原始数据文件的第一步是要告知 SAS 原始数据的位置。你的原始数据可能在你 SAS 程序内部（也被称作"instream"),或者在一个单独的文件里。不管是哪种方式,你必须告知 SAS 这些数据的位置。

原始数据文件可以用简单的文本编辑器或者系统命令来查看。对于个人计算机用户来说,原始数据文件要么不和任何应用程序关联,要么与一个简单的编辑器相关联,例如 Microsoft 记事本。在一些操作环境中,你可以使用命令列出这些文件。例如,在 UNIX 上使用 CAT 或者 MORE 命令。某些数据文件并非原始数据,例如电子表格。如果你试图用文本编辑器来查看电子表格文件,你很可能看到很多键盘上找不到的有趣字符。它可能会导致你的计算机发出警报声,你会因此希望自己躲在走廊尽头的那间私人办公室。它看起来一点都不像当你使用电子表格编辑软件打开时那样的优美和整洁。

内部原始数据 如果直接在你的 SAS 程序里输入原始数据,这些数据将成为程序的内部数据。当数据量很小或者你准备使用小的测试数据集测试一段程序的时候,你很可能要这么做。你可以使用 DATALINES 语句表明内部数据。DATALINES 语句必须是 DATA 步中最后一条语句。SAS 程序中 DATALINES 语句后的所有行都将被视为数据,直到 SAS 遇到一个分号为止。分号可以自己独占一行,也可以放在数据行的语句结尾处。在数据之后的任何语句都将成为新的程序步的一部分。如果你年龄足够大,还记得计算机穿孔卡(punching computer cards),你可能会喜欢用 CARDS 语句来代替 DATALINES。CARDS 语句和 DATALINES 语句的作用是一样的。下面这段 SAS 程序展示了如何使用 DATALINES 语句。(DATA 语句只是告知 SAS 创建一个名为 USPERSIDENTS 的 SAS 数据集,而 INPUT 语句告知 SAS 如何读取该数据。INPUT 语句将在第 2.5~2.15 节中介绍)。

```
*将内部数据读取到SAS数据集uspresidents;
DATA uspresidents;
   INPUT President $ Party $ Number;
   DATALINES;
Adams F 2
Lincoln R 16
Grant R 18
Kennedy D 35
   ;
RUN;
```

外部原始数据文件 你通常会把数据保存在外部文件中,从而将数据和程序分离。这消除了你在编辑 SAS 程序时意外篡改数据的可能性。使用 INFILE 语句告知 SAS 文件名和路径,以及从外部文件读取数据的选项。INFILE 语句紧随在 DATA 语句之后,并且必须在 INPUT 语句之前。在 INFILE 关键字之后是包含在引号中的文件路径和名称。下面是一些来自于不同操作环境的例子：

```
Windows:          INFILE 'c:\MyDir\President.dat';
UNIX:             INFILE '/home/mydir/president.dat';
z/OS:             INFILE 'MYID.PRESIDEN.DAT';
```

假设下面的数据来自于 C 盘（Windows 系统）MyRawData 目录下名为 President.dat 的数据文件：

```
Adams   F  2
Lincoln R 16
Grant   R 18
Kennedy D 35
```

下面的程序展示了如何使用 INFILE 语句读取该外部数据文件：

```
*从外部文件读取数据到SAS数据集;
DATA uspresidents;
   INFILE 'c:\MyRawData\President.dat';
   INPUT President $ Party $ Number;
RUN;
```

SAS 日志　无论任何时候，当你从外部数据文件中读取数据时，SAS 都将在日志文件中记录一些关于该文件非常有价值的信息。下面摘录了运行上面 SAS 代码所产生的 SAS 日志。在你读取一个文件后，请务必检查这个信息，因为它很可能指明了问题的所在。通过简单地比较从输入文件中读取的记录行数和 SAS 数据集中写入的观测数，就能知道 SAS 是否正确地读取了数据。

```
NOTE: INFILE 'c:\MyRawData\President.dat' 是:
      文件名=c:\MyRawData\President.dat,
      RECFM=V,LRECL=256
NOTE: 从 INFILE 'c:\MyRawData\President.dat' 中读取了 4 条记录。
      最小记录长度是 9。
      最大记录长度是 12。
NOTE: 数据集 WORK.USPRESIDENTS 有 4 个观测和 3 个变量。
```

长记录　在一些操作环境中，SAS 假设外部文件中的记录长度不超过 256 个字符（记录长度为一行数据的字符个数，其中包括了空格）。如果你的记录很长，而且 SAS 似乎没有读取所有数据，你可以在 INFILE 语句中使用"LRECL="选项，指定一个至少和数据文件中最长记录等长的记录长度。

```
INFILE 'c:\MyRawData\President.dat' LRECL=2000;
```

请查看 SAS 日志，以确保最大记录长度和你设想的一样。

2.5 读取空格分隔的原始数据

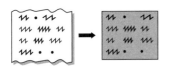

如果你的原始数据文件中的所有值之间都被至少一个空格[①]分隔开，合适的方法是使用列表输入（也被称作自由格式输入）读取该数据。列表输入是将原始数据读取到 SAS 中的简单方法，简便的同时也有一些局限。你必须读取一条记录中的全部数据，不能跳过不需要的值。任何缺失值都必须用句点来标识。如果有字符型数据，则它必须足够简单：没有内嵌的空格，长度不超过 8 个字符[②]。如果数据文件中包含日期或者其他需要特殊处理的数据，列表输入可能就不太合适。听起来它有很多的限制，但是事实上通过列表输入读取的数据文件数量是惊人的。

INPUT 语句，作为 DATA 步的组成部分，告知 SAS 如何读取原始数据。要编写使用列表输入的 INPUT 语句，只需在 INPUT 关键字之后按照变量名称在数据文件中出现的顺序列出它们即可。一般来说，变量名称不能超过 32 个字符，以字母或者下划线开头，且只包含字母、下划线和数字。如果变量值为字符（非数值）类型，在变量名称之后放置一个美元符号（$）。在变量名称之间至少留一个空格，记得在语句的结尾处放置一个分号。下面是一个简单的列表样式的 INPUT 语句的示例：

```
INPUT Name $ Age Height;
```

该语句告知 SAS 读取三个数据值。Name 之后的美元符号（$）表明该变量为字符型，而 Age 和 Height 变量都是数值型。

示例 你的家乡今年蟾蜍泛滥成灾。一个本地居民，在听说了加利福尼亚州的青蛙跳跃比赛之后，萌生了一个想法：组织一场蟾蜍跳跃比赛作为该年度城镇集会的压轴节目。在每场竞赛当中，蟾蜍都有自己的名称、体重和三次尝试跳跃距离。如果蟾蜍的某次跳跃犯规，则用一个句点标识缺失数据。下面就是这个数据文件 ToadJump.dat：

---

① SAS 能使用列表输入（list input）读取包含其他分隔符的文件，例如逗号或者制表符。参见第 2.15 节和 2.16 节。
② 使用 LENGTH 语句来覆盖这个限制是可行的（将在第 11.12 节讨论），它会将字符变量的长度从默认的 8 变成 1～32767 之间的任何值。

```
Lucky 2.3 1.9 . 3.0
Spot 4.6 2.5 3.1 .5
Tubs 7.1 . . 3.8
Hop 4.5 3.2 1.9 2.6
Noisy 3.8 1.3 1.8
1.5
Winner 5.7 . . .
```

这个数据文件看起来不是很整洁，但是它确实满足了列表输入所有要求：字符数据长度不超过 8 个字符且没有内嵌空格，所有的数值被至少一个空格分隔，缺失数据用一个句点标识。注意，Noisy 的数据溢出到了下一行。这并没有问题，因为如果 INPUT 语句中的变量个数比一行数据中的值的数量多，SAS 将默认到下一行读取。

下面是用来读取这个数据文件的 SAS 程序：

```
*创建一个名字为toads的SAS数据集;
*使用列表输入，读取数据文件ToadJump.dat;
DATA toads;
   INFILE 'c:\MyRawData\ToadJump.dat';
   INPUT ToadName $ Weight Jump1 Jump2 Jump3;
RUN;
*打印数据以确保文件被正确读取;
PROC PRINT DATA = toads;
   TITLE 'SAS Data Set Toads';
RUN;
```

变量 ToadName、Weight、Jump1、Jump2 和 Jump3 按照数据文件中相同的顺序被列在了 INPUT 关键字之后。ToadName 后面的美元符号（$）说明它是一个字符型变量，其他的所有变量都为数值型。使用 PROC PRINT 语句打印读取后的数值以确保它们正确。PRINT 过程以最简单的方式打印了 SAS 数据集中所有变量的值和所有观测。PROC PRINT 后面的 TITLE 语句告知 SAS 把引号内的文本放在每个输出页面的顶端。如果你的程序里没有 TITLE 语句，SAS 将把"The SAS System"放在每个页面的顶端。

表 2-1 是 PRINT 过程的输出结果。一件重要的事情是，请经常检查你所创建的数据集以确保它们正确。你也可以使用 VIEWTABLE 窗口（在第 1.11 节中介绍）查看该数据。

表 2-1　SAS Data Set Toads

Obs	ToadName	Weight	Jump1	Jump2	Jump3
1	Lucky	2.3	1.9	.	3
2	Spot	4.6	2.5	3.1	0.5

(续表)

Obs	ToadName	Weight	Jump1	Jump2	Jump3
3	Tubs	7.1	.	.	3.8
4	Hop	4.5	3.2	1.9	2.6
5	Noisy	3.8	1.3	1.8	1.5
6	Winner	5.7	.	.	.

由于 SAS 需要到下一行去获取 Noisy 最终一跳的数据，SAS 日志中出现了下面的提示：

```
NOTE: INPUT 语句到达一行的末尾，SAS 已转到新的一行
```

如果在你在意料之外看到这条注释，则可能意味着出了问题。如果是这样，请参见详细介绍该注释的第 11.4 节。

2.6 读取按列排列的原始数据

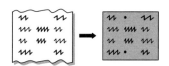

一些数据文件在所有值或表示缺失值的句点之间没有空格（或者其他分隔符），因此无法使用列表输入来读取该文件。但是，如果每个变量值都能在数据行的相同位置找到，只要所有值都是字符型或者标准数值型，你就可以使用列输入来读取。标准数值数据仅包含数字、小数点、正负号和代表科学计数法的 E。例如，带有内嵌逗号和日期的数值就不是标准数值类型。

列输入对比于列表输入具有如下的一些优势：

- 值之间无须空格
- 缺失值可以留空
- 字符型数据可以内嵌空格
- 可以跳过不需要的变量

调查数据非常适合使用列输入进行读取。调查问卷的答案经常以个位数字（0～9）编码。如果在每个值之间插入一个空格，这个文件大小将翻倍，并且相比于没有空格的文件，需要输入两倍的数据量。带有街道地址的数据集通常需要内嵌空格，这点也非常适合列输入。街道 Martin Luther King Jr. Boulevard 应该被读取为一个变量，如果使用列表输入，它将被错误地读取成五个变量。能被列输入读取的数据常常也能被格式化输入

或者多种输入方式的组合读取（在第 2.7 节、第 2.8 节和第 2.9 节中介绍）。

在使用列输入时，INPUT 语句以下面这种方式构成：在 INPUT 语句之后，列出第一个变量名称。如果变量是字符类型，则留一个空格，后面紧跟着一个美元符号（$）。在美元符号（$）或者变量名称（如果是数值类型）之后再留一个空格，然后列出该变量对应的列或列范围。这些列表示数值或者字符在数据行中的位置，请不要和你在电子表格中看到的列混淆。为所有要读取的变量重复以上过程。下面是使用列样式的简单 INPUT 语句：

```
INPUT Name $ 1-10 Age 11-13 Height 14-18;
```

第一个变量 Name 是一个字符型变量，它的数据值在第 1～10 列。Age 和 Height 变量后没有美元符号（$），因此它们是数值型变量，这两个变量的数据值在其名称之后列出的列范围中。

示例　当地的小联盟棒球队 Walla Walla Sweets 保持着球场内的特许销售记录。球场里最受欢迎的商品是甜洋葱圈，小卖部和露天看台上的商贩都在卖。球场的主人感觉如果一场比赛有许多击打和奔跑，露天看台上会比小卖部卖更多的洋葱圈。他们认为可以在比赛升温的时候让更多的商贩去露天看台上卖。在此之前，他们需要一些证据来支持他们的想法。

对于每个主场比赛，他们有如下的信息：对方球队的名称，小卖部和露天看台分别卖了多少洋葱圈，每队击打球的次数以及每队的最终得分。下面的例子是一个名为 OnionRing.dat 的数据文件。为了查看方便，在数据顶部放置一个显示列编号的列标尺。

```
----+----1----+----2----+----3----+----4
Columbia Peaches    35  67  1 10  2  1
Plains Peanuts     210      2  5  0  2
Gilroy Garlics        151035 12 11  7  6
Sacramento Tomatoes 124  85 15  4  9  1
```

请注意，该数据文件有如下特征，这些特征使列输入成为一个首要的选择：所有值都以列的方式排列，球队名称有内嵌的空格，缺失值留空，以及其中有一处的数值之间没有空格（Gilroy Garlics 的球迷一定非常热爱洋葱圈）。

下面这段代码向你展示了如何使用列输入来读取该数据文件。

```
*创建一个名字为sales的SAS数据集;
*使用列输入，读取数据文件OnionRing.dat;
```

```
DATA sales;
   INFILE 'c:\MyRawData\OnionRing.dat';
   INPUT VisitingTeam $ 1-20 ConcessionSales 21-24 BleacherSales 25-28
         OurHits 29-31 TheirHits 32-34 OurRuns 35-37 TheirRuns 38-40;
RUN;
*打印数据以确保文件被正确读取;
PROC PRINT DATA = sales;
   TITLE 'SAS Data Set Sales';
RUN;
```

变量 VisitingTeam 为字符型（由 $ 符号标识），从文件的第 1～20 列读取客队名称。变量 ConcessionSales 和 BleacherSales 分别从第 21～24 列和第 25～28 列读取小卖部和露天看台的销量数据。主队击打次数 OurHits 和客队击打次数 TheirHits 分别从第 29～31 列和第 32～34 列中读取。主队奔跑次数 OurRuns 从第 35～37 列中读取，而客队奔跑次数 TheirRuns 则从第 38～40 列中读取。

下面是 PRINT 过程输出的结果，你也可以使用 VIEWTABLE 查看该数据。

表 2-2　销售数据集

Obs	VisitingTeam	ConcessionSales	BleacherSales	OurHits	TheirHits	OurRuns	TheirRuns
1	Columbia Peaches	35	67	1	10	2	1
2	Plains Peanuts	210	.	2	5	0	2
3	Gilroy Garlics	15	1035	12	11	7	6
4	Sacramento Tomatoes	124	85	15	4	9	1

2.7　读取非标准格式的原始数据

有的时候，原始数据并非直接是数值或者字符。例如，我们人类很容易将数值 1,000,001 读作"一百万零一"，但是你所信任的计算机却只能将其读成字符。数值内嵌的逗号方便我们解读，但是对于计算机而言，在没有指令的情况下不可能识别内嵌逗号的数值。在 SAS 中，使用输入格式告知计算机如何解释这些类型的数据。

任何时候，当你读取非标准数据时，输入格式都很有用（标准数值数据只包含数字、小数点、正负符号和科学记数法 E）。嵌入逗号或美元符号的数值就是非标准数据的例子。其他例子包括十六进制数据和压缩十进制格式数据。SAS 也有读取这些类型的数据的输入格式。

日期[①] 可能是最常见的非标准数据。SAS 可以使用日期输入格式将惯用的日期格式，例如 10-31-2013 或者 31OCT13 转成一个数值，即从 1960 年 1 月 1 日到该日期的天数。该数值被称为 SAS 日期值（为什么是 1960 年 1 月 1 日？不太清楚，也许 1960 年是 SAS 创始人的幸运年）。当你要使用日期进行计算的时候，这样做非常有用。例如，你能通过将两个日期相减，非常容易地算出它们之间相隔的天数。

输入格式的三个基本类型是：字符、数值和日期。下一节中可以看到一个表格列出了 SAS 里可选择的输入格式。这三种类型都有如下的一般形式：

字符	数值	日期
$informatw.	*informatw.d*	*informatw.*

美元符号（$）表明这是字符型的输入格式，informat 是该输入格式的名称，w 是总长度，d 是小数位数（仅限数值型输入格式）。句点是输入格式名称里非常重要的组成部分。没有句点，SAS 将会把输入格式解释为变量名称，而变量名称默认情况下不能包含除下划线以外的任何特殊字符。有两个输入格式没有名称：$w. 用来读取标准的字符型数据，w.d 用来读取标准的数值型数据。

要使用输入格式，在 INPUT 语句的变量名称之后放置输入格式，称为格式化输入。下面的 INPUT 语句就是格式化输入的示例：

```
INPUT Name $10. Age 3. Height 5.1 BirthDate MMDDYY10.;
```

为每个变量读取的列由起始点和输入格式的宽度所决定。SAS 总是从第 1 列开始，因此第一个变量 Name（其输入格式为 $10.）的数据值在第 1 ~ 10 列。第二个变量的起始点在第 11 列，SAS 开始从第 11 ~ 13 列为 Age 读取值。第三个变量 Height 的值在第 14 ~ 18 列，这五个列包含了小数位和小数点本身（如 150.3）。最后一个变量 BirthDate 的值从第 19 列开始，它是日期格式。

示例 下面这个示例展示了如何使用输入格式读取数据。下面的数据文件 Pumpkin.dat 表示了本地一场南瓜雕刻竞赛的结果。每一行数据都包含了竞赛者的姓名、年龄、类型（雕刻或者装饰）、南瓜的登记日期以及五个裁判分别的评分。

```
Alicia Grossman   13 c 10-28-2012 7.8 6.5 7.2 8.0 7.9
Matthew Lee        9 D 10-30-2012 6.5 5.9 6.8 6.0 8.1
Elizabeth Garcia  10 C 10-29-2012 8.9 7.9 8.5 9.0 8.8
```

[①] 将在第 3.8 节中详细讨论在 SAS 中使用日期。

```
Lori Newcombe        6 D 10-30-2012 6.7 5.6 4.9 5.2 6.1
Jose Martinez        7 d 10-31-2012 8.9 9.510.0 9.7 9.0
Brian Williams      11 C 10-29-2012 7.8 8.4 8.5 7.9 8.0
```

下面这段程序用来读取这些数据。注意，有很多方法可以读取这些数据。如果你想到了其他的方法，也是可以的。

```
*创建一个名字为contest的SAS数据集;
*使用输入格式，读取数据文件Pumpkin.dat;
DATA contest;
   INFILE 'c:\MyRawData\Pumpkin.dat';
   INPUT Name $16. Age 3. +1 Type $1. +1 Date MMDDYY10.
       (Score1 Score2 Score3 Score4 Score5) (4.1);
RUN;
*打印数据以确保文件被正确读取;
PROC PRINT DATA = contest;
   TITLE 'Pumpkin Carving Contest';
RUN;
```

变量 Name 的输入格式为 $16.，表示它是一个宽度为 16 个列的字符型变量。变量 Age 的输入格式为 3，表示它是数值型变量，宽度为 3 列，没有小数位。+1 表示跳过一列。变量 Type 为字符类型，宽度为 1 列。变量 Date 的输入格式为 MMDDYY10.，它能读取诸如 10-31-2013 或者 10/31/2013 格式的日期，每种日期格式的宽度都为 10 列。其他的变量 Score1 到 Score5 都有相同的输入格式 4.1。通过把变量和输入格式分别放到小括号里，你只需要列出一次该输入格式。

这是 PRINT 过程打印出来的结果，你也可以使用 VIEWTABLE 查看该数据。

表 2-3 南瓜雕刻竞赛表

Obs	Name	Age	Type	Date[①]	Score1	Score2	Score3	Score4	Score5
1	Alicia Grossman	13	c	19294	7.8	6.5	7.2	8	7.9
2	Matthew Lee	9	D	19296	6.5	5.9	6.8	6	8.1
3	Elizabeth Garcia	10	C	19295	8.9	7.9	8.5	9	8.8
4	Lori Newcombe	6	D	19296	6.7	5.6	4.9	5.2	6.1
5	Jose Martinez	7	d	19297	8.9	9.5	10	9.7	9
6	Brian Williams	11	C	19295	7.8	8.4	8.5	7.9	8

① 注意这些日期被打印成了数字，它是从 1960 年 1 月 1 日开始到那天为止的天数。第 4.6 节将讨论如何把这些值转换成可读的日期。

2.8 常用输入格式

表 2-4 常用输入格式 [①]

输入格式	定 义	宽度范围	默认宽度
字符类型			
$CHAR*w*.	读取字符数据——不会修剪前部和尾部的空白	1～32767	8 或者变量的长度
$UPCASE*w*.	将字符数据转换成大写	1～32767	8
$*w*.	读取字符数据，修剪前导空白	1～32767	无
日期、时间和日期时间类型[①]			
ANYDTDTE*w*.	读取各种日期格式的日期	5～32	9
DATE*w*.	读取 ddmmmyy 或 ddmmmyyyy 格式的日期	7～32	7
DATETIME*w*.	读取 ddmmmyy hh:mm:ss.ss 格式的日期时间	13～40	18
DDMMYY*w*.	读取 ddmmyy 或 ddmmyyyy 格式的日期	6～32	6
JULIAN*w*.	读取 yyddd 或 yyyyddd 格式的儒略日期	5～32	5
MMDDYY*w*.	读取 mmddyy 或 mmddyyyy 格式的日期	6～32	6
STIMER*w*.	读取 hh:mm:ss.ss（或者 mm:ss.ss 或者 ss.ss）格式的时间	1～32	10
TIME*w*.	读取 hh:mm:ss.ss 或 hh:mm 格式的时间	5～32	8
数值类型			
COMMA*w.d*	删除内嵌的逗号和美元符号($)，将左括号转换成负号	1～32	1
COMMAX*w.*	就像 COMMA*w.d* 一样，但是颠倒了逗号和句点的角色	1～32	1
PERCENT*w.*	把百分数转成数值	1～32	6
w.d	读取标准的数值数据	1～32	无

① SAS 日期（DATE）值是从 1960 年 1 月 1 日到那天为止的天数，时间（TIME）值是午夜之后到那个时间为止的秒数，日期时间（DATETIME）值是从 1960 年 1 月 1 日午夜到那个时间为止的秒数。

（续表）

输入格式	输入数据	INPUT 语句	结果
字符类型			
$CHARw.	my cat 　　my cat	INPUT Animal $CHAR10.;	my cat 　　my cat
$UPCASEw.	my cat	INPUT Name $UPCASE10.;	MY CAT
$w.	my cat 　　my cat	INPUT Animal $10.;	my cat my cat
日期、时间和日期时间			
ANYDTDTEw.	1jan1961 01/01/61	INPUT Day ANYDTDTE10.;	366 366
DATEw.	1jan1961 1 jan 61	INPUT Day DATE10.;	366 366
DATETIMEw.	1jan1960 10:30:15 1jan1961,10:30:15	INPUT Dt DATETIME18.;	37815 31660215
DDMMYYw.	01.01.61 02/01/61	INPUT Day DDMMYY8.;	366 367
JULIANw.	61001 1961001	INPUT Day JULIAN7.;	366 366
MMDDYYw.	01-01-61 01/01/61	INPUT Day MMDDYY8.;	366 366
STIMERw.	10:30 10:30:15	INPUT Time STIMER8.;	630 37815
TIMEw.	10:30 10:30:15	INPUT Time TIME8.;	37800 37815
数值类型			
COMMAw.d	$1,000,001 (1,234)	INPUT Income COMMA10.;	1000001 -1234
COMMAXw.	$1.000.001 (1.234,25)	INPUT Value COMMAX10.;	1000001 -1234.25
PERCENTw.	5% (20%)	INPUT Value PERCENT5.;	0.05 -0.2
w.d	1234 -12.3	INPUT Value 5.1;	123.4 -12.3

2.9 混合的输入样式

三种主要的输入样式每个都有自己的优势。列表样式最简单，列样式稍微难一点，而格式化样式是三种样式里最难的。然而，列样式和格式化样式不需要变量之间有空格（或者其他分隔符），还能读取内嵌的空白。格式化样式可以读取诸如日期的特殊数据。有时候你用一种样式，有时候用另外一种，还有时候最简单的方法是用多种样式的组合。SAS 灵活到你可以任意搭配输入样式从而方便你的输入。

示例 下面的原始数据包含美国国家公园的信息：名称、所在州名称（或者多个州名称）、建立的年份和占地面积（英亩）。

```
Yellowstone            ID/MT/WY 1872  4,065,493
Everglades             FL 1934        1,398,800
Yosemite               CA 1864          760,917
Great Smoky Mountains  NC/TN 1926       520,269
Wolf Trap Farm         VA 1966              130
```

你可以使用多种方式（本节的介绍要点）书写 INPUT 语句来读取该数据。下面的程序展示了其中的一种方式。

```
*创建一个名字为nationalparks的SAS数据集;
*使用混合输入方式，读取数据文件NatPark.dat;
DATA nationalparks;
   INFILE 'c:\MyRawData\NatPark.dat';
   INPUT ParkName $ 1-22 State $ Year @40 Acreage COMMA9.;
RUN;
PROC PRINT DATA = nationalparks;
   TITLE 'Selected National Parks';
RUN;
```

注意，变量 ParkName 是用列样式输入进行读取，State 和 Year 则是用列表样式输入进行读取，而 Acreage 是用格式化样式输入进行读取。下面是 PRINT 过程的输出结果。你也可以用 VIEWTABLE 查看该数据。

表 2-5　美国国家公园表

Obs	ParkName	State	Year	Acreage
1	Yellowstone	ID/MT/WY	1872	4065493
2	Everglades	FL	1934	1398800
3	Yosemite	CA	1864	760917

(续表)

Obs	ParkName	State	Year	Acreage
4	Great Smoky Mountains	NC/TN	1926	520269
5	Wolf Trap Farm	VA	1966	130

有时候，程序员在混合使用输入样式时会遇到一些问题。当 SAS 读取一行原始数据的时候，它用一个指针来标记其位置，但是每种输入样式使用指针的方式有所不同。在使用列表样式输入时，SAS 自动扫描下一个非空的字段，然后开始读取。在使用列样式输入时，SAS 精确地读取你指定的列上的数据。但是在使用格式化样式输入时，SAS 只是开始读——不管指针现在哪里，SAS 都从那个位置继续读取。

有时候，你需要显式地移动指针。你可以使用列指针 @n 进行移动，其中 n 是 SAS 要移动到的列。

在前面的程序里，列指针 @40 告知 SAS 在读取数据值之前将指针移动到第 40 列。如果你像下面这条语句一样将 INPUT 语句中的列指针去掉，SAS 将从 Year 的后面紧接着读取 Acreage。

```
INPUT ParkName $ 1-22 State $ Year Acreage COMMA9.;
```

输出结果如表 2-6 所示。

表 2-6 美国国家公园

Obs	ParkName	State	Year	Acreage
1	Yellowstone	ID/MT/WY	1872	4065
2	Everglades	FL	1934	.
3	Yosemite	CA	1864	.
4	Great Smoky Mountains	NC/TN	1926	5
5	Wolf Trap Farm	VA	1966	.

因为 Acreage 是用格式化输入读取的，SAS 则从指针当前的位置开始读取。下面的数据文件顶部有用于列计数的列标尺，星号标识了 SAS 开始读取 Acreage 值的位置。

```
----+----1----+----2----+----3----+----4----+----5
Yellowstone          ID/MT/WY 1872 *  4,065,493
Everglades           FL 1934 *        1,398,800
Yosemite             CA 1864 *          760,917
```

```
Great Smoky Mountains NC/TN 1926 *            520,269
Wolf Trap Farm         VA 1966 *                 130
```

名为 COMMA9. 的输入格式告知 SAS 读取 9 列,即便这些列全部为空白,SAS 也会读取。

列指针 @n 还有其他的用处。无论何时,当你希望在一行数据里向前或者向后移动列指针的时候,你都可以使用它。例如,你可以用它跳过不需要的数据,或者使用不同的输入格式两次读取同一个变量。

2.10 读取杂乱的原始数据

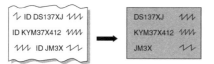

有时候,你需要读取那种并没有排列整齐或者无法预知要读取的字符长度的数据。当你遇到这种杂乱的文件的时候,普通的列表输入、列输入或者格式化输入就不够用了。你的工具包里还需要有更多的工具:类似于 @'*character*' 列指针或者冒号修饰符这样的工具。

@'*character*' 列指针 在第 2.9 节,我们向你展示了如何在读取数据之前使用 @ 列指针将指针移动到特定的列。然而,有时候你并不知道数据开始的位置,但是你知道它总是在一个特定的字符或者单词之后开始。在这种情况下,你可以使用 @'*character*' 列指针。例如,假设你有一个关于狗类品种的数据文件。在该文件中,数据排列的并不整齐。但是你知道,狗的品种信息总是出现在单词 Breed 之后,你可以使用下面的 INPUT 语句读取狗的品种信息:

```
INPUT @'Breed:' DogBreed $;
```

冒号修饰符 只要狗的品种名称不超过 8 个字符(字符变量的默认长度),上面的 INPUT 语句就运转良好。因此,如果狗的品种是 Shepherd,这一切没有问题。但是,如果狗的品种是 Rottweiler,你只能得到 Rottweil。如果你在 INPUT 语句里给变量指定输入格式(例如 $20.),告知 SAS 该变量的字段为 20 个字符的长度,SAS 将连续读取 20 个字符,而无论其中是否有空格[①]。因此,DogBreed 变量可能会包含不需要的字符(在数

---

① 使用 LENGTH 和输入格式语句代替 INPUT 为变量定义一个长度也是可以的。当一个变量的长度在 INPUT 语句之前定义的时候,SAS 将一直读取直到它遇到一个空格或者达到之前定义的长度为止。这和冒号修饰符的行为是一致的。输入格式语句在第 2.21 节讨论,LENGTH 语句在第 11.12 节讨论。

据行中狗品种后面的字符）。如果你只希望 SAS 读取到空格或者数据行的结束为止[1]，那你可以在输入格式中使用冒号修饰符。要使用冒号修饰符，只需在输入格式前面放置一个冒号（:），例如使用 :$20. 而不是 $20.。

例如，对于下面这行原始数据：

```
My dog Sam Breed: Rottweiler Vet Bills: $478
```

下面列举了使用不同 INPUT 语句所得到的结果：

语句	变量 DogBreed 的值
`INPUT @'Breed: ' DogBreed $;`	Rottweil
`INPUT @'Breed: ' DogBreed $20.;`	Rottweiler Vet Bill
`INPUT @'Breed: ' DogBreed :$20.;`	Rottweiler

示例　每年，来自美国和加拿大的工程系学生都会建造混凝土轻舟，并参加地区和国家的竞赛。其中一部分竞赛项目是轻舟竞速。下面的数据包含了男子轻舟冲刺比赛的最终成绩。数据行里首先是轻舟的名称，然后是学校名称和时间。

```
Bellatorum School: CSULA Time: 1:40.5
The Kraken School: ASU Time: 1:45.35
Black Widow School: UoA Time: 1:33.7
Koicrete School: CSUF Time: 1:40.25
Khaos School: UNLV Time: 2:03.45
Max School: UCSD Time: 1:26.47
Hakuna Matata School: UCLA Time: 1:20.64
Prospector School: CPSLO Time: 1:12.08
Andromeda School: CPP Time: 1:25.1
Kekoapohaku School: UHM Time: 1:24.49
```

你可以看出来，因为轻舟的名称包含的字符个数是各不相同的，学校的名称也没有在一个列上排列整齐。此外，有的时间值是六个字符，有的是七个字符。下面这段程序只读取学校名称和时间。

```
DATA canoeresults;
   INFILE 'c:\MyRawData\Canoes.dat';
   INPUT @'School:' School $ @'Time:' RaceTime :STIMER8.;
RUN;
PROC PRINT DATA = canoeresults;
   TITLE "Concrete Canoe Men's Sprint Results";
RUN;
```

---

[1] 空格是默认的分隔符。这个方法也适用于其他的分隔符。更多关于读取分隔数据的信息请参见第 2.15 节和第 2.16 节。

该 INPUT 语句使用 @'School:' 和 @'Time:' 定位列指针，以便读取学校名称和时间。因为时间的字符数并不总是相同，所以使用带有冒号修饰符的输入格式 :STIMER8. 读取时间。如果没有冒号修饰符，在 SAS 读取到行末尾的时候，它将试图去下一行读取时间值。

表 2-7 是 PRINT 过程的输出结果，你也可以使用 VIEWTABLE 查看该数据。

表 2-7　Concrete Canoe Men's Sprint Results

Obs	School	RaceTime[①]
1	CSULA	100.50
2	ASU	105.35
3	UoA	93.70
4	CSUF	100.25
5	UNLV	123.45
6	UCSD	86.47
7	UCLA	80.64
8	CPSLO	72.08
9	CPP	85.10
10	UHM	84.49

2.11　为每个观测读取多行原始数据

在典型的原始数据文件中，每行数据代表一个观测。但是，有的时候，一个观测的数据分散到了多行中。当 SAS 还没有为 INPUT 语句中所有变量读完数据就遇到了行结尾的时候，SAS 将自动地进入下一行继续读取。因此，你可以让 SAS 决定何时换行。但是如果你知道数据文件的多个原始数据行对应一个观测，则你最好显式告知 SAS 何时换行，而不是让其自行决定。用这种方法，你将不会在日志中遇到可疑的"SAS 进入了新的一行"

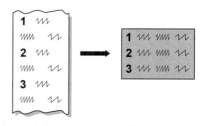

---

① 注意，时间以秒的方式打印出来。第 4.6 节将讨论如把这些时间格式化成分钟和秒。

的提示信息。如果你要告知 SAS 何时跳到下一行，你只需在 INPUT 语句中增加一个行指针。

行指针、斜线（/）和井号 *n*（#*n*），就像一个指路牌一样告诉 SAS "这边走"。要为单个观测读取多行原始数据，你只需在 INPUT 语句中插入一个斜线（/）指示跳到下一个原始数据行。#*n* 行指针执行了相同的操作，除了你必须指定行号以外。#*n* 中的 *n* 代表了用于该观测的原始数据的行号，因此，#2 意味着为该观测进入原始数据的第二行。你甚至可以使用 #*n* 行指针返回到前面的行。例如，先读取第 4 行再读取第 3 行。斜线（/）比行指针更简单一些，但是 #*n* 行指针更灵活。

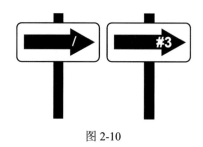

图 2-10

示例　一个同事正在规划他的下一个夏日假期，他想去温度适宜的地方。于是，他从一个气象数据库中获取了数据。不幸的是，他不知道如何正确地从数据库中导出数据，因此导出了一个非常奇怪的文件。

这个文件包含了阿拉斯加、佛罗里达和北卡罗来纳（如果你的同事决定访问最后一个地方，他可以顺便拜访一下 SAS 总部）7 月的气温信息。第一行包含了城市和州；第二行列出了正常情况下的最高温和最低温（华氏温度）；第三行包含了有史以来最高温和最低温：

```
Nome AK
55 44
88 29
Miami FL
90 75
97 65
Raleigh NC
88 68
105 50
```

下面这段代码从名为 Temperature.dat 的文件中读取天气信息。

```
*创建一个名字为highlow的SAS数据集;
*使用行指针，读取数据文件;
DATA highlow;
   INFILE 'c:\MyRawData\Temperature.dat';
   INPUT City $ State $
         / NormalHigh NormalLow
         #3 RecordHigh RecordLow;
RUN;
PROC PRINT DATA = highlow;
   TITLE 'High and Low Temperatures for July';
RUN;
```

INPUT 语句从第一行数据中读取 City 和 State 的值，斜线（/）告知 SAS 在读取 NormalHigh 和 NormalLow 前移动到数据下一行的第 1 列。类似地，#3 告知 SAS 在读取 RecordHigh 和 RecordLow 之前移动到数据第三行的第 1 列。像以往一样，这里有不止一种编写 INPUT 语句的方法。你可以用 #2 替代斜线（/）或用斜线（/）来替代 #3。

日志里出现了下面的提示

```
NOTE: 从 INFILE 'c:\MyRawData\Temperature.dat' 中读取了 9 条记录。
      最小记录长度是 5。
      最大记录长度是 10。
NOTE: 数据集 WORK.HIGHLOW 有 3 个观测和 6 个变量。
```

请注意，SAS 从输入文件读取了 9 行记录，但 SAS 数据集里只有三条观测。通常情况下，这会引起你的警觉，但在这里它证实了的确按计划为每个观测读取了三行数据。你应该始终检查 SAS 日志，尤其当你使用行指针的时候。

表 2-8 是 PRINT 过程的输出结果，你也可以使用 VIEWTABLE 查看该数据。

表 2-8　7 月温度记录表

Obs	City	State	NormalHigh	NormalLow	RecordHigh	RecordLow
1	Nome	AK	55	44	88	29
2	Miami	FL	90	75	97	65
3	Raleigh	NC	88	68	105	50

2.12 从每行原始数据读取多个观测

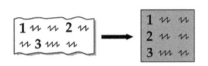

这应该是数据的"墨菲定律":无论数据能够以何种形态存在,都会存在这种数据。正常情况下,SAS 假设每行原始数据代表的观测不会超过一个。如果每行原始数据有多个观测,你可以在 INPUT 语句结尾处使用双尾 @ 符号(@@)。这个行固定标识符就像一个停车标志一样告诉 SAS:"停下,留在原始数据的当前行。"SAS 将停留在那行数据,继续读取观测直到数据读取完毕或者遇到了没有双尾 @ 符号的 INPUT 语句为止。

图 2-11

示例 假设你的一位同事正在规划假期,他得到了一个包含他所想去的三个城市降雨量(英寸)的数据文件。该文件包含每个城市的名称、所在州名称、7 月的平均降雨量以及 7 月有可测量降水的平均天数。该原始数据文件看起来如下所示:

```
Nome AK 2.5 15 Miami FL 6.75
18 Raleigh NC . 12
```

请注意,在该数据文件中,第一行在第二个观测的中间结束。下面的程序从名为 **Precipitation.dat** 的文件中读取这些数据。它使用了 @@,因此 SAS 不会为每个观测自动进入原始数据的新一行。

```
*从每个记录中输入多个观测;
DATA rainfall;
   INFILE 'c:\MyRawData\Precipitation.dat';
   INPUT City $ State $ NormalRain MeanDaysRain @@;
RUN;
PROC PRINT DATA = rainfall;
   TITLE 'Normal Total Precipitation and';
```

```
    TITLE2 'Mean Days with Precipitation for July';
RUN;
```

下面的提示将会出现在日志中:

```
NOTE: 从 INFILE 'c:\MyRawData\Precipitation.dat' 中读取了 2 条记录。
      最小记录长度是 18。
      最大记录长度是 29。
NOTE: INPUT 语句到达一行的末尾,SAS 已转到新的一行。
NOTE: 数据集 WORK.RAINFALL 有 3 个观测和 4 个变量。
```

仅仅从原始数据文件中读取了两行记录,RAINFAL 数据集却包含三个观测。日志里也包含了一个提示,指明当 INPUT 语句到达行末尾的时候 SAS 进入了新的一行。这意味着 SAS 在一个观测的中间就走到了一行数据的末尾,它将继续读取下一行原始数据。正常情况下,这些信息说明这里有问题,但是在这个例子里,这正是你所需要的。

表 2-9 是 PRINT 过程的输出结果,你也可以用 VIEWTABLE 查看该数据。

表 2-9 Normal Total Precipitation and Mean Days with Precipitation for July

Obs	City	State	NormalRain	MeanDaysRain
1	Nome	AK	2.50	15
2	Miami	FL	6.75	18
3	Raleigh	NC	.	12

2.13 读取原始数据文件的一部分

有的时候,你可能会发现你需要读取一个比较大的数据文件中的一小部分。例如,当你读取美国人口普查数据时,你可能只需要年薪在 $225 000 以上、居住在 Walla Walla, Washington 的女性户主数据。当然,你也可以读取全部数据,然后再把不需要的丢掉,但是那将浪费你的时间。

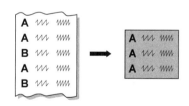

幸运的是,你无须读取所有的数据,就可以告知 SAS 是否保留某条观测。取而代之的是,你可以只读取需要的变量以确定是否保留当前的观测,然后用一个 @ 符号(也被称作单尾 @)结束 INPUT 语句。该符号告知 SAS 保持那行原始数据。在单尾 @ 保持该

行数据时，你可以使用 IF 语句来测试该观测，以查看它是否是你要保留的观测。如果是，你可以使用第二条 INPUT 语句为其余变量读取数据。如果没有单尾 @，SAS 将自动地为每个 INPUT 语句读取下一行原始数据。

单尾 @ 和列指针 @n（在第 2.9 节中介绍）非常相似。通过在 @ 符号后面指定一个数值，你可以告知 SAS 移动到指定的列。如果 @ 后面没有指定列，那就好像你告知 SAS "敬请期待更多信息，请勿换台！" SAS 将保持住该行数据直到 DATA 步结束或者遇到一个没有单尾 @ 的 INPUT 语句为止。

示例　你想要读取一个包含本地高速公路和地面街道交通信息的文件的一部分。数据包含街道类型、街道名称、在早晨平均每小时通过的车辆数量以及在晚上平均每小时通过的车辆数量。这是原始数据文件：

```
freeway 408                             3684 3459
surface Martin Luther King Jr. Blvd.    1590 1234
surface Broadway                        1259 1290
surface Rodeo Dr.                       1890 2067
freeway 608                             4583 3860
freeway 808                             2386 2518
surface Lake Shore Dr.                  1590 1234
surface Pennsylvania Ave.               1259 1290
```

假如你只是想看高速公路的数据，你可以使用下面这段程序来读取原始数据文件 Traffic.dat。

```
*使用单尾 @ ，然后删除地面街道;
DATA freeways;
   INFILE 'c:\MyRawData\Traffic.dat';
   INPUT Type $ @;
   IF Type = 'surface' THEN DELETE;
   INPUT Name $ 9-38 AMTraffic PMTraffic;
RUN;
PROC PRINT DATA = freeways;
   TITLE 'Traffic for Freeways';
RUN;
```

注意，这里有两条 INPUT 语句。第一个用来读取字符变量 Type，并以一个 @ 符号结尾。当使用 IF 语句测试的时候，单尾 @ 保持了每行数据。第二条 INPUT 语句读取了 Name（第 9～38 列）、AMTraffic 和 PMTraffic。如果一个观测的 Type 变量值为 surface，则第二条 INPUT 语句不会被执行。SAS 会回到 DATA 步的开始位置，然后处理下一个观测。它不会将不需要的观测添加到 FREEWAYS 数据集中（立即执行，毫无余地）。

当你运行该程序的时候，日志里将包含下面两段提示。一个说明了从输入文件中读取了 8 行记录；另一个则说明了新的数据集只包含了 3 个观测。

```
NOTE: 从 INFILE 'c:\MyRawData\Traffic.dat' 中读取了 8 条记录。
      最小记录长度是 47。
      最大记录长度是 47。
NOTE: 数据集 WORK.FREEWAYS 有 3 个观测和 4 个变量。
```

另外 5 个观测的 Type 变量值为 surface，IF 语句将它们删除了。下面是 PRINT 过程的输出结果，你也可以使用 VIEWTABLE 查看该数据。

表 2-10 Traffic for Freeways

Obs	Type	Name	AMTraffic	PMTraffic
1	freeway	408	3684	3459
2	freeway	608	4583	3860
3	freeway	808	2386	2518

对比单尾 @ 和双尾 @　前一章节中介绍的双尾 @ 和单尾 @ 非常类似，它们都是行固定标识符。区别在于它们保持一行输入数据的时间长短不同。单尾 @ 为后续的 INPUT 语句保持一行数据，但是当 SAS 回到 DATA 步的顶部开始生成下一条观测时，它将释放那行数据。双尾 @ 即使在 SAS 开始生成新观测时，也为后续的 INPUT 语句保持那行数据。在这两种情况中，当 SAS 遇到了没有行固定标识符的后续 INPUT 语句时，该行数据都会被释放。

2.14　在 INFILE 语句中使用选项控制输入

到目前为止，我们在本章中已经看到了多种使用 INPUT 语句读取不同类型的原始数据的方法。当读取数据文件时，SAS 做了特定的假设。例如，SAS 从数据文件的第一行开始读取，如果 SAS 读完了一行数据，它将自动跳到下一行，继续为剩余的变量读取数据。在大多数情况下，这没有问题，但是有的数据文件无法基于这些默认的假设来读取。INFILE 语句中的选项可以改变 SAS 读取原始数据文件的方式。下面的选项对于读取特定类型的数据文件非常有用，将这些选项放在 INFILE 语句中文件名的后面。

FIRSTOBS= "FIRSTOBS="选项告知 SAS 从第几行开始读取数据。这对于那些在开头有描述性文本和头信息的数据文件来说非常有用，因为你需要跳过这些行从下面开始读取数据。例如，下面这个数据文件在前两行拥有描述信息。

```
Ice-cream sales data for the summer
Flavor      Location    Boxes sold
Chocolate   213         123
Vanilla     213         512
Chocolate   415         242
```

下面的程序使用 FIRSTOBS= 选项告知 SAS 从文件的第三行开始读取数据：

```
DATA icecream;
    INFILE 'c:\MyRawData\IceCreamSales.dat' FIRSTOBS = 3;
    INPUT Flavor $ 1-9 Location BoxesSold;
RUN;
```

OBS= 任何时候，当你想要读取部分数据文件时，你都可以使用"OBS="选项。它告知 SAS 当到达数据文件中那一行时停止读取。注意，它不必和观测数一致。例如，如果你为每个观测读取两行原始数据，OBS=100 将会读取 100 行数据，而生成的 SAS 数据集只有 50 个观测。"OBS="选项可以和"FIRSTOBS="一起使用以便从数据文件的中间读取数据。例如，假设以下冰激凌销售数据文件的结尾有一个不属于数据部分的评论。

```
Ice-cream sales data for the summer
Flavor      Location    Boxes sold
Chocolate   213         123
Vanilla     213         512
Chocolate   415         242
Data verified by Blake White
```

通过使用 FIRSTOBS=3 和 OBS=5，SAS 将从第 3 行数据开始读取，直到读完第 5 行数据就停下来。

```
DATA icecream;
   INFILE 'c:\MyRawData\IceCreamSales.dat' FIRSTOBS = 3 OBS=5;
   INPUT Flavor $ 1-9 Location BoxesSold;
RUN;
```

MISSOVER 默认情况下，当 SAS 读完一行数据后，如果 INPUT 语句中还有一些变量没有赋值，SAS 将会去下一数据行读取数据。"MISSOVER"选项告知 SAS：当一行数据读完的时候不要转到下一行，而是为其余的变量分配缺失值。该选项可能对下面这类文件比较有用。该文件包含了自定进度课程的测验分数。由于不是每个学生都完成了所有测验，所以有些学生比其他人拥有更多的分数。

```
Nguyen     89 76 91 82
Ramos      67 72 80 76 86
Robbins    76 65 79
```

下面这段代码读取了 5 个测验分数，为没有完成的测验分配了缺失值。

```
DATA class102;
   INFILE 'c:\MyRawData\AllScores.dat' MISSOVER;
   INPUT Name $ Test1 Test2 Test3 Test4 Test5;
RUN;
```

TRUNCOVER 当你使用列输入或者格式化输入读取数据，并且一些数据行比其他行短的时候，你需要使用"TRUNCOVER"选项。如果一个变量字段超过了数据行的结尾，默认情况下，SAS 将转到下一行继续读取数据。该选项告知 SAS 为变量读取数据，直到遇到了数据行的结尾，或者遇到了在格式或列范围指定的最后一个列，二者以先遇到者为准。下面这个文件包含了地址信息，因为地址名称有内嵌的空格，所以必须使用列输入或者格式化输入。请注意，以下数据行的长度均不相同。

```
John Garcia      114 Maple Ave.
Sylvia Chung 1302 Washington Drive
Martha Newton   45 S.E. 14th St.
```

下面的程序使用列输入读取地址文件。因为有些地址在变量 Street 的作用域（第 22 ～ 37 列）结束之前就停止了，你需要使用"TRUNCOVER"选项。如果没有"TRUNCOVER"选项，SAS 将在第一条和第三条记录尝试转到下一行为 Street 读取数据。

```
DATA homeaddress;
   INFILE 'c:\MyRawData\Address.dat' TRUNCOVER;
   INPUT Name $ 1-15 Number 16-19 Street $ 22-37;
RUN;
```

TRUNCOVER 和 MISSOVER 类似。如果数据行在变量作用域开始之前就结束了，它们都会为变量分配缺失值。但是，如果数据行在变量作用域中间结束时，TRUNCOVER 将尽量读取可用数据，而 MISSOVER 则直接为变量分配一个缺失值。

2.15 使用 DATA 步读取分隔文件

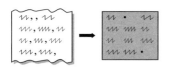

分隔文件是一种使用特殊字符分隔数据值的原始数据文件。许多程序都能把数据保存成分隔文件，通常使用逗号或者制表符作为分隔符。SAS 为 INFILE 提供两个使其更易读取分隔数据文件的选项："DLM="选项和"DSD"选项。

"DLM="选项　如果你使用列表输入读取数据，DATA 步期望你的文件用空格分隔数据。INFILE 语句中的"DELIMITER="或者"DLM="选项使你能够读取使用其他分隔符的文件。逗号和制表符是数据文件中常见的分隔符，但你也可以读取使用任何分隔符的数据文件，只需把分隔符放在"DLM="选项后面的引号中（例如 DLM='&'）。如果你的分隔符是一个字符串，请使用"DLMSTR="选项。

示例　下面的文件是使用逗号分隔的，学生名称后面跟的是暑期阅读计划中每周的读书数量。

```
Grace,3,1,5,2,6
Martin,1,2,4,1,3
Scott,9,10,4,8,6
```

下面的程序使用列表输入读取该书籍数据文件，并指定分隔符为逗号。

```
DATA reading;
   INFILE 'c:\MyRawData\Books.dat' DLM = ',';
   INPUT Name $ Week1 Week2 Week3 Week4 Week5;
RUN;
```

如果还是相同的数据，但是使用制表符代替逗号作为分隔符，那么你可以使用下面的程序读取这个文件。该程序使用了 DLM='09'X 选项。在 ASCII 码中，09 是制表符的十六进制形式。符号'09'X 代表了 09 的十六进制值。如果你的计算机使用的是 EBCDIC（IBM 大型机）而不是 ASCII，那么请使用 DLM='05'X。

```
DATA reading;
   INFILE 'c:\MyRawData\Books.txt' DLM = '09'X;
   INPUT Name $ Week1 Week2 Week3 Week4 Week5;
RUN;
```

默认情况下，SAS 将两个或者更多的连续分隔符解释为一个分隔符。如果你的文件有缺失值，并且连续的两个分隔符代表缺失值，那么你将需要用到 INFILE 语句中的"DSD"

选项。

"DSD"选项　INFILE 语句中的"DSD"（分隔符敏感数据）选项为你做三件事情。首先，它忽略用引号括起来的数据值中的分隔符。其次，它不会把引号作为数值的一部分读取。最后，它把两个连续的分隔符视为缺失值。"DSD"选项假设你的分隔符是逗号。如果分隔符不是逗号，你可以配合"DSD"选项使用"DLM="选项指定其他的分隔符。例如，为了读取一个制表符分隔的 ASCII 文件，并且文件中使用连续的两个制表符表示缺失值，你可以使用下面语句：

```
INFILE 'file-specification' DLM = '09'X DSD;
```

CSV 文件　逗号分隔值文件（也称为 CSV 文件）是可以使用"DSD"选项读取的常见文件类型。许多程序（如 Microsoft Excel）可以将数据保存成 CSV 格式。CSV 文件使用逗号作为分隔符，连续的逗号表示缺失值。如果数据值包含逗号，则数据值会被放在引号中。

示例　下面这个示例展示了如何使用"DSD"选项读取一个 CSV 文件。Jerry 的咖啡馆雇用了本地的乐队来吸引顾客。乐队每天晚上在咖啡馆里演出，Jerry 分别记录了他们吸引顾客的数量。下面的数据表中包含了乐队的名称、演出日期以及分别在 8 p.m.、9 p.m.、10 p.m. 和 11 p.m. 的在场顾客数量。

```
Lupine Lights,12/3/2012,45,63,70,
Awesome Octaves,12/15/2012,17,28,44,12
"Stop, Drop, and Rock-N-Roll",1/5/2013,34,62,77,91
The Silveyville Jazz Quartet,1/18/2013,38,30,42,43
Catalina Converts,1/31/2013,56,,65,34
```

请注意，有一个乐队的名称包含逗号，该乐队名称被放在引号中。最后一个乐队缺失 9 p.m. 时候的值，连续的两个逗号表示该缺失值。在 INFILE 语句中使用"DSD"选项可以读取该数据文件。这里还需要谨慎一点，当使用"DSD"选项的时候，如果在数据行的末尾有可能出现缺失值（就像上面数据文件的第一行一样），需要一并使用"MISSOVER"选项。"MISSOVER"选项告知 SAS 当一行数据不够的时候，不要跳到下一行继续读取。下面就是读取该数据文件的程序：

```
DATA music;
   INFILE 'c:\MyRawData\Bands.csv' DLM = ',' DSD MISSOVER;
   INPUT BandName :$30. GigDate :MMDDYY10. EightPM NinePM TenPM ElevenPM;
RUN;
```

```
PROC PRINT DATA = music;
   TITLE 'Customers at Each Gig';
RUN;
```

注意，对于 BandName 和 GigDate 我们使用了带有冒号修饰的输入格式。冒号修饰符告知 SAS 读取输入格式的长度（BandName 为 30 个字符，GigDate 为 10 个字符）或者直到遇到分隔符为止，二者以先遇到者为准。因为乐队名称的长度大于默认的 8 个字符，我们为 BandName 使用：$30. 输入格式以读取最多 30 个字符。

表 2-11 是 PRINT 过程的输出结果，你也可以在 VIEWTABLE 窗口中查看该数据。

表 2-11　Customers at Each Gig

Obs	BandName	GigDate[①]	EightPM	NinePM	TenPM	ElevenPM
1	Lupine Lights	19330	45	63	70	.
2	Awesome Octaves	19342	17	28	44	12
3	Stop, Drop, and Rock-N-Roll	19363	34	62	77	91
4	The Silveyville Jazz Quartet	19376	38	30	42	43
5	Catalina Converts	19389	56	.	65	34

2.16　使用 IMPORT 过程读取分隔文件

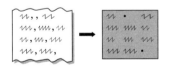

我们猜想到目前为止你已经意识到了在 SAS 中通常有不止一种方法来达成相同的结果。在前面的章节中，我们向你展示了如何使用 DATA 步读取分隔文件。现在，我们将向你展示如何使用另外一种不同的方法读取分隔文件：使用 IMPORT 过程。INPORT 过程在 UNIX 和 Windows 操作环境上都可以使用。

PROC IMPORT 为你做了一些事情来帮助你更容易地读取特定类型的数据文件。PROC IMPORT 扫描你的数据文件（默认扫描前 20 行），然后自动确定变量的类型（字符或者数值）。它还能为字符类型指定长度以及识别一些日期格式。PROC IMPORT 将会把数据文件中两个连续的分隔符视为缺失值，读取引号中包含的数据值，以及当数据读完的时候为其余的变量分配缺失值。而且，如果你需要，你可以使用数据文件中的第

[①] 注意，这些日期被打印成了从 1960 年 1 月 1 日开始的天数。第 4.6 节将讨论如何把它们格式化可读的日期。

一行作为变量的名称。

IMPORT 过程的一般形式如下：

```
PROC IMPORT DATAFILE = 'filename' OUT = data-set;
```

filename 是你想要读取的文件的名称，*data-set* 是你要创建的 SAS 数据集的名称。SAS 将通过文件的扩展名来确定文件的类型，如下表所示：

文件类型	扩展名	DBMS 标识符
逗号分隔的	.csv	CSV
制表符分隔的	.txt	TAB
使用逗号和制表符以外的分隔符的		DLM

如果你的文件没有适当的扩展名，或者你的文件是某种 DLM 类型，你必须在 PROC IMPORT 中使用"DBMS="选项。如果已经有了一个和"OUT="选项中指定的名称同名的 SAS 数据集，并且你想要覆盖它，你需要使用"REPLACE"选项。这是在 PROC IMPORT 中使用"REPLACE"选项和"DBMS"选项的一般形式：

```
PROC IMPORT DATAFILE = 'filename' OUT = data-set
     DBMS = identifier REPLACE;
```

可选的语句　一些文件类型需要用一些额外的指令才能正确读取。如果数据文件不是在第一行开始，可以使用 DATAROWS 语句。如果分隔符不是逗号、制表符或者空格，可以使用 DELIMITER 语句。如果你的文件只包含数据，没有标题行，请使用"GETNAMES=NO"语句分配默认的变量名称。如果你的数据在前 20 行全是缺失值或者没有代表性的数据，你可能需要 GUESSINGROWS 语句以确保变量被分配了正确的数据类型和长度。

```
DATAROWS = n;                              从第 n 行开始读取数据，默认是 1。
DELIMITER = 'delimiter-character';         DLM 文件的分隔符，默认是空格。
                                           不要从输入文件的第一行获取变量名称，默认是 YES。
GETNAMES = NO;                             如果是 NO，变量名称为 VAR1、VAR2、VAR3 等。
GUESSINGROWS = n;                          使用 n 行来确定变量的类型，默认为 20。
```

下面展示了包含"GETNAMES=NO"语句的 PROC IMPORT 一般形式：

```
PROC IMPORT DATAFILE = 'filename' OUT = data-set;
   GETNAMES = NO;
```

示例 下面的示例使用了 Jerry 咖啡馆的数据，Jerry 雇用了本地的乐队来吸引顾客。Jerry 为每个乐队记录了整晚在场顾客的数量。数据包含乐队的名称、演出日期以及分别在 8 p.m、9 p.m、10 p.m 和 11 p.m 的在场顾客数量。注意，其中的一个乐队"Stop, Drop, and Rock-N-Roll"名称中间包含了逗号。当一个数值中有分隔符时，它必须被放在引号中。

```
Band Name,Gig Date,Eight PM,Nine PM,Ten PM,Eleven PM
Lupine Lights,12/3/2012,45,63,70,
Awesome Octaves,12/15/2012,17,28,44,12
"Stop, Drop, and Rock-N-Roll",1/5/2013,34,62,77,91
The Silveyville Jazz Quartet,1/18/2013,38,30,42,43
Catalina Converts,1/31/2013,56,,65,34
```

下面这段程序读取了该数据文件，并在导入后打印该 SAS 数据集：

```
PROC IMPORT DATAFILE ='c:\MyRawData\Bands2.csv' OUT = music REPLACE;
RUN;
PROC PRINT DATA = music;
   TITLE 'Customers at Each Gig';
RUN;
```

表 2-12 是 PROC PRINT 的输出结果。注意，演出日期是一个易读的日期，这是因为 IMPORT 自动地为某些日期形式分配了输入格式和输出格式（请参见第 4.6 节中关于输出格式的介绍）。还要注意 PROC IMPORT 使用了第一行数据作为变量的名称。为了符合标准的 SAS 变量命名规则，名称中的空格被下划线所替代。你也可以使用 VIEWTABLE 查看该数据。

表 2-12 Customers at Each Gig

Obs	Band_Name	Gig_Date	Eight_PM	Nine_PM	Ten_PM	Eleven_PM
1	Lupine Lights	12/03/2012	45	63	70	.
2	Awesome Octaves	12/15/2012	17	28	44	12
3	Stop, Drop, and Rock-N-Roll	01/05/2013	34	62	77	91
4	The Silveyville Jazz Quartet	01/18/2013	38	30	42	43
5	Catalina Converts	01/31/2013	56	.	65	34

2.17 使用 IMPORT 过程读取 Excel 文件

如果你有 SAS/ACCESS Interface to PC Files，你可以使用 IMPORT 过程在 Windows 和 UNIX 操作环境中导入 Microsoft Excel 文件。在 Windows 操作环境中，有一种无须 SAS/ACCESS 就能读取 Microsoft Excel 文件的替代方法，那就是使用下一节中介绍的动态数据交换（DDE）。

下面是使用 IMPORT 过程读取 EXCEL 文件的一般形式：

```
PROC IMPORT DATAFILE = 'filename' OUT = data-set
    DBMS = identifier REPLACE;
```

其中，filename 是你要读取的文件，data-set 是你要创建的 SAS 数据集的名称。"REPLACE"选项告知 SAS 替换"OUT="选项中指定的 SAS 数据集（若存在的话）。"DBMS="选项告知 SAS 要读取的 EXCEL 文件类型，它不是必需的。

DBMS 标识符 这里有一些 DBMS 标识符可用于读取 EXCEL 文件。三种最常用的标识符是 EXCEL、XLS 和 XLSX。在 UNIX 操作环境中，使用 XLS 标识符读取老版本的文件（扩展名为 .xls），使用 XLSX 标识符读取新版本的文件（扩展名为 .xlsx）。在 Windows 操作环境中，除了 XLS 和 XLSX 标识符以外，你还可以使用 EXCEL 标识符读取所有类型的 Excel 文件。与 XLS 和 XLSX 标识符相比，EXCEL 使用了不同的读取技术，所以结果可能会有所不同。默认情况下，XLS 和 XLSX 标识符，相较于 EXCEL 标识符，会查看更多的数据行来确定列的类型。如果你的 Windows 计算机同时有 64 位和 32 位应用程序，那么不是所有的标识符都适用于你。此外，某些计算机配置可能需要预先安装 PC 文件服务器。PC 文件服务器使用 EXCELCS 标识符。详细信息，请参见 SAS 帮助文档。

可选的语句 如果你的文件中有多个工作表，你可以使用下面语句指定读取哪个工作表。

```
SHEET = "sheet-name";
```

如果你只想读取工作表中特定的单元格，你可以指定一个区域。该区域可以是命名区域（如果已经定义），或者你也可按以下方式指定所在区域的左上和右下单元格。

```
RANGE = "sheet-name$UL:LR";
```

默认情况下，IMPORT 过程将使用电子表格的第一行作为变量的名称。如果你不想这样做，你可以向该过程添加以下语句（仅限 EXCEL 标识符）。SAS 会将这些变量命名为 F1、F2 等。

```
GETNAMES = NO;
```

当使用 Excel 标识符的时候，如果有一列同时包含数值和字符值，默认情况下，数值将被转换成缺失值。为了将数值读取成字符类型（而不是缺失值），可以使用下面的语句。

```
MIXED = YES;
```

示例 假设你有如表 2-13 所示的 Microsoft Excel 电子表格，它包含了本地小联盟棒球队比赛中的洋葱圈销售数量。数据表包含客队名称、小卖部的销售数量、露天看台的销售数量以及每个队的击打和奔跑数量。

表 2-13 本地小联盟棒球比赛中洋葱圈销售数量

	A	B	C	D	E	F	G
1	VisitingTeam	C Sales	B Sales	Our Hits	Their Hits	Our Runs	Their Runs
2	Columbia Peaches	35	67	1	10	2	1
3	Plains Peanuts	210		2	5	0	2
4	Gilroy Garlics	15	1035	12	11	7	6
5	Sacramento Tomatoes	124	85	15	4	9	1
6							
7							

下面这段程序使用 IMPORT 过程和 XLS DBMS 标识符读取了该 Microsoft Excel 文件。

```
*使用PROC IMPORT读取Excel电子表格;
PROC IMPORT DATAFILE = 'c:\MyExcel\OnionRing.xls' DBMS=XLS OUT = sales;
RUN;
PROC PRINT DATA = sales;
   TITLE 'SAS Data Set Read From Excel File';
RUN;
```

下面是 PROC PRINT 的输出结果。请注意，变量名称是如何从电子表格的第一行获取的。空格被替换成了下划线以符合标准的 SAS 变量命名规范（不多于 32 个字符，以字母或者下划线开头，只包含字母、下划线和数字）。你也可以使用 VIEWTABLE 查看该数据。

表 2-14 读取自 Excel 表格的 SAS 数据集

Obs	Visiting_Team	C_Sales	B_Sales	Our_Hits	Their_hits	Our_Runs	Their_Runs
1	Columbia Peaches	35	67	1	10	2	1
2	Plains Peanuts	210	.	2	5	0	2
3	Gilroy Garlics	15	1035	12	11	7	6
4	Sacramento Tomatoes	124	85	15	4	9	1

2.18 临时和永久 SAS 数据集

SAS 数据集以两种方式存在：临时的和永久的。临时 SAS 数据集仅在当前的作业或者会话中存在，当前作业或者会话结束时，它会被自动地清除掉。如果 SAS 数据集是永久的，并不是说它会永远存在，而是在你的作业或者会话结束后，它会被保留下来。

每种类型的数据集都有它自己的优势。有时候你希望将数据集保存下来供以后使用，有时候你则不希望这么做。在这本书中，大多数例子使用了临时数据集，因为我们不想使你的磁盘变得杂乱无章。但是，一般情况下，如果你希望多次使用同一个数据集，相比较于每次都创建一个临时数据集来说，更高效的做法是将其保存成永久数据集。

SAS 数据集名称　所有的 SAS 数据集都有一个两级的名称，例如 WORK.BIKESALES，两个层级之间被一个句点分隔。SAS 数据集名称的第一个层级（本例中为 WORK）被称为其逻辑库引用名（libref，SAS data library reference 的缩写形式）。逻辑库引用名就像指向特定位置的箭头。有时候，逻辑库引用名指向一个物理位置，例如闪存盘或者 CD，有的时候它指向一个逻辑位置，例如目录或者文件夹。SAS 数据集名称中的第二个层级（本例中为 BIKESALES）是在逻辑库中唯一标识该数据集的成员名称。

逻辑库引用名和成员名称都遵循有效 SAS 名称的标准规则。它们必须以字母或者下划线开始，且只包含字母、数字或者下划线。然而，逻辑库引用名的长度不能超过 8 个字符，成员名称却可以最长达 32 个字符。

你从不显式告知 SAS 创建临时数据集还是永久数据集。当创建数据集的时候，你通过数据集的名称来暗示系统要创建的类型。大多数数据集都是在 DATA 步中创建的，但是 PROC 步也可以创建数据集。如果你指定了两级名称（并且逻辑库引用名不为 WORK），则你的数据集是永久的。如果你仅指定了一级数据集名称（就像本书中大多数例子一样），则你的数据集是临时的。SAS 将使用你的一级名称作为成员名称，然后自动地附上逻辑库引用名 WORK。按照定义，任何逻辑库引用名为 WORK 的 SAS 数据集都是临时的，在作业或者会话结束时，将被 SAS 清除掉。下面是一些 DATA 语句示例以及它们所创建数据集的特性。

DATA 语句	逻辑库引用名	成员名称	类型
`DATA ironman;`	WORK	`ironman`	临时
`DATA WORK.tourdefrance;`	WORK	`tourdefrance`	临时
`DATA Bikes.doublecentury;`	Bikes	`doublecentury`	永久

临时 SAS 数据集　下面这段程序创建并打印了一个名为 DISTANCE 的临时 SAS 数据集：

```
DATA distance;
   Miles = 26.22;
   Kilometers = 1.61 * Miles;
RUN;
PROC PRINT DATA = distance;
RUN;
```

请注意，逻辑库引用名 WORK 并没有出现在 DATA 语句中。因为数据集使用了一级名称，所以 SAS 分配了默认的逻辑库 WORK，且使用 DISTANCE 作为该逻辑库中的成员名称。下面这段日志中的注释提示了完整的两级名称。

```
NOTE: 数据集 WORK.DISTANCE 有 1 个观测和 2 个变量。
```

永久 SAS 数据集　在你使用逻辑库引用名之前，你需要先定义它。你可以使用"新建逻辑库"窗口定义逻辑库，也可以使用 LIBNAME 语句（在下一节中详细介绍）定义逻辑库或者使用直接引用（在第 2.20 节中介绍）让 SAS 为你定义逻辑库引用名[①]。

要打开"新建逻辑库"窗口，从菜单栏中选择**工具** ▶ **新建逻辑库**。在图 2-12 所示的"新建逻辑库"窗口中定义的 BIKES 逻辑库指向了 C 盘（Windows）下"MySASLib"文件夹下的"Ruiz Racing Bicycles"文件夹。

---

① 当在 z/OS 环境中使用批处理时，你可能还会用到 Job Control Language（JCL），这个 DDname 就是你的逻辑库引用名。

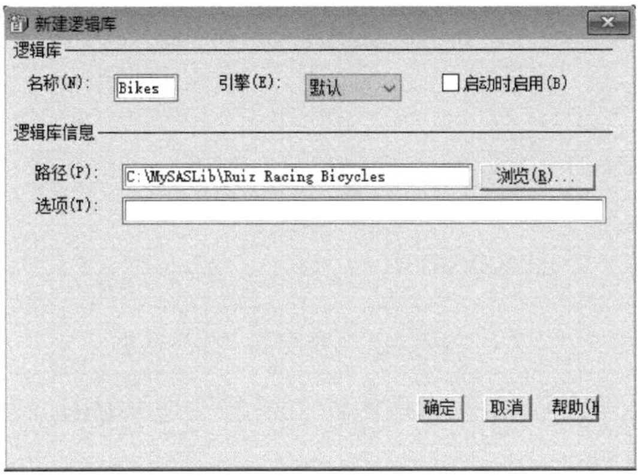

图 2-12

使用"新建逻辑库"窗口定义的逻辑库引用名将会出现在左图所示的 SAS 资源管理器的"当前逻辑库"窗口中，如图 2-13 所示。如果你双击该逻辑库图标，该逻辑库中的所有 SAS 数据集将被列在该逻辑库的"内容"窗口中。

图 2-13

下面这段程序，除了是创建一个永久 SAS 数据集以外，其余和前一个程序是相同的。请注意，两级名称出现在 DATA 语句和"DATA="选项中。

```
DATA Bikes.distance;
   Miles = 26.22;
   Kilometers = 1.61 * Miles;
RUN;
PROC PRINT DATA = Bikes.distance;
RUN;
```

这次，日志里包含了下面这条提示：

```
NOTE: 数据集 BIKES.DISTANCE有 1 个观测和 2 个变量。
```

这是一个永久 SAS 数据集，因为逻辑库引用名不是 WORK。

2.19 通过 LIBNAME 语句使用永久 SAS 数据集

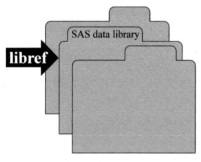

逻辑库引用名相当于是对 SAS 数据逻辑库位置的昵称。当你使用逻辑库引用名作为 SAS 数据集的第一级名称时，SAS 就会知道到那个位置去寻找 SAS 数据集。本节将向你展示如何使用 LIBNAME 语句定义逻辑库引用名，这是 SAS 里最普遍使用的（因此也是最便捷的）创建逻辑库引用名的方法。你也可以使用"新建逻辑库"窗口（在前面一节中介绍过）或者操作环境控制语言（在某些计算机上适用）① 来定义逻辑库引用名。LIBNAME 语句的基本形式为：

```
LIBNAME libref 'your-SAS-data-library';
```

在 LIBNAME 关键字之后，先指定逻辑库引用名，然后是包含在引号中的永久 SAS 数据集的位置。逻辑库引用名必须不能超过 8 个字符，以字母或者下划线开头，且只包含字母、数字或者下划线。以下是各个操作环境中 LIBNAME 语句的一般形式：

Windows:	LIBNAME libref 'drive:\directory';
UNIX:	LIBNAME libref '/home/path';
z/OS:	LIBNAME libref 'data-set-name';

---

① 当在 z/OS 环境中使用批处理时，你可能还会用到 Job Control Language (JCL)，这个 DDname 就是你的逻辑库引用名。

创建永久 SAS 数据集 下面这个示例创建了一个永久 SAS 数据集，它包含了木兰科树木的信息。对于每种树，原始数据文件包含了学名、常用名、最大的高度、使用种子种植时第一次开花的年龄、是常绿植物还是落叶植物以及花朵的颜色。

```
M. grandiflora    Southern Magnolia  80  15  E  white
M. campbellii                        80  20  D  rose
M. liliiflora     Lily Magnolia      12   4  D  purple
M. soulangiana    Saucer Magnolia    25   3  D  pink
M. stellata       Star Magnolia      10   3  D  white
```

下面这段程序创建了一个逻辑库引用名 PLANTS，它指向了 C 盘（Windows）的 MySASLib 目录。然后，它从名为 Mag.dat 的文件中读取原始数据，并创建了一个名为 MAGNOLIA 的永久数据集，该数据集存储在 PLANTS 逻辑库中。

```
LIBNAME plants 'c:\MySASLib';
DATA plants.magnolia;
   INFILE 'c:\MyRawData\Mag.dat';
   INPUT ScientificName $ 1-14 CommonName $ 16-32 MaximumHeight
      AgeBloom Type $ Color $;
RUN;
```

日志中包含了两级数据集名称的提示。

```
NOTE: 数据集 PLANTS.MAGNOLIA 有 5 个观测和 6 个变量。
```

图 2-14

使用 LIBNAME 语句定义的逻辑库引用名将出现在 SAS 资源管理器的"当前逻辑库"窗口中。如果你双击该逻辑库图标，该逻辑库中所有的 SAS 数据集将被列在该逻辑库的"内容"窗口中。

如果你将计算机上的文件目录打印出来，你不会看到名为 PLANTS.MAGNOLIA 的文件。那是因为操作环境都有它们自己的文件命名系统。当运行在 Windows 或者 UNIX 环境中，该数据集的文件名是 magnolia.sas7bdat。在 z/OS 环境中，文件名是 LIBNAME 语句所指定的数据集名称。

读取永久 SAS 数据集 要使用永久 SAS 数据集，可以在你的程序中包含一条 LIBNAME 语句，并通过其两级名称引用它。例如，如果你要回去打印上一个例子中创建的永久数据集，你可以使用下面的语句：

```
LIBNAME example 'c:\MySASLib';
PROC PRINT DATA = example.magnolia;
   TITLE 'Magnolias';
RUN;
```

这次 LIBNAME 语句中的逻辑库引用名是 EXAMPLE，而不是上个例子中的 PLANTS，但是它指向了和以前一样的位置，即 C 盘上的 MySASLib 目录。逻辑库引用名可以更改，但是成员名称（MAGNOLIA）必须相同。

输出结果如表 2-15 所示。

表 2-15　木兰科树木表

Obs	ScientificName	CommonName	MaximumHeight	AgeBloom	Type	Color
1	M. grandiflora	Southern Magnolia	80	15	E	white
2	M. campbellii		80	20	D	rose
3	M. liliiflora	Lily Magnolia	12	4	D	purple
4	M. soulangiana	Saucer Magnolia	25	3	D	pink
5	M. stellata	Star Magnolia	10	3	D	white

2.20 通过直接引用使用永久 SAS 数据集

如果你不想为建立逻辑库引用名和定义 SAS 逻辑库所烦恼，但是你仍然想要使用永久 SAS 数据集，那么你可以使用直接引用。直接引用仍是使用 SAS 逻辑库，但是无须你自己定义逻辑库，SAS 可以帮你做这件事。

直接引用很容易使用。只需取得该文件在你的操作环境中的名称，将它包含在引号中并放在你的程序中即可。引号告知 SAS 那是一个永久 SAS 数据集。下面是在不同的操作环境中，使用 DATA 语句创建永久 SAS 数据集的一般形式：

```
Windows:            DATA 'drive:\directory\filename';
UNIX:               DATA '/home/path/filename';
z/OS:               DATA 'data-set-name';
```

对于基于目录的操作环境而言，如果你省略了目录或者路径，SAS 将使用当前的工作目录。例如，下面这个语句将在你的当前工作目录中创建一个名为 TREES 的永久 SAS 数据集。

```
DATA 'trees';
```

对于 UNIX 操作环境，默认情况下，你的当前目录是你启动 SAS 的目录。你可以通过在菜单栏中选择**工具** ▸ **选项** ▸ **更改当前文件夹**来更改 SAS 会话的当前目录。在 Windows 中，当前工作目录的名称显示在 SAS 窗口的底部。你可以更改当前 SAS 会话的目录，方法是通过双击该目录的名称以打开"更改文件夹"窗口。

示例 下面的例子创建了一个包含木兰科树木信息的永久 SAS 数据集。对于每种树，原始数据文件包含了学名、常用名、最大的高度、使用种子种植时第一次开花的年龄、是常绿植物还是落叶植物以及花朵的颜色。

```
M. grandiflora Southern Magnolia 80 15 E white
M. campbellii                    80 20 D rose
M. liliiflora  Lily Magnolia     12  4 D purple
M. soulangiana Saucer Magnolia   25  3 D pink
M. stellate    Star Magnolia     10  3 D white
```

下面这段程序从名为 Mag.dat 的文件中读取原始数据，并创建一个名为 MAGNOLIA 的永久 SAS 数据集。该数据集存储在 C 盘（Windows）的 MySASLib 目录中。

```
DATA 'c:\MySASLib\magnolia';
   INFILE 'c:\MyRawData\Mag.dat';
   INPUT ScientificName $ 1-14 CommonName $ 16-32 MaximumHeight
      AgeBloom Type $ Color $;
RUN;
```

如果查看 SAS 日志，你将会看到下面的提示：

```
NOTE: 数据集 c:\MySASLib\magnolia 有 5 个观测和 6 个变量。
```

这是一个永久 SAS 数据集，因此 SAS 不会清除它。如果你列出 MySASLib 目录中的文件，你将会看到一个名为 magnolia.sas7bdat 的文件。请注意，SAS 自动地附上了一个文件扩展名，即使该扩展名在 SAS 程序中不显示。

当你将数据集名称放在引号中时，你就是在使用直接引用，SAS 会创建一个永久 SAS 数据集。由于你还没有指定逻辑库引用名，SAS 为你创造了一个逻辑库引用名。你不需要知道 SAS 创造的这个逻辑库引用名，但是它确实存在，你可以在"当前逻辑库"窗口中看到它。运行前面的程序后，"当前逻辑库"窗口的内容如图 2-15 所示。SAS 创建了一个名为 WC000001 的逻辑库，它包含 MAGNOLIA 数据集。

图 2-15

使用直接引用读取 SAS 数据集　要使用直接引用读取永久 SAS 数据集，只需在要使用该 SAS 数据集的地方将该数据集的路径和名称包含在引号中即可。例如，为了打印 MAGNOLIA 数据集，你可以使用下面的语句：

```
PROC PRINT DATA = 'c:\MySASLib\magnolia';
   TITLE 'Magnolias';
RUN;
```

输出结果如表 2-16 所示。

表 2-16　木兰科树木表

Obs	ScientificName	CommonName	MaximumHeight	AgeBloom	Type	Color
1	M. grandiflora	Southern Magnolia	80	15	E	white
2	M. campbellii		80	20	D	rose
3	M. liliiflora	Lily Magnolia	12	4	D	purple
4	M. soulangiana	Saucer Magnolia	25	3	D	pink
5	M. stellata	Star Magnolia	10	3	D	white

2.21 列出 SAS 数据集中的内容

为了使用 SAS 数据集，你所需要做的就是告知 SAS 要使用的数据集的名称和位置，SAS 将帮你查看其中的内容。SAS 能做到这一点是因为 SAS 数据集是可以自我说明的。换句话说，SAS 自动地连同数据一起存储了有关该数据集的信息（也被称作描述符部分）。你无法使用文字处理程序在计算机屏幕上显示 SAS 数据集。但是，有一个简便的方法可以获取 SAS 数据集的描述，运行 CONTENTS 过程即可。

PROC CONTENTS 是一个简单的过程，你只需要输入关键字 PROC CONTENTS 并使用 "DATA=" 选项指定数据集即可。

```
PROC CONTENTS DATA = data-set;
```

示例　下面的 DATA 步创建了一个数据集，所以我们可以运行 PROC CONTENTS：

```
DATA funnies (LABEL = 'Comics Character Data');
   INPUT Id Name $ Height Weight DoB MMDDYY8. @@;
   LABEL Id = 'Identification no. '
      Height = 'Height in inches'
      Weight = 'Weight in pounds'
      DoB = 'Date of birth';
   INFORMAT DoB MMDDYY8.;
   FORMAT DoB WORDDATE18.;
   DATALINES;
53 Susie   42 41 07-11-81 54 Charlie 46 55 10-26-54
55 Calvin 40 35 01-10-81 56 Lucy    46 52 01-13-55
;
```

```
*使用PROC CONTENTS描述数据集funnies;
PROC CONTENTS DATA = funnies;
RUN;
```

请注意，上面的 DATA 步在 DATA 语句中包含了一个 "LABEL= 数据集"选项[①]，以及一条 LABEL 语句。"LABEL= 数据集"选项给整个数据集设置了一个标签，而 LABEL 语句则为每个变量分配标签。这些可选的标签，最长不超过 256 个字符，使你能够为你的数据记录下比变量名称和数据集名称更多的详细信息。对于变量，如果在 DATA 步指定了 LABEL 语句，这段描述将被存储到数据集中，并且可以使用 PROC CONTENTS 打印出来。你也可在 PROC 步中使用 LABEL 语句定制你的报表，但是那些标签只在使用 PROC 步的过程中适用，并不会存储到数据集中。

该程序还包含了 INFORMAT 和 FORMAT 语句。你可以使用这些可选的语句来为变量关联输入格式和输出格式。正如同输入格式向 SAS 发出读取变量的特殊指令一样，输出格式向 SAS 发出写变量的特殊指令。如果在 DATA 步中指定了一条 INFORMAT 或 FORMAT 语句，则该输入格式或者输出格式的名称将存储到数据集中，并且可以使用 PROC CONTENTS 打印出来。FORMAT 语句如同 LABEL 语句一样，可以用在 PROC 步中定制你的报表，但是该输出格式的名称不会存储到数据集中[②]。

PROC CONTENTS 的输出类似于数据集的目录（见表 2-17）。

表 2-17 CONTENTS PROCEDURE

❶ 数据集名	WORK.FUNNIES	❷ 观测	4
成员类型	DATA	❸ 变量	5
引擎	V9	索引	0
❹ 创建时间	Monday, March 19, 2012 09:23:43 PM	观测长度	40
上次修改时间	Monday, March 19, 2012 09:23:43 PM	删除的观测	0
保护		已压缩	NO
数据集类型		已排序	NO
❺ 标签	Comics Character Data		
数据表示法 Representation	WINDOWS_32		
编码	wlatin1 Western (Windows)		

---

① 更多关于数据集选项的信息，请参见第 6.11 节。
② 第 4.6 节和第 4.7 节将更彻底地讨论标准 SAS 格式。

（续表）

引擎/主机相关的信息	
数据集页面大小	4096
数据集页数	1
首数据页	1
每页最大观测数	101
首数据页的观测数	4
数据集修复数	0
文件名	C:\Users\Lora\AppData\Local\Temp\SAS Temporary Files\funnies.sas7bdat
创建版本	9.0401M4
创建主机	W32_VSPRO

按字母排序的变量和属性列表						
#	变量	❻ 类型	❼ 长度	❽ 输出格式	❾ 输入格式	❿ 标签
5	DoB	Num	8	WORDDATE18.	MMDDYY8.	Date of birth
3	Height	Num	8			Height in inches
1	Id	Num	8			Identification no.
2	Name	Char	8			
4	Weight	Num	8			Weight in pounds

输出内容先是有关你的数据集的信息，然后描述了每个变量。

关于该数据集

❶ 数据集名称

❷ 观测数

❸ 变量数

❹ 创建日期

❺ 数据集标签（如果有的话）

关于每个变量

❻ 类型（数值或者字符）

❼ 长度（以字节为单位的存储大小）

❽ 用于打印的输出格式（如果有的话）

❾ 用于输入的输入格式（如果有的话）

❿ 变量标签（如果有的话）

第 3 章　使用数据

> "是相反的，"Tweedledee 继续说道，"逻辑就是，如果之前是这样，那之后就有可能；如果之前可能，那之后就一定是这样；但是因为不是这样，所以也不会这样。"[1]
>
> ——刘易斯·卡罗尔

---

[1] 出自《爱丽丝镜中奇遇记》，作者刘易斯·卡罗尔。公共领域。

3.1 创建和重定义变量

如果要编制一个 SAS 软件最受欢迎的功能列表，创建和重定义变量一定会名列前茅。幸运的是，SAS 的灵活性使其可用常规方法完成这些任务。你能用以下基本形式的赋值语句来创建和重定义变量：

variable = expression;

等号左侧是变量名，可以是新变量或已有变量。等号右侧可能会出现常量、另一个变量或数学表达式。以下是基本类型赋值语句的示例：

表达式类型	赋值语句
数值常量	Qwerty = 10;
字符常量	Qwerty = 'ten';
变量	Qwerty = OldVar;
加法	Qwerty = OldVar + 10;
减法	Qwerty = OldVar - 10;
乘法	Qwerty = OldVar * 10;
除法	Qwerty = OldVar / 10;
求幂	Qwerty = OldVar ** 10;

变量 Qwerty 是数值还是字符取决于定义它的表达式。当表达式是数值型时，Qwerty 是数值；当表达式是字符型时，Qwerty 是字符。

在决定如何解释表达式时，SAS 遵循标准的数学运算优先级法则：SAS 首先进行求幂，然后进行乘法和除法，最后进行加法和减法。你可以使用括号来改变这种运算顺序。通过使用括号，可以使以下两个看似相近的 SAS 语句产生截然不同的运算结果：

赋值语句	结果
x = 10 * 4 + 3 ** 2;	x = 49
x = 10 * (4 + 3 ** 2);	x = 130

虽然 SAS 可以读取带括号或不带括号的表达式，但是人却很难读懂复杂表达式。如果使用括号，你的程序将会更容易阅读。

示例 以下原始数据来自于对菜农的调查，菜农们被要求估计以下四种农作物收获的产量（单位：磅）：西红柿、西葫芦、豌豆和葡萄。

```
Gregor   10   2    40   0
Molly    15   5    10   1000
Luther   50   10   15   50
Susan    20   0    .    20
```

以下程序从文件 Garden.dat 中读取数据，然后进行修改：

```
*使用赋值语句修改数据集homegarden;
DATA homegarden;
   INFILE 'c:\MyRawData\Garden.dat';
   INPUT Name $ 1-7 Tomato Zucchini Peas Grapes;
   Zone = 14;
   Type = 'home';
   Zucchini = Zucchini * 10;
   Total = Tomato + Zucchini +Peas + Grapes;
   PerTom = (Tomato / Total) * 100;
RUN;
PROC PRINT DATA = homegarden;
   TITLE 'Home Gardening Survey';
RUN;
```

该程序包含五个赋值语句。首先，创建新变量 Zone 并赋值数值常量 14。新变量 Type 被赋值字符常量 home。变量 Zucchini 等于 Zucchini 乘以 10，因为这样看起来才像西葫芦的重量。变量 Total 等于四类农作物重量之和。变量 PerTom 不是西红柿的重量，而是西红柿的重量占比。PROC PRINT 输出的报表包含所有已有的和新生成的变量，见表 3-1。

表 3-1 菜农调查报表

Obs	Name	Tamato	Zucchini	Peas	Grapes	Zone	Type	Total	PerTom
1	Gregor	10	20	40	0	14	home	70	14.2857
2	Molly	15	50	10	1000	14	home	1075	1.3953
3	Luther	50	100	15	50	14	home	215	23.2558
4	Susan	20	0	.	20	14	home	.	.

请注意，变量 Zucchini 只出现一次，因为新值替换了旧值。其他四个赋值语句均创建了新变量。当变量是新变量时，SAS 将它添加到正在创建的数据集中。若变量已经存在，SAS 则使用新值替换原始值。使用已有变量的优点是，不会使你的数据集因有许多相似变量而混乱。但是，一般不建议你覆盖已有变量，除非确定不再需要该变量的原始值。

变量 Peas 的最后一个观测有缺失值。因此，该观测由 Peas 计算得到的变量 Total 和 PerTom 也被设置为缺失值，并且日志中出现以下消息：

NOTE：缺失值的生成是对缺失值执行操作的结果。

该消息通常提示你这儿有一个错误。然而，在上述情况中，它并不是错误，而只是数据收集不完整的结果[①]。

3.2 使用 SAS 函数

有时候，只使用算术运算符的简单表达式并不能让你得到想要的新值。这时就要用到灵巧的函数了，函数可以简化你的任务，因为 SAS 已经替你完成了程序设计。你所需要做的只是将正确的值输入函数当中，你就能得到想要的结果，这就好比如图把一美元投入零钱兑换机取回四个 25 美分硬币一样便捷。

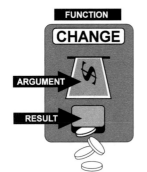

SAS 有数百个函数，常用领域包括：

字符	宏
字符串匹配	数学
日期和时间	概率
描述性统计量	随机数
距离	州和邮编
金融	可变信息

接下来的两节将给出最常用的 SAS 函数的示例。函数对函数名后面括号中的参数进行计算或转换。SAS 函数有以下基本格式：

```
function-name(argument, argument, ...)
```

即便没有任何参数，所有函数都必须带括号。参数之间用逗号分隔，参数可以是变量名称、数字、带引号的字符常量或者是表达式。以下语句使用函数 MDY() 与变量 MonthBorn，DayBorn 和 YearBorn 计算 SAS 日期型变量 Birthday 的值。MDY() 函数有三个参数，分别为月、日和年：

```
Birthday = MDY(MonthBorn, DayBorn, YearBorn);
```

---

① 如果你只想累加非缺失值，可以使用第 11.7 节中讨论的 SUM 函数来实现。

函数可以嵌套使用，即一个函数（的处理结果）是另一个函数的参数。例如，以下语句使用两个嵌套函数 INT() 和 LOG() 来计算 NewValue 的值：

```
NewValue = INT(LOG(10));
```

此示例的结果为 2，取数字常量 10 的自然对数（2.3026）的整数部分。在使用嵌套函数时要注意每个括号都是成对出现的。

示例　下面示例用来自南瓜雕刻竞赛的数据来说明几种函数的使用。变量的顺序依次为：参赛者姓名，参赛者年龄，南瓜类型（雕刻或装饰），报名日期和五名评委给出的分数：

```
Alicia Grossman    13   c   10-28-2012   7.8  6.5  7.2  8.0  7.9
Matthew Lee        9    D   10-30-2012   6.5  5.9  6.8  6.0  8.1
Elizabeth Garcia   10   C   10-29-2012   8.9  7.9  8.5  9.0  8.8
Lori Newcombe      6    D   10-30-2012   6.7  5.6  4.9  5.2  6.1
Jose Martinez      7    d   10-31-2012   8.9  9.5  10.0 9.7  9.0
Brian Williams     11   C   10-29-2012   7.8  8.4  8.5  7.9  8.0
```

以下程序读取这些数据，创建两个新变量（AvgScore 和 DayEntered）并转换另一个变量（Type）：

```
DATA contest;
   INFILE 'c:\MyRawData\Pumpkin.dat';
   INPUT Name $16. Age 3. +1 Type $1. +1 Date MMDDYY10.
         (Scr1 Scr2 Scr3 Scr4 Scr5) (4.1);
   AvgScore = MEAN(Scr1, Scr2, Scr3, Scr4, Scr5);
   DayEntered = DAY(Date);
   Type = UPCASE(Type);
RUN;
PROC PRINT DATA = contest;
   TITLE 'Pumpkin Carving Contest';
RUN;
```

变量 AvgScore 使用 MEAN() 函数创建，该函数返回所有非缺失值参数的平均值。这与简单地将参数加在一起并除以它们的个数不同，如果有任何参数为缺失值，后者将返回一个缺失值。

变量 DayEntered 是使用 DAY() 函数创建的，该函数返回日期在月中的第几天。SAS 具有各种操作日期的函数，而使用它们最大的好处就是你不用担心像闰年这样的事情，SAS 已经事先为你考虑了。

变量 Type 使用 UPCASE() 函数进行转换。当涉及变量值时，SAS 区分大小写；"d"与"D"不一样。数据文件中变量 Type 的值既有小写字母也有大写字母，因此 UPCASE() 函数用于使所有字母都转换为大写。

结果如表 3-2 所示。

表 3-2　南瓜雕刻竞赛数据

Obs	Name	Age	Type	Date[①]	Scr1	Scr2	Scr3	Scr4	Scr5	AvgScore	DayEntered
1	Alicia Grossman	13	C	19294	7.8	6.5	7.2	8.0	7.9	7.48	28
2	Matthew Lee	9	D	19296	6.5	5.9	6.8	6.0	8.1	6.66	30
3	Elizabeth Garcia	10	C	19295	8.9	7.9	8.5	9.0	8.8	8.62	29
4	Lori Newcombe	6	D	19296	6.7	5.6	4.9	5.2	6.1	5.70	30
5	Jose Martinez	7	D	19297	8.9	9.5	10.0	9.7	9.0	9.42	31
6	Brian Williams	11	C	19295	7.8	8.4	8.5	7.9	8.0	8.12	29

3.3　常用 SAS 字符函数

表 3-3　常用 SAS 字符函数表

函　数　名	语　　法[②]	定　　义
字符		
ANYALNUM	ANYALNUM(arg,start)	返回首次出现任意字母或数字的位置，可选择起始查找位置。
ANYALPHA	ANYALPHA(arg,start)	返回首次出现任意字母的位置，可选择起始查找位置。
ANYDIGIT	ANYDIGIT(arg,start)	返回首次出现任意数字的位置，可选择起始查找位置。
ANYSPACE	ANYSPACE(arg,start)	返回首次出现空格的位置，可选择起始查找位置。
CAT	CAT(arg-1,arg-2,…arg-n)	连接两个或多个字符串，保留首尾全部空格。
CATS	CATS(arg-1,arg-2,…arg-n)	连接两个或多个字符串，移除首尾全部空格。
CATX	CATX('separator-string', arg-1,arg-2,…arg-n)	连接两个或多个字符串，移除首尾全部空格，并在各字符串之间插入指定的分隔符。
COMPRESS	COMPRESS(arg,'char')	移除字符串中的空格或可选字符。

---

① 请注意，这些打印出来的日期是自 1960 年 1 月 1 日以来的天数。第 4.6 节将讨论如何把这些日期值格式化成可读取的日期。

② arg 是参数的缩写，可代表文字值、变量名或表达式。

（续表）

函 数 名	语 法	定 义
INDEX	INDEX(*arg*,'*string*')	返回字符串的起始位置。
LEFT	LEFT(*arg*)	将字符串左对齐。
LENGTH	LENGTH(*arg*)	返回字符串长度，不考虑尾部空格(缺失值长度为1)。
PROPCASE	PROPCASE(*arg*)	将单词中首字母转换成大写字母，其余字母转换成小写字母。
SUBSTR	SUBSTR(*arg*,*position*,*n*)	从 position 位置开始提取长度为 n 的子串；若未指定长度 n，则提取至字符串末尾①。
TRANSLATE	TRANSLATE(*source*,*to-1*, *from-1*,...*to-n*, *from-n*)	将 from 字符串和 to 字符串中的字符一一对应后，用 to 字符替换 source 中的 from 字符（仅能一对一字符替换，例如不能用两个字符替换一个字符）。
TRANWRD	TRANWRD(*source*,*from*,*to*)	将 source 字符串中包含的 from 字符串替换为 to 字符串。
TRIM	TRIM(*arg*)	移除字符串尾部空格。
UPCASE	UPCASE(*arg*)	把参数中所有字母转换成大写。

表 3-4

函 数 名	示 例	结 果	示 例	结 果
字符				
ANYALNUM	a='123 E St, #2'; x=ANYALNUM(a);	x=1	a='123 E St, #2 '; y=ANYALNUM(a,10);	y=12
ANYALPHA	a='123 E St, #2 '; x=ANYALPHA(a);	x=5	a='123 E St, #2 '; y=ANYALPHA(a,10);	y=0
ANYDIGIT	a='123 E St, #2 '; x=ANYDIGIT(a);	x=1	a='123 E St, #2 '; y=ANYDIGIT(a,10);	y=12
ANYSPACE	a='123 E St, #2 '; x=ANYSPACE(a);	x=4	a='123 E St, #2 '; y=ANYSPACE(a,10);	y=10
CAT	a=' cat';b='dog '; x=CAT(a,b);	x=' catdog '	a='cat ';b=' dog'; y=CAT(a,b);	y='cat dog'
CATS	a=' cat';b='dog '; x=CATS(a,b);	x='catdog'	a='cat ';b=' dog'; y=CATS(a,b);	y='catdog'
CATX	a=' cat';b='dog '; x=CATX(' ',a,b);	x='cat dog'	a='cat';b='dog '; y=CATX('&',a,b);	y='cat&dog'
COMPRESS	a=' cat & dog'; x=COMPRESS(a);	x='cat&dog'	a=' cat & dog'; y=COMPRESS(a,'&');	y=' cat dog'

---

① 当 SUBSTR 在等号的左侧时，其具有不同的功能。

（续表）

函 数 名	示 例	结 果	示 例	结 果
INDEX	a='123 E St, #2'; x=INDEX(a,'#');	x=11	a='123 E St, #2'; y=INDEX(a,'St');	y=7
LEFT	a=' cat'; x=LEFT(a);	x='cat'	a=' my cat'; y=LEFT(a);	y='my cat'
LENGTH	a='my cat'; x=LENGTH(a);	x=6	a=' my cat '; y=LENGTH(a);	y=7
PROPCASE	a='MyCat'; x=PROPCASE(a);	x='Mycat'	a='TIGER'; y=PROPCASE(a);	y='Tiger'
SUBSTR	a='(916)734-6281'; x=SUBSTR(a,2,3);	x='916'	y=SUBSTR('1cat',2);	y='cat'
TRANSLATE	a='6/16/99'; x=TRANSLATE (a,'-','/');	x='6-16-99'	a='my cat can'; y=TRANSLATE (a,'r','c');	y='my rat ran'
TRANWRD	a='Main Street'; x=TRANWRD (a,'Street','St');	x='Main St'	a='my cat can'; y=TRANWRD (a,'cat','rat');	y='my rat can'
TRIM	a='my '; b='cat'; x=TRIM(a)||b;①	x='mycat'	a='my cat '; b='s'; y=TRIM(a)||b;	y='my cats'
UPCASE	a='MyCat'; x=UPCASE(a);	x='MYCAT'	y=UPCASE('Tiger');	y='TIGER'

3.4 常用 SAS 数值函数

表 3-5 常用 SAS 数值函数表

函 数 名	语 法②	定 义
数值		
INT	INT(*arg*)	返回参数的整数部分
LOG	LOG(*arg*)	返回自然对数值
LOG10	LOG10(*arg*)	返回底数为 10 的对数值
MAX	MAX(*arg-1,arg-2,...arg-n*)	返回最大的非缺失值
MEAN	MEAN(*arg-1,arg-2,...arg-n*)	返回非缺失值的算术平均值

---

① 连接运算符 ‖ 可以连接字符串。
② arg 是参数的缩写，可代表文字值，变量名或表达式。

（续表）

函 数 名	语 法	定 义
MIN	MIN(*arg-1,arg-2,...arg-n*)	返回最小的非缺失值
N	N(*arg-1,arg-2,...arg-n*)	返回非缺失值的个数
NMISS	NMISS(*arg-1,arg-2,...arg-n*)	返回缺失值的个数
ROUND	ROUND(*arg, round-off-unit*)	返回按指定精度四舍五入后的值
SUM	SUM(*arg-1,arg-2,...arg-n*)	返回非缺失值的和
日期		
DATEJUL	DATEJUL(*julian-date*)	将儒略日期（Julian date）转换成 SAS 日期值[①]
DAY	DAY(*date*)	返回 SAS 日期值中所在月份的第几天
MDY	MDY(*month,day,year*)	返回由月、日、年生成的 SAS 日期值
MONTH	MONTH(*date*)	返回 SAS 日期值中的月份（1-12）
QTR	QTR(*date*)	返回 SAS 日期值中的季度（1-4）
TODAY	TODAY()	返回当天 SAS 日期值
WEEKDAY	WEEKDAY(*date*)	返回 SAS 日期值所在周的第几天（1＝星期天）
YEAR	YEAR(*date*)	返回 SAS 日期值中的年份
YRDIF	YRDIF(*start-date,end- date,'AGE'*)	计算两个 SAS 日期值间隔的年数，闰年考虑在内

表 3-6

函数名	示 例	结 果	示 例	结 果
数值				
INT	x=INT(4.32);	x=4	y=INT(5.789);	y=5
LOG	x=LOG(1);	x=0.0	y=LOG(10);	y=2.30259
LOG10	x=LOG10(1);	x=0.0	y=LOG10(10);	y=1.0
MAX	x=MAX(9.3,8,7.5);	x=9.3	y=MAX(-3,.,5);	y=5
MEAN	x=MEAN(1,4,7,2);	x=3.5	y=MEAN(2,.,3);	y=2.5
MIN	x=MIN(9.3,8,7.5);	x=7.5	y=MIN(-3,.,5);	y=-3
N	x=N(1,.,7,2);	x=3	y=N(.,4,.,.);	y=1
NMISS	x=NMISS(1,.,7,2);	x=1	y=NMISS(.,4,.,.);	y=3

① SAS 日期值是自 1960 年 1 月 1 日起的天数。

（续表）

函 数 名	示 例	结 果	示 例	结 果
ROUND	x=ROUND(12.65);	x=13	y=ROUND(12.65,.1);	y=12.7
SUM	x=SUM(3,5,1);	x=9.0	y=SUM(4,7,.);	y=11
日期				
DATEJUL	a=60001; x=DATEJUL(a);	x=0	a=60365; y=DATEJUL(a);	y=364
DAY	a=MDY(4,18,2012); x=DAY(a);	x=18	a=MDY(9,3,60); y=DAY(a);	y=3
MDY	x=MDY(1,1,1960);	x=0	m=2; d=1;y=60; Date=MDY(m,d,y);	Date=31
MONTH	a=MDY(4,18,2012); x=MONTH(a);	x=4	a=MDY(9,3,60); y=MONTH(a);	y=9
QTR	a=MDY(4,18,2012); x=QTR(a);	x=2	a=MDY(9,3,60); y=QTR(a);	y=3
TODAY	x=TODAY();	x=today's date	y=TODAY()-1;	y=yesterday's date
WEEKDAY	a=MDY(4,13,2012); x=WEEKDAY(a);	x=6	a=MDY(4,18,2012); y=WEEKDAY(a);	y=4
YEAR	a=MDY(4,13,2012); x=YEAR(a);	x=2012	a=MDY(1,1,1960); y=YEAR(a);	y=1960

YRDIF	a=MDY(4,13,2000);
	b=MDY(4,13,2012);
	x=YRDIF(a,b,'AGE');
		x=12.0	a=MDY(4,13,2000);
			b=MDY(8,13,2012);
			y=YRDIF(a,b,'AGE');
				y=12.3342

3.5 使用 IF-THEN 语句

通常，你会希望只对部分观测而不是全部观测进行赋值，在满足某些条件时赋值而其他条件时不赋值。这称为条件逻辑，你可以用 IF-THEN 语句来实现，其基本形式如下：

```
IF condition THEN action;
```

其中，条件（condition）是将一个事物与另一个事物进行比较的表达式，当该表达式为真时，SAS 会执行后面的动作（action）语句，通常为一个赋值语句。例如

```
IF Model = 'Berlinetta' THEN Make = 'Ferrari';
```

该语句告诉 SAS 当变量 Model 等于"Berlinetta"时，设置变量 Make 等于"Ferrari"。条件两边的比较项可以是常量、变量或表达式。这些比较项通过比较运算符分隔，比较运算符可以是符号或助记符。使用符号还是助记符取决于你的个人偏好和键盘上可用的符号。以下是基本的比较运算符：

符号	助记符	含义
=	EQ	等于
¬ =, ^ =, 或 ~ =	NE	不等于
>	GT	大于
<	LT	小于
> =	GE	大于等于
< =	LE	小于等于

IN 运算符也可以进行比较，但是它的用法有点不同。IN 将变量值与值列表进行比较。示例如下：

```
IF Model IN ('Model T', 'Model A') THEN Make = 'Ford';
```

该语句告诉 SAS，只要变量 Model 的值是"Model T"或"Model A"，设置变量 Make 等于"Ford"。

一个 IF-THEN 语句只能有一个动作。如果你添加关键字 DO 和 END，则可以执行多个动作。例如：

```
IF condition THEN DO;        IF Model = 'DMC-12' THEN DO;
   action;                      Make = 'DeLorean';
   action;                      BodyStyle = 'coupe';
END;                         END;
```

DO 语句将在其后出现直至与之匹配的 END 语句为止的所有 SAS 语句视为一个单元。DO 语句，END 语句和它们之间的所有语句一起被称为 DO 组合。

你还可以使用关键字 AND 和 OR 来指定多个条件：

```
IF condition AND condition THEN action;
```

例如：

```
IF Make = 'Alfa Romeo' AND Model = 'Tipo B' THEN Seats = 1;
```

与比较运算符一样，AND 和 OR 也可以是符号或助记符：

符号	助记符	含义
&	AND	所有的表达式必须为真
|, ¦, 或 !	OR	至少有一个表达式为真

使用长的比较字符串时要注意，因为它们可能成为一个逻辑迷宫。

示例　以下数据显示了在拍卖中出售的珍奇古董车信息。数据值依次为制造厂商、型号、汽车制造年份、座位数量和销售价格（以百万美元为单位）：

```
DeDion          LaMarquise      1884  4   4.6
Rolls-Royce     Silver Ghost    1912  4   1.7
Mercedes-Benz   SSK             1929  2   7.4
                F-88            1954  .   3.2
Ferrari         250 Testa Rossa 1957  2   16.3
```

以下程序从文件 Auction.dat 中读取数据，并使用 IF-THEN 语句。

```
DATA oldcars;
   INFILE 'c:\MyRawData\Auction.dat';
   INPUT Make $ 1-13 Model $ 15-29 YearMade Seats MillionsPaid;
   IF YearMade < 1890 THEN Veteran = 'Yes';
   IF Model = 'F-88' THEN DO;
      Make = 'Oldsmobile';
      Seats = 2;
   END;
RUN;
PROC PRINT DATA = oldcars;
   TITLE 'Cars Sold at Auction';
RUN;
```

该程序包含两个 IF-THEN 语句。1890 年前制造的汽车被分类为 Veteran。第一个 IF-THEN 创建一个名为 Veteran 的新变量，并对所有 1890 年前制造的汽车赋值 Yes。第二个 IF-THEN 使用 DO 和 END 给型号为 F-88 的汽车填充缺失的数据。输出如表 3-7 所示。

表 3-7　汽车拍卖销售报表

Obs	Make	Model	YearMade	Seats	MillionsPaid	Veteran
1	DeDion	LaMarquise	1884	4	4.6	Yes
2	Rolls-Royce	Silver Ghost	1912	4	1.7	

(续表)

Obs	Make	Model	YearMade	Seats	MillionsPaid	Veteran
3	Mercedes-Benz	SSK	1929	2	7.4	
4	Oldsmobile	F-88	1954	2	3.2	
5	Ferrari	250 Testa Rossa	1957	2	16.3	

3.6 用 IF-THEN/ELSE 语句分组观测

使用 IF-THEN 语句的常见用途是将观测进行分组。例如，你可能有每日的数据，但需要季度报表，或者你可能有每次人口普查的数据，但希望按州进行分析。对数据进行分组有很多可能的原因，所以迟早你会有此类需求。

创建分组变量的最简单和最常见的方法是使用一系列 IF-THEN 语句。[①] 通过在 IF 语句中添加关键字 ELSE，你可以告诉 SAS 这些语句是相关的。

IF-THEN/ELSE 逻辑采用以下基本形式：

```
IF condition THEN action;
   ELSE IF condition THEN action;
   ELSE IF condition THEN action;
```

请注意，ELSE 语句只是在 IF-THEN 语句前面加上 ELSE。这样的语句你可以添加任意多个。

与不带任何 ELSE 语句的简单 IF-THEN 语句相比，IF-THEN/ELSE 逻辑有两个优点。首先，它的运算时间更少，效率更高，一旦观测满足某条件，SAS 就会跳过而不执行该系列其余语句。其次，ELSE 逻辑确保你的分组是相互排斥的，因此你不会错误地将一个观测分配到多个分组中。

有时系列中的最后一个 ELSE 语句有一点不同，它只包含一个动作而没有 IF 或 THEN。请注意系列中最后的 ELSE 语句：

```
IF condition THEN action;
   ELSE IF condition THEN action;
```

---

① 创建分组变量的其他方法包括使用 SELECT 语句，或使用 PROC FORMAT 生成的用户自定义格式的 PUT 函数。

```
ELSE action;
```

这种 ELSE 充当默认值的角色,它将自动执行所有未能满足任何先前的 IF 语句的观测。你只能有一个这样的语句,它必须是 IF-THEN/ELSE 系列中的最后一个语句。

示例 以下数据来自于家庭改善的调查。每个记录包含三个数据值:所有者姓名,所完成工作的描述和改善成本(美元):

```
Bob         kitchen cabinet face-lift    1253.00
Shirley     bathroom addition            11350.70
Silvia      paint exterior               .
Al          backyard gazebo              3098.63
Norm        paint interior               647.77
Kathy       second floor addition        75362.93
```

以下程序从文件 Home.dat 中读取原始数据,然后新建一个名为 CostGroup 的分组变量。此变量被赋予 high、medium、low 或 missing 值,具体取决于 Cost 的值:

```
*对观测按照变量cost分组;
DATA homeimprovements;
   INFILE 'c:\MyRawData\Home.dat';
   INPUT Owner $ 1-7 Description $ 9-33 Cost;
   IF Cost = . THEN CostGroup = 'missing';
      ELSE IF Cost < 2000 THEN CostGroup = 'low';
      ELSE IF Cost < 10000 THEN CostGroup = 'medium';
      ELSE CostGroup = 'high';
RUN;
PROC PRINT DATA = homeimprovements;
   TITLE 'Home Improvement Cost Groups';
RUN;
```

请注意,此 IF-THEN/ELSE 系列中有四个语句,分别赋予变量 CostGroup 不同的值。第一个语句处理变量 Cost 为缺失数据的观测。如果没有这个语句,Cost 为缺失值的观测将被错误地分配给 CostGroup 为 low 的组。SAS 认为缺失值小于非缺失值,小于任何可打印字符,也小于数值变量中的负数。除非你确定数据不包含缺失值,否则在写 IF-THEN/ELSE 语句时应考虑缺失值情况。

结果如表 3-8 所示。

表 3-8　家庭改善成本分组

Obs	Owner	Description	Cost	CostGroup
1	Bob	kitchen cabinet face-lift	1253.00	low
2	Shirley	bathroom addition	11350.70	high
3	Silvia	paint exterior	.	missing
4	Al	backyard gazebo	3098.63	medium
5	Norm	paint interior	647.77	low
6	Kathy	second floor addition	75362.93	high

3.7　提取数据的子集

通常，程序员发现他们想要使用数据集里的某些观测而排除其余观测。最常见的方法是在 DATA 步中使用取子集的 IF 语句①。其基本形式是：

```
IF expression;
```

例如：

```
IF Sex = 'f';
```

乍一看提取子集的 IF 语句可能看起来很奇怪。人们自然会问："IF Sex = 'f'，接下来要干什么？"提取子集 IF 语句看起来不完整，就像是粗心大意的打字员按下删除键太久一样。但这确实是标准 IF-THEN 语句的一个特例。在这种情况下，动作是隐含的。如果表达式为真，则 SAS 继续执行 DATA 步；如果表达式为假，则停止处理该观测的后续语句，该观测不会添加到正在创建的数据集，然后 SAS 接着处理下一个观测。你可以将取子集 IF 语句视为一种开关切换。如果条件为真，则开关打开，观测被处理；如果条件为假，则开关关闭，观测不会被处理。

如果你不喜欢取子集 IF 语句，还可以选择用 DELETE 语句。DELETE 语句与取子集 IF 语句正好相反。取子集 IF 语句告诉 SAS 要包含哪些观测，而 DELETE 语句告诉 SAS 哪些观测要排除：

---

① 有关取子集 IF 语句的更多信息，请参见第 2.13 节和第 6.9 节。对数据取子集的其他方法还包括 WHERE 语句（第 4.2 节和附录）和 "WHERE=" 选项（第 6.13 节）。

```
IF expression THEN DELETE;
```

以下两个语句是等效的（假设变量 Sex 只包含两个值，并且没有缺失数据）：

```
IF Sex = 'f';   IF Sex = 'm' THEN DELETE;
```

示例 当地业余剧场的演员想在今年春天的戏剧演出中表演莎士比亚的喜剧。你志愿使用在线百科全书来编制一个标题列表。对于每场演出，你的数据文件包含：戏剧标题，首演年份和戏剧类型：

```
A Midsummer Night's Dream 1595 comedy
Comedy of Errors         1590 comedy
Hamlet                   1600 tragedy
Macbeth                  1606 tragedy
Richard III              1594 history
Romeo and Juliet         1596 tragedy
Taming of the Shrew      1593 comedy
Tempest                  1611 romance
```

以下程序从 Shakespeare.dat 的原始数据文件中读取数据，然后使用取子集 IF 语句从中仅选择喜剧：

```
*只选取comedies类型;
DATA comedy;
   INFILE 'c:\MyRawData\Shakespeare.dat';
   INPUT Title $ 1-26 Year Type $;
   IF Type = 'comedy';
RUN;
PROC PRINT DATA = comedy;
   TITLE 'Shakespearean Comedies';
RUN;
```

输出结果如表 3-9 所示。

表 3-9 莎士比亚喜剧

Obs	Title	Year	Type
1	A Midsummer Night's Dream	1595	comedy
2	Comedy of Errors	1590	comedy
3	Taming of the Shrew	1593	comedy

日志中出现了下面的注释，表示尽管从输入文件中读取了 8 条记录，但数据集 WORK.COMEDY 只包含 3 个观测：

```
NOTE: 从 INFILE 'c:\MyRawData\Shakespeare.dat' 中读取了 8 条记录。
NOTE: 数据集 WORK.COMEDY 有 3 个观测和 3 个变量。
```

当你对观测取子集时，检查 SAS 日志总是个好主意，它能确保生成的结果是想要的。在上面的程序中，你可以用语句

```
IF Type = 'tragedy' OR Type = 'romance' OR Type = 'history' THEN
DELETE;
```

替换以下语句

```
IF Type = 'comedy';
```

但是你不得不打更多的字。通常当更容易指定条件包含观测时，使用取子集 IF 语句，而在更容易指定条件排除观测时，使用 DELETE 语句。

3.8 使用 SAS 日期

日期使用起来可能很棘手。有的月份是 30 天，有的月份是 31 天，有的月份是 28 天，而且不要忘记闰年。 SAS 日期简化了这一切。 SAS 日期是等于自 1960 年 1 月 1 日以来的天数值。下表列出了 4 个日期及其作为 SAS 日期的取值：

日期	SAS 日期值	日期	SAS 日期值
January 1, 1959	−365	January 1, 1961	366
January 1, 1960	0	January 1, 2020	21915

SAS 具有处理日期的专用工具：读取日期的输入格式，操作日期的函数以及打印日期的输出格式。[①] 下一章节将用表格显示常用的日期输入格式、输出格式和函数。

输入格式 要读取日期型变量，你可以使用格式化的输入方式。SAS 有许多以不同形式读取日期的日期输入格式。所有这些输入格式将你的日期数据转换为自 1960 年 1 月 1 日以来的天数。下面的 INPUT 语句告诉 SAS 使用 ANYDTDTE9 输入格式[②] 读取

---

① SAS 还具有处理 time 值（自午夜以来的秒数）的输入格式，函数和输出格式，以及 datetime 值（自 1960 年 1 月 1 日午夜开始的秒数）。
② ANYDTDTEw. 是一个特殊的输入格式，可以读取几乎任何形式的日期。如果日期不明确，例如 01-02-03，则 SAS 使用 DATESTYLE= 系统选项的值来确定月、日、年的顺序。DATESTYLE= 的默认值为 MDY（月，日，年）。

BirthDate 变量。

```
INPUT BirthDate ANYDTDTE9.;
```

设置输入的默认世纪　当 SAS 看到像 07/04/76 两位数年份的日期时，SAS 必须决定该年份在哪个世纪，是 1976 年，2076 年，还是 1776 年？系统选项"YEARCUTOFF="指定 SAS 使用的百年跨度的第一年。在写本书时，此选项的默认值为 1920。你可以使用 OPTIONS 语句更改此值。为避免出现问题，你可能希望在输入包含两位数年份的数据时指定"YEARCUTOFF="选项。以下语句告诉 SAS 将两位数的日期解释为发生在 1950 年至 2049 年之间：

```
OPTIONS YEARCUTOFF = 1950;
```

SAS 表达式中的日期　一旦使用 SAS 日期输入格式来读取变量，它就可以像其他数值变量一样在算术表达式中使用。例如，如果图书馆书籍在三周后到期，你可以通过在借出日期之后加 21 天来得到到期日。

```
DueDate = CheckDate + 21;
```

你可以在 SAS 表达式中使用日期作为常量。用 DATEw. 输出格式书写日期（例如 01JAN60），然后添加引号并紧跟字母 D。下面的赋值语句创建一个名为 EarthDay14 的变量，等于 April 22, 2014 的 SAS 日期值。

```
EarthDay14 = '22APR2014'D;
```

函数　SAS 日期函数能执行一些灵巧操作。以下语句使用三个函数从变量 BirthDate 来计算 age。

```
CurrentAge = INT (YRDIF(BirthDate, TODAY(), 'AGE'));
```

使用"AGE"参数的 YRDIF 函数，计算变量 BirthDate 和当前日期（来自 TODAY 函数）之间的年数。然后 INT 函数取返回值的整数部分。

输出格式　如果你打印 SAS 日期值，SAS 将默认打印实际值——自 1960 年 1 月 1 日起的天数。由于该数值对大多数人来说没有什么意义，SAS 提供了多种输出格式用来以不同的格式打印日期。[1] 以下 FORMAT 语句告诉 SAS 用 WORDDATE18. 输出格式来打印变量 BirthDate。

---

[1] 有关输出格式的更多信息，请参见第 4.6 节。

```
FORMAT BirthDate WORDDATE18.;
```

示例 本地图书馆有一个数据文件,其中包含有关图书卡的详细信息。每条记录都包含持卡人姓名,出生日期,发卡日期,以及上一次借书的到期日。

```
A. Jones        1-1-60          9-15-96         18JUN12
R. Grandage     03/18/1988      31 10 2007      5jul2012
K. Kaminaka     052903          2012024         12-MAR-12
```

以下程序读取原始数据,然后通过当前日期减去 DueDate 来计算变量 DaysOverDue。计算持卡人的当前年龄。然后 IF 语句使用日期常量来识别 January 1, 2012 之后发行的图书卡。

```
DATA librarycards;
   INFILE 'c:\MyRawData\Library.dat' TRUNCOVER;
   INPUT Name $11. + 1 BirthDate MMDDYY10. +1 IssueDate ANYDTDTE10.
      DueDate DATE11.;
   DaysOverDue = TODAY() - DueDate;
   CurrentAge = INT(YRDIF(BirthDate, TODAY(), 'AGE'));
   IF IssueDate > '01JAN2012'D THEN NewCard = 'yes';
RUN;
PROC PRINT DATA = librarycards;
   FORMAT Issuedate MMDDYY8. DueDate WEEKDATE17.;
   TITLE 'SAS Dates without and with Formats';
RUN;
```

表 3-10 是 PROC PRINT 的输出。请注意,变量 BirthDate 并没有按日期输出格式打印,而 IssueDate 和 DueDate 使用了输出格式。因为使用 TODAY 函数计算 DaysOverDue 和 CurrentAge,所以它们的值将根据程序运行日期而改变。DaysOverDue 的值对于未来到期的书籍是负值。

表 3-10 以无输出格式和有输出格式显示的 SAS 日期

Obs	Name	BirthDate	IssueDate	DueDate	DaysOverDue	CurrentAge	NewCard
1	A. Jones	0	09/15/96	Mon, Jun 18, 2012	0	52	
2	R. Grandage	10304	10/31/07	Thu, Jul 5, 2012	-17	24	
3	K. Kaminaka	15854	01/24/12	Mon, Mar 12, 2012	98	9	yes

3.9 常用日期输入格式、函数和输出格式

表 3-11 常用日期输入格式表

输入格式	定 义	宽度范围	默认宽度
ANYDTDTE*w.*	读取各种的日期格式	5–32	9
DATE*w.*	读取日期格式：*ddmmyy* 或 *ddmmmyyyy*	7–32	7
DDMMYY*w.*	读取日期格式：*ddmmyy* 或 *ddmmyyyy*	6–32	6
JULIAN*w.*	读取儒略日期格式：*yyddd* 或 *yyyyddd*	5–32	5
MMDDYY*w.*	读取日期格式：*mmddyy* 或 *mmddyyyy*	6–32	6

表 3-12 常用日期函数表

函数	语 法	定 义
DATEJUL	DATEJUL(*julian-date*)	将儒略日期转换成 SAS 日期值[①]。
DAY	DAY(*date*)	返回 SAS 日期值中所在月份的天数。
MDY	MDY(*month,day,year*)	返回由月、日、年组成的 SAS 日期值。
MONTH	MONTH(*date*)	返回 SAS 日期值中的月份（1-12）。
QTR	QTR(*date*)	返回 SAS 日期值中的季度（1-4）。
TODAY	TODAY()	返回当天 SAS 日期值。
WEEKDAY	WEEKDAY(*date*)	返回 SAS 日期值所在周的星期几（1 = 星期天）。
YEAR	YEAR(*date*)	返回 SAS 日期值中的年份。
YRDIF	YRDIF(*start-date,end-date*,'AGE')	计算两个 SAS 日期值间隔的年数，闰年考虑在内。

表 3-13 常用日期输出格式表

输出格式	定 义	宽度范围	默认宽度
DATE*w.*	以下面的格式输出 SAS 日期：*ddmmmyy*	5–11	7
EURDFDD*w.*	以下面的格式输出 SAS 日期：*dd.mm.yy*	2–10	8
JULIAN*w.*	将 SAS 日期值输出成儒略日期	5–7	5
MMDDYY*w.*	以下面格式输出 SAS 日期：*mmddyy* or *mmddyyyy*	2–10	8
WEEKDATE*w.*	以下面格式输出 SAS 日期： *day-of-week, month-name dd, yy* 或 *yyyy*	3–37	29
WORDDATE*w.*	以下面格式输出 SAS 日期：*month-name dd, yyyy*	3–32	18

[①] SAS 日期值是自 1960 年 1 月 1 日起的天数。

表 3-14

输入格式	输入数据	INPUT 语句	结果
ANYDTDTE*w*.	1jan1961 01/01/61	INPUT Day ANYDTDTE10.;	366 366
DATE*w*.	1jan1961	INPUT Day DATE10.;	366
DDMMYY*w*.	01.01.61 02/01/61	INPUT Day DDMMYY8.;	366 367
JULIAN*w*.	61001	INPUT Day JULIAN7.;	366
MMDDYY*w*.	01-01-61	INPUT Day MMDDYY8.;	366

表 3-15

函 数	示 例	结 果	示 例	结 果
DATEJUL	a=60001; x=DATEJUL(a);	x=0	a=60365; y=DATEJUL(a);	y=364
DAY	a=MDY(4,18,2012); x=DAY(a);	x=18	a=MDY(9,3,60); y=DAY(a);	y=3
MDY	x=MDY(1,1,1960);	x=0	m=2; d=1; y=60; Date=MDY(m,d,y);	Date=31
MONTH	a=MDY(4,18,2012); x=MONTH(a);	x=4	a=MDY(9,3,60); y=MONTH(a);	y=9
QTR	a=MDY(4,18,2012); x=QTR(a);	x=2	a=MDY(9,3,60); y=QTR(a);	y=3
TODAY	x=TODAY();	x=*today's date*	y=TODAY()-1;	y=*yesterday's date*
WEEKDAY	a=MDY(4,13,2012); x=WEEKDAY(a);	x=6	a=MDY(4,18,2012); y=WEEKDAY(a);	y=4
YEAR	a=MDY(4,13,2000); x=YEAR(a);	x=2000	a=MDY(1,1,1960); y=YEAR(a);	y=1960

YRDIF	a=MDY(4,13,2000);
	b=MDY(4,13,2012);
	x=YRDIF(a,b,'AGE');
		x=12	a=MDY(4,13,2000);
			b=MDY(8,13,2012);
			y=YRDIF(a,b,'AGE');
				y=12.3342

表 3-16

输出格式	输入数据	PUT 语句[①]	结 果
DATE*w*.	366	PUT Birth DATE7.; PUT Birth DATE9.;	01JAN61 01JAN1961
EURDFDD*w*.	366	PUT Birth EURDFDD8.; PUT Birth EURDFDD10.;	01.01.61 01.01.1961

① 输出格式可用于 DATA 步中的 PUT 语句和 PUT 函数，也可用于 DATA 或 PROC 步中的 FORMAT 语句中。

(续表)

输出格式	输入数据	PUT 语句	结　果
JULIAN*w.*	366	`PUT Birth JULIAN5.;` `PUT Birth JULIAN7.;`	61001 1961001
MMDDYY*w.*	366	`PUT Birth MMDDYY6.;` `PUT Birth MMDDYY10.;`	010161 01/01/1961
WEEKDATE*w.*	366	`PUT Birth WEEKDATE9.;` `PUT Birth WEEKDATE29.;`	Sunday Sunday, January 1, 1961
WORDDATE*w.*	366	`PUT Birth WORDDATE12.;` `PUT Birth WORDDATE18.;`	Jan 1, 1961 January 1, 1961

3.10 使用 RETAIN 语句与求和语句

当 SAS 读取原始数据时，在 DATA 步每次迭代开始时会将所有变量设置为缺失值。这些值可以通过 INPUT 语句或赋值语句来更改，但当 SAS 返回到 DATA 步的开始并处理下一个观测时，它们将被重新设置为缺失值。可以用 RETAIN 和求和语句改变这种方式。如果变量出现在 RETAIN 语句中，那么它的值将从 DATA 步的一次迭代保留到下一个迭代。求和语句不仅保留了上一次迭代中的值，还将其值加到表达式中。

RETAIN 语句　　当你希望 SAS 从 DATA 步的上一次迭代中保留变量的值时，请使用 RETAIN 语句。RETAIN 语句可以出现在 DATA 步中的任何位置，它具有以下形式，其中在 RETAIN 关键字之后列出了所有要保留的变量：

```
RETAIN variable-list;
```

你还可以为变量指定初始值来代替缺失值。所有列在初始值之前的变量在 DATA 步第一次迭代时都将使用该初始值：

```
RETAIN variable-list initial-value;
```

求和语句　　求和语句也保留了 DATA 步的上一次迭代的变量值，不同的是，它适用于将表达式的值累加到变量中这种特殊场景中。求和语句和赋值语句一样，不包含任何关键字。它基本形式如下：

```
variable + expression;
```

这里没有等号但也并不是输入错误。此语句将表达式的值累加到变量中，同时将变量的值从 DATA 步的一个迭代保留到下一个迭代。该变量必须是数字,并且初始值为零。可以使用 RETAIN 语句和 SUM 函数重写此语句,如下所示:

```
RETAIN variable 0;
variable = SUM(variable, expression);
```

正如你所看到的,求和语句的确是使用 RETAIN 的一个特例。

示例 以下展示了如何使用 RETAIN 和求和语句。小联盟棒球队 Walla Walla Sweets 的比赛数据分别是比赛日期、参赛球队、击球次数和跑垒次数:

```
6-19     Columbia Peaches       8     3
6-20     Columbia Peaches      10     5
6-23     Plains Peanuts         3     4
6-24     Plains Peanuts         7     2
6-25     Plains Peanuts        12     8
6-30     Gilroy Garlics         4     4
7-1      Gilroy Garlics         9     4
7-4      Sacramento Tomatoes   15     9
7-4      Sacramento Tomatoes   10    10
7-5      Sacramento Tomatoes    2     3
```

团队需要在其数据集里增加两个变量。一个显示本赛季的累计跑垒次数;另一个显示了迄今为止比赛中的最大跑垒次数。以下程序使用求和语句来计算累积跑垒次数,以及用 RETAIN 语句和 MAX 函数来确定迄今为止比赛中的最大跑垒次数:

```
*使用RETAIN和求和语句来找出最大跑垒次数和总跑垒次数;
DATA gamestats;
   INFILE 'c:\MyRawData\Games.dat';
   INPUT Month 1 Day 3-4 Team $ 6-25 Hits 27-28 Runs 30-31;
   RETAIN MaxRuns;
   MaxRuns = MAX(MaxRuns, Runs);
   RunsToDate + Runs;
RUN;
PROC PRINT DATA = gamestats;
   TITLE "Season's Record to Date";
RUN;
```

变量 MaxRuns 被设置为等于其在 DATA 步上一次迭代值(因为它出现在 RETAIN 语句中)和变量 Runs 的值之中的最大值。变量 RunsToDate 将每次比赛的跑垒次数 Runs 加到自身中，同时其值从 DATA 步的一次迭代保留到下一个迭代。这就产生了跑垒次数的累积记录。

结果如表 3-17 所示。

表 3-17　空分赛季记录

Obs	Month	Day	Team	Hits	Runs	MaxRuns	RunsToDate
1	6	19	Columbia Peaches	8	3	3	3
2	6	20	Columbia Peaches	10	5	5	8
3	6	23	Plains Peanuts	3	4	5	12
4	6	24	Plains Peanuts	7	2	5	14
5	6	25	Plains Peanuts	12	8	8	22
6	6	30	Gilroy Garlics	4	4	8	26
7	7	1	Gilroy Garlics	9	4	8	30
8	7	4	Sacramento Tomatoes	15	9	9	39
9	7	4	Sacramento Tomatoes	10	10	10	49
10	7	5	Sacramento Tomatoes	2	3	10	52

3.11　利用数组简化程序

有时候，你想对许多变量做同样的事情。例如，你可能希望对每个数值变量取对数，或者将每个出现的 0 更改为缺失值。你可以编写一系列赋值语句或 IF 语句，但如果你有很多变量需要转换，使用数组将简化并缩短你的程序。

数组是相似元素的有序集合，就像当地的购物中心有一组排列好的店铺可供选择一样。在 SAS 中，数组是一组变量。你可以将数组定义为喜欢的任何变量组，前提是它们要么全是数值，或者全是字符。这些变量可以是数据集中的现有变量，也可以是要创建的新变量。

数组使用 DATA 步中的 ARRAY 语句来定义。其基本形式如下：

ARRAY name (n) $ variable-list;

该语句中，name 为数组名称，n 是数组中的变量个数。在（n）的后面是变量名列表。列表中的变量个数必须等于括号中给出的数字（你也可以使用 {} 或 [] 来代替括号）。这被称为显式数组，因为你显式声明了数组中的变量数。如果变量是字符且之前未定义，则需要加"$"符号。

数组本身不与数据集一起存储，它仅在 DATA 步运行时存在。你可以给数组取任何名称，只要它不与数据集中的变量名或任何 SAS 关键字重名即可。数组的命名规则与变量的命名规则相同（不超过 32 个字符，以字母或下划线开头，后面可以为字母、数字或下划线）。

要使用数组名称引用变量，请给出该变量的数组名称和下标。变量列表中的第一个变量用下标 1，第二个用下标 2，依此类推。如果你有一个数组定义如下

```
ARRAY store (4) Macys Penneys Sears Target;
```

STORE（1）指代变量 Macys；STORE（2）指代变量 Penneys；STORE（3）指代变量 Sears；STORE（4）指代变量 Target。仅仅把数组定义好并不会为你带来任何好处，你要能够通过使用数组来把事情变得简单。

示例 KBRK 广播电台正在进行一项调查，调查要求听众给 5 首不同的歌曲进行评分。歌曲的评级分数为 1～5，其中 1 等于在播放歌曲时切换电台，5 等于播放歌曲时调高音量。如果听众没有听到这首歌，或者不在乎对这首歌的评论，那就可以输入 9。以下是收集的数据：

```
Albany     54  3  9  4  4  9
Richmond   33  2  9  3  3  3
Oakland    27  3  9  4  2  3
Richmond   41  3  5  4  5  5
Berkeley   18  4  4  9  3  2
```

列表是听众居住城市，听众年龄，以及听众对五首歌曲的评分。以下程序将所有 9 更改为缺失值（变量名用歌曲名每个单词的首字母拼接命名）。

```
*将所有的9更改为缺失值;
DATA songs;
   INFILE 'c:\MyRawData\KBRK.dat';
   INPUT City $ 1-15 Age wj kt tr filp ttr;
   ARRAY song (5) wj kt tr filp ttr;
   DO i = 1 TO 5;
      IF song(i) = 9 THEN song(i) = .;
   END;
```

```
RUN;
PROC PRINT DATA = songs;
   TITLE 'KBRK Song Survey';
RUN;
```

数组 SONG 定义为由 5 个变量组成，它们出现在 INPUT 语句中，分别表示 5 首歌曲。接下来是一个迭代的 DO 语句，DO 语句和 END 语句之间的所有语句在这种情况下被执行 5 次，数组中的每个变量分别执行了 1 次。

变量 i 用作索引变量，每次通过 DO 循环递增1。第一次通过 DO 循环，变量 i 的值为 1，IF 语句将读取 `IF song(1) = 9 THEN song(1) =.;`，这相当于 `IF wj=9 THEN wj=.;`。第二次通过 DO 循环，i 的值为 2，IF 语句将读取 `IF song(2) = 9 THEN song(2) =.;`，这相当于与 `IF kt=9 THEN kt=.;`。以此类推，处理完数组中的所有五个变量。

结果如表 3-18 所示。

表 3-18　KBRK 音乐调查

Obs	City	Age	wj	kt	tr	filp	ttr	i
1	Albany	54	3	.	4	4	.	6
2	Richmond	33	2	.	3	3	3	6
3	Oakland	27	3	.	4	2	3	6
4	Richmond	41	3	5	4	5	5	6
5	Berkeley	18	4	4	.	3	2	6

请注意，数组成员 SONG(1) 到 SONG(5) 没有输出到数据集中，但是变量 i 却输出了。你可以编写 5 个 IF 语句来代替使用数组并实现相同的结果。在这个程序中，这两种方法并没有很大区别，但是如果你的调查有 100 首歌曲而不是 5 首，那么使用数组显然是更好的方案。

3.12　使用变量名列表的快捷方式

在编写 SAS 程序时，你通常需要写一个变量名称列表。如果只有少数几个变量，可能不需要快捷方式。但是，如果要定义一个包含 100 个元素的数组，你输入了 49 个变量名，得知还要继续输入 51 个变量名，此时你或许会感到有些烦躁，甚至产生"一定存在更简便的方法"的想法。事实上，的确有这样的方法。

你可以在几乎任何可以使用常规变量列表的地方使用变量名的缩写列表。在函数中，缩写列表之前必须有关键字 OF（例如，SUM(OF Cat8 - Cat12)）。否则，你只是将常规列表替换为缩写列表。

数字范围列表　以相同字符开始并以连续数字结尾的变量可以是数字范围列表的一部分。只要数字是顺序相连的，就能以任何数字开始和结束。例如，以下 INPUT 语句显示了一个变量列表及其缩写形式：

变量列表	缩写列表
INPUT Cat8 Cat9 Cat10 Cat11 Cat12;	INPUT Cat8 - Cat12;

名称范围列表　名称范围列表取决于 SAS 数据集中变量的内部顺序或位置。这取决于 DATA 步中变量的出现顺序。例如，给定以下 DATA 步，内部变量名顺序将是 Y A C H R B：

```
DATA example;
   INPUT y a c h r;
   b = c + r;
RUN;
```

要指定名称范围列表，先是第一个变量，接着是两个连字符，然后是最后一个变量。以下 PUT 语句使用名称范围来显示变量列表及其缩写形式：

变量列表	缩写列表
PUT y a c h r b;	PUT y -- b;

如果你不确定内部顺序，可以使用 PROC CONTENTS 的 "POSITION" 选项来查找。以下程序将列出永久 SAS 数据集 DISTANCE 中的变量，并按位置排序：

```
LIBNAME mydir 'c:\MySASLib';
PROC CONTENTS DATA = mydir.distance POSITION;
RUN;
```

在程序中包含名称范围列表时请小心。虽然它们可以节省输入时间，但也可能使你的程序变得更难以理解和调试。

名称前缀列表　以相同字符开头的变量可以是名称前缀列表的一部分，可以在某些 SAS 语句和函数中使用。例如：

变量列表   缩写列表
DogBills = SUM(DogVet,DogFood,Dog_Care);   DogBills = SUM(OF Dog:);

特殊 SAS 名称列表　　特殊名称列表 _ALL_，_CHARACTER_ 和 _NUMERIC_ 也可以用于你想要的任何位置来表示 SAS 数据集中所有变量、所有字符变量或者所有数值变量。这些名称列表在你要计算某观测的所有数值变量的均值时（MEAN(OF _NUMERIC_)）或列出某观测的所有变量的值时（PUT _ALL_;）是有用的。

示例　　无线电台 KBRK 想要修改上一节中的程序，该程序将所有的 9 更改为缺失值。现在，新程序不去更改原始变量，而是创建新的变量（Song1 ～ Song5），这些新变量将具有新的缺失值。新程序还使用 MEAN 函数计算平均分数。以下是数据：

```
Albany      54   3   9   4   4   9
Richmond    33   2   9   3   3   3
Oakland     27   3   9   4   2   3
Richmond    41   3   5   4   5   5
Berkeley    18   4   4   9   3   2
```

以下是新程序：

```
DATA songs;
   INFILE 'c:\MyRawData\KBRK.dat';
   INPUT City $ 1-15 Age wj kt      tr filp ttr;
   ARRAY new (5) Song1 - Song5;
   ARRAY old (5) wj -- ttr; DO i = 1 TO 5;
   IF old(i) = 9 THEN new(i) = .;
   ELSE new(i) = old(i);
   END;
        AvgScore = MEAN(OF Song1 - Song5);
PROC PRINT DATA = songs;
TITLE 'KBRK Song Survey';
RUN;
```

请注意，ARRAY 语句使用缩写变量列表，数组 NEW 使用数字范围列表，数组 OLD 使用名称范围列表。在迭代 DO 循环中，如果原始变量（数组 OLD）的值为 9，则将 Song 变量（数组 NEW）设置为缺失值。否则，它们被设置为等于原始值。在 DO 循环之后，使用函数 MEAN 中的缩写变量列表创建一个新变量 AvgScore。输出包括 OLD 数组（wj ～ ttr）和 NEW 数组（Song1 ～ Song5）的变量：

表 3-19 KBRK 音乐调查

Obs	City	Age	wj	kt	tr	filp	ttr	Song1	Song2	Song3	Song4	Song5	i	AvgScore
1	Albany	54	3	9	4	4	9	3	.	4	4	.	6	3.66667
2	Richmond	33	2	9	3	3	3	2	.	3	3	3	6	2.75000
3	Oakland	27	3	9	4	2	3	3	.	4	2	3	6	3.00000
4	Richmond	41	3	5	4	5	5	3	5	4	5	5	6	4.40000
5	Berkeley	18	4	4	9	3	2	4	4	.	3	2	6	3.25000

第 4 章 排序、打印和汇总数据

简单的事情一会儿便能马上解决。[①]

——菲尔·加拉赫

[①] 出自 SAS L Listserv,1994 年。经作者许可转载。

4.1 使用 SAS 过程

```
PROC whatever
DATA= _____
BY    _____
TITLE _____
FOOTNOTE _____
LABEL _____
```

SAS 过程（即 PROC 步）的使用如同填写一张表格。别人设计出表格，而你只需要在空白处填写内容并从选项列表中进行选择即可。每个 PROC 步都有自己独特的组织形式以及选项列表。尽管如此，每个 SAS 过程也有相似的地方。本节主要讨论这些相似之处。

所有过程都包含必需的语句，而大多数过程也包含可选的语句。例如 PROC PRINT 就仅需要两个关键词：

```
PROC PRINT;
```

但是通过添加可选语句，你可以将该过程编写成十几行甚至更长。

PROC 语句　所有过程均以关键字 PROC 开头，后面跟着过程的名称，例如 PRINT 或 CONTENTS。若带有选项，则紧跟在过程名后。"DATA=" 选项告诉 SAS 使用哪个数据集作为该过程的输入。在以下示例中，SAS 将使用名为 BANANA 的临时 SAS 数据集：

```
PROC CONTENTS DATA = banana;
```

"DATA=" 选项显然是可选的。若你不添加该语句，SAS 将使用最新创建但不一定是最近使用过的数据集，作为该过程的输入。相比确定 SAS 默认所使用的数据集，直接指定你想使用的数据集会更加简便。若要使用永久 SAS 数据集，需要用 LIBNAME 语句，设置逻辑库引用名，指向你的数据集的存储位置，然后在 "DATA=" 选项中指定数据集的两级名称（如 2.19 节讨论）：

```
LIBNAME tropical 'c:\MySASLib';
PROC CONTENTS DATA = tropical.banana;
```

你也可以直接引用它，方法是将永久 SAS 数据集在操作环境中的名称放置在引号中（如 2.20 节讨论）。

```
PROC CONTENTS DATA = 'c:\MySASLib\banana';
```

BY 语句　BY 语句仅在 PROC SORT 过程中是必需的。在 PROC SORT 中，BY 语句告诉 SAS 如何排列观测。在所有其他过程中，BY 语句都是可选的，它告诉 SAS 为 BY 变量值的每种组合执行单独的分析，而不是将所有观测视为一个组。例如，以下语句告诉 SAS 为每个州 (State) 运行单独的分析：

```
BY State;
```

除 PROC SORT 之外的所有过程均假定你的数据已按 BY 语句中的变量值排过序。若你的观测尚未排序，则使用 PROC SORT 进行排序。

TITLE 和 FOOTNOTE 语句　本书中已出现过很多次 TITLE 语句。FOOTNOTE 语句与之相似，只是它打印在页面底部。这些全局语句从技术上来说不是任何过程步的一部分。你可以将它们放置在程序中的任何位置，但由于它们应用于过程输出，通常将它们与某个过程放在一起会更有意义。最基本的 TITLE 语句由关键字 TITLE 以及其后包含在引号中的标题组成。SAS 不介意引号是单引号还是双引号，只要它们前后一致即可：

```
TITLE 'This is a title';
```

若你发现标题中含撇号，可以使用双引号将标题引起来或将单撇号替换为双撇号：

```
TITLE "Here's another title";
TITLE 'Here''s another title';
```

你最多可以指定 10 个标题或脚注，只需在关键字 TITLE 和 FOOTNOTE 后面加上数字即可：

```
FOOTNOTE3 'This is the third footnote';
```

标题和脚注会一直有效，除非你将它们替换为新的标题和脚注或是使用了空语句将它们取消。以下空语句会取消所有当前标题：

```
TITLE;
```

当你指定新标题或脚注时，它会替换具有相同数字的旧标题或脚注并取消更大数字的标题或脚注。例如，新的 TITLE2 会取消现有的 TITLE3（若存在）。

LABEL 语句　默认情况下，SAS 使用变量名作为输出的标签，但使用 LABEL 语句的话可以为每个变量创建更具说明性的标签，标签的长度最大可以达到 256 个字符。以下语句为变量 ReceiveDate 和 ShipDate 创建了标签：

```
LABEL ReceiveDate = 'Date order was received'
      ShipDate = 'Date merchandise was shipped';
```

在 DATA 步中使用 LABEL 语句时，标签会成为数据集的一部分；但在 PROC 中使用时，标签仅在该特定过程步中有效。

定制输出　你可以对过程步生成的输出进行很多控制。使用系统选项可以设置许多功能，例如居中、日期和页面方向（请参见第 1.13 节）。使用输出交付系统还可以更改输出的整体样式，产生不同格式（如 PDF 或 RTF）的输出，甚至更改输出的任何细节（第 5 章）。

输出数据集　大多数过程步可以生成某种报表，但有时你需要将过程步的结果保存为 SAS 数据集以便执行进一步分析。可以使用 ODS OUTPUT 语句（第 5.3 节）从任何过程输出创建 SAS 数据集。某些过程还可以使用 OUTPUT 语句或 "OUT=" 选项将数据输出到 SAS 数据集。

4.2 使用 WHERE 语句在过程中生成子集

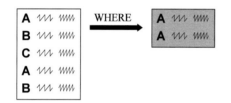

任何读取 SAS 数据集的 PROC 步都有一个可选的 Where 语句。WHERE 语句告诉过程步使用数据的子集。你可能还记得有其他生成数据子集的方法，而可以选择不用 WHERE 语句。[①] 但是 WHERE 语句方便快捷。取子集 IF 语句仅在 DATA 步中有效，而 WHERE 语句在 PROC 步和 DATA 步中都有效。

与在 DATA 步中生成子集不同，在过程步中使用 WHERE 语句不会创建新的数据集，这也是 WHERE 语句有时比其他生成子集的方法更加有效的一个原因。

WHERE 语句的基本形式为：

```
WHERE condition;
```

只有满足语句中条件（condition）的观测才会被 PROC 使用。这可能看起来很熟悉，因为它类似于取子集 IF 语句。条件左侧是变量名，条件右侧是变量名、常数或数学表达式。数学表达式可以包含标准算术符号加号 (+)、减号 (–)、乘号 (*)、除号 (/) 和求幂 (**)。条件表达式两侧之间可以使用比较运算符和逻辑运算符，这些运算符可以是符号也可以是助记符。下面是一些常用的运算符：

[①] 有关 WHERE 语句的详细信息，请参见附录。生成数据子集的其他方式包括取子集 IF 语句（第 2.13、3.7 和 6.9 节），以及 "WHERE=" 选项（第 6.13 节）。

比较符	助记符	示例
=	EQ	WHERE Region = 'Spain';
Ø=, ~=, ^=	NE	WHERE Region ~= 'Spain';
>	GT	WHERE Rainfall > 20;
<	LT	WHERE Rainfall < AvgRain;
>=	GE	WHERE Rainfall >= AvgRain + 5;
<=	LE	WHERE Rainfall <= AvgRain / 1.25;
&	AND	WHERE Rainfall > 20 AND Temp <90;
|, ¦, !	OR	WHERE Rainfall > 20 OR Temp < 90;
	IS NOT MISSING	WHERE Region IS NOT MISSING;
	BETWEEN AND	WHERE Region BETWEEN 'Plain' AND 'Spain';
	CONTAINS	WHERE Region CONTAINS 'ain';
	IN (*LIST*)	WHERE Region IN ('Rain', 'Spain', 'Plain');

示例 你有一个包含知名画家信息的数据库。下面列出了其中的一部分数据。数据包含每位画家的姓名、主要风格和国籍：

```
Mary Cassatt            Impressionism            U
Paul Cezanne            Post-impressionism       F
Edgar Degas             Impressionism            F
Paul Gauguin            Post-impressionism       F
Claude Monet            Impressionism            F
Pierre Auguste Renoir   Impressionism            F
Vincent van Gogh        Post-impressionism       N
```

为了使该示例更加真实，它包含了两部分：一部分是创建永久 SAS 数据集，另一部分是生成数据子集。首先 DATA 步读取名为 Artists.dat 文件中的数据，然后使用直接引用（也可以用 LIBNAME 语句）的方法在 MySASLib 目录中 (Windows) 创建名为 STYLE 的永久 SAS 数据集。

```
DATA 'c:\MySASLib\style';
   INFILE 'c:\MyRawData\Artists.dat';
   INPUT Name $ 1-21 Genre $ 23-40 Origin $ 42;
RUN;
```

假设一天后你只想将印象派画家的列表打印出来。快速简便的方法是使用 WHERE 语句和 PROC PRINT。用引号引起来的数据集名称告诉 SAS 这是一个永久 SAS 数据集。

```
PROC PRINT DATA = 'c:\MySASLib\style';
   WHERE Genre = 'Impressionism';
   TITLE 'Major Impressionist Painters';
   FOOTNOTE 'F = France N = Netherlands U = US';
RUN;
```

输出结果如表 4-1 所示。

表 4-1　Major Impressionist Painters

Obs	Name	Genre	Origin
1	Mary Cassatt	Impressionism	U
3	Edgar Degas	Impressionism	F
5	Claude Monet	Impressionism	F
6	Pierre Auguste Renoir	Impressionism	F

F = France；N = Netherlands；U = US

4.3　使用 PROC SORT 对数据排序

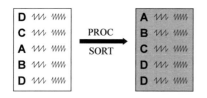

对数据排序有很多原因：需要为报表组织数据、在合并数据集之前、或者在另一个 PROC 或 DATA 步中使用 BY 语句之前。很幸运，PROC SORT 相当简单。该过程的基本形式为：

```
PROC SORT;
   BY variable-list;
```

BY 语句中命名的变量称为 BY 变量。你可以指定任意数量的 BY 变量。在具有一个 BY 变量的情况下，SAS 根据该变量的值排序。在具有多个变量的情况下，SAS 先按第一个变量对观测进行排序，然后在第一个变量的类别内按第二个变量排序，以此类推。BY 组是 BY 变量取值相同的观测（多行数据）组成的一个组。例如，若 BY 变量是 State，则州名为 North Dakota 的所有观测会形成一个 BY 组。

控制输出数据集　"DATA="和"OUT="选项指定输入数据集和输出数据集。若你没有指定"DATA="选项，则 SAS 将使用最新创建的数据集。若你没有指定"OUT="选项，则 SAS 将使用排序后的新数据集版本替换原始数据集。以下示例语句告诉 SAS 对名为 MESSY 的数据集进行排序，然后将排序后的数据输出到名为 NEAT 的数据集中：

```
PROC SORT DATA = messy OUT = neat;
```

"NODUPKEY"选项告诉 SAS 删除具有相同 BY 变量值的观测。若你指定"DUPOUT="选项，则 SAS 将删除的观测输出到指定的数据集中。要使用这些选项，只需将它们添加到 PROC SORT 语句中：

```
PROC SORT DATA = messy OUT = neat NODUPKEY DUPOUT = extraobs;
```

升序和降序排序　默认情况下，SAS 按升序（从最低到最高）对数据排序。要按降序对数据排序，在 BY 语句中每个需要降序排列的变量前，添加关键字 DESCENDING。以下语句告诉 SAS 先按 State 从 A 到 Z 排序，然后在 State 内按 City 从 Z 到 A 排序：

```
BY State DESCENDING City;
```

示例　以下数据显示了所选鲸鱼和鲨鱼的典型长度（英尺）。请注意，每一行包括多个物种的数据。

```
beluga    whale   15    dwarf      shark   .5    sperm    whale   60
basking   shark   30    humpback   .       50    whale    shark   40
gray      whale   50    blue       whale   100   killer   whale   30
mako      shark   12    whale      shark   40
```

以下程序读取数据并进行排序：

```
DATA marine;
   INFILE 'c:\MyRawData\Lengths.dat';
   INPUT Name $ Family $ Length @@;
RUN;
*对数据排序;
PROC SORT DATA = marine OUT = seasort NODUPKEY;
   BY Family DESCENDING Length;
PROC PRINT DATA = seasort;
   TITLE 'Whales and Sharks';
RUN;
```

DATA 步从名为 Lengths.dat 的文件中读取原始数据，然后创建名为 MARINE 的 SAS 数据集。之后 PROC SORT 按 Family 升序以及 Length 降序重新对观测进行排列。PROC SORT 的"NODUPKEY"选项删除 BY 变量值重复的观测，而"OUT="选项将排序后的数据写入名为 SEASORT 的新数据集中。PROC PRINT 的输出如表 4-2 所示。

表 4-2 Whales 和 Sharks

Obs	Name	Family	Length
1	humpback		50.0
2	whale	shark	40.0
3	basking	shark	30.0
4	mako	shark	12.0
5	dwarf	shark	0.5
6	blue	whale	100.0
7	sperm	whale	60.0
8	gray	whale	50.0
9	killer	whale	30.0
10	beluga	whale	15.0

请注意，humpback 是第 1 个观测，对应的 Family 具有缺失值。这是因为对于数值变量和字符变量来说缺失值始终排序最低。此外"NODUPKEY"选项删除了 whale 鲨鱼的重复观测。日志中包含以下注释，显示出排序后的数据比原始数据集包含更少的观测。

```
NOTE: 从数据集 WORK.MARINE. 读取了 11 个观测
NOTE: 1 个具有重复键值的观测已删除。
NOTE: 数据集 WORK.SEASORT 有 10 个观测和 3 个变量
```

4.4　更改字符数据的排序顺序

乍一看字符数据排序很简单。毕竟大家都知道"A"在"B"的前面。但是"A"是否在"a"的前面就不那么明显了。SAS 提供了许多选项来控制字符数据的排序顺序（也称为排序序列）。本节将介绍其中几种。

ASCII 和 EBCDIC　z/OS 操作环境的默认排序序列是 EBCDIC。其他大多数操作环境的默认排序序列是 ASCII。字符数据从最低到最高的基本排序顺序为：

| ASCII | 空格 | 数字 | 大写字母 | 小写字母 |
| EBCDIC | 空格 | 小写字母 | 大写字母 | 数字 |

若你仅在一种操作环境中工作，这对你来说无关紧要。但是若你需要在 Windows 上

创建将在 z/OS 上使用的数据集（反之亦然），则可能需要你的数据按照该操作系统所期望的顺序排序。你可以使用选项"SORTSEQ=EBCDIC"和"SORTSEQ=ASCII"更改排序顺序：①

```
PROC SORT SORTSEQ = EBCDIC;
```

语义排序　默认情况下，大写字母和小写字母将分别排序，但是人们通常不这样排序。你可以使用语义排序生成更直观的顺序。"SORTSEQ=LINGUISTIC"选项带有"STRENGTH=PRIMARY"子选项，它告诉 SAS 忽略大小写。要使用这些选项，可以将它们添加到 PROC SORT 语句，如下所示：

```
PROC SORT SORTSEQ = LINGUISTIC (STRENGTH = PRIMARY);
```

下面的数据分别是未排序，按照默认 ASCII 顺序排序，以及按照忽略大小写的顺序排序：

未排序	默认排序	语义排序（STRENGTH = PRIMARY）
Eva	ANNA	amanda
amanda	Zenobia	ANNA
Zenobia	amanda	eva
ANNA	eva	Zenobia

当对字符数据中的数字进行排序时，值"10"排在"2"前面。"NUMERIC_COLLATION=ON"子选项告诉 SAS 将数字等同于数值进行处理。

```
PROC SORT SORTSEQ = LINGUISTIC (NUMERIC_COLLATION = ON);
```

下面的数据分别是未排序、按照默认顺序排序、以及按照数值顺序排序：

未排序	默认排序	语义排序（NUMERIC_COLLATION = ON）
1500m freestyle	100m backstroke	50m freestyle
200m breaststroke	1500m freestyle	100m backstroke
100m backstroke	200m breaststroke	200m breaststroke
50m freestyle	50m freestyle	1500m freestyle

---

① "*SORTSEQ=*"选项的其他可能值包括 *DANISH*、*FINNISH*、*ITALIAN*、*NORWEGIAN*、*POLISH*、*SPANISH* 和 *SWEDISH*。

示例 下面的数据包含一些姓名和地址。

```
Seiki    100 A St.           juneau      alaska
Wong     2 A St.             Honolulu    Hawaii
Shaw     10 A St. Apt. 10    Juneau      Alaska
Smith    10 A St. Apt. 2     honolulu    hawaii
```

以下程序读取原始数据，然后对数据执行两次排序。数据先按 Street（使用数值顺序）排序，然后按 State（使用忽略大小写的顺序）排序。

```
DATA addresses;
   INFILE 'c:\MyRawData\Mail.dat';
   INPUT Name $6. Street $18. City $9. State $6.;
RUN;
PROC SORT DATA = addresses OUT = sortone
      SORTSEQ = LINGUISTIC (NUMERIC_COLLATION = ON);
   BY Street;
PROC PRINT DATA = sortone;
   TITLE 'addresses Sorted by Street';
RUN;
PROC SORT DATA = addresses OUT = sorttwo
      SORTSEQ = LINGUISTIC (STRENGTH = PRIMARY);
   BY State;
PROC PRINT DATA = sorttwo;
   TITLE 'Addresses Sorted by State';
RUN;
```

结果如表 4-3、表 4-4 所示。

表 4-3　Addresses Sorted by Street

Obs	Name	Street	City	State
1	Wong	2 A St.	Honolulu	Hawaii
2	Smith	10 A St. Apt. 2	honolulu	hawaii
3	Shaw	10 A St. Apt. 10	Juneau	Alaska
4	Seiki	100 A St.	juneau	alaska

表 4-4　Addresses Sorted by State

Obs	Name	Street	City	State
1	Seiki	100 A St.	juneau	alaska
2	Shaw	10 A St. Apt. 10	Juneau	Alaska

（续表）

Obs	Name	Street	City	State
3	Wong	2 A St.	Honolulu	Hawaii
4	Smith	10 A St. Apt. 2	honolulu	hawaii

当你使用"STRENGTH=PRIMARY"选项时，将忽略 BY 组的大小写。在该示例中，值 alaska 和 Alaska 位于同一 BY 组中，hawaii 和 Hawaii 位于另一个 BY 组中。

4.5 使用 PROC PRINT 打印数据

PRINT 过程可能是使用最广泛的 SAS 过程了。本书中已多次出现使用该过程打印 SAS 数据集的内容。在它的最简单形式中，PROC PRINT 打印 SAS 数据集中所有变量的全部观测。SAS 会决定最佳输出格式，因此你不必担心一页上适合打印多少个变量这样的事情。但是还有一些其他的 PROC PRINT 的功能你也许也想用一用。

PRINT 过程仅需要一个语句：

```
PROC PRINT;
```

默认情况下，SAS 使用最新创建的 SAS 数据集。若你不想打印最新创建的数据集，则可以使用"DATA="选项指定数据集。建议你始终使用"DATA="选项在你的程序中明确指出所使用的数据集，因为快速识别出最后创建的数据集并不是件容易的事。

```
PROC PRINT DATA = data-set;
```

此外，SAS 会打印观测编号以及变量值。若你不需要观测编号，可以在 PROC PRINT 语句中使用 NOOBS 选项。若你使用 LABEL 定义变量标签，并且想打印标签而非变量名，也可以添加 LABEL 选项。以下语句显示了所有这些选项：

```
PROC PRINT DATA = data-set NOOBS LABEL;
```

下面是一些可能随手用得着的可选语句：

BY *variable-list*;　　　　BY 语句在输出中为每个 BY 变量值输出到新的区域，并在每个区域的最上方打印 BY 变量的值。数据必须按 BY 变量预先排序过。

ID *variable-list*;　　　　当你使用 ID 语句时，不会打印观测编号。取而代之的是 ID 变量列表中的变量显示在页面左侧。

SUM *variable-list*;   SUM 语句打印列表中变量总和。

VAR *variable-list*;   VAR 语句指定打印的变量及其打印顺序。若不使用 VAR 语句，
                            SAS 数据集中的所有变量会以它们在数据集中出现的顺序打印。

示例　四年级两个班级的学生通过卖糖果来赚取特殊实地考察的费用。挣钱较多的班级会获得一盒免费的糖果。下面是糖果销售结果的数据。依次显示学生姓名、班级号、交钱的日期、糖果类型（薄荷夹心巧克力为 MP、恐龙巧克力为 CD）以及售出的盒数：

```
Adriana   21   3/21/2012   MP   7
Nathan    14   3/21/2012   CD   19
Matthew   14   3/21/2012   CD   14
Claire    14   3/22/2012   CD   11
Ian       21   3/24/2012   MP   18
Chris     14   3/25/2012   CD   6
Anthony   21   3/25/2012   MP   13
Erika     21   3/25/2012   MP   17
```

每卖出一盒糖果，班级赚 1.25 美元。老师需要一份报表，给出每个班级挣到的钱数、每个学生挣到的钱数、售出的糖果类型以及学生上交钱的日期。以下程序读取数据，计算挣到的钱数 (Profit)，使用 PROC SORT 按班级对数据排序。然后，使用 PROC PRINT 的 BY 语句按 Class 打印数据，使用 SUM 语句给出总利润。VAR 语句列出要打印的变量：

```
DATA sales;
   INFILE 'c:\MyRawData\CandySales.dat';
   INPUT Name $ 1-11 Class @15 DateReturned MMDDYY10. CandyType $
      Quantity;
   Profit = Quantity * 1.25;
PROC SORT DATA = sales;
   BY Class;
PROC PRINT DATA = sales;
   BY Class;
   SUM Profit;
   VAR Name DateReturned CandyType Profit;
   TITLE 'Candy Sales for Field Trip by Class';
RUN;
```

表 4-5、表 4-6 是输出结果。请注意，变量 DateReturned 的值打印为 SAS 日期值。你可以使用下节介绍的输出格式以可读的形式打印日期。

表 4-5 Candy Sales for Field Trip by Class

Class=14

Obs	Name	DateReturned	CandyType	Profit
1	Nathan	19073	CD	23.75
2	Matthew	19073	CD	17.50
3	Claire	19074	CD	13.75
4	Chris	19077	CD	7.50
Class				62.50

表 4-6 二十一班糖果销售情况

Obs	Name	DateReturned	CandyType	Profit
5	Adriana	19073	MP	8.75
6	Ian	19076	MP	22.50
7	Anthony	19077	MP	16.25
8	Erika	19077	MP	21.25
Class				68.75
				131.25

4.6 使用输出格式更改打印值的外观

当 SAS 打印数据时，它会自动为你安排最佳的格式，比如打印的小数点位数、每个值允许的空格数等。这非常方便，也让你的工作更加轻松，但 SAS 不总是如你所愿。幸运的是，你不用被迫接受 SAS 认为是最佳的输出格式，你可以使用 SAS 输出格式更改打印值的外观。

SAS 为字符、数值和日期值提供了很多输出格式。例如，你可以使用 COMMA$w.d$ 输出格式打印带逗号的数值，使用 $\$w.$ 输出格式控制打印的字符数，使用 MMDDYY$w.$ 输出格式将 SAS 日期值（从 1960 年 1 月 1 日算起的天数）以可读形式（例如，12/03/2003）打印出来。若你愿意的话，甚至能以更模糊的输出格式（比如，十六进制、区位十进制和压缩十进制）打印数据。[①]

---

① 你也可以使用 4.8 章节中介绍的 FORMAT 过程创建自己的输出格式。

SAS 输出格式的一般形式如下所示：

字符	数值	日期
$formatw.	formatw.d	formatw.

其中 $ 指示字符输出格式，*format* 是输出格式的名称，*w* 是包括小数点在内的总宽度，*d* 是小数点位数。输出格式中的句点非常重要，因为它用于区分输出格式和变量名。默认情况下，输出格式不能包含除下划线之外的任何其他特殊字符。

FORMAT 语句 你可以在 FORMAT 语句中将输出格式与变量关联起来。FORMAT 语句以关键字 FORMAT 开头，后面跟着一个或多个变量名（若同一输出格式要关联多个变量），再后面跟着输出格式。例如，以下 FORMAT 语句将 DOLLAR8.2 输出格式与变量 Profit、Loss 关联起来，并且将 MMDDYY8. 输出格式与变量 SaleDate 关联起来：

```
FORMAT Profit Loss DOLLAR8.2 SaleDate MMDDYY8.;
```

FORMAT 语句可以在 DATA 步和 PROC 步中使用。若 FORMAT 语句在 DATA 步中使用，则输出格式关联是永久的，会同 SAS 数据集一起存储。若 FORMAT 语句在 PROC 步中使用，则它是临时的，仅影响该过程中的结果。

PUT 语句 当写入原始数据文件或报表时，你还可以在 PUT 语句中使用输出格式。在每个变量名后面放置一个输出格式，如以下示例所示：

```
PUT Profit DOLLAR8.2 Loss DOLLAR8.2 SaleDate MMDDYY8.;
```

示例 在前一节中，四年级卖糖果的结果是使用 PRINT 过程打印的。学生姓名连同他们上交钱的日期、售卖糖果的类型以及利润一同打印。你可能注意到打印的日期是 19073 和 19077 这样的数值。通过在 PRINT 过程中使用 FORMAT 语句，能打印出可读的日期格式。同时，可以使用 DOLLAR6.2 输出格式打印变量 Profit，这样美元符号会显示在数值前面。

下面是数据，依次显示学生姓名、班级号、交钱的日期、售卖糖果的类型（薄荷夹心巧克力为 MP、恐龙巧克力为 CD）以及售出的盒数：

```
Adriana      21     3/21/2012     MP     7
Nathan       14     3/21/2012     CD     19
Matthew      14     3/21/2012     CD     14
Claire       14     3/22/2012     CD     11
Ian          21     3/24/2012     MP     18
```

```
    Chris           14         3/25/2012       CD      6
    Anthony         21         3/25/2012       MP      13
    Erika           21         3/25/2012       MP      17
```

以下程序读取原始数据并计算 Profit。PRINT 过程中的 FORMAT 语句将 DATE9. 输出格式与变量 DateReturned 关联起来，并将 DOLLAR6.2 输出格式与变量 Profit 关联起来：

```
DATA sales;
   INFILE 'c:\MyRawData\CandySales.dat';
   INPUT Name $ 1-11 Class @15 DateReturned MMDDYY10. CandyType $
         Quantity;
   Profit = Quantity * 1.25;
PROC PRINT DATA = sales;
   VAR Name DateReturned CandyType Profit;
   FORMAT DateReturned DATE9. Profit DOLLAR6.2;
   TITLE 'Candy Sale Data Using Formats';
RUN;
```

结果如表 4-7 所示。

表 4-7 转换格式的糖果销售数据

Obs	Name	DateReturned	CandyType	Profit
1	Adriana	21MAR2012	MP	$8.75
2	Nathan	21MAR2012	CD	$23.75
3	Matthew	21MAR2012	CD	$17.50
4	Claire	22MAR2012	CD	$13.75
5	Ian	24MAR2012	MP	$22.50
6	Chris	25MAR2012	CD	$7.50
7	Anthony	25MAR2012	MP	$16.25
8	Erika	25MAR2012	MP	$21.25

4.7 可供选择的标准输出格式

表 4-8 可供选择的标准输出格式（1）

输出格式	定　　义	宽度范围	默认宽度
字符			
$UPCASEw.	将字符数据转换为大写	1–32767	变量长度或 8
$w.	写入标准字符数据——不去除前导空格（同 $CHARw.）	1–32767	变量长度或 1

(续表)

输出格式	定　义	宽度范围	默认宽度
日期、时间和日期时间①			
DATEw.	以 ddmmyy 或 ddmmmyyyy 形式写入 SAS 日期值	5–11	7
DATETIMEw.d	以 ddmmyy:hh:mm:ss.ss 形式写入 SAS 日期时间值	7–40	16
DTDATEw.	以 ddmmmyy 或 ddmmmyyyy 形式写入 SAS 日期时间值	5–9	7
EURDFDDw.	以 dd.mm.yy 或 dd.mm.yyyy 形式写入 SAS 日期值	2–10	8
JULIANw.	以儒略历日期形式 yyddd 或 yyyyddd 写入 SAS 日期值	5–7	5
MMDDYYw.	以 mm/dd/yy 或 mm/dd/yyyy 形式写入 SAS 日期值	2–10	8
TIMEw.d	以 hh:mm:ss.ss 形式写入 SAS 时间值	2–20	8
WEEKDATEw.	以 day-of-week、month-name dd, yy 或 yyyy 形式写入 SAS 日期值	3–37	29
WORDDATEw.	以 month-name dd, yyyy 形式写入 SAS 日期值	3–32	18
数值			
BESTw.	SAS 系统选择最佳输出格式——数值数据的默认输出格式	1–32	12
COMMAw.d	写入带逗点的数字	2–32	6
DOLLARw.d	写入前面带 $ 符号的数字，并且每三位数字之间用句点分开	2–32	6
Ew.	以科学计数法形式写入数字	7–32	12
EUROXw.d	写入前面带 € 符号的数字，并且每三位数字之间用句点分开	2–32	6
PERCENTw.d	以百分比形式写入数值数据	4–32	6
w.d	写入标准数值数据	1–32	无

表 4-9　可供选择的标准输出格式（2）

输出格式	输入数据	PUT 语句	结　果
字符			
$UPCASEw. $w.	my cat my cat my snake	PUT Animal $UPCASE6.; PUT Animal $8. '*';	MY CAT my cat * my snak*

① SAS 日期值是自 1960 年 1 月 1 日算起的天数。SAS 时间值是自午夜 12 点算起的秒数，日期时间值是自 1960 年 1 月 1 日午夜 12 点算起的秒数。

输出格式	输入数据	PUT 语句	结　　果
日期、时间和日期时间①			
DATE*w.*	8966	PUT Birth DATE7.;	19JUL84
		PUT Birth DATE9.;	19JUL1984
DATETIME*w.*	12182	PUT Start DATETIME13.;	01JAN60:03:23
		PUT Start DATETIME18.1;	01JAN60:03:23:02.0
DTDATE*w.*	12182	PUT Start DTDATE7.;	01JAN60
		PUT Start DTDATE9.;	01JAN1960
EURDFDD*w.*	8966	PUT Birth EURDFDD8.;	19.07.84
		PUT Birth EURDFDD10.;	19.07.1984
JULIAN*w.*	8966	PUT Birth JULIAN5.;	84201
		PUT Birth JULIAN7.;	1984201
MMDDYY*w.*	8966	PUT Birth MMDDYY8.;	7/19/84
		PUT Birth MMDDYY6.;	071984
TIME*w.d*	12182	PUT Start TIME8.;	3:23:02
		PUT Start TIME11.2;	3:23:02.00
WEEKDATE*w.*	8966	PUT Birth WEEKDATE15.;	Thu, Jul 19, 84
		PUT Birth WEEKDATE29.;	Thursday, July 19, 1984
WORDDATE*w.*	8966	PUT Birth WORDDATE12.;	Jul 19, 1984
		PUT Birth WORDDATE18.;	July 19, 1984
数值			
BEST*w.*	1200001	PUT Value BEST6.;	1.20E6
		PUT Value BEST8.;	1200001
COMMA*w.d*	1200001	PUT Value COMMA9.;	1200001
		PUT Value COMMA12.2;	1200001.00
DOLLAR*w.d*	1200001	PUT Value DOLLAR10.;	$1200001
		PUT Value DOLLAR13.2;	$1200001.00
E*w.*	1200001	PUT Value E7.;	1.2E+06
EUROX*w.d*	1200001	PUT Value EUROX13.2;	€1.200.00100
PERCENT*w.d*	0.05	PUT Value PERCENT9.2;	5.00%
w.d	23.635	PUT Value 6.3;	23.635
		PUT Value 5.2;	23.64

① SAS 日期值是自 1960 年 1 月 1 日算起的天数。SAS 时间值是自午夜 12 点算起的秒数，日期时间值是自 1960 年 1 月 1 日午夜 12 点算起的秒数。

4.8 使用 PROC FORMAT 创建自己的输出格式

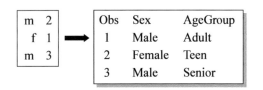

有时候你可能想创建自定义的输出格式，尤其是在你使用大量编码数据的时候。假设你刚刚完成了一份针对你公司的调查，为了节省磁盘空间和时间，所有问卷问题的反馈都进行了编码。例如，年龄类别青少年、成年和老年分别编码为数字 1、2 和 3。这样有助于数据输入和分析但是解释结果时却很麻烦。你可以将结果和编码手册一起提供，这样你公司的主管可以在读取结果时查找编码。但是这可能会让你得不到一直期盼的升职。更好的解决办法是使用 PROC FORMAT 创建用户自定义的输出格式，并打印自定义输出格式的值而非编码值。

FORMAT 过程创建的输出格式，可用在 FORMAT 语句变量之后与变量关联起来。该过程以 PROC FORMAT 语句开头，然后是一个或多个 VALUE 语句（可以使用其他可选语句）：

```
PROC FORMAT;
    VALUE name range-1 = 'formatted-text-1'
               range-2 = 'formatted-text-2'
                   .
                   .
                   .
               range-n = 'formatted-text-n';
```

VALUE 语句中的 *name* 是你创建的输出格式的名称。若输出格式是针对字符数据的，则 *name* 必须以 $ 开头。*name* 的长度不能大于 32 个字符（包括针对字符数据的 $ 符号），不能以数字开头或结尾，并且除下划线以外不能包含任何特殊字符。此外，*name* 不能是现有输出格式的名称。每个 *range* 是一个变量的值，它被分配给等号右侧引号中的文本赋值。文本长度最多为 32767 个字符，但是某些过程仅打印前 8 个或前 16 个字符。下面是有效的范围（range）定义示例：

```
         'A' = 'Asia'
  1, 3, 5, 7, 9= 'Odd'
  500000 - HIGH= 'Not Affordable'
     13 -< 20 = 'Teenager'
  0 <- HIGH = 'Positive Non Zero'
     OTHER = 'Bad Data'
```

字符值应括在引号中(例如'A')。若范围中有多个值,则用逗点分隔这些值或使用"-"来表示连续范围。关键字 LOW 和 HIGH 用于在范围中指定变量的最低和最高非缺失值。你还可以在范围中使用小于符号"<"来排除范围任一侧的端点值。OTHER 关键字可用于将输出格式分配给 VALUE 语句中未列出的任何值。

示例　Universe Cars 正在调查客户对汽车颜色的个人喜好。他们掌握了客户的年龄、性别(按照 1 表示男性,2 表示女性来编码)、年收入和偏好的汽车颜色(黄色 Y、灰色 G、蓝色 B 或白色 W)。下面是数据列表:

```
19      1    14000     Y
45      1    65000     G
72      2    35000     B
31      1    44000     Y
58      2    83000     W
```

以下程序先读取数据,接着使用 FORMAT 过程创建年龄、性别和汽车颜色的输出格式,然后使用新的输出格式打印数据:

```
DATA carsurvey;
   INFILE 'c:\MyRawData\Cars.dat';
   INPUT Age Sex Income Color $;
PROC FORMAT;
   VALUE gender 1 = 'Male'
                2 = 'Female';
   VALUE agegroup 13 -< 20 = 'Teen'
                  20 -< 65 = 'Adult'
                  65 - HIGH = 'Senior';
   VALUE $col 'W' = 'Moon White'
              'B' = 'Sky Blue'
              'Y' = 'Sunburst Yellow'
              'G' = 'Rain Cloud Gray';
*使用用户定义和标准(DOLLAR8.)输出格式打印数据;
PROC PRINT DATA = carsurvey;
   FORMAT Sex gender. Age agegroup. Color $col. Income DOLLAR8.;
   TITLE 'Survey Results Printed with User-Defined Formats';
RUN;
```

该程序创建了两个数值输出格式:GENDER.——针对变量 Sex,AGEGROUP.——针对变量 Age。该程序创建了一个字符输出格式:$COL.——针对变量 Color。请注意,输出格式名称在 VALUE 语句中不是以句点结束,但它们在 FORMAT 语句中则以句点结束。

表 4-10 是输出结果。

表 4-10　以用户定义格式打印输出的调查结果表

Obs	Age	Sex	Income	Color
1	Teen	Male	$14000	Sunburst Yellow
2	Adult	Male	$65000	Rain Cloud Gray
3	Senior	Female	$35000	Sky Blue
4	Adult	Male	$44000	Sunburst Yellow
5	Adult	Female	$83000	Moon White

该示例创建的是仅在当前作业或会话中存在的临时输出格式。创建和使用永久输出格式会在 SAS 帮助文档中的 FORMAT 过程中介绍。

4.9　编写简单的自定义报表

PROC PRINT 灵活易用。不过仍有 PROC PRINT 无法胜任的时候，比如当你向国家机构提供报表时，必须像填写空白表格那样按指定格式间隔排列；或者是客户坚持报表包含完整句子的时候；又或是你想每个观测独占一页的时候。这些时候你可以利用 DATA 步的灵活性，自定义心仪的输出格式。

你可以采用与读取数据相同的方式在 DATA 步中写入数据，不过使用的不是 INFILE 和 INPUT 语句，你需要使用 FILE 和 PUT 语句。这类似于在 DATA 步中写入原始数据文件（第 10.5 节），但是为了写入报表，你需要使用 PRINT 选项告诉 SAS 包括打印所需的回车和分页符。下面是用于创建报表的 FILE 语句的一般形式：

```
FILE 'file-specification' PRINT;
```

与 INPUT 语句类似，PUT 语句可以采用列表、列或带格式的样式，但由于 SAS 已经知道变量是数值还是字符，因此字符变量后面不用加 $。若你使用列表输出格式，SAS 将自动在每个变量之间放置一个空格。若你使用 PUT 语句的列样式或带格式的样式，SAS 将在你指定的位置放置变量。你可以使用与 INPUT 语句相同的指针来控制间距：@*n* 可以移至第 *n* 列，+*n* 可以移动 *n* 列，/ 可以跳至下一行，#*n* 可以跳至第 *n* 行，尾随 @ 可以保留当前行。除了打印变量，你还可以插入文本字符串，只需将字符串括在引号中即可。

示例　要显示与 PROC PRINT 的不同之处，我们再次使用糖果销售数据。四年级两个班级的学生通过卖糖果来赚取特殊实地考察的费用。下面是数据，包括学生姓名、班级号、交钱的日期、糖果类型（薄荷夹心巧克力为 MP、恐龙巧克力为 CD）以及售出的盒数：

```
Adriana   21  3/21/2012  MP   7
Nathan    14  3/21/2012  CD  19
Matthew   14  3/21/2012  CD  14
Claire    14  3/22/2012  CD  11
Ian       21  3/24/2012  MP  18
Chris     14  3/25/2012  CD   6
Anthony   21  3/25/2012  MP  13
Erika     21  3/25/2012  MP  17
```

老师需要一张显示每个学生分别挣了多少钱的报表，并且希望每位学生的报表单独一页以方便发给每个同学，最后他们希望使用完整句子以方便四年级学生理解。下面是程序：

```
*使用FILE和PUT语句写一张报表;
DATA _NULL_;
   INFILE 'c:\MyRawData\CandySales.dat';
   INPUT Name $ 1-11 Class @15 DateReturned MMDDYY10.
         CandyType $ Quantity;
   Profit = Quantity * 1.25;
   FILE 'c:\MyRawData\Student.txt' PRINT;
   TITLE;

   PUT @5 'Candy sales report for ' Name 'from classroom ' Class
       // @5 'Congratulations! You sold ' Quantity 'boxes of candy'
        / @5 'and earned ' Profit DOLLAR6.2 ' for our field trip.';
   PUT _PAGE_;
RUN;
```

注意到关键字 _NULL_ 出现在 DATA 语句而不是数据集名称。_NULL_ 告诉 SAS 不需要生成 SAS 数据集（因为目的是要创建报表而非数据集），并且这样可以使程序运行更快。FILE 语句为报表创建输出文件，并且 "PRINT" 选项告诉 SAS 包括回车和分页符。空的 TITLE 语句告诉 SAS 清除所有自动标题。

该程序中的第一个 PUT 语句以指针 @5 开头，这是告诉 SAS 转至第 5 列。然后它告诉 SAS 打印单词 "Candy sales report for"，后面加上变量 Name 的当前值。变量 Name、Class 和 Quantity 以列表样式打印，而 Profit 使用带格式的样式以 DOLLAR6.2 格式打印。斜线指针告诉 SAS 跳至下一行，两个斜线则跳过两行。你可以使用多个 PUT 语句代替斜线来跳过多行，因为每使用一个新的 PUT 语句，SAS 就会跳至新的一行。语句 PUT _PAGE_ 在每个学生的报表后面插入一个分页符。当程序运行时，日志将包含以下注释：

```
NOTE: 从 INFILE 'c:\MyRawData\CandySales.dat' 中读取了 8 条记录。
NOTE: 有 24 条记录写入 FILE 'c:\MyRawData\Student.txt' 中。
```

报表的前三页如下所示：

```
Candy sales report for Adriana from classroom 21

Congratulations!You sold 7 boxes of candy
and earned   $8.75 for our field trip.
```

```
Candy sales report for Nathan from classroom 14

Congratulations!You sold 19 boxes of candy
and earned $23.75 for our field trip.
```

```
Candy sales report for Matthew from classroom 14

Congratulations!You sold 14 boxes of candy
and earned $17.50 for our field trip.
```

4.10 使用 PROC MEANS 汇总数据

在读取数据并确认数据正确后，人们通常都会先查看数据的一些简单统计量。统计量（例如：均值、标准差、最小值和最大值）可以让你对数据有个大致的印象。这些类型的信息还可以提醒你数据中的错误（例如：篮球比赛中的得分为 980 就会让人怀疑数据的准确性）。MEANS 过程提供数值变量的简单统计量。MEANS 过程以关键词 PROC MEANS 开头，后面跟着选项：

```
PROC MEANS options;
```

某些选项控制数据的汇总方式。

```
MAXDEC = n      指定显示的小数位数
MISSING         将缺失值视为有效的汇总组
```

其他选项请求特定的汇总统计量：

MAX	最大值
MIN	最小值
MEAN	均值
MEDIAN	中位数
MODE	众数
N	非缺失值个数
NMISS	缺失值个数
RANGE	极差
STDDEV	标准差
SUM	总和

若你没有指定汇总统计量，SAS 将打印每个变量的非缺失值个数、均值、标准差、最小值和最大值。第 9.3 节列出了 PROC MEANS 的更多选项。

若你在 PROC MEANS 语句中未使用其他语句，则将得到数据集中所有数值变量的统计量。下面是一些可选语句，用于控制所使用的变量：

BY *variable-list;*	BY 语句为列表中变量的每个水平执行单独的分析。数据必须首先按这些变量排序。（你可以使用 PROC SORT 执行排序。）
CLASS *variable-list;*	CLASS 语句也为列表中变量的每个水平执行单独的分析，但它的输出比使用 BY 语句更加简洁，并且数据不必先排序。
VAR *variable-list;*	VAR 语句指定要在分析中所使用的数值变量。若它未出现，则 SAS 使用所有数值变量。

示例 苗圃批发商正在销售园林花卉，他们想按月汇总销售数字。下面的数据文件包含客户 ID、销售日期以及销售的牵牛花、金鱼草和金盏花的数目：

```
756-01     05/04/2013    120     80    110
834-01     05/12/2013     90    160     60
901-02     05/18/2013     50    100     75
834-01     06/01/2013     80     60    100
756-01     06/11/2013    100    160     75
901-02     06/19/2013     60     60     60
756-01     06/25/2013     85    110    100
```

以下程序先读取数据，接着计算新变量 Month（即销售月份），使用 PROC SORT 按 Month 排序数据，然后使用带 BY 语句的 PROC MEANS 按 Month 汇总数据。"MAXDEC"选项设置为零，因此将不打印小数位数。

```
DATA sales;
   INFILE 'c:\MyRawData\Flowers.dat';
   INPUT CustID $ @9 SaleDate MMDDYY10. Petunia SnapDragon
```

```
         Marigold;
      Month = MONTH(SaleDate);
PROC SORT DATA = sales;
   BY Month;
*对花卉的销售量按照变量Month计算均值;
PROC MEANS DATA = sales MAXDEC = 0;
   BY Month;
   VAR Petunia SnapDragon Marigold;
   TITLE 'Summary of Flower Sales by Month';
RUN;
```

表 4-11、表 4-12 是 PROC MEANS 的输出结果。

表 4-11　Summary of Flower Sales by Month The MEANS PROCEDURE Month=5

变　　量	N	均值	标准差	最小值	最大值
Marigold SnapDragon Petunia	3 3 3	87 113 82	35 42 26	50 80 60	120 160 110

表 4-12　Summary of Flower Sales by Month The MEANS PROCEDURE Month=6

变　　量	N	均值	标准差	最小值	最大值
Marigold SnapDragon Petunia	4 4 4	81 98 84	17 48 20	60 60 60	100 160 100

4.11　将汇总统计量写入 SAS 数据集

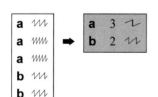

有时你想将汇总统计量保存到 SAS 数据集进一步分析，或者与其他数据合并。例如，你可能想绘制办公室的温度图，显示每小时温度，从而得到每个下午你犯困的时候的温度上升程度，但你使用的仪器记录的是每分钟的温度数据。

MEANS 过程可以通过计算每小时的平均温度来精简数据，然后将结果保存在 SAS 数据集中以便进行绘制。

PROC MEANS 中有两种方法将汇总统计量保存到 SAS 数据集中。你可以使用 OUTPUT 输出目标（在第 5.3 节中介绍），或者可以使用 OUTPUT 语句。OUTPUT 语句有以下形式：

```
OUTPUT OUT = data-set output-statistic-list;
```

此处，*data-set* 是包含结果（临时或永久）的 SAS 数据集，*output-statistic-list* 定义你所需的统计量以及关联的变量名。你可以有多个 OUTPUT 语句和多个输出统计量列表。下面是 *output-statistic-list* 的一种可能形式：

```
statistic(variable-list) = name-list
```

此处，*statistic* 可以是 PROC MEANS 中提供的任何一种统计量（例如，SUM、N、MEAN），*variable-list* 可以是 VAR 语句已定义的要输出的变量，*name-list* 定义统计量的新变量名。新变量名必须采用与它们在 *variable-list* 中对应的变量相同的顺序。例如，以下 ROC MEANS 语句生成名为 ZOOSUM 的新数据集，它包含具有变量 LionWeight（狮子体重的均值）和 BearWeight（熊体重的均值）的一个观测：

```
PROC MEANS DATA = zoo NOPRINT;
   VAR Lions Tigers Bears;
   OUTPUT OUT = zoosum MEAN(Lions Bears) = LionWeight BearWeight;
RUN;
```

PROC MEANS 语句中的"NOPRINT"选项告诉 SAS 无须生成打印结果，因为我们将结果保存在 SAS 数据集中。①

OUTPUT 语句中创建的 SAS 数据集将包含 *output-statistic-list* 中定义的所有变量、BY 或 CLASS 语句中列出的任何变量以及两个新变量 _TYPE_ 和 _FREQ_。若没有 BY 或 CLASS 语句，则数据集仅有一个观测。若有 BY 语句，则数据集对于 BY 组的每个水平都有一个观测。CLASS 语句对于分类变量的每个交叉组合水平生成一个观测。_TYPE_=1 是一个级别，它可能包含多个交叉组合水平。_TYPE_ 取值为 0 的那条观测为总计。②

示例　下面是苗圃批发的销售数据，包含客户 ID、销售日期以及销售的牵牛花、金鱼草和金盏花的数目：

```
756-01 05/04/2013 120   80 110
834-01 05/12/2013 90   160  60
901-02 05/18/2013 50   100  75
```

---

① 使用带 NOPRINT 选项的 PROC MEANS 与使用 PROC SUMMARY 相同。
② 有关 _TYPE_ 变量的详细解释，请参见 SAS 帮助文档。

```
834-01 06/01/2013 80    60 100
756-01 06/11/2013 100 160  75
901-02 06/19/2013 60    60  60
756-01 06/25/2013 85   110 100
```

  苗圃商想按客户汇总数据以便每个客户都有一条观测，包含其花卉销售数量的总和及均值，然后将结果保存在 SAS 数据集中作进一步分析。以下程序先从文件读取数据，接着按变量 CustID 排序，然后使用带"NOPRINT"选项的 MEANS 过程按 CustID 计算总和及均值，最后结果保存在 OUTPUT 语句中名为 TOTALS 的 SAS 数据集中。提供总和的变量名仍沿用原始变量名 Petunia、SnapDragon 和 Marigold，提供均值的变量名使用新变量名 MeanP、MeanSD 和 MeanM。PROC PRINT 用于展示 TOTALS 数据集：

```
DATA sales;
   INFILE 'c:\MyRawData\Flowers.dat';
   INPUT CustID $ @9 SaleDate MMDDYY10. Petunia SnapDragon Marigold;
PROC SORT DATA = sales;
   BY CustID;
*按照变量Customer ID计算均值,把总和及均值输出到新的数据集;
PROC MEANS NOPRINT DATA = sales;
   BY CustID;
   VAR Petunia SnapDragon Marigold;
   OUTPUT OUT = totals
      MEAN(Petunia SnapDragon Marigold) = MeanP MeanSD MeanM
      SUM(Petunia SnapDragon Marigold) = Petunia SnapDragon Marigold;
PROC PRINT DATA = totals;
   TITLE 'Sum of Flower Data over Customer ID';
   FORMAT MeanP MeanSD MeanM 3.;
RUN;
```

表 4-13 是结果。

表 4-13　Sum of Flower Data over Customer ID

Obs	CustID	_TYPE_	_FREQ_	MeanP	MeanSD	MeanM	Petunia	SnapDragon	Marigold
1	756-01	0	3	102	117	95	305	350	285
2	834-01	0	2	85	110	80	170	220	160
3	901-02	0	2	55	80	68	110	160	135

4.12 使用 PROC FREQ 为数据计数

频数表是一个简单计数列表,用于回答"数量是多少"这样的问题。当你具有一个变量的计数时,它们称为单向频数。 当你组合两个或更多变量时,计数称为双向频数、三向频数等。组合了两个或更多变量的表也称为交叉表或列联表。

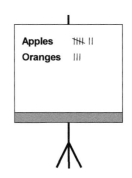

使用 PROC FREQ 的最直接原因是用来创建显示分类数据值分布的表格,但 PROC FREQ 还可以显示出不合常规的数据。你在校对大型数据集的输入错误时会看得眼花缭乱,但是在频数表中会非常显而易见。PROC FREQ 的基本形式为:

```
PROC FREQ;
   TABLES variable-combinations;
```

要生成单向频数表,仅列出变量名即可。以下语句会生成频数表,列出 YearsEducation 每个取值的观测个数:

```
TABLES YearsEducation;
```

要生成交叉表,列出用星号分隔的变量。以下语句会生成交叉表,显示 Sex 对 YearsEducation 的每种组合的观测个数:

```
TABLES Sex * YearsEducation;
```

你可以在单个 TABLES 语句中指定任意数量的频数表请求,并且可以有任意数量的 TABLES 语句。不过要小心,读取包含三个或更多水平的交叉表就像玩三维井字棋游戏而没有用三维棋盘一样。

若在 TABLES 语句中包含选项,需要放置在语句中的斜线之后。有关 PROC FREQ 的统计选项列表,请参见第 9.6 节。控制 PROC FREQ 输出的选项包括:

```
LIST                  以列表格式而非网格形式打印交叉表
MISSPRINT             在频数中包括缺失值,但在百分比中不包括
MISSING               在频数和百分比中包括缺失值
NOCOL                 在交叉表中不打印列百分比
NOPERCENT             不打印百分比
NOROW                 在交叉表中不打印行百分比
OUT = data-set        输出包含频数的数据集
```

例如，以下语句告诉 SAS 将缺失值视为有效：

```
TABLES Sex * YearsEducation / MISSING;
```

示例 咖啡店的经营者记录销售数据。对于销售的每种饮料，她记录了咖啡的类型（卡布奇诺、意式浓缩、科纳或冰咖啡），以及客人是进店消费（d）还是享受免下车服务（w）。下面是每行包含 10 个观测的数据：

```
esp w cap d cap w kon w ice w kon d esp d kon w ice d esp d
cap w esp d cap d Kon d  . d kon w esp d cap w ice w kon w
kon w kon w ice d esp d kon w esp d esp w kon w cap w kon w
```

以下程序读取数据并生成单向和双向频数：

```
DATA orders;
   INFILE 'c:\MyRawData\Coffee.dat';
   INPUT Coffee $ Window $ @@;
*打印表格Window和Window * Coffee;
PROC FREQ DATA = orders;
   TABLES Window Window * Coffee;
RUN;
```

输出包含表 4-14 和表 4-15。表 4-14 是变量 Window 的单向频数表。你可以看到 13 位客人享受免下车服务，17 位客人进店消费。

表 4-14　FREQ 过程

Window	频数	百分比	累积频数	累积百分比
d	13	43.33	13	43.33
w	17	56.67	30	100.00

表 4-15　Window * Coffee

Window	Coffee					
频数 百分比 行百分比 列百分比	Kon	cap	esp	ice	kon	合计
d	1 3.45 8.33 100.00	2 6.90 16.67 33.33	6 20.69 50.00 75.00	2 6.90 16.67 50.00	1 3.45 8.33 10.00	12 41.38

（续表）

Window 频数 百分比 行百分比 列百分比	Coffee					
	Kon	cap	esp	ice	kon	合计
w	0 0.00 0.00 0.00	4 13.79 23.53 66.67	2 6.90 11.76 25.00	2 6.90 11.76 50.00	9 31.03 52.94 90.00	17 58.62
合计	1 3.45	6 20.69	8 27.59	4 13.79	10 34.48	29 100.00
缺失频数 = 1						

第二个表是 Window 对 Coffee 的双向交叉表。在每个单元格内，SAS 打印频数、百分比、行百分比、列百分比，而累积频数和累积百分比显示在右侧和底部。请注意，表中显示出了缺失值但统计量计算中并未包含缺失值。（若你想缺失值包括在表中，则使用 "MISSING" 或 "MISSPRINT" 选项。）此外，有一个观测的 Coffee 取值为 Kon。这是一个数据输入错误，它应该是 kon。

4.13 使用 PROC TABULATE 生成数据报表

TABULATE 过程计算的每个汇总统计量也可以通过其他过程（例如，PRINT、MEANS 和 FREQ）生成，但 PROC TABULATE 使用更普遍，因为其报表十分美观。假如 PROC TABULATE 是一个盒子，那么它会是一个包装精美的盒子。

PROC TABULATE 功能十分强大，有关它的内容可以写一本书，但它也很简单，你会以为自己正在阅读象形文字。若你觉得 PROC TABULATE 的语法有点难以习惯，可能是因为它并非起源于 SAS。PROC TABULATE 部分基于表生成语言（Table Producing Language），它是由美国劳工部开发的一种复杂的语言。

PROC TABULATE 的一般形式为：

```
PROC TABULATE;
   CLASS classification-variable-list;
```

```
TABLE page-dimension, row-dimension, column-dimension;
```

CLASS 语句告诉 SAS 哪些包含分类数据的变量可用于将观测进行分组,而 TABLE 语句告诉 SAS 如何组织表以及计算哪些数字。每个 TABLE 语句仅定义一个表,但你可以有多个 TABLE 语句。若变量列在 CLASS 语句中,则默认情况下,PROC TABULATE 将该变量的每个类别的观测进行简单计数。PROC TABULATE 提供许多其他统计量,下节将介绍如何请求这些统计量。

维度 每个 TABLE 语句最多可以指定三个维度。这些维度用逗点分隔,告诉 SAS 用于报表中的页、行和列有哪些变量。若你仅指定一个维度,则该维度默认情况下会成为列维。若你指定两个维度,则会得到行维和列维,但没有页维。若你指定三个维度,则得到页维、行维和列维。

当你写 TABLE 语句时,以列维开头。一旦你调试过后,即可添加行维。对行维和列维满意之后,若你需要,则可以添加页维。注意到 TABLE 语句中维度的顺序分别是页、行和列。因此,当你添加维时为了避免表的混乱,需要在列维之前插入页和行规格定义。

缺失数据 默认情况下,若在 CLASS 语句中列出的变量的观测中有缺失值,则这些观测会从表中排除。若你想保留这些观测,只需将 "MISSING" 选项添加到 PROC 语句中,如下所示:

```
PROC TABULATE MISSING;
```

示例 下面是有关游船的数据,包括每艘船的名称、船籍港、它是帆船还是机动船、船类型(纵帆船、双体船或游艇)、出行价格以及船体长度(英尺)。

```
Silent Lady      Maalea      sail     sch      95.00     64
America II       Maalea      sail     yac      72.95     65
Aloha Anai       Lahaina     sail     cat     112.00     60
Ocean Spirit     Maalea      power    cat      62.00     65
Anuenue          Maalea      sail     sch     177.50     52
Hana Lei         Maalea      power    cat      88.99    110
Leilani          Maalea      power    yac      99.99     45
Kalakaua         Maalea      power    cat      69.50     70
Reef Runner      Lahaina     power    yac      59.95     50
Blue Dolphin     Maalea      sail     cat      92.95     65
```

假设你想要一个报表,显示每个港口中属于帆船或机动船的每种类型的船数量。以下 DATA 步从名为 Boats.dat 的原始数据文件读取数据,然后 PROC TABULATE 创建一个三维报表,Port 对应页维,Locomotion 对应行维,Type 对应列维。

第 4 章 排序、打印和汇总数据 | 143

```
DATA boats;
   INFILE 'c:\MyRawData\Boats.dat';
   INPUT Name $ 1-12 Port $ 14-20 Locomotion $ 22-26 Type $ 28-30
      Price 32-37 Length 39-41;
RUN;
*三维表格;
PROC TABULATE DATA = boats;
   CLASS Port Locomotion Type;
   TABLE Port, Locomotion, Type;
   TITLE 'Number of Boats by Port, Locomotion, and Type';
RUN;
```

该报表有两页，分别对应页维的各值。表 4-16 是第一页。

表 4-16　Number of Boats by Port, Locomotion, and Type Port Maalea

	Type		
	cat	sch	yac
	N	N	N
Locomotion power	3	.	1
sail	1	2	1

页维的值显示在表的左上角。你可以看到这是 Maalea 港口对应的页。标题 N 告诉你该表的数字是简单计数，即每组中的船数量。

4.14　将统计量添加到 PROC TABULATE 输出

默认情况下，PROC TABULATE 为 CLASS 语句中列出的变量生成简单计数，但你可以在 TABLE 语句中请求许多其他统计量。你还可以在维度内连接或叉乘变量。事实上，你可以写很复杂的 TABLE 语句，其复杂程度甚至直到运行后才知道报表会以怎样的形式显示。

虽然 CLASS 语句列出分类变量，但 VAR 语句告诉 SAS 哪些变量包含连续数据。下面是一般形式：

```
PROC TABULATE;
   VAR analysis-variable-list;
   CLASS classification-variable-list;
```

```
TABLE page-dimension, row-dimension, column-dimension;
```

你可以同时具有 CLASS 语句和 VAR 语句，或者仅有其中一个，但 TABLE 语句中列出的所有变量必须出现在 CLASS 或 VAR 语句中。

关键字 除了变量名，每个维还可以包含关键字。下面是一些 TABULATE 可以计算的值。

ALL	添加一行、一列或一页来显示合计
MAX	最大值
MIN	最小值
MEAN	算术平均值
MEDIAN	中位数
MODE	众数
N	非缺失值个数
NMISS	缺失值个数
PCTN	该组的观测数百分比
PCTSUM	该组显示的合计百分比
STDDEV	标准差
SUM	总和

连接、叉乘和分组 在维度内，可以连接、叉乘或分组变量和关键字。要连接变量或关键字，仅需列出它们，并用空格将它们分隔；要叉乘变量或关键字，用星号"*"将它们分隔；要分组变量或关键字，用括号将它们括起来。关键字 ALL 通常被连接。不过若要请求其他统计量，可以将该关键字与变量名叉乘。

连接:	`TABLE Locomotion Type ALL;`
叉乘:	`TABLE MEAN * Price;`
叉乘、分组和连接:	`TABLE PCTN *(Locomotion Type);`

示例 下面仍然是有关游船的数据，包括每艘船的名称、船籍港、它是帆船还是机动船、船类型（纵帆船、双体船或游艇）、出行价格以及船体长度。

```
Silent Lady      Maalea       sail      sch      95.00     64
America II       Maalea       sail      yac      72.95     65
Aloha Anai       Lahaina      sail      cat     112.00     60
Ocean Spirit     Maalea       power     cat      62.00     65
Anuenue          Maalea       sail      sch     177.50     52
Hana Lei         Maalea       power     cat      88.99    110
Leilani          Maalea       power     yac      99.99     45
Kalakaua         Maalea       power     cat      69.50     70
Reef Runner      Lahaina      power     yac      59.95     50
Blue Dolphin     Maalea       sail      cat      92.95     65
```

以下程序类似于上一节的程序。不过，该 PROC TABULATE 包含一个 VAR 语句。该程序中的 TABLE 语句仅包含两个维度，但是对变量和统计量，进行了连接、叉乘和分组处理。

```
DATA boats;
   INFILE 'c:\MyRawData\Boats.dat';
   INPUT Name $ 1-12 Port $ 14-20 Locomotion $ 22-26 Type $ 28-30
      Price 32-37 Length 39-41;
RUN;
*包含两个维度和统计量的表格;
PROC TABULATE DATA = boats;
   CLASS Locomotion Type;
   VAR Price;
   TABLE Locomotion ALL, MEAN*Price*(Type ALL);
   TITLE 'Mean Price by Locomotion and Type';
RUN;
```

该表的行维将分类变量 Locomotion 与 ALL 连接生成合计。另一方面，列维将 MEAN 与分析变量 Price 和分类变量 Type（它恰巧与 ALL 连接和分组）叉乘。表 4-17 是结果。

表 4-17　Mean Price by Locomotion and Type

	Mean			
	Price			
	Type			All
	cat	sch	yac	
Locomotion power	73.50	.	79.97	76.09
sail	102.48	136.25	72.95	110.08
All	85.09	136.25	77.63	93.08

4.15　美化 PROC TABULATE 输出

当你使用 PROC TABULATE 时，SAS 在用整齐的小盒子将你的数据包装起来，但是有时候它们看起来不合适。使用三个简单的选项，便可美化输出。你可以认为这是在更换包装纸。

"FORMAT=" 选项 要更改表中所有数据单元格的输出格式，可以在 PROC 语句中使用"FORMAT="选项。例如，若你需要表中的数字有逗点但不含小数位数，你可以使用以下 PROC 语句：

```
PROC TABULATE FORMAT = COMMA10.0;
```

告诉 SAS 对表中的所有数据单元格使用 COMMA10.0 输出格式。

"BOX=" 和 "MISSTEXT=" 选项 虽然"FORMAT="选项必须在 PROC 语句中使用，但"BOX="和"MISSTEXT="选项可以放入 TABLE 语句中。"BOX="选项允许你在每个 TABULATE 报表的左上角通常为空白的框中写入短语。使用该空白空间可以使你的报表看起来更美观。另一方面，"MISSTEXT="选项为 SAS 指定要在空白数据单元格中打印的值。默认情况下，SAS 为缺失值打印的句点对某些人来说会非常难以理解，比如你的 CEO 不熟悉 SAS 输出。你可以使用"MISSTEXT="选项使某些内容更有意义。以下语句：

```
TABLE Region, MEAN*Sales / BOX='Mean Sales by Region' MISSTEXT='No Sales';
```

告诉 SAS 在表的左上角打印"Mean Sales by Region"，并且在表中没有数据的单元格中打印"No Sales"。"BOX="和"MISSTEXT="选项必须用斜线与 TABLE 语句的维度分隔开。

示例 下面仍然是有关游船的数据，包括每艘船的名称、船籍港、它是帆船还是机动船、船类型（纵帆船、双体船或游艇）、出行价格以及船体长度。

```
Silent Lady      Maalea     sail     sch     95.00     64
America II       Maalea     sail     yac     72.95     65
Aloha Anai       Lahaina    sail     cat    112.00     60
Ocean Spirit     Maalea     power    cat     62.00     65
Anuenue          Maalea     sail     sch    177.50     52
Hana Lei         Maalea     power    cat     88.99    110
Leilani          Maalea     power    yac     99.99     45
Kalakaua         Maalea     power    cat     69.50     70
Reef Runner      Lahaina    power    yac     59.95     50
Blue Dolphin     Maalea     sail     cat     92.95     65
```

以下程序与上一节的程序基本相同，只是添加了"FORMAT="、"BOX="和"MISSTEXT="选项。注意到"FORMAT="选项放入 PROC 语句中，而"BOX="和"MISSTEXT="选项放入 TABLE 语句中的斜线之后。因为"BOX="选项起到标题的作用，因此空的 TITLE 语句用于删除通常的标题。

```
DATA boats;
   INFILE 'c:\MyRawData\Boats.dat';
   INPUT Name $ 1-12 Port $ 14-20 Locomotion $ 22-26 Type $ 28-30
      Price 32-37 Length 39-41;
RUN;
*二维表格和统计量;
PROC TABULATE DATA = boats FORMAT=DOLLAR9.2;
   CLASS Locomotion Type;
   VAR Price;
   TABLE Locomotion ALL, MEAN*Price*(Type ALL)
      /BOX='Full Day Excursions' MISSTEXT='none';
   TITLE;
RUN;
```

表 4-18 是改善的输出。

表 4-18 改善的输出

Full Day Excursions	Mean			
	Price			
	Type			全部
	cat	sch	yac	
Locomotion power	$73.50	none	$79.97	$76.09
sail	$102.48	$136.25	$72.95	$110.08
全部	$85.09	$136.25	$77.63	$93.08

注意到所有数据单元格现在都按照"FORMAT="选项中的指定使用 DOLLAR9.2 输出格式。文本"Full Day Excursions"现在显示在上一节中还是空白的左上角位置。此外，有一个没有数据的数据单元格现在显示"none"代替了句点。

4.16 更改 PROC TABULATE 输出的表标题

TABULATE 过程会生成带许多表标题的报表。有时出现这么多表标题会使你的报表看起来很杂乱，而其他时候你又觉得使用不同的表标题可能会更有意义。不过在你更改表标题之前，需要了解该表标题属于哪种类型。TABULATE 报表有两种基本类型的表标题：一种是 CLASS 语句中列出的分类变量值，另一种是变量名和关键字。你可以使用不同的方法更改不同类型的表标题。

CLASS 变量值 若 CLASS 语句中列出的变量值是表标题，要更改它的话，可以使用 FORMAT 过程创建用户自定义的输出格式。然后在 FORMAT 语句（第 4.8 节中讨论）中将该格式应用于变量。

变量名和关键字 若变量名或关键字是表标题，要更改它的话，可以将等号放置在变量或关键字之后，后面跟着括在引号中的新标题。[①] 你可以将表标题设置为等于空（引号之间无内容）来消除标题，这样 SAS 将删除该标题对应的框。以下 TABLE 语句

```
TABLE Region='', MEAN=''*Sales='Mean Sales by Region';
```

告诉 SAS 删除 Region 和 MEAN 的表标题，并且将变量 Sales 的标题更改为"Mean Sales by Region"。

在某些情况下，当行标题设置为空时，SAS 会留下空白框。统计量和分析变量（但不是分类变量）通常会发生这种情况。要强制 SAS 删除空白框，可以将"ROW=FLOAT"选项添加至 TABLE 语句的最后，如下所示：

```
TABLE MEAN=''*Sales='Mean Sales by Region', Region='' / ROW=FLOAT;
```

示例 下面仍然是有关游船的数据，包括每艘船的名称、船籍港、帆船还是机动船、船类型（纵帆船、双体船或游艇）、出行价格以及船体长度。

```
Silent Lady      Maalea    sail     sch     95.00    64
America II       Maalea    sail     yac     72.95    65
Aloha Anai       Lahaina   sail     cat    112.00    60
Ocean Spirit     Maalea    power    cat     62.00    65
Anuenue          Maalea    sail     sch    177.50    52
Hana Lei         Maalea    power    cat     88.99   110
Leilani          Maalea    power    yac     99.99    45
Kalakaua         Maalea    power    cat     69.50    70
Reef Runner      Lahaina   power    yac     59.95    50
Blue Dolphin     Maalea    sail     cat     92.95    65
```

[①] 你可以使用 LABEL 语句（第 4.1 节）更改变量标题，使用 KEYLABEL 语句更改关键字标题。不过，本节中使用的 TABLE 语句方法是唯一能让你删除变量标题而不留空白框的方法。

以下程序与上一节的程序基本相同，只是表标题发生了变化。首先，FORMAT 过程创建名为 $typ 的用户自定义的输出格式。然后使用 FORMAT 语句将 $typ. 输出格式应用于变量 Type。在 TABLE 语句中，更多表标题被更改。Locomotion、MEAN 和 Type 的标题都设置为空白，而 Price 的标题设置为"Mean Price by Type of Boat"。

```
DATA boats;
   INFILE 'c:\MyRawData\Boats.dat';
   INPUT Name $ 1-12 Port $ 14-20 Locomotion $ 22-26 Type $ 28-30
      Price 32-37 Length 39-41;
RUN;
*更改标题;
PROC FORMAT;
   VALUE $typ 'cat' = 'catamaran'
              'sch' = 'schooner'
              'yac' = 'yacht';
PROC TABULATE DATA = boats FORMAT=DOLLAR9.2;
   CLASS Locomotion Type;
   VAR Price;
   FORMAT Type $typ.;
   TABLE Locomotion='' ALL,
      MEAN=''*Price='Mean Price by Type of Boat'*(Type='' ALL)
      /BOX='Full Day Excursions' MISSTEXT='none';
   TITLE;
RUN;
```

该程序不需要"ROW=FLOAT"选项，因为在行维中唯一被设置为空白的变量是分类变量。若你将分析变量或统计量关键字放在行维中并将其设置为空白，则需要添加"ROW=FLOAT"选项删除空白框。表 4-19 是输出。

表 4-19

Full Day Excursions	Mean Price by Type of Boat			
	catamaran	schooner	yacht	全部
power	$73.50	none	$79.97	$76.09
sail	$102.48	$136.25	$72.95	$110.08
全部	$85.09	$136.25	$77.63	$93.08

该输出与上一节的输出基本相同，只是表标题有所不同，但报表看起来更加整洁紧凑。

4.17 为 PROC TABULATE 输出的数据单元格指定多种输出格式

在 PROC TABULATE 语句中使用"FORMAT="选项,可以轻松指定数据单元格的输出格式,但仅能指定一种输出格式,而该格式必须应用于所有数据单元格。若你想在表中使用多种输出格式,则可以将"FORMAT="选项放置在 TABLE 语句中。

要将输出格式应用于单个变量,可以将它与变量名叉乘,如下所示:

variable-name*FORMAT=*formatw.d*

然后将这个相当复杂的结构插入 TABLE 语句中。

```
TABLE Region, MEAN*(Sales*FORMAT=COMMA8.0 Profit*FORMAT=DOLLAR10.2);
```

该 TABLE 语句将 COMMA8.0 输出格式应用于名为 Sales 的变量,并将 DOLLAR10.2 输出格式应用于 Profit。

示例 下面仍然是有关游船的数据,包括每艘船的名称、船籍港、帆船还是机动船、船类型(纵帆船、双体船或游艇)、出行价格以及船体长度。

```
Silent Lady    Maalea     sail     sch     95.00    64
America II     Maalea     sail     yac     72.95    65
Aloha Anai     Lahaina    sail     cat    112.00    60
Ocean Spirit   Maalea     power    cat     62.00    65
Anuenue        Maalea     sail     sch    177.50    52
Hana Lei       Maalea     power    cat     88.99   110
Leilani        Maalea     power    yac     99.99    45
Kalakaua       Maalea     power    cat     69.50    70
Reef Runner    Lahaina    power    yac     59.95    50
Blue Dolphin   Maalea     sail     cat     92.95    65
```

假设你想在同一个报表中并排显示船的平均价格和平均长度。使用美元符号对价格有意义,但对长度没有意义。在下面的程序中,输出格式 DOLLAR7.2 应用于变量 Price,而输出格式 2.0 应用于 Length。注意"FORMAT="选项使用星号与变量叉乘。

```
DATA boats;
   INFILE 'c:\MyRawData\Boats.dat';
   INPUT Name $ 1-12 Port $ 14-20 Locomotion $ 22-26 Type $ 28-30
      Price 32-37 Length 39-41;
RUN;
```

```
*在TABLE语句中使用"FORMAT="选项;
PROC TABULATE DATA = boats;
   CLASS Locomotion Type;
   VAR Price Length;
   TABLE Locomotion ALL,
      MEAN * (Price*FORMAT=DOLLAR7.2 Length*FORMAT=2.0) * (Type ALL);
   TITLE 'Price and Length by Type of Boat';
RUN;
```

表 4-20 是得到的输出。

表 4-20　不同类型船的价格长度表

	Mean							
	Price				Length			
	Type			全部	Type			全部
	cat	sch	yac		cat	sch	yac	
Locomotion power	$73.50	.	$79.97	$76.09	82	.	48	68
sail	$102.48	$136.25	$72.95	$110.08	63	58	65	61
全部	$85.09	$136.25	$77.63	$93.08	74	58	53	65

你可以注意到打印出的 Price 值带美元符号和小数位数，而打印出的 Length 值不带。

4.18 使用 PROC REPORT 生成简单输出

REPORT 过程与 PRINT、MEANS、TABULATE、SORT 过程及 DATA 步共享某些功能特性。诸多功能特性集于一身，REPORT 过程无疑是很复杂的。事实上，可以用一整本书去介绍它的功能，可见它的功能有多强大。

REPORT 过程的基本形式为：

```
PROC REPORT NOWINDOWS;
   COLUMN variable-list;
```

在这最基本的形式中，COLUMN 语句类似于 PRINT 过程中的 VAR 语句，用于指定 REPORT 过程使用哪些变量，以及这些变量采用何种排序。如果省略 COLUMN 语句，则 SAS 会默认使用数据集中的所有变量。对于 SAS 9.4 之前的版本，如果省略 "NOWINDOWS" 选项，则 SAS 会打开交互式报表窗口。从 SAS 9.4 开始，"NOWINDOWS"

已是默认选项，所以在 PROC 语句中可以忽略[①]。

数值数据与字符数据　REPORT 过程产生的报表类型与所使用的数据类型有一定关系，如果报表中至少有一个字符变量，则默认会得到一份详细的报表，即每条观测输出一行；如果报表中仅包含数值变量，则默认会将这些变量进行求和计算，即便是日期也会进行求和计算，因为日期就是数值变量[②]。

示例　现有一份美国国家公园和国家纪念碑的数据。变量包括：名称、类型（NP 代表国家公园，NM 代表国家纪念碑）、区域（East 或者 West）、博物馆数量（包括游客中心）、露营地数量。

```
Dinosaur                 NM    West    2     6
Ellis Island             NM    East    1     0
Everglades               NP    East    5     2
Grand Canyon             NP    West    5     3
Great Smoky Mountains    NP    East    3    10
Hawaii Volcanoes         NP    West    2     2
Lava Beds                NM    West    1     1
Statue of Liberty        NM    East    1     0
Theodore Roosevelt       NP    .       2     2
Yellowstone              NP    West    2    11
Yosemite                 NP    West    2    13
```

下面的程序使用 DATA 步读取数据，然后使用两个 REPORT 过程生成两张报表。第一个 REPORT 过程没有 COLUMN 语句，因此 SAS 会使用所有的变量；而第二个 REPORT 过程使用 COLUMN 语句，只选择了数值变量。

```
DATA natparks;
   INFILE 'c:\MyRawData\Parks.dat';
   INPUT Name $ 1-21 Type $ Region $ Museums Camping;
RUN;
PROC REPORT DATA = natparks NOWINDOWS;
   TITLE 'Report with Character and Numeric Variables';
RUN;
PROC REPORT DATA = natparks NOWINDOWS;
   COLUMN Museums Camping;
   TITLE 'Report with Only Numeric Variables';
RUN;
```

[①] 交互式报表窗口是一种使用 REPORT 过程的非编程方式。更多信息请参见 SAS 帮助文档。

[②] 可以使用 DEFINE 语句对数值变量赋予 DISPLAY 的类型，从而覆盖默认的求和行为。请参见下一小节。

虽然这两个过程步的区别很小，但产生的结果却大相径庭。第一张报表与使用 PRINT 过程得到的报表相比，除了缺少 OBS 列外，几乎是相同的（见表 4-21）；第二张报表因为只包含数值变量，所以进行了求和计算（见表 4-22）。

表 4-21　Report with Character and Numeric Variables

Name	Type	Region	Museums	Camping
Dinosaur	NM	West	2	6
Ellis Island	NM	East	1	0
Everglades	NP	East	5	2
Grand Canyon	NP	West	5	3
Great Smoky Mountains	NP	East	3	10
Hawaii Volcanoes	NP	West	2	2
Lava Beds	NM	West	1	1
Statue of Liberty	NM	East	1	0
Theodore Roosevelt	NP		2	2
Yellowstone	NP	West	9	11
Yosemite	NP	West	2	13

表 4-22　Report with Only Numeric Variables

Museums	Camping
33	50

4.19　在 PROC REPORT 中使用 DEFINE 语句

DEFINE 语句用于对单个变量指定特定的选项。你可以对每个变量都使用一个 DEFINE 语句，来分别指定不同的选项。如果只需要对一个特定的变量指定，那么只需要一个 DEFINE 语句即可。DEFINE 语句的一般形式为：

```
DEFINE variable / options 'column-header';
```

在 DEFINE 语句中，在变量名后面添加斜杠和选项名称，可为该变量指定相应的选项。

用法选项　DEFINE 语句中最重要的选项为用法选项，告诉 SAS 如何使用这些变量。

常用的用法选项包括以下几个[①]：

ACROSS　　　为变量的每个唯一值创建一列。
ANALYSIS　　计算变量的统计量。它是数值型变量的默认用法，默认的统计量为求和计算。
COMPUTED　　创建一个新的变量，其取值在计算块中定义。有关计算块的讨论，请参见 4.23 小节。
DISPLAY　　　为数据集中的每个观测创建一行，它是字符变量的默认用法。
GROUP　　　　为变量的每个唯一值创建一行。
ORDER　　　　为每个观测创建一行，并且这些行按照排序变量的取值进行排列。

修改列标题　　在 PROC REPORT 中可以通过多种方式修改报表列标题，包括 4.1 节提到的 LABEL 语句，或者也可以在 DEFINE 语句中指定。下面的语句使 SAS 生成的报表按照变量 Age 排序，并且用 "Age at Admission" 作为该变量的列标题。其中列标题中的斜杠表示在此处进行换行。

```
DEFINE Age / ORDER 'Age at/Admission';
```

缺失数据　　在默认情况下，若在 ORDER、GROUP 或者 ACROSS 语句中列出的变量含有缺失数据，则这些含有缺失值的观测将不会出现在报表中。如果要保留这些观测，只需在 PROC 语句中增加 "MISSING" 选项，如下所示：

```
PROC REPORT NOWINDOWS MISSING;
```

示例　　下面仍旧是美国国家公园和国家纪念碑的数据。变量包括：名称、类型（NP 代表国家公园，NM 代表国家纪念碑）、区域（East 或者 West）、博物馆数量（包括游客中心）、露营地数量。

```
Dinosaur                    NM      West    2   6
Ellis Island                NM      East    1   0
Everglades                  NP      East    5   2
Grand Canyon                NP      West    5   3
Great Smoky Mountains       NP      East    3   10
Hawaii Volcanoes            NP      West    2   2
```

[①] 译者注：在后文中将对具有 ACROSS 用法选项的变量称之为"交叉变量"；对具有 ANALYSIS 用法选项的变量称之为"分析变量"；对具有 COMPUTED 用法选项的变量称之为"计算变量"；对具有 DISPLAY 用法选项的变量称之为"显示变量"；对具有 GROUP 用法选项的变量称之为"分组变量"；对具有 ORDER 用法选项的变量称之为"排序变量"。

```
Lava Beds                 NM    West   1    1
Statue of Liberty         NM    East   1    0
Theodore Roosevelt        NP    .      2    2
Yellowstone               NP    West   2    11
Yosemite                  NP    West   2    13
```

下面的 PROC REPORT 包含两个 DEFINE 语句。第一个语句指定变量 Region 的用法类型为 ORDER；第二个语句为变量 Camping 指定了列标题。变量 Camping 作为数值变量具有默认的 ANALYSIS 用法，因此 DEFINE 语句不会更改其用法。PROC 语句中的"MISSING"选项告诉 SAS 在报表中包含变量 Region 的缺失值。

```
DATA natparks;
   INFILE 'c:\MyRawData\Parks.dat';
   INPUT Name $ 1-21 Type $ Region $ Museums Camping;
RUN;
*PROC REPORT包含ORDER变量、MISSING选项和列标题;
PROC REPORT DATA = natparks NOWINDOWS MISSING;
   COLUMN Region Name Museums Camping;
   DEFINE Region / ORDER;
   DEFINE Camping / ANALYSIS 'Campgrounds';
   TITLE 'National Parks and Monuments Arranged by Region';
RUN;
```

生成的结果如表 4-23 所示。

表 4-23　根据地区划分的美国国家公园和国家纪念碑

Region	Name	Museums	Campgrounds
	Theodore Roosevelt	2	2
East	Ellis Island	1	0
	Everglades	5	2
	Great Smoky Mountains	3	10
	Statue of Liberty	1	0
West	Dinosaur	2	6
	Grand Canyon	5	3
	Hawaii Volcanoes	2	2
	Lava Beds	1	1
	Yellowstone	9	11
	Yosemite	2	13

4.20 使用 PROC REPORT 创建汇总报表

两种不同类型的用法的作用下，REPORT 过程会根据变量值生成分组汇总。其中"GROUP"用法选项生成行维度的数据汇总，"ACROSS"用法选项生成列维度的数据汇总[①]。

分组变量 定义一个分组变量非常简单，直接在 DEFINE 语句中指定 GROUP 用法选项即可。默认情况下，数值变量会按照分组进行求和[②]。下面的 PROC REPORT 生成的报表，按照变量 Department 进行分组，对变量 Salary 和 Bonus 进行求和计算，每个 Department 变量值显示为一行。

Department	Salary	Bonus
A	~~	~
B	~~	~

```
PROC REPORT DATA = employee NOWINDOWS;
COLUMN Department Salary Bonus;
DEFINE Department / GROUP;
```

交叉变量 定义一个交叉变量也是通过 DEFINE 语句来实现。默认情况下，若定义了交叉变量，则会计算频数，而不是求和。如果要计算交叉变量的总和[②]，则必须指定是哪些变量需要求和。在交叉变量与数值变量之间增加一个逗号，即可实现求和计算（如果需要对多个数值变量计算求和，则需要将这些变量放到括号内部）。下面的 PROC REPORT 告诉 SAS 生成一个报表，为 Department 的每个值分别在单列中显示 Salary 的汇总和 Bonus 的汇总。

Department			
A		B	
Salary	Bonus	Salary	Bonus
~~	~~	~~	~~

```
PROC REPORT DATA = employee NOWINDOWS;
COLUMN Department, (Salary Bonus);
DEFINE Department / ACROSS;
```

示例 下面仍旧是美国国家公园和国家纪念碑的数据。变量包括：名称、类型（NP 代表国家公园，NM 代表国家纪念碑）、区域（East 或者 West）、博物馆数量（包括游客中心）、露营地数量。

---

① 如果在 COLUMN 语句中包含指定 DISPLAY 选项或者 ORDER 选项的变量，则会生成详细的报表，而不是汇总的报表。

② 若要计算其他统计量，请参见 4.22 小节。

```
Dinosaur                 NM      West    2    6
Ellis Island             NM      East    1    0
Everglades               NP      East    5    2
Grand Canyon             NP      West    5    3
Great Smoky Mountains    NP      East    3   10
Hawaii Volcanoes         NP      West    2    2
Lava Beds                NM      West    1    1
Statue of Liberty        NM      East    1    0
Theodore Roosevelt       NP       .      2    2
Yellowstone              NP      West    2   11
Yosemite                 NP      West    2   13
```

下面的程序包含两个 REPORT 过程。在第一个 REPORT 过程中，变量 Region 和 Type 被定义为分组变量。在第二个 REPORT 过程中，变量 Region 依旧是分组变量，但变量 Type 被定义为交叉变量。请注意，以下程序中的两条 COLUMN 语句是一样的，除了在第二个过程中添加了标点符号以便对分列变量和分析变量进行交叉汇总。

```
DATA natparks;
   INFILE 'c: \MyRawData\Parks.dat';
   INPUT Name $ 1-21 Type $ Region $ Museums Camping;
RUN;
*Region和Type作为GROUP变量;
PROC REPORT DATA = natparks NOWINDOWS;
   COLUMN Region Type Museums Camping;
   DEFINE Region / GROUP;
   DEFINE Type / GROUP;
   TITLE 'Summary Report with Two Group Variables';
RUN;
*Region作为GROUP变量，Type作为ACROSS变量;
PROC REPORT DATA = natparks NOWINDOWS;
   COLUMN Region Type,(Museums Camping);
   DEFINE Region / GROUP;
   DEFINE Type / ACROSS;
   TITLE 'Summary Report with a Group and an Across Variable';
RUN;
```

输出结果如表 4-24、表 4-25 所示。

表 4-24　Summary Report with Two Group Variables

Region	Type	Museums	Camping
East	NM	2	0
	NP	8	12

(续表)

Region	Type	Museums	Camping
West	NM	3	7
	NP	18	29

表 4-25　Summary Report with a Group and an Across Variable

Region	Type			
	NM		NP	
	Museums	Camping	Museums	Camping
East	2	0	8	12
West	3	7	18	29

4.21　在 PROC REPORT 输出中添加汇总分割

在 PROC REPORT 中有两类语句可以在报表中添加汇总分割。BREAK 语句会为指定变量的每个唯一值添加分割，而 RBREAK 语句是为整个报表添加分割（如果使用了 BY 语句，则会为每个 BY 分组添加）。这两个语句的基本语法格式为：

```
BREAK location variable / options;
RBREAK location / options;
```

其中 *location* 有两个取值：BEFORE 和 AFTER，取决于你希望分割出现在报表特定部分之前还是之后。斜杠后的选项用于指定添加何种类型的分割。常用的选项有：

```
PAGE              开始新的一页
SUMMARIZE         为数值变量插入汇总统计量
```

需要注意的是，BREAK 语句需要指定一个变量，而 RBREAK 语句则不需要。因为 RBREAK 语句只添加一个分割（在报表开始处或者报表结尾处），而 BREAK 语句会为指定变量的每个唯一值都添加一个分割。而且这个变量必须是分组变量或者排序变量，这就意味着需要在 DEFINE 语句中为该变量指定 GROUP 或者 ORDER 用法选项。因此，你可以在任意报表中使用 RBREAK 语句，而 BREAK 语句则只能用于至少包含一个分组变量或者排序变量的报表中。

示例 下面仍旧是美国国家公园和国家纪念碑的数据。变量包括：名称、类型（NP 代表国家公园，NM 代表国家纪念碑）、区域（East 或者 West）、博物馆数量（包括游客中心）、露营地数量。

```
Dinosaur                 NM    West    2    6
Ellis Island             NM    East    1    0
Everglades               NP    East    5    2
Grand Canyon             NP    West    5    3
Great Smoky Mountains    NP    East    3    10
Hawaii Volcanoes         NP    West    2    2
Lava Beds                NM    West    1    1
Statue of Liberty        NM    East    1    0
Theodore Roosevelt       NP    .       2    2
Yellowstone              NP    West    2    11
Yosemite                 NP    West    2    13
```

下面的程序中定义变量 Region 为排序变量，使用 BREAK 和 RBREAK 两个语句添加汇总分割，且 location 都是 AFTER。而 "SUMMARIZE" 选项告诉 SAS 打印数值变量总和。

```
DATA natparks;
   INFILE 'c:\MyRawData\Parks.dat';
   INPUT Name $ 1-21 Type $ Region $ Museums Camping;
RUN;
*PROC REPORT使用BREAK;
PROC REPORT DATA = natparks NOWINDOWS;
   COLUMN Name Region Museums Camping;
   DEFINE Region / ORDER;
   BREAK AFTER Region / SUMMARIZE;
   RBREAK AFTER / SUMMARIZE;
   TITLE 'Detail Report with Summary Breaks';
RUN;
```

输出结果如表 4-26 所示。

表 4-26　Detail Report with Summary Breaks

Name	Region	Museums	Camping
Ellis Island	East	1	0
Everglades		5	2
Great Smoky Mountains		3	10

（续表）

Name	Region	Museums	Camping
Statue of Liberty		1	0
	East	10	12
Dinosaur	West	2	6
Grand Canyon		5	3
Hawaii Volcanoes		2	2
Lava Beds		1	1
Yellowstone		9	11
Yosemite		2	13
	West	21	36
		31	48

4.22 在 PROC REPORT 输出中添加统计量

在 REPORT 过程中可通过多种方式计算统计量，其中最简单的是直接在 COLUMN 语句中插入相应的统计量关键字和待计算的变量名称。这与在 TABULATE 过程中的 TABLE 语句计算统计量的方式有些相似。但是，在 TABLE 语句中是通过乘号将变量与统计量关联起来，而在 COLUMN 语句中是通过逗号来实现。事实上，REPORT 过程可计算 TABULATE 过程和 MEANS 过程能计算的所有统计量，因为它们都是调用同一个内部引擎来完成计算的。下面是 REPORT 过程常用的统计量：

```
MAX        最大值
MIN        最小值
MEAN       均值
MEDIAN     中位数
MODE       众数
N          非缺失值个数
NMISS      缺失值个数
PCTN       当前组观测数占所有观测数的比例
PCTSUM     当前组的总和占整体总和的比例
STD        标准差
SUM        总和
```

为变量指定统计量　若要为一个数值变量指定统计量，在 COLUMN 语句中该变量名与统计量关键字之间插入一个逗号即可实现。如果是统计量 N 则不需要逗号，因为该统计量不针对具体的变量进行统计。如果在 COLUMN 语句中包含了 N 统计量，则 SAS 会统计报表中的某一行用到的观测数，并显示在报表中。下面的语句告诉 SAS 打印两列数据：名为 Age 变量的中位数，以及该行所包含的观测数。

```
COLUMN Age,MEDIAN N;
```

若要对一个变量计算多个统计量，或者要为多个变量计算同一个统计量，则将多个统计量或者多个变量放到括号内即可。下面的语句通过使用括号，为 Age 变量计算两个统计量，为 Height 和 Weight 两个变量计算同一个统计量。

```
COLUMN Age,(MIN MAX) (Height Weight),MEAN;
```

示例　下面仍旧是美国国家公园和国家纪念碑的数据，变量包括：名称、类型、区域、博物馆数量、露营地数量。

```
Dinosaur                 NM    West    2    6
Ellis Island             NM    East    1    0
Everglades               NP    East    5    2
Grand Canyon             NP    West    5    3
Great Smoky Mountains    NP    East    3    10
Hawaii Volcanoes         NP    West    2    2
Lava Beds                NM    West    1    1
Statue of Liberty        NM    East    1    0
Theodore Roosevelt       NP    .       2    2
Yellowstone              NP    West    2    11
Yosemite                 NP    West    2    13
```

下面的程序包含两个 REPORT 过程，两个过程步都包含 N 和 MEAN 统计量。其中第一个过程步定义变量 Type 为分组变量；而第二个过程步定义变量 Type 为交叉变量。

```
DATA natparks;
   INFILE 'c: \MyRawData\Parks.dat';
   INPUT Name $ 1-21 Type $ Region $ Museums Camping;
RUN;
*COLUMN语句包含统计量并与两个分组变量一起使用;
PROC REPORT DATA = natparks NOWINDOWS;
   COLUMN Region Type N (Museums Camping) ,MEAN;
   DEFINE Region / GROUP;
```

```
    DEFINE Type / GROUP;
    TITLE 'Statistics with Two Group Variables';
RUN;
*COLUMN语句包含统计量并与一个分组变量和一个交叉变量一起使用;
PROC REPORT DATA = natparks NOWINDOWS;
    COLUMN Region N Type, (Museums Camping) ,MEAN;
    DEFINE Region / GROUP;
    DEFINE Type / ACROSS;
    TITLE 'Statistics with a Group and Across Variable';
RUN;
```

输出结果如表 4-27、表 4-28 所示。

表 4-27　Statistics with Two Group Variables

Region	Type	N	Museums MEAN	Camping MEAN
East	NM	2	1	0
	NP	2	4	6
West	NM	2	1.5	3.5
	NP	4	4.5	7.25

表 4-28　Statistics with a Group and Across Variable

		Type			
		NM		NP	
		Museums	Camping	Museums	Camping
Region	N	MEAN	MEAN	MEAN	MEAN
East	4	1	0	4	6
West	6	1.5	3.5	4.5	7.25

需要注意的是，这两个报表结果与 4.20 小节的报表结果是类似的，只不过此处计算的是频数与均值统计量，而不是求和。

4.23　在 PROC REPORT 输出中添加计算变量

REPORT 过程不同于其他大部分过程步，除了能够计算一些统计量（例如求和、求均值等），还能够创建一个新的变量。新变量是通过计算块来创建的，而计算块是

COMPUTE 语句开始，ENDCOMP 语句结束的一个语句块。在这两个语句之间可以使用一些编程语句来完成新变量的计算。但这些语句仅限于：赋值语句、IF-THEN/ELSE 语句、DO 循环语句。你不必为新变量指定 DEFINE 语句，但如果你选择指定，则需要添加 COMPUTED 选项，以表明该变量是通过计算块创建的。这些语句的一般语法格式如下：

```
DEFINE new-variable-name / COMPUTED;
COMPUTE new-variable-name / options;
    programing statements
ENDCOMP;
```

计算数值变量　针对数值变量，直接在 COMPUTE 语句中定义其变量名。如果在计算块中有用到分析角色的变量，则必须将其对应的统计量放置在变量名后。分析变量默认的统计量为 SUM。下面的语句生成一个数值计算变量 Income，其值为 Salary 和 Bonus 的总和。

```
DEFINE Income / COMPUTED;
COMPUTE Income;
    Income = Salary.SUM + Bonus.SUM;
ENDCOMP;
```

计算字符变量　针对字符变量，需要在 COMPUTE 语句中添加"CHAR"选项。通常情况下，还需要"LENGTH"选项来指定字符变量的长度。字符计算变量的长度范围在 1~200，默认长度为 8。下面的语句使用 IF-THEN/ELSE 生成了字符计算变量 JobType。

```
DEFINE JobType / COMPUTED;
COMPUTE JobType / CHAR LENGTH = 10;
    IF Title = 'Programmer' THEN JobType = 'Technical';
    ELSE JobType = 'Other';
ENDCOMP;
```

示例　下面仍旧是美国国家公园和国家纪念碑的数据。变量包括：名称、类型、区域、博物馆数量、露营地数量。

```
Dinosaur                 NM    West    2    6
Ellis Island             NM    East    1    0
Everglades               NP    East    5    2
Grand Canyon             NP    West    5    3
Great Smoky Mountains    NP    East    3    10
Hawaii Volcanoes         NP    West    2    2
Lava Beds                NM    West    1    1
```

```
Statue of Liberty        NM      East    1    0
Theodore Roosevelt       NP      .       2    2
Yellowstone              NP      West    2    11
Yosemite                 NP      West    2    13
```

下面的 REPORT 过程生成两个计算变量：Facilities 和 Note。其中，Facilities 是数值变量，其值为博物馆数量与露营地数量的总和；Note 为字符变量，如果露营地数量为 0，则其取值为 "No Camping"。需要注意的是，变量 Museums 和 Camping 必须放在 COLUMN 语句中，因为它们会被用于计算新变量。为了不让这两个变量出现在报表中，可在 DEFINE 语句中使用 "NOPRINT" 选项。

```
DATA natparks;
   INFILE 'c:\MyRawData\Parks.dat';
   INPUT Name $ 1-21 Type $ Region $ Museums Camping;
RUN;
*计算新的数值和字符变量;
PROC REPORT DATA = natparks NOWINDOWS;
   COLUMN Name Region Museums Camping Facilities Note;
   DEFINE Museums / ANALYSIS SUM NOPRINT;
   DEFINE Camping / ANALYSIS SUM NOPRINT;
   DEFINE Facilities / COMPUTED 'Camping/and/Museums';
   DEFINE Note / COMPUTED;
   COMPUTE Facilities;
      Facilities = Museums.SUM + Camping.SUM;
   ENDCOMP;
   COMPUTE Note / CHAR LENGTH = 10;
      IF Camping.SUM = 0 THEN Note = 'No Camping';
   ENDCOMP;
   TITLE 'Report with Two Computed Variables';
RUN;
```

输出结果如表 4-29 所示。

表 4-29　Report with Two Computed Variables

Name	Region	Camping and Museums	Note
Dinosaur	West	8	
Ellis Island	East	1	No Camping
Everglades	East	7	
Grand Canyon	West	8	
Great Smoky Mountains	East	13	
Hawaii Volcanoes	West	4	

（续表）

Name	Region	Camping and Museums	Note
Lava Beds	West	2	
Statue of Liberty	East	1	No Camping
Theodore Roosevelt		4	
Yellowstone	West	20	
Yosemite	West	15	

4.24 在过程步中使用用户自定义输出格式分组数据

通过使用用户自定义输出格式，可以对过程步的输出结果进行分组，而不必创建一个新的变量。在数据量较大时，通过 DATA 步进行分组需要花费较长的时间，而使用这种方式却非常方便。而且这种方式能够很方便地更换分组方法，只需创建一个新的输出格式即可。这种方式同样可以应用于其他实现数据分组的过程步中，例如 FREQ 过程、TABULATE 过程、包含 CLASS 语句的 MEANS 过程以及包含分组变量或交叉变量的 REPORT 过程。

使用这种方式完成分组，需要两个步骤：第一步，使用 FORMAT 过程创建一个输出格式，将需要分组的所有的值赋给一个文本字符串；第二步，在过程步中使用 FORMAT 语句，为需要分组的变量指定输出格式。

示例 当地图书馆工作人员想要了解不同年龄段的人都看什么类型的书。现有的数据包含顾客年龄及借阅书类型，其中书类型包括小说（fic）、推理（mys）、科幻（sci）、传记（bio）、纪实文学（non）、参考书（ref）等 6 种类型。数据如下，每行包含 9 条观测：

```
17 sci  9 bio 28 fic 50 mys 13 fic 32 fic 67 fic 81 non 38 non
53 non 16 sci 15 bio 61 fic 52 ref 22 mys 76 bio 37 fic 86 fic
49 mys 78 non 45 sci 64 bio  8 fic 11 non 41 fic 46 ref 69 fic
34 fic 26 mys 23 sci 74 ref 15 sci 27 fic 23 mys 63 fic 78 non
40 bio 12 fic 29 fic 54 mys 67 fic 60 fic 38 sci 42 fic 80 fic
```

下面的程序读取数据并创建了两个用户自定义输出格式，一个用于年龄数据分组，另一个用于图书类型分组。两个 FREQ 过程分别按照年龄和图书类型统计图书频数。在第一个 FREQ 过程中，使用用户自定义输出格式 AGEGPA. 将变量 Age 分为四组；在第二个 FREQ 过程中，使用用户自定义输出格式 AGEGPB.将变量 Age 分为两组。在两个 FREQ 过程中都使用用户自定义输出格式 $TYP.将变量 BookType 分为两组。

```
DATA books;
   INFILE 'c:\MyRawData\LibraryBooks.dat';
   INPUT Age BookType $ @@;
RUN;
*定义输出格式用于数据分组;
PROC FORMAT;
   VALUE agegpa
        0-18   = '0 to 18'
        19-25  = '19 to 25'
        26-49  = '26 to 49'
        50-HIGH = '  50+   ';
   VALUE agegpb
        0-25   = '0 to 25'
        26-HIGH = '  26+   ';
   VALUE $typ
        'bio','non','ref' = 'Non-Fiction'
        'fic','mys','sci' = 'Fiction';
RUN;
*将变量Age分成四组并创建二维表格;
PROC FREQ DATA = books;
   TITLE 'Patron Age by Book Type: Four Age Groups';
   TABLES BookType * Age / NOPERCENT NOROW NOCOL;
   FORMAT Age agegpa. BookType $typ.;
RUN;
*将变量Age分成两组并创建二维表格;
PROC FREQ DATA = books;
   TITLE 'Patron Age by Book Type: Two Age Groups';
   TABLES BookType * Age / NOPERCENT NOROW NOCOL;
   FORMAT Age agegpb. BookType $typ.;
RUN;
```

因为在 TABLES 语句中使用了"NOPERCENT""NOROW""NOCOL"选项，所以在表 4-30、表 4-31 中只有频数统计。

表 4-30 Patron Age by Book Type: Four Age Groups FREQ 过程

	表 - BookType * Age				
BookType	Age				
Frequency	0 to 18	19 to 25	26 to 49	50+	合计
Non-Fiction	3	0	3	8	14
Fiction	6	3	12	10	31
合计	9	3	15	18	45

表 4-31　Patron Age by Book Type: Two Age Groups FREQ 过程

表 - BookType * Age			
BookType	Age		
Frequency	0 to 25	26+	合计
Non-Fiction	3	11	14
Fiction	9	22	31
合计	12	33	45

第 5 章　使用输出交付系统（ODS）增强输出

> 或许有些人对已然之事穷追不舍，我却期待理想终成现实。①
>
> ——罗伯特·F. 肯尼迪

---

① 出自《Respectfully Quoted: A Dictionary of Quotations from the Library of Congress》，由苏茜·普拉特基于萧伯纳的《千岁人》（1949 年）编辑，国会图书馆版权所有 1992 年。

5.1 初识输出交付系统

你或许会以为输出结果是由过程步产生的，其实不是。从技术角度讲，过程步只产生数据，然后将数据发送至输出交付系统（Output Delivery System，ODS）。由输出交付系统决定输出到哪里，以及输出的形式。所以，问题不是要不要使用 ODS，因为你总是在使用它。真正的问题是，是接受默认的输出，还是要选择其他类型的输出。

ODS 像是一个忙碌的飞机场。乘客乘坐小汽车或者公共汽车到达后，开始检查行李，通过安检，最终登机，然后飞往目的地。在 ODS 中，数据就像乘客一样，来自于各个过程步。ODS 处理完每一份数据后将其发往相应的目的地。事实上，不同类型的 ODS 输出就被称为目标。数据被发往目标后会变成什么样，是由模板来决定的。模板就是一套指令，ODS 依据这些指令来组织显示数据。这两个概念：目标和模板，是深入理解 ODS 的基础。

输出目标 从 SAS 9.3 开始，如果不指定输出目标，在微软 Windows 及 Unix 系统的 SAS 窗口环境中，输出结果会被默认转为 HTML。在 SAS 9.2 及之前的版本中，默认的输出目标是 LISTING。LISTING 目前依旧是批处理环境及其他操作环境的默认输出目标。下面是几个主要的输出目标：

```
HTML         超文本标记语言
LISTING      文本输出
PDF          PDF输出
PS           PS脚本输出
PRINTER      高分辨率的打印机输出
RTF          RTF输出
MARKUP       标记语言，包括XML
DOCUMENT     输出文档
OUTPUT       SAS数据集
```

绝大多数输出目标创建的输出结果用于在显示器查看或者打印。针对 LISTING 输出目标在 SAS 窗口环境中显示在输出窗口，或者在批处理环境中显示在列表或文件中。MARKUP 输出目标是一个通用工具，它可以创建一个由标记集定义的特定输出格式的文件，包括 XML（可扩展标记语言）、EXCELXP、LaTeX、CSV（逗号分隔值）以及其他诸多使用标记分隔数据的文件。OUTPUT 输出目标可以创建 SAS 数据集。而

DOCUMENT 输出目标可以创建一个可重复使用的"文档",该文档可被再次发送至其他任意一个输出目标。因此,如果你的老板想要 PDF 格式的报表,而不是 RTF 格式的,你可以基于该文档重新输出,省去了重新运行生成数据的整套 SAS 程序。针对输出文档,还可以对内容进行排版、复制以及删除表格,从而进一步定制输出。

样式模板和表模板　模板用于通知 ODS 如何组织及显示数据,其中包括两种类型:表模板、样式模板(也被称为表定义和样式定义)。其中表模板指定输出的基本结构(比如哪个变量在第一列?);样式模板指定如何显示(比如表头是蓝色还是红色?)。ODS 将过程步产生的数据和表模板组合成为输出对象,然后 ODS 再将输出对象和样式模板进行结合,发往输出目标,最终完成输出的创建[①],如图 5-1 所示。

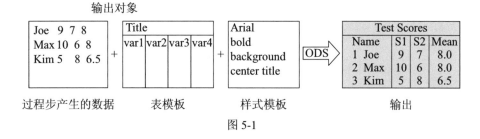

图 5-1

虽然可以通过 TEMPLATE 过程创建自定义的表模板和样式模板,但是 TEMPLATE 过程的语法是相当晦涩难懂的。幸运的是,我们可以通过其他简单的方式来修改输出的结果。最快捷且最简单的方式便是使用内置的诸多样式模板。要想得到当前系统可用的样式模板,请运行下面的 PROC TEMPLATE 语句:

```
PROC TEMPLATE;
  LIST STYLES;
RUN;
```

部分内置的样式模板如下:

```
ANALYSIS          D3D              MINIMAL          SASWEB
BARRETTSBLUE      HTMLBLUE         PRINTER          SANSPRINTER
BRICK             JOURNAL          RTF              STATISTICAL
```

---

① 在 ODS 绘图中,是绘图模板与数据组合,而不是表格模板,并且最终的结果是图形输出,而不是表格输出。对于 LISTING 输出,样式模板是应用于图形输出而不是表格输出,因为表格输出被转化为纯文本显示。有关 ODS 绘图的信息请参见第 8 章。

需要注意的是，RTF 和 PRINTER 既是输出目标的名字，也是内置样式模板的名字。其中一些样式模板用于特定输出目标的效果要好于其他输出目标。HTMLBLUE 是 HTML 输出的默认样式，RTF 是 RTF 输出的默认样式，PRINTER 是 PRINTER、PDF、PS 这三种输出目标的默认样式。

少数过程步，尤其是 PRINT、REPORT 和 TABULATE 过程步，没有现成的表模板。但是这些过程步的语法可以实现类似于自定义表模板的功能。尽管对于所有生成可打印输出的过程步而言，你都可以使用样式模板来控制输出的样式。但对于 PRINT、REPORT 及 TABULATE 这三个过程步，你还可以在 PROC 步中直接使用"STYLE="选项来控制输出的个别样式，而不用创建一个全新的样式模板。

5.2 追踪和选择过程步输出结果

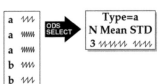

当 ODS 收到过程步生成的数据时，首先将数据与表模板进行组合。组合后的数据和相应的表模板被称为输出对象。许多过程步只生成一个输出对象，然而有一些会生成多个输出对象。对于大部分过程步，使用 BY 语句时，会针对每个 BY 组生成一个输出对象，且每一个输出对象都会有相应的名字。通过 ODS TRACE 语句便可得到每个输出对象的名字，紧接着可以通过 ODS SELECT（或者 ODS EXCLUDE）语句选择你所需要的输出对象。

ODS TRACE 语句 ODS TRACE 语句用于通知 SAS 在日志中打印输出对象的相关信息。有两个 ODS TRACE 语句：一个用于打开追踪功能，一个用于关闭追踪功能。下面语句解释了如何在程序中使用这两个语句：

```
ODS TRACE ON;
   The PROC steps you want to trace go here
RUN;
ODS TRACE OFF;
```

需要注意的是 RUN 语句在 ODS TRACE OFF 语句的前面。不同于其他大部分 SAS 语句，ODS 语句是即刻执行的，不需要遇到 RUN、PROC 或 DATA 语句才开始执行。如果将 ODS TRACE OFF 语句放在 RUN 语句之前，将会导致过程步还没运行完毕，追踪功能就已经关闭了。

示例 下面是不同品种西红柿的数据。每行数据包括：品种名、颜色（红色或黄色）、从种植到收获的天数、该品种西红柿的常规重量（磅）。每行包括两个品种：

```
Big Zac, red, 80, 5, Delicious, red, 80, 3
Dinner Plate, red, 90, 2, Goliath, red, 85, 1.5
Mega Tom, red, 80, 2, Mortgage Lifter, red, 85, 2
Big Rainbow, yellow, 90, 1.5, Pineapple, yellow, 85, 2
```

下面的程序创建了一个名为 GIANT 的数据集，然后使用 ODS TRACE ON 和 ODS TRACE OFF 语句来追踪 MEANS 过程。

```
DATA giant;
   INFILE 'c:\MyRawData\GiantTom.dat' DSD;
   INPUT Name :$15. Color $ Days Weight @@;
RUN;
*追踪PROC MEANS;
ODS TRACE ON;
PROC MEANS DATA = giant;
   BY Color;
RUN;
ODS TRACE OFF;
```

运行这段程序后，将会在日志中看见如下的追踪信息。由于 MEANS 过程包含了一个 BY 语句，因此针对每个 BY 组（red 和 yellow）都会生成一个输出对象。注意这两个输出对象有相同的名字、标签、模板，但是路径不同。

```
Output Added:
-------------
名称:         Summary
标签:         汇总统计量
模板:         base.summary
路径:         Means.ByGroup1.Summary
-------------
NOTE: 上述消息针对BY 组: Color=red

Output Added:
-------------
名称:         Summary
标签:         汇总统计量
模板:         base.summary
路径:         Means.ByGroup2.Summary
-------------
NOTE: 上述消息针对BY组: Color=yellow
```

ODS SELECT 语句　一旦知道了输出对象的名字，就可以使用 ODS SELECT（或者 ODS EXCLUDE）语句选择特定的输出对象。ODS SELECT 语句的一般形式如下：

```
The PROC step with the output objects you want to select
ODS SELECT output-object-list;
RUN;
```

其中，*output-object-list* 可以是输出对象的名字、标签，或者路径。如果是多个输出对象，则用空格将其分开即可。默认情况下，一个 ODS SELECT 语句只对一个过程步生效，所以需将 ODS SELECT 语句放在 PROC 语句之后、RUN 语句之前，这样就能生成想要的输出。ODS EXCLUDE 也是同样的用法，只不过它是排除掉指定的输出对象。

示例　下面程序再次对 GIANT 数据集运行 MEANS 过程，并且使用 ODS SELECT 语句选择第一个输出对象：Means.ByGroup1.Summary。

```
PROC MEANS DATA = giant;
  BY Color;
ODS SELECT Means.ByGroup1.Summary;
RUN;
```

表 5-1 的结果只包含第一个 BY 分组。

表 5-1　MEANS PROCEDURE

Color=red

变量	N	均值	标准差	最小值	最大值
Days	6	83.3333333	4.0824829	80.0000000	90.0000000
Weight	6	2.5833333	1.2812754	1.5000000	5.0000000

5.3　从过程步输出中创建 SAS 数据集

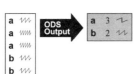　在某些情况下需要将过程步生成的结果保存到一个 SAS 数据集，一旦结果保存到数据集，便可与其他数据集进行合并，计算新的变量，或者将其作为另外一个过程步的输入数据。有些过程步有 OUTPUT 语句，或者 "OUT=" 选项，可以将结果保存到 SAS 数据集。但是通过 ODS，将输出结果发送到 OUTPUT 输出目标，几乎可以将过程步生成的任何输出保存到 SAS 数据集。首先需要使用 ODS TRACE 语句（上一节内容）

获得需要的输出对象名，然后使用 ODS OUTPUT 语句将输出对象发送到输出目标。

ODS OUTPUT 语句的基本语法形式为：

```
ODS OUTPUT output-object = new-data-set;
```

其中 *output-object* 可以是想要保存的输出对象的名字、标签或者路径。*new-data-set* 是将要创建的 SAS 数据集的名字。

ODS OUTPUT 语句既不属于 DATA 步也不属于 PROC 步，在使用的时候要注意其所在的位置。ODS OUTPUT 语句将会打开指定的数据集，并且等待正确的过程步输出，直到下一个 PROC 步结束才会关闭 SAS 数据集。因为 ODS OUTPUT 语句是即刻执行的，它对当前正在运行的任何 PROC 步都会起作用。如果当前没有正在运行的 PROC 步，它将会应用到下一个 PROC 步。为了确保得到正确的结果，建议将 ODS OUTPUT 语句放在 PROC 语句后，以及下一个 PROC、DATA 或者 RUN 语句之前。

示例 下面是不同品种西红柿的数据。每行数据包括：品种名、颜色（红色或黄色）、从种植到收获的天数、该品种西红柿的常规重量（磅）。每行包括两个品种：

```
Big Zac, red, 80, 5, Delicious, red, 80, 3
Dinner Plate, red, 90, 2, Goliath, red, 85, 1.5
Mega Tom, red, 80, 2, Mortgage Lifter, red, 85, 2
Big Rainbow, yellow, 90, 1.5, Pineapple, yellow, 85, 2
```

下面的程序创建了一个名为 GIANT 的 SAS 数据集，并且使用 ODS TRACE ON 和 ODSTRACE OFF 语句追踪 PROC TABULATE：

```
DATA giant;
   INFILE 'c:\MyRawData\GiantTom.dat' DSD;
   INPUT Name :$15. Color $ Days Weight @@;
RUN;
ODS TRACE ON;
PROC TABULATE DATA = giant;
   CLASS Color;
   VAR Days Weight;
   TABLE Color ALL, (Days Weight) * MEAN;
RUN;
ODS TRACE OFF;
```

下面是追踪 PROC TABULATE 后的 SAS 日志信息节选。TABULATE 过程生成了一个名字为 Table 的输出对象。

```
Output Added:
-------------
名称:         Table
标签:         表 1
数据名称:     Report
路径:         Tabulate.Report.Table
-------------
```

下面的程序使用 ODS OUTPUT 语句，从 Table 输出对象创建了一个名为 TABOUT 的 SAS 数据集。然后使用 PRINT 过程打印新创建的数据集：

```
PROC TABULATE DATA = giant;
   CLASS Color;
   VAR Days Weight;
   TABLE Color ALL, (Days Weight) * MEAN;
   TITLE 'Standard TABULATE Output';
ODS OUTPUT Table = tabout;
RUN;
PROC PRINT DATA = tabout;
   TITLE 'OUTPUT SAS Data Set from TABULATE';
RUN;
```

表 5-2、表 5-3 显示了两部分输出，第一个是使用 TABULATE 过程生成的标准表格结果；第二个是使用 PRINT 过程打印的 TABOUT 数据集，该数据集是通过 ODS OUTPUT 语句创建的。

表 5-2　Standard TABULATE Output

	Days	Weight
	Mean	Mean
Color		
red	83.33	2.58
yellow	87.50	1.75
All	84.38	2.38

表 5-3　OUTPUT SAS Data Set from TABULATE

Obs	Color	_TYPE_	_PAGE_	_TABLE_	Days_Mean	Weight_Mean
1	red	1	1	1	83.3333	2.58333
2	yellow	1	1	1	87.5000	1.75000
3		0	1	1	84.3750	2.37500

5.4 创建文本输出

LISTING 输出目标创建简单的文本输出，其由基本的字符组成，不包含诸如文字处理及电子表格应用软件添加的特殊格式。文本输出具有可移植性高、打印格式紧凑，以及非常容易编辑等诸多优点。LISTING 是批处理环境及 z/OS 操作环境中默认的输出目标。如果想要在 Windows 或者 UNIX 操作系统中的 SAS 窗口环境中得到 LISTING 输出目标，就必须打开 LISTING 输出目标。可通过两种方式打开 LISTING 输出目标：运行 ODS LISTING 语句或者通过工具菜单设置。

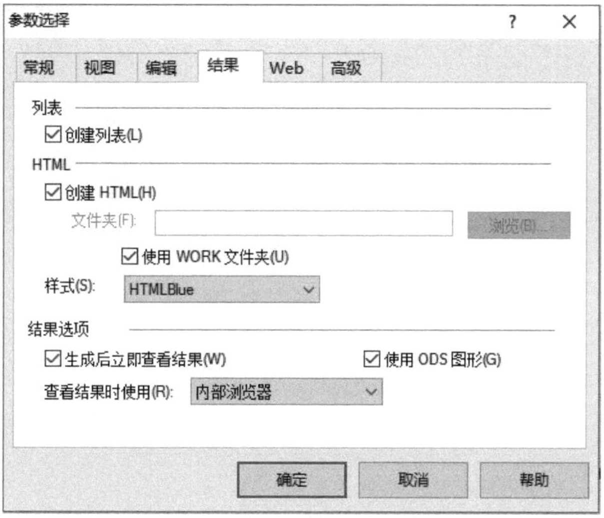

图 5-2　参数选择

工具菜单　在 SAS 窗口环境中，在菜单栏选择**工具▶选项▶参数选择**，如图 5-2 所示，然后单击**结果**选项卡，勾选**创建列表**前面的复选框，就可以打开 LISTING 输出目标。SAS 会持续将输出结果发送至 LISTING，直到你手动关闭它。

ODS 语句　另外一种方法是运行 ODS LISTING 语句来打开 LISTING 输出目标。该语句的一般形式为：

```
ODS LISTING;
```

运行该语句后，输出结果会显示在输出窗口中。如果添加了"FILE="选项，则会将结果保存至指定的文件，而不会显示在输出窗口中。下面的语句通知 SAS 将输出结果发送至 LISTING 输出目标，并且将结果保存在 AnnualReport.lst 文件中。

```
ODS LISTING FILE = 'AnnualReport.lst'
```

不同于大多数 ODS 输出目标，LISTING 输出目标不需要关闭就可以直接看到结果。想要停止 LISTING 输出目标的唯一原因就是想要关闭文本输出。下面是关闭 LISTING 输出目标的 ODS 语句：

```
ODS LISTING CLOSE;
```

删除过程步标题　一些过程步（例如 PROC MEANS、PROC FREQ）默认会在输出中添加过程步名字的标题，通过 ODS NOPROCTITLE 语句可以将其删除。该语句可以应用到任何输出目标，不仅仅是 LISTING。

```
ODS NOPROCTITLE;
```

示例　下面是一些选定的鲸鱼和鲨鱼的平均长度（单位：英寸）的数据。注意：每行数据包含 4 条观测。

```
beluga whale 15 dwarf shark .5 basking shark 30 humpback whale 50
whale shark 40 blue whale 100 killer whale 30 mako shark 12
```

下面的程序生成两部分输出，分别来自于 MEANS 过程和 PRINT 过程。程序包含两个 ODS 语句，第一个用于打开 LISTING 输出，第二个用于关闭过程步的标题。

```
*创建纯文本输出并移除过程步的标题;
ODS LISTING;
ODS NOPROCTITLE;
DATA marine;
   INFILE 'c:\MyRawData\Lengths8.dat';
   INPUT Name $ Family $ Length @@;
RUN;
PROC MEANS DATA = marine MEAN MIN MAX;
   CLASS Family;
   TITLE 'Whales and Sharks';
RUN;
PROC PRINT DATA = marine;
RUN;
```

图 5-3 是在 SAS 窗口环境下，输出结果显示在输出窗口中的样子。LISTING 输出目标不对输出结果使用任何样式，仅使用 SASMONOSPACE 字体展示纯文本输出。

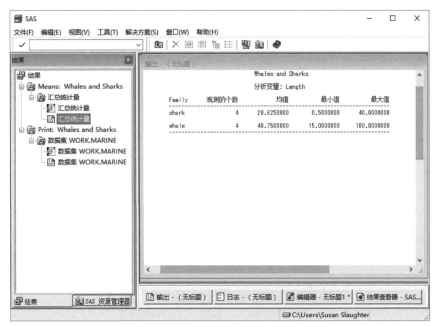

图 5-3

5.5 创建 HTML 输出

当你使用 HTML 输出目标时，将会得到一个超文本标记语言 (HTML) 文件。这些文件可发布在网站，供领导或者同事查看。当然，HTML 文件还有其他用途，可以将其插入电子表格、打印，或者导入文字处理器（虽然某些格式可能会改变）。从 SAS 9.3 开始，HTML 输出是 Windows 和 UNIX 操作系统下的 SAS 窗口环境的默认输出，因此没有必要使用 ODS 语句打开或关闭。然而，你仍然可能要用 ODS 语句来指定一些其他的功能。如果是在批处理或其他操作系统中，则需要使用 ODS 语句来生成 HTML 输出。

ODS 语句　要打开 HTML 输出目标，使用 ODS HTML 语句即可。该语句的一般形式如下：

```
ODS HTML BODY = 'body-filename.html' options;
```

生成的正文文件（body 文件）包含结果内容。"FILE="选项与"BODY="选项是同样的功能。其他常用的选项包括：

CONTENTS = 'filename'	创建一个链接到正文的目录文件。
PAGE = 'filename'	创建一个页码链接的目录文件。
FRAME = 'filename'	创建一个框架文件,可以同时查看正文文件、内容文件或者页码文件。如果不需要内容或者页码文件,则不需要创建框架文件。
STYLE = style-name	指定样式模板,默认是HTMLBLUE。

正文文件总是需要创建的,而其他文件则是可选的。下面的语句指定了 HTML 输出目标,将结果保存在 AnnualReport.html 文件中,并且使用 BARRETTSBLUE 样式。

```
ODS HTML FILE = 'AnnualReport.html' STYLE = BARRETTSBLUE;
```

ODS 语句是全局语句,既不属于 DATA 步也不属于 PROC 步。因此,若将其放在错误的地方则不会得到期望的输出。第一个 ODS 语句最好是放在想要捕获输出的过程步前面。

想要关闭 HTML 输出目标,则需将下面的语句放在要捕获输出的过程步后面,并且紧跟在 RUN 语句之后:

```
ODS HTML ClOSE;
```

在默认开启 HTML 输出的操作环境中,如果仅仅是想要创建一个正文文件,则不需要使用 ODS HTML CLOSE 语句。

工具菜单 在 SAS 窗口环境中,在菜单栏选择**工具▸选项▸参数选择**,然后单击**结果**选项卡,取消勾选**创建 HTML** 前面的复选框,即可关闭 HTML 输出。

示例 下面仍旧是选定鲸鱼和鲨鱼的平均长度(单位:英寸)数据。

```
beluga whale 15 dwarf shark .5 basking shark 30 humpback whale 50
whale shark 40 blue whale 100 killer whale 30 mako shark 12
```

下面的程序生成两部分输出,分别来自于 MEANS 过程和 PRINT 过程。程序包含三个 ODS 语句,第一个用于选择 D3D 样式,指定正文文件、框架文件和目录文件;第二个用于关闭过程步标题;第三个用于关闭上述文件。

```
*创建HTML文件并移除过程步的标题;
ODS HTML STYLE = D3D BODY = 'c:\MyHTMLFiles\Marine.html'
         FRAME = 'c:\MyHTMLFiles\MarineFrame.html'
         CONTENTS = 'c:\MyHTMLFiles\MarineTOC.html';
ODS NOPROCTITLE;
DATA marine;
```

```
        INFILE 'c:\MyRawData\Lengths8.dat';
        INPUT Name $ Family $ Length @@;
RUN;
PROC MEANS DATA = marine MEAN MIN MAX;
    CLASS Family;
    TITLE 'Whales and Sharks';
RUN;
PROC PRINT DATA = marine;
RUN;
ODS HTML CLOSE;
```

图 5-4 是 MarineFrame.html 文件在浏览器中打开的样子，目录显示在左侧，过程步生成的结果显示在右侧。

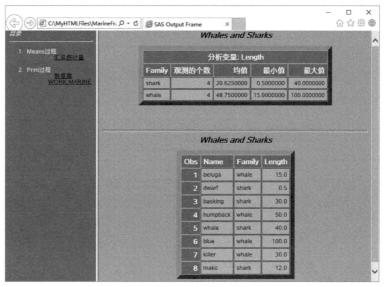

图 5-4

5.6 创建 RTF 输出

RTF（Rich Text Format），即富文本格式，是由微软开发的用于文档交换的格式。创建一个 RTF 输出后，可将其复制到 Word 文档中，对其进行编辑或者调整大小，就如同操作其他 Word 表格一样。将结果发送至 RTF 输出目标与发送至 HTML 输出目标是类似的，只不过前者是使用 ODS RTF 语句。

ODS 语句　打开 RTF 文件的 ODS 语句的一般形式如下：

```
ODS RTF FILE = 'filename.rtf' options;
```

不同于 HTML，RTF 输出只有一种文件，该文件包含所有结果内容。下面是最常用的一些选项：

BODYTITLE	将标题和脚注放入RTF文档的正文中（默认情况下标题在页眉处，脚注在页脚处）。
COLUMN = n	指定每页输出几列内容。
SASDATE	默认情况下，RTF文档最后一次在WORD中打开的日期和时间将会出现在顶部。该选项指定使用当前SAS会话启动时的日期和时间[①]。
STARTPAGE = value	控制分页符。默认值YES会在过程步之间插入分页符；NO关闭分页符的插入；NOW将会在当前位置插入分页符。
STYLE = style-name	指定样式模板，默认为RTF。

下面的语句指定将输出结果发送至 RTF 输出，并且将结果保存到文件 AnnualReport.rtf 中，并使用 SANSPRINTER 样式。

```
ODS RTF FILE = 'AnnualReport.rtf' STYLE = SANSPRINTER;
```

ODS 语句是全局的，既不属于 DATA 步也不属于 PROC 步。因此，若将其放在错误的地方，将不会得到期望的输出。第一个 ODS 语句最好是放在想要捕获输出的过程步前面。

下面是关闭 RTF 文件的 ODS 语句：

```
ODS RTF CLOSE;
```

将该语句放在想要捕获结果的过程步后面，并且紧跟在 RUN 语句之后。

示例　下面仍旧是选定鲸鱼和鲨鱼的平均长度（单位：英寸）数据。

```
beluga whale 15 dwarf shark .5 basking shark 30 humpback whale 50
whale shark 40 blue whale 100 killer whale 30 mako shark 12
```

下面的程序生成两部分输出，分别来自于 MEANS 过程和 PRINT 过程。程序包含三个 ODS 语句，第一个用于打开 RTF 文件；第二个用于关闭过程步标题；第三个用于关闭 RTF 文件。

---

① 如果指定了系统选项 DTRESET，并且使用了 SASDATE 选项，则 SAS 会使用当前程序运行时的日期时间，而不是当前 SAS 会话启动时的日期时间。

```
*创建一个RTF文件;
ODS RTF FILE = 'c:\MyRTFFiles\Marine.rtf' BODYTITLE STARTPAGE = NO;
ODS NOPROCTITLE;
DATA marine;
   INFILE 'c:\MyRawData\Lengths8.dat';
   INPUT Name $ Family $ Length @@;
RUN;
PROC MEANS DATA = marine MEAN MIN MAX;
   CLASS Family;
   TITLE 'Whales and Sharks';
RUN;
PROC PRINT DATA = marine;
RUN;
*关闭RTF文件;
ODS RTF CLOSE;
```

图 5-5 是 Marine.rtf 在微软 Word 中查看时的样子。因为指定了"BODYTITLE"选项，所以标题随表出现而不是出现在页眉处。选项"STARTPAGE=NO"指定了不在两个表之间插入分页符。由于没有指定样式，SAS 使用默认样式 RTF。

图 5-5

5.7 创建 PDF 输出

PDF 输出目标将会创建一个 PDF（可移植文档格式）输出。该文件格式是由 Adobe 公司开发的，现已变为文件交换的开放式标准。PDF 输出目标是 ODS 输出目标中 PRINTER 输出系列中的一员，生成用于高分辨率打印机的输出。像其他大多数输出一样，生成 PDF 输出需要两个 ODS 语句，一个打开输出，一个关闭输出。

ODS 语句 打开 PDF 输出的 ODS 语句一般形式为：

```
ODS PDF FILE = 'filename.pdf' options;
```

类似于 RTF 输出目标，PDF 输出目标只生成一个文件，包含所有的内容。可用的选项包括：

COLUMNS = n	指定每页输出几列内容。
STARTPAGE = value	控制分页符。默认值YES会在过程步之间插入分页符；NO关闭分页符的插入；NOW将会在当前位置插入分页符。
STYLE = style-name	指定样式模板，默认为PRINTER。

下面的语句告诉 SAS 生成 PDF 输出，并且将结果保存到 AnnualReport.pdf 文件中，采用 SANSPRINTER 样式。

```
ODS PDF FILE = 'AnnualReport.pdf' STYLE = SANSPRINTER;
```

ODS 语句是全局的，既不属于 DATA 步也不属于 PROC 步。因此，若将其放在错误的地方，将不会得到期望的输出。第一个 ODS 语句最好是放在想要捕获输出的过程步前面。

下面是关闭 PDF 输出的 ODS 语句：

```
ODS PDF CLOSE;
```

将该语句放在想要捕获结果的过程步后面，并且紧跟在 RUN 语句之后。

示例 下面仍旧是选定鲸鱼和鲨鱼的平均长度（单位：英寸）数据。

```
beluga whale 15 dwarf shark .5 basking shark 30 humpback whale 50
whale shark 40 blue whale 100 killer whale 30 mako shark 12
```

下面的程序通过 MEANS 过程和 PRINT 过程生成输出，它包含三个 ODS 语句，第一个 ODS 语句打开 PDF 文件；第二个 ODS 语句关闭过程步标题；第三个 ODS 语句关闭 PDF 文件。

```
*创建一个PDF文件;
ODS PDF FILE = 'c:\MyPDFFiles\Marine.pdf' STARTPAGE = NO;
ODS NOPROCTITLE;
DATA marine;
   INFILE 'c:\MyRawData\Lengths8.dat';
   INPUT Name $ Family $ Length @@;
RUN;
PROC MEANS DATA = marine MEAN MIN MAX;
   CLASS Family;
   TITLE 'Whales and Sharks';
RUN;
PROC PRINT DATA = marine;
RUN;
*关闭PDF文件;
ODS PDF CLOSE;
```

图5-6是Marine.pdf文件在Adobe Reader中查看时的样子。因为指定了"STARTPAGE=NO"选项，两个过程步的输出显示在同一页。由于没有指定样式，默认使用PRINTER样式。

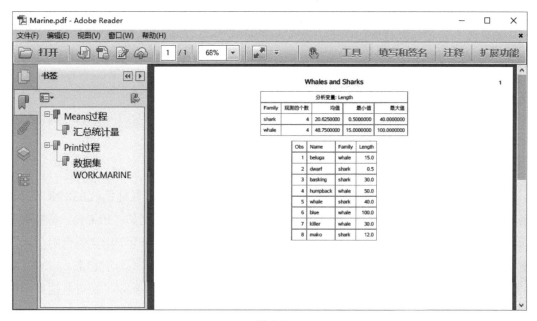

图 5-6

5.8 自定义标题和脚注

在 ODS 输出中，样式模板指定标题和脚注如何显示。但是，在 TITLE 语句和 FOOTNOTE 语句中插入一些简单选项也可以轻松改变标题和脚注的显示样式。

TITILE 语句和 FOOTNOTE 语句一般的形式为：

```
TITLE options 'text-string-1' options 'text-string-2' ... options 'text-string-n';
FOOTNOTE options 'text-string-1' options 'text-string-2' ...options 'text-string-n';
```

其中文本字符串可拆分为子字符串，每个子字符串都可以使用不同的选项。SAS 会将子字符串按照输入形式及顺序连接起来，因此要注意包含必要的空格。每个选项将会对跟在其后的文本字符串起作用，直到该选项的值发生变化或者语句结束。下面是常用的选项：

```
COLOR=     设定文本的颜色
BCOLOR=    设定文本的背景颜色
HEIGHT=    设定文本的高度
JUSTIFY=   设定对齐方式
FONT=      设定文本的字体
BOLD       加粗显示
ITALIC     斜体显示
```

颜色 "COLOR=" 选项用于设定文本的颜色，下面的语句

```
TITLE COLOR=BLACK 'Black ' COLOR=GRAY 'Gray ' COLOR=LTGRAY 'Light Gray';
```

将会产生如下所示的标题：

Black Gray Light Gray

SAS 支持数百种颜色，从原色——红色——更神秘的颜色浅灰紫红色（LIGRPR，"light grayish purplish red" 的简称）。这些颜色可以通过名称指定，例如：BLUE，或者通过十六进制代码指定，例如：#0000FF。事实上，SAS 可以识别多种用于指定颜色的命名方案[①]。如果颜色的名字超过 8 个字符或者含有嵌套空格，则需要用引号引起来。以 # 开头的 RGB 十六进制代码也需用引号引起来。如果要通过颜色名字指定，则可从这些颜色

---

① 有关如何指定颜色，请参考 SAS 帮助文档中 SAS/GRAPH 部分 "Color-Naming Schemes" 的内容。在 SAS 窗口环境中，在工具栏命令行输入 "REGEDIT" 命令，打开注册表编辑器，双击 COLORNAMES，然后双击 HTML，可获取 Web 安全颜色列表。

名字开始：AQUA, BLACK, BLUE, FUCHSIA, GREEN, GRAY, LIME, MAROON, NAVY, OLIVE, PURPLE, RED, SILVER, TEAL, WHITE, YELLOW。

背景颜色　　"BCOLOR="选项用于指定文本的背景颜色。下面的语句使用 RGB 十六进制代码：

```
TITLE BCOLOR='#C0C0C0' 'This Title Has a Gray Background';
```

上面的代码将会产生如下所示的标题：

> This Title Has a Gray Background

"BCOLOR="选项可设置的颜色范围与"COLOR="选项的一样。

高度　使用"HEIGHT="选项可以修改文本的高度，其值为一个数值。单位可以是 PT、IN 或者 CM。下面的语句

```
TITLE HEIGHT=12PT 'Small ' HEIGHT=.25IN 'Medium ' HEIGHT=1CM 'Large';
```

将会生成下面这个标题：

> Small Medium Large

对齐方式　　使用"JUSTIFY="选项可以指定文本的对齐方式，有 LEFT、CENTER、RIGHT 三个取值，对应三种对齐方式。甚至可以在一个语句中混合使用这几个选项，例如这个语句

```
TITLE JUSTIFY=LEFT 'Left ' JUSTIFY=CENTER 'vs. ' JUSTIFY=RIGHT 'Right';
```

将会生成如下所示的标题：

> Left　　　　　　　　　　vs.　　　　　　　　　　Right

字体　使用"FONT="选项可指定文本的字体。下面的语句

```
TITLE 'Default ' FONT=Arial 'Arial ' FONT='Times New Roman'
      'Times New Roman ' FONT=Courier 'Courier';
```

将会生成如下所示标题：

> Default Arial Times New Roman Courier

具体可用的字体与所使用的操作环境及硬件有关，Courier、Arial、Times、Helvetica 这几种字体在大多数情况下都可以使用。

粗体和斜体　　默认情况下，标题都是粗体显示。修改了默认的字体后，其粗体属性也随之失效。要想保持粗体显示，需要使用"BOLD"选项指定。若要指定斜体，使用

"ITALIC"选项即可。需要注意的是，没有选项直接取消粗体或斜体属性，要想关闭粗体和斜体，只能通过"FONT="选项修改字体来间接实现。下面的语句使用了三个选项：

```
TITLE FONT=Courier 'Courier ' BOLD 'Courier Bold ' ITALIC 'Courier Bold and Italic';
```

该语句生成的标题如下：

Courier Courier Bold   ***Courier Bold and Italic***

5.9 通过"STYLE="选项自定义 PRINT 过程输出

如果想要修改整个输出的外观，通过 ODS 语句中的"STYLE="选项指定不同的样式模板即可实现。但如果只想修改表头或者某列的外观呢？幸运的是，报表过程 PRINT、REPORT 和 TABULATE，允许在 PROC 语句中使用"STYLE="选项来修改报表中特定部分的外观[①]。

"STYLE="选项在 PROC PRINT 语句中的一般的形式如下：

```
PROC PRINT STYLE(location-list) = {style-attribute = value};
```

其中 *location-list* 指定表格的哪个部分需要应用样式；*style-attribute* 指定需要修改的样式属性；*value* 指定样式属性的值（样式属性列表及对应取值请参见 5.13 小节）。例如，下面的语句指定数据部分的背景颜色为粉红色：

```
PROC PRINT STYLE(DATA) = {BACKGROUND = pink};
```

在 PROC PRINT 语句中可以同时使用多个"STYLE="选项，相同的样式可用于多个地方。下面是一些可用于指定位置的值：

位置	表格中生效的区域
DATA	所有的数据单元格
HEADER	列表头（变量名）
OBS	OBS列或者ID列（如果使用了ID语句）中的数据
OBSHEADER	OBS列或者ID列的表头
TOTAL	SUM语句生成的汇总行数据

[①] 如果要修改其他过程步的特定部分，需要通过 PROC TEMPLATE 创建一个全新的样式模板，然后在 ODS 语句中通过"STYLE="选项指定该样式模板，使其生效。有关 TEMPLATE 过程的更多具体信息请参见 SAS 帮助文档。

GRANDTOTAL   SUM语句生成的整体汇总数据

如果在 PROC PRINT 语句中使用了"STYLE="选项，则会对整个表格起作用。例如，如果指定了 HEADER 位置，则整个表格的表头都会变成新的样式。如果只需要修改某列的表头，则可以像下面这样将"STYLE="选项放到 VAR 语句中：

```
VAR variable-list / STYLE(location-list) = {style-attribute = value};
```

只有在 VAR 语句中列出的变量才会有相应的样式。如果对不同的变量设定不同的样式，则可以使用多个 VAR 语句分别设定。在 VAR 语句中只有 DATA 和 HEADER 位置是有效的。

示例   以下数据是女子 5000 米速滑赛事的奥运金牌得主信息，包括：奥运年份、运动员姓名、国家、时间以及纪录（WR 代表世界纪录）。

```
1994,Claudia Pechstein,GER,7:14.37
1998,Claudia Pechstein,GER,6:59.61,WR
2002,Claudia Pechstein,GER,6:46.91,WR
2006,Clara Hughes,CAN,6:59.07
2010,Martina Sablikova,CZE,6:50.92
```

下面的程序使用默认的 HTML 输出，并采用 HTMLBLUE 样式。

```
DATA skating;
   INFILE 'c:\MyRawData\Women5000.csv' DSD MISSOVER;
   INPUT Year Name :$20. Country $ Time $ Record $;
RUN;
PROC PRINT DATA = skating;
   TITLE 'Women''s 5000 Meter Speed Skating';
   ID Year;
RUN;
```

生成的结果如表 5-4 所示。

表 5-4　奥运会女子 5000 米速滑金牌得主表

Year	Name	Country	Time	Record
1994	Claudia Pechstein	GER	07:14.37	
1998	Claudia Pechstein	GER	06:59.61	WR
2002	Claudia Pechstein	GER	06:46.91	WR
2006	Clara Hughes	CAN	06:59.07	
2010	Martina Sablikova	CZE	06:50.92	

下面的程序同样使用默认的样式模板，但在 PROC PRINT 语句中增加了"STYLE="选项。该选项设置所有的数据单元格的背景颜色为灰色，文本颜色为白色。VAR 语句设定 Record 列居中对齐和斜体样式。

```
PROC PRINT DATA = skating
           STYLE(DATA) = {BACKGROUND = GRAY FOREGROUND = WHITE};
   TITLE 'Women''s 5000 Meter Speed Skating';
   VAR Name Country Time;
   VAR Record/STYLE(DATA) = {FONT_STYLE = ITALIC JUST = CENTER};
   ID Year;
RUN;
```

生成的结果如表 5-5 所示。

表 5-5　奥运女子 5000 米速滑金牌得主表

Year	Name	Country	Time	Record
1994	Claudia Pechstein	GER	07:14.37	
1998	Claudia Pechstein	GER	06:59.61	WR
2002	Claudia Pechstein	GER	06:46.91	WR
2006	Clara Hughes	CAN	06:59.07	
2010	Martina Sablikova	CZE	06:50.92	

5.10　通过"STYLE="选项自定义 REPORT 过程输出

在 REPORT 过程中使用"STYLE="选项与在 PRINT 过程中是相同的，需要指定具体的位置。PROC REPORT 语句中"STYLE="选项的一般形式为：

```
PROC REPORT STYLE(location-list) = {style-attribute = value};
```

其中 location-list 指定表格中的哪个部分需要应用样式，style-attribute 指定需要修改的样式属性，value 指定样式属性的值（样式属性列表及对应取值请参见 5.13 小节）。例如，若要对表头设定绿色为其背景颜色，可使用如下语句：

```
PROC REPORT DATA = mysales STYLE(HEADER) = {BACKGROUND = GREEN};
```

在一个"STYLE="选项中可以指定多个位置，而且在 PROC REPORT 语句中可以使用多个"STYLE="选项。下面是 PROC REPORT 中可以修改外观的地方：

位置	表格中生效的区域
HEADER	列表头（变量名）
COLUMN	数据单元格
SUMMARY	在BREAK语句或RBREAK语句中通过"SUMMARIZE"选项计算得到的汇总值

如果在 PROC REPORT 语句中使用了"STYLE="选项，则会对整个表格起作用。例如所有的列表头、所有的数据单元格、所有的分组汇总值。然而，可以在其他语句中使用"STYLE="选项来改变报表中的部分区域的外观。给具体的变量指定样式，可以在 DEFINE 语句中增加"STYLE="选项完成。如果使用了 GROUP 变量，可能需要在 PROC 语句中添加"SPANROWS"选项，该选项可将组内的单元格合并为一个单元格。下面的语句指定变量 Month 为 GROUP 变量，并且设置表头和数据的背景颜色为蓝色：

```
PROC REPORT DATA = mysales SPANROWS;
    DEFINE Month / GROUP STYLE(HEADER COLUMN) = {BACKGROUND = BLUE};
```

给具体的分组汇总值设定样式，可在 BREAK 语句或者 RBREAK 语句中使用"STYLE="选项完成。下面的语句为变量 Month 的每个分组汇总值设定背景颜色为红色：

```
BREAK AFTER Month / SUMMARIZE STYLE(SUMMARY) = {BACKGROUND = RED};
```

例子　下面是在奥运速滑比赛中获得三枚及以上金牌的女子数据。变量包括：姓名、国家、获得金牌的年数，以及获得金牌总数。每一行包含两条数据：

```
Lydia Skoblikova, URS, 2, 6, Karin Enke, GDR, 2, 3
Bonnie Blair, USA, 3, 5, Gunda Nieman, GDR, 2, 3
Claudia Pechstein, GER, 4, 5, Marianne Timmer, NED, 2, 3
```

下面的程序使用默认的 HTML 输出及默认的 HTMLBLUE 样式：

```
DATA skating;
    INFILE 'c:\MyRawData\Speed.dat' DSD;
    INPUT Name :$20. Country $ NumYears NumGold @@;
RUN;
PROC REPORT DATA = skating NOWINDOWS;
    COLUMN Country Name NumGold; DEFINE Country / GROUP;
    TITLE 'Olympic Women''s Speed Skating';
RUN;
```

生成的结果如表 5-6 所示：

表 5-6　奥运女子速滑金牌得主表

Country	Name	NumGold
GDR	Karin Enke	3
	Gunda Nieman	3
GER	Claudia Pechstein	5
NED	Marianne Timmer	3
URS	Lydia Skoblikova	6
USA	Bonnie Blair	5

下面的程序同样使用默认的样式，但是在 PROC REPORT 语句中增加了"STYLE="选项，修改所有的数据单元格的背景颜色为灰色，文字颜色为白色。"SPANROWS"选项将 GDR 组的两个单元格合并为一个单元格。DEFINE 语句中的"STYLE="选项指定变量 Country 的值居中对齐和斜体样式。

```
*PROC中的"STYLE="选项和DEFINE语句;
PROC REPORT DATA = skating NOWINDOWS SPANROWS
    STYLE(COLUMN) = {BACKGROUND = GRAY FOREGROUND = WHITE};
   COLUMN Country Name NumGold;
   DEFINE Country / GROUP
    STYLE(COLUMN) = {FONT_STYLE = ITALIC JUST = CENTER};
   TITLE 'Olympic Women''s Speed Skating';
RUN;
```

生成的结果如表 5-7 所示。

表 5-7　奥运女子速滑金牌得主表

Country	Name	NumGold
GDR	Karin Enke	3
	Gunda Nieman	3
GER	Claudia Pechstein	5
NED	Marianne Timmer	3
URS	Lydia Skoblikova	6
USA	Bonnie Blair	5

5.11　通过"STYLE="选项自定义 TABULATE 过程输出

在 TABULATE 过程中使用"STYLE="选项可以定制 TABULATE 过程生成的表格

的样式，还可以更改多种样式属性，例如文本的颜色和字体（样式属性列表及对应取值请参见 5.13 小节）。"STYLE="选项放在不同语句中，将会对表格不同的区域产生影响。下面是 TABULATE 过程中可使用"STYLE="选项的语句：

语句	表格中起作用的区域
PROC TABULATE	所有的数据单元格
CLASS	分类变量名表头
CLASSLEV	分类变量水平值表头
TABLE (crossed with elements)[①]	特定元素的数据单元格
VAR	分析变量名表头

PROC TABULATE 语句　如果将"STYLE="选项放在 PROC TABULATE 语句中，表格中的所有数据单元格将会有新的样式。例如，如果想要将表格中所有基于 MYSALES 数据集生成的数据单元格的背景颜色设置为黄色，可以使用下面的语句：[①]

```
PROC TABULATE DATA = mysales STYLE = {BACKGROUND = YELLOW};
```

TABLE 语句　如果想要对表格中的部分单元格设定样式，则需要将"STYLE="选项放在 TABLE 语句中，并且将其与需要应用格式的变量或者关键字关联起来（与 4.17 小节描述的对表格中的不同部分应用不同的输出格式是类似的）。任何在 TABLE 语句中指定的样式将会覆盖 PROC TABULATE 语句中指定的样式。例如，下面的 TABLE 语句生成的结果表格中变量 ALL 列的数据单元格的背景为红色：

```
TABLE City, Month ALL*{STYLE = {BACKGROUND = RED}};
```

CLASSLEV、VAR、CLASS 语句　在 CLASSLEV、VAR、CLASS 这三个语句中插入"STYLE="选项时，必须在其前面加斜杠（/）。任何出现在 CLASSLEV 语句中的变量都必须出现在 CLASS 语句中。例如，假设表格中有分类变量 Month，现需要设置 Month 的所有值的文本颜色为绿色，则可通过下面 CLASSLEV 语句实现：

```
CLASSLEV Month / STYLE = {FOREGROUND = GREEN};
```

示例　以下是男子冬季奥运会速滑赛事的数据，包括奥运会年份及赛事纪录数据。

[①] 也可以将"STYLE="作为 TABLE 语句的选项，而不与变量或统计量关联，这样将会对表的结构起作用（例如：边框和单元格宽度）。更多信息请查看 SAS 帮助文档。

OR 代表奥运会纪录，WR 代表世界纪录，NONE 表示当年没有设置运会纪录或世界纪录。每行数据包含 4 条观测：

```
1998 500 OR 2002 500 OR 2006 500 None 2010 500 None
1998 1000 OR 2002 1000 WR 2006 1000 None 2010 1000 None
1998 1500 WR 2002 1500 WR 2006 1500 None 2010 1500 None
1998 5000 WR 2002 5000 WR 2006 5000 None 2010 5000 OR
1998 10000 WR 2002 10000 WR 2006 10000 None 2010 10000 OR
```

下面的程序使用默认的 HTML 输出及 HTMLBLUE 样式。

```
DATA skating;
   INFILE 'c:\MyRawData\Records.dat';
   INPUT Year Event $ Record $ @@;
RUN;
PROC TABULATE DATA = skating;
   CLASS Year Record;
   TABLE Year = '',Record*N = '';
   TITLE 'Men''s Speed Skating Olympic Records';
RUN;
```

生成的结果如表 5-8 所示。

表 5-8　男子冬季奥运速滑赛事数据

	Record		
	None	OR	WR
1998	.	2	3
2002	.	1	4
2006	5	.	.
2010	3	2	.

下面的程序使用默认的样式，但是在 PROC 语句中增加了 "STYLE=" 选项，指定单元格居中对齐，背景颜色为灰色，文本颜色为白色。

```
PROC TABULATE DATA = skating
       STYLE = {BACKGROUND = GRAY FOREGROUND = WHITE JUST = CENTER};
   CLASS Year Record;
   TABLE Year = '',Record*N = '';
   TITLE 'Men''s Speed Skating Olympic Records';
RUN;
```

生成的结果如表 5-9 所示。

表 5-9　男子冬季奥运速滑赛事数据

	Record		
	None	OR	WR
1998	.	2	3
2002	.	1	4
2006	5	.	.
2010	3	2	.

5.12 在输出中添加信号灯效果

信号灯效果可以基于表格单元格中的数据值来控制单元格的样式，这样就可以聚焦报表中的重要值，或者突出数据之间的关系。信号灯效果可用于三个报表过程中的任何一个：PRINT、REPORT 及 TABULATE。

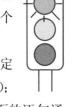

实现信号灯效果需要两个步骤：第一步，创建一个自定义输出格式，设定不同的值对应不同的样式属性值（样式属性列表及对应的取值请参见下一小节）；第二步，在"STYLE="选项中指定上一步创建的样式输出格式。例如，下面的语句通过 FORMAT 过程创建了一个输出格式：

```
PROC FORMAT;
    VALUE posneg
        LOW -< 0 = 'red'
        0-HIGH = 'black';
```

紧接着在 PRINT 过程中的 VAR 语句中，在"STYLE="选项中指定样式属性的值为该输出格式：

```
VAR Balance / STYLE = {FOREGROUND = posneg.};
```

变量 Balance 的所有数据单元格的样式将会依照以下规则：如果数据为负数，文本颜色为红色；如果为正数，则文本颜色为黑色。

示例　以下是 2002 年冬季奥运男子 5000 米速滑赛事中排名前五的成绩数据，包括名次、姓名、国家、成绩（单位：秒）。

```
1,Jochem Uytdehaage, Netherlands,374.66
2,Derek Parra, United States,377.98
3,Jens Boden, Germany,381.73
```

```
4,Dmitry Shepel, Russia,381.85
5,KC Boutiette, United States,382.97
```

用下面的程序读取上述数据，通过 PROC PRINT 打印数据。结果输出使用默认的 HTML 输出以及默认的 HTMLBLUE 样式。

```
DATA results;
   INFILE 'c:\MyRawData\Mens5000.dat' DSD;
   INPUT Place Name :$20. Country :$15. Time ;
RUN;
PROC PRINT DATA = results;
   ID Place;
   TITLE 'Men''s 5000m Speed Skating';
RUN;
```

生成的结果如表 5-10 所示。

表 5-10　男子 5000 米速滑赛事数据表

Place	Name	Country	Time
1	Jochem Uytdehaage	Netherlands	374.66
2	Derek Parra	United States	377.98
3	Jens Boden	Germany	381.73
4	Dmitry Shepel	Russia	381.85
5	KC Boutiette	United States	382.97

若想要对该次比赛成绩与以往的相同赛事成绩进行比较，可以使用信号灯效果。在 2002 年奥运会之前，5000 米速滑赛的世界纪录是 378.72 秒，奥运纪录是 382.20 秒。为了显示哪些速滑运动员的成绩快于这些纪录，下面的 PROC FORMAT 过程创建了一个自定义输出格式，名为 REC.，若比赛成绩好于世界纪录，则使用浅灰色；若比赛成绩好于奥运纪录，则使用更浅的灰色；其他情况，则使用白色。在 PROC PRINT 过程中的第二个 VAR 语句使用"STYLE="选项指定变量 Time 的 BACKGROUND 属性的值为 REC. 格式。

```
PROC FORMAT;
   VALUE rec 0 -< 378.72 = 'LIGHT GRAY'
             378.72 -< 382.20 = 'VERY LIGHT GRAY'
             382.20 - HIGH = 'WHITE';
RUN;
PROC PRINT DATA = results;
   ID Place;
   VAR Name Country;
```

```
  VAR Time / STYLE = {BACKGROUND = rec.};
  TITLE 'Men''s 5000m Speed Skating';
RUN;
```

表 5-11 输出中变量 Time 列的背景色会根据取值不同有所变化。那些打破了以往世界纪录的运动员的数据背景色为浅灰色，打破了以往奥运会纪录的运动员的数据背景色为更浅的灰色，第五名没有打破任何纪录的运动员的数据背景色为白色。

表 5-11 男子 5000 米速滑赛事数据表

Place	Name	Country	Time
1	Jochem Uytdehaage	Netherlands	374.66
2	Derek Parra	United States	377.98
3	Jens Boden	Germany	381.73
4	Dmitry Shepel	Russia	381.85
5	KC Boutiette	United States	382.97

5.13 样式属性列表

表 5-12 样式属性表（1）

样式属性	描　　述	有效取值
BACKGROUND	指定表格或者单元格的背景色。	任何有效的颜色[1]
BACKGROUNDIMAGE	指定表格或者单元格的背景图片。在 RTF 文档中无效。	任何 GIF，JPEG，或者 PNG 图片文件[2]
FLYOVER	指定当鼠标移动到特定文字上面（针对 HTML），或者双击特定的文字（针对 PDF）时的弹出文本内容。	任何用引号引起来的文本串
FONT_FACE	指定单元格中文本的字体。	任何有效的字体（大部分设备支持 Times，Courier，Arial，Helvetica）
FONT_SIZE	指定单元格中文本的字体的相对大小[3]。	数字 1 到 7

[1] 指定颜色有多种方式，这部分内容在 SAS/GRAPH 中说明。如果想要指定精确的颜色，可以使用 RGB 代码（例如：#00FF00 代表绿色），或者通过颜色名称指定，下面是常用的一些颜色名：AQUA，BLACK，BLUE，FUCHSIA，GREEN，GRAY，LIME，MAROON，NAVY，OLIVE，PURPLE，RED，SILVER，TEAL，WHITE，YELLOW。
[2] 对于 HTML，如果使用简单的文件名，则 SAS 内置的浏览器可能会找不到文件；若使用文件的全路径，如果文件移动，则需要编辑 HTML 文件将路径修改到正确的位置。
[3] 对于一些输出目标，可以按照以下单位指定大小：cm，in，mm，pt，px（像素）。例如，如果想要指定文本的大小为 24pt，则可以使用 FONT_SIZE=24pt。

(续表)

样式属性	描述	有效取值
FONT_STYLE	指定单元格中使用的字体样式。	ITALIC（斜体），ROMAN（罗马数字）或者 SLANT（倾斜）。斜体和倾斜可能会映射到相同的字体
FONT_WEIGHT	指定单元格中使用的字体的粗细。	BOLD，MEDIUM，或者 LIGHT
FOREGROUND	指定单元格中文本的颜色。	任何有效的颜色[①]
JUST	指定单元格中文本的对齐方式。	R|RIGHT，C|CENTER，L|LEFT，或者 D（小数形式）
PRETEXT or POSTTEXT	指定单元格中文本之前（PRETEXT）或之后（POSTTEXT）的插入的文本内容。	任何用引号引起来的文本串
PREIMAGE or POSTIMAGE	指定单元格中文本之前（PREIMAGE）或之后（POSTIMAGE）的插入图片文件。	任何 GIF，JPEG 或者 PNG 图片文件（RTF 只能使用 JPEG 和 PNG）[②]
URL	指定要从单元格中的文本链接到的 URL。仅支持 HTML、PDF 和 RTF。	任何 URL 链接

表 5-13 样式属性表（2）

样式属性	示例	结果
BACKGROUND	STYLE(DATA)={BACKGROUND=white};	speed skating
BACKGROUNDIMAGE	STYLE(DATA)={BACKGROUNDIMAGE='c:\MyImages\snow.gif'};	speed skating
FLYOVER	STYLE(DATA)={FLYOVER='Try it!'};	speed skating Try it!
FONT_FACE	STYLE(DATA)={FONT_FACE=courier};	speed skating
FONT_SIZE	STYLE(DATA)={FONT_SIZE=2};	speed skating
FONT_STYLE	STYLE(DATA)={FONT_STYLE=italic};	speed skating

① 指定颜色有多种方式，这部分内容在 SAS/GRAPH 中说明。如果想要指定精确的颜色，可以使用 RGB 代码（例如：#00FF00 代表绿色），或者通过颜色名称指定，下面是常用的一些颜色名：AQUA，BLACK，BLUE，FUCHSIA，GREEN，GRAY，LIME，MAROON，NAVY，OLIVE，PURPLE，RED，SILVER，TEAL，WHITE，YELLOW。
② 对于 HTML，如果使用简单的文件名，则 SAS 内置的浏览器可能会找不到文件；若使用文件的全路径，如果文件移动，则需要编辑 HTML 文件将路径修改到正确的位置。

（续表）

样式属性	示 例	结 果
FONT_WEIGHT	STYLE(DATA)= {FONT_WEIGHT=bold};	**speed skating**
FOREGROUND	STYLE(DATA)= {FOREGROUND=white};	speed skating
JUST	STYLE(DATA)= {JUST=right};	speed skating
PRETEXT or POSTTEXT	STYLE(DATA)= {POSTTEXT='is fun'};	speed skating is fun
PREIMAGE or POSTIMAGE	STYLE(DATA)= {PREIMAGE='SS2.gif'};	speed skating
URL	STYLE(DATA)= {URL='http://skating.org'};	speed skating

第 6 章　修改和合并数据

我常常说:"计算机是校园里最蠢的东西。它精准无误地执行赋予它的命令,但结果却往往不是我们想要的。逻辑取决于你。"①

——NECIA A. BLACK, R.N., PH.D.

---

① 出自 SAS·L Listerv,1994 年 5 月 6 日。经作者许可转载。

6.1 使用 SET 语句修改数据集

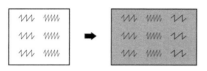 通过 DATA 步中的 SET 语句读取 SAS 数据集，以便于实现增加新变量、创建子集或其他修改数据集的操作。如果你的磁盘空间有限，例如，你不想把计算的变量存储在永久 SAS 数据集中，那么你可以在需要用到这些变量的时候再计算它们。同样地，如果只需要用到一个大数据集的小部分数据时，通过创建数据子集可节省大量的时间。SET 语句每次从 SAS 数据集中读取一条观测，供 DATA 步处理[①]。

读取 SAS 数据集时，首先使用 DATA 语句指定新数据集名称，然后在 SET 语句中指定需要读取的旧数据集名称。如果不需要创建新的数据集，在 DATA 语句和 SET 语句指定相同的数据集名称，DATA 步的结果便可覆盖 SET 语句指定的旧数据集[②]。DATA 语句和 SET 语句的一般形式为：

```
DATA new-data-set;
   SET data-set;
```

通常，任何赋值语句、取子集 IF 语句或其他 DATA 步语句都在 SET 语句之后。例如，下列的程序通过复制 SALES 数据集来创建一个新的数据集 FRIDAY，不过 FRIDAY 数据集只包含星期五的观测，此外，还创建了一个新变量 TOTAL：

```
DATA friday;
   SET sales;
   IF Day = 'F';
   Total = Popcorn + Peanuts;
RUN;
```

示例 Fun Times 游乐园正在收集关于他们的游览车的数据。他们可以在高峰时段增加游览车车厢以缩短等待时间或者在不需要的时候减少游览车车厢以节省燃料费用。原始数据文件包含时间、游览车车厢数和游览车上的总人数：

```
10:10  6   21
12:15  10  56
15:30  10  25
11:30  8   34
```

---

① MODIFY 语句也能够修改单个数据集。详细信息请参见 SAS 帮助文档。
② 默认情况下，SAS 不会在出错的 DATA 步中覆盖数据集。

```
13:15 8 12
10:45 6 13
20:30 6 32
23:15 6 12
```

下面的程序将数据读取到永久 SAS 数据集 TRAINS 中,并且存储在游乐园中央计算机的 MySASLib 目录中:

```
*创建永久SAS数据集trains;
DATA 'c:\MySASLib\trains';
   INFILE 'c:\MyRawData\Train.dat';
   INPUT Time TIME5. Cars People;
RUN;
```

本示例以直接引用的方式告知 SAS 该永久 SAS 数据集的存储位置,该操作也可用 LIBNAME 语句代替。

每节游览车车厢最多运载 6 人。在收集数据之后,Fun Times 的管理者需要了解每趟游览过程中每节车厢的平均人数。该数值没有在上一步创建的永久 SAS 数据集的 DATA 步中计算,但可以通过以下程序计算:

```
*使用SET语句读取SAS数据集trains;
DATA averagetrain;
   SET 'c:\MySASLib\trains';
   PeoplePerCar = People / Cars;
RUN;
PROC PRINT DATA = averagetrain;
   TITLE 'Average Number of People per Train Car';
   FORMAT Time TIME5.;
RUN;
```

DATA 语句定义一个名为 AVERAGETRAIN 的新的临时 SAS 数据集,然后使用 SET 语句读取永久 SAS 数据集 TRAINS,并且用赋值语句创建一个新变量 PeoplePerCar。表 6-1 为 PROC PRINT 的结果。

表 6-1 Average Number of People per Train Car

Obs	Time	Cars	People	PeoplePerCar
1	10:10	6	21	3.50000
2	12:15	10	56	5.60000
3	15:30	10	25	2.50000
4	11:30	8	34	4.25000

(续表)

Obs	Time	Cars	People	PeoplePerCar
5	13:15	8	12	1.50000
6	10:45	6	13	2.16667
7	20:30	6	32	5.33333
8	23:15	6	12	2.00000

6.2 使用 SET 语句堆叠数据集

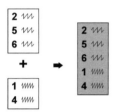

在 SET 语句中指定一个 SAS 数据集时，可以读取和修改该数据集。而当 SET 语句指定两个或更多的数据集时，除了读取和修改数据，还可以将数据集互相连接或堆叠。这在合并变量相同（或多数相同）但观测不同的数据集时是非常有用的。例如，你有来自两个不同地区或时间的数据集，但是需要一并分析。

在 DATA 步中，首先在 DATA 语句中指定新 SAS 数据集的名称，然后在 SET 语句中列出你要合并的旧数据名称：①

```
DATA new-data-set;
   SET data-set-1 data-set-n;
```

新数据集中的观测数等于旧数据集中的观测数的总和。观测的顺序由旧数据集列出的顺序决定。如果某个数据集的变量不包含在其他数据集中，那么来自其他数据集的观测对应的该变量取值为缺失值。

示例 Fun Times 游乐园有两个入口收集客户的数据。南入口的数据文件包含的数据依次是：入口标记 S（代表南入口）、客户的 Fun Times 通行证编号、客户团队人数和他们的年龄。北入口的数据文件包含的数据首先是入口标记 N（代表北入口），接下来的数据和南入口相同，最后增加了一列代表客户停放车辆的停车场编号（南入口仅有一个停车场）。下面显示南北多个入口的数据文件样本：

```
南入口数据              北入口数据
S 43 3 27              N 21 5 41 1
S 44 3 24              N 87 4 33 3
```

---

① 从 SAS 9.2，你也可以在 SET 语句中使用数值范围列表和名称前缀列表的数据集列表。这与第 3.12 节介绍的变量名称列表相似。详细信息，请参见 SAS 帮助文档。

```
   S 45 3  2                      N 65 2 67 1
                                  N 66 2  7 1
```

下面程序中的前两部分分别将南入口和北入口的原始数据读入 SAS 数据集，然后打印出来以确认是否正确。第三部分使用 SET 语句合并这两个 SAS 数据集，同时该 DATA 步还创建一个新变量 AmountPaid，代表每个客户需支付的费用，该值基于客户的年龄确定。最终的数据集使用 PROC PRINT 打印出来。

```
DATA southentrance;
   INFILE 'c:\MyRawData\South.dat';
   INPUT Entrance $ PassNumber PartySize Age;
PROC PRINT DATA = southentrance;
   TITLE 'South Entrance Data';
RUN;
DATA northentrance;
   INFILE 'c:\MyRawData\North.dat';
   INPUT Entrance $ PassNumber PartySize Age Lot;
PROC PRINT DATA = northentrance;
   TITLE 'North Entrance Data';
RUN;
*创建数据集both，合并数据集northentrance和southentrance;
*基于变量Age的值创建变量AmountPaid;
DATA both;
   SET southentrance northentrance;
IF Age = . THEN AmountPaid = .;
   ELSE IF Age < 3 THEN AmountPaid = 0;
   ELSE IF Age < 65 THEN AmountPaid = 35;
   ELSE AmountPaid = 27;
RUN;
PROC PRINT DATA = both;
   TITLE 'Both Entrances';
RUN;
```

表 6-2～表 6-4 是上述程序中三个 PRINT 过程的结果。请注意，在最终的数据集中，南入口所有观测对应的变量 Lot 取值为缺失值。因为变量 Lot 不在 SOUTHENTRANCE 数据集中，所以 SAS 系统对其观测赋予缺失值。

表 6-2　南入口数据表

Obs	Entrance	PassNumber	PartySize	Age
1	S	43	3	27
2	S	44	3	24
3	S	45	3	2

表 6-3 北入口数据表

Obs	Entrance	PassNumber	PartySize	Age	Lot
1	N	21	5	41	1
2	N	87	4	33	3
3	N	65	2	67	1
4	N	66	2	7	1

表 6-4 南北入口数据表

Obs	Entrance	PassNumber	PartySize	Age	Lot	AmountPaid
1	S	43	3	27	.	35
2	S	44	3	24	.	35
3	S	45	3	2	.	0
4	N	21	5	41	1	35
5	N	87	4	33	3	35
6	N	65	2	67	1	27
7	N	66	2	7	1	35

6.3 使用 SET 语句交错连接数据集

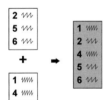

前一节介绍了如何堆叠全部或多数变量相同但观测不同的数据集。然而，如果你的数据集已经依据某个重要变量排序，那么简单地堆叠数据集可能会打乱数据集的排序。这时，你也可以先堆叠两个数据集，然后使用 PROC SORT 对数据集重新排序。但是，如果数据集已经排序，保留原有排序比堆叠后重新排序更高效。你唯一要做的就是配合 SET 语句使用一条 BY 语句。以下是该用法的一般形式：

```
DATA new-data-set;
    SET data-set-1 data-set-n;
    BY variable-list;
```

在 DATA 语句中，指定要创建的新 SAS 数据集的名称。在 SET 语句中，列出需要交错连接的数据集。然后在 BY 语句中，列出用于对观测排序的一个或多个变量。新数据集的观测数等于旧数据集的观测总和。如果某个数据集的变量不包含在其他数据集中，那么来自其他数据集的观测对应的该变量取值为缺失值。

在交错连接观测之前，所有数据集必须已按照 BY 变量排序。如果有某个数据集没有经过排序，可使用 PROC SORT 进行排序。

示例　为了显示与堆叠数据集的区别，我们再次使用上一节的游乐园数据。游乐园数据包含两个数据集，分别对应南入口和北入口。对于每个客户，公园收集下列数据：入口（S 或 N）、客户的 Fun Times 通行证编号、客户的团体人数和年龄。对于从北入口进入的客户，数据集还包含停车场的编号。注意南入口的数据集已经按照通行证编号排序，但北入口的数据没有排序。

```
南入口数据              北入口数据
S 43 3 27              N 21 5 41 1
S 44 3 24              N 87 4 33 3
S 45 3 2               N 65 2 67 1
                       N 66 2 7  1
```

与堆叠数据集不同，下面的程序依据通行证编号交错连接数据集。该程序首先读取南入口的数据并打印出来确认是否正确。然后，该程序读取北入口的数据，对它们排序，并打印出来。在最后的 DATA 步中，SAS 合并 NORTHENTRANCE 和 SOUTHENTRANCE 这两个数据集，创建一个名为 INTERLEAVE 的新数据集。BY 语句指示 SAS 依据 PassNumber 合并数据集。

```
DATA southentrance;
   INFILE 'c:\MyRawData\South.dat';
   INPUT Entrance $ PassNumber PartySize Age;
PROC PRINT DATA = southentrance;
   TITLE 'South Entrance Data';
RUN;
DATA northentrance;
   INFILE 'c:\MyRawData\North.dat';
   INPUT Entrance $ PassNumber PartySize Age Lot;
PROC SORT DATA = northentrance;
   BY PassNumber;
PROC PRINT DATA = northentrance;
   TITLE 'North Entrance Data';
RUN;
*依据PassNumber交错观测;
DATA interleave;
   SET northentrance southentrance;
   BY PassNumber;
RUN;
PROC PRINT DATA = interleave;
```

```
    TITLE 'Both Entrances, By Pass Number';
RUN;
```

三个 PRINT 过程的结果如表 6-5、表 6-6、表 6-7 所示。请注意观测是如何交错以使得新数据集依据 PassNumber 排序。

表 6-5 南入口数据表

Obs	Entrance	PassNumber	PartySize	Age
1	S	43	3	27
2	S	44	3	24
3	S	45	3	2

表 6-6 北入口数据表

Obs	Entrance	PassNumber	PartySize	Age	Lot
1	N	21	5	41	1
2	N	65	2	67	1
3	N	66	2	7	1
4	N	87	4	33	3

表 6-7 南北入口数据表（依 PassNumber 排序）

Obs	Entrance	PassNumber	PartySize	Age	Lot
1	N	21	5	41	1
2	S	43	3	27	.
3	S	44	3	24	.
4	S	45	3	2	.
5	N	65	2	67	1
6	N	66	2	7	1
7	N	87	4	33	3

6.4 使用一对一匹配合并数据集

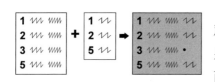

当你需要将一个数据集的观测与另一个数据集的观测匹配时，可以在 DATA 步使用 MERGE 语句。如果你知道两个数据集的观测顺序是完全相同的，那么两个数据集之间不必有任何公共变量。不过在一般情况下，出于匹配目的，你会需要一个或多个公共变量共同且唯一标识每一条观测。这是依据公共变量对数据集进行合并，可以确保观测是正确匹配的，这是非常重要的。例如，为了匹配患者数据和账单数据，你会使用患者 ID 作为匹配变量。否则，你就可能会将 Mary Smith 的产科数据与 Matthew Smith 的眼科数据混淆。

合并 SAS 数据集是一个简单的过程。首先，如果数据没有经过排序，使用 SORT 过程对所有数据集依据公共变量排序。然后，在 DATA 语句中指定一个新数据集用于保存结果，接着使用 MERGE 语句列出要合并的数据集[①]。使用 BY 语句指示公共变量：

```
DATA new-data-set;
    MERGE data-set-1 data-set-n;
    BY variable-list;
```

如果你合并两个数据集，而且它们有相同名称的变量（除了 BY 变量），那么第二个数据集的变量将会覆盖第一个数据集的同名变量。

示例　一个比利时的巧克力制造商记录每种类型巧克力每天的销售数据。巧克力的编码和当天销售的巧克力数量保存为一个文件。在另一个文件中保存每种巧克力的编码、名称和描述信息。为了打印当天销售数据和巧克力描述的报表，两个文件必须使用编码作为公共变量合并在一起。以下是数据样本：

销售数据
```
C865 15
K086  9
A536 21
S163 34
K014  1
A206 12
B713 29
```

　　　　　　　　　　　　　描述
```
A536 Walnoot    Walnut halves in bed of dark chocolate
B713 Frambozen  Raspberry marzipan covered in milk chocolate
C865 Vanille    Vanilla-flavored rolled in ground hazelnuts
K014 Kroon      Milk chocolate with a mint cream center
K086 Koning     Hazelnut paste in dark chocolate
M315 Pyrami     de White with dark chocolate trimming
S163 Orbais     Chocolate cream in dark chocolate
```

以下程序的前两个部分读取描述和销售数据。描述数据已经依据 CodeNum 排序，所以不需要使用 PROC SORT。但是销售数据没有排序，所以在 DATA 步后使用 PROC

---

① 从 SAS 9.2，你也可以在 MERGE 语句使用数值范围列表和名称前缀列表的数据集列表。这与第 3.12 节介绍的变量名称列表相似。详细信息请参见 SAS 帮助文档。

SORT。（如果你试图对未排序的数据进行合并，SAS 系统会停止执行并且提示错误信息：*ERROR: 没有正确排序 BY 变量。*）

```
DATA descriptions;
   INFILE 'c:\MyRawData\chocolate.dat' TRUNCOVER;
   INPUT CodeNum $ 1-4 Name $ 6-14 Description $ 15-60;
RUN;
DATA sales;
   INFILE 'c:\MyRawData\chocsales.dat';
   INPUT CodeNum $ 1-4 PiecesSold 6-7;
PROC SORT DATA = sales;
   BY CodeNum;
RUN;
*依据CodeNum合并数据集;
DATA chocolates;
   MERGE sales descriptions;
   BY CodeNum;
RUN;
PROC PRINT DATA = chocolates;
   TITLE "Today's Chocolate Sales";
RUN;
```

程序的最后一部分通过合并 SALES 数据集和 DESCRIPTIONS 数据集来创建一个名为 CHOCOLATES 的数据集。BY 语句中的公共变量 CodeNum 被用来进行匹配。表 6-8 的输出显示合并后的最终数据集。

表 6-8　今日巧克力销售情况表

Obs	CodeNum	PiecesSold	Name	Description
1	A206	12	Mokka	Coffee buttercream in dark chocolate
2	A536	21	Walnoot	Walnut halves in bed of dark chocolate
3	B713	29	Frambozen	Raspberry marzipan covered in milk chocolate
4	C865	15	Vanille	Vanilla-flavored rolled in ground hazelnuts
5	K014	1	Kroon	Milk chocolate with a mint cream center
6	K086	9	Koning	Hazelnut paste in dark chocolate
7	M315	.	Pyramide	White with dark chocolate trimming
8	S163	34	Orbais	Chocolate cream in dark chocolate

请注意，最终数据集 CHOCOLATES 中，变量 PiecesSold 的第七条观测为缺失值。这是因为没有售出 Pyramide 巧克力。两个数据集的全部观测都被包含在最终数据集中，无论它们是否有匹配。

6.5 使用一对多匹配合并数据集

有时,你需要将一个数据集中的一条观测与另一个数据集中的多条观测进行匹配,从而完成两个数据集的合并。假设你有美国各州的数据,而且你要将其与每个县的数据合并。这就是一对多匹配合并,因为每一条州观测匹配很多条县观测。

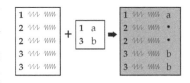

一对多匹配合并的语句与一对一匹配合并的语句是完全相同的:

```
DATA new-data-set;
  MERGE data-set-1 data-set-2;
  BY variable-list;
```

MERGE 语句中的数据集顺序不影响匹配。换言之,一对多合并和多对一合并的结果是相同的。

在合并两个数据集之前,它们必须依据一个或多个公共变量排序。如果你的数据集未按照适当的顺序排序,则可以使用 PROC SORT 排序。

在进行一对多合并时不能缺少 BY 语句,SAS 根据 BY 语句中的变量确定哪些观测归在一起。缺少了 BY 语句,SAS 简单地连接每一个数据集的第一条观测,然后连接每一个数据集的第二条观测,以此类推。换言之,SAS 执行的是一对一无匹配合并,这种情况很可能不是你想要的。

如果你合并两个数据集,并且它们包含相同名称的变量(除了 BY 变量),那么你应该重命名这些变量,或去除其中一个重复变量。否则第二个数据集中的变量的数据会覆盖第一个数据集中同名变量的数据。例如,如果你合并两个数据集,每一个数据集都包含一个名为 BirthDate 的变量,那么你可以重命名这些变量(假设为 BirthDate1 和 BirthDate2),或者你可以简单地去除其中一个数据集的 BirthDate。这样 BirthDate 的值就不会相互覆盖。你可以使用"RENAME="和"DROP="数据集选项(在第 6.11 节中介绍)防止数据值被覆盖。

示例 一个运动鞋的经销商正在对所有在售商品进行正价 7~8 折的优惠促销活动。该经销商有两个数据文件,其中一个数据中含有每款运动鞋的相关信息,另一个是折扣信息。第一个文件中每款运动鞋对应一条数据记录,包含的信息有:款式、运动类型(跑步、行走或者综合训练)以及正常售价。第二个文件中每种运动类型对应一条数据记录,包含运动类型及其折扣信息。以下是两个原始数据文件：

```
运动鞋数据                                     折扣数据
Max Flight          running 142.99            c-train .25
Zip Fit Leather     walking  83.99            running .30
Zoom Airborne       running 112.99            walking .20
Light Step          walking  73.99
Max Step Woven      walking  75.99
Zip Sneak           c-train  92.99
```

为了找出销售价格，以下程序对上述两个数据文件进行合并：

```
DATA regular;
   INFILE 'c:\MyRawData\Shoe.dat';
   INPUT Style $ 1-15 ExerciseType $ RegularPrice;
RUN;
PROC SORT DATA = regular;
   BY ExerciseType;
RUN;
DATA discount;
   INFILE 'c:\MyRawData\Disc.dat';
   INPUT ExerciseType $ Adjustment;
RUN;
*执行多对一匹配合并;
DATA prices;
   MERGE regular discount;
   BY ExerciseType;
   NewPrice = ROUND(RegularPrice - (RegularPrice * Adjustment), .01);
RUN;
PROC PRINT DATA = prices;
   TITLE 'Price List for May';
RUN;
```

第一个 DATA 步读取正常价格，创建一个名为 REGULAR 的数据集；然后使用 PROC SORT 依据 ExerciseType 对数据集排序。第二个 DATA 步读取价格调整因子，创建一个名为 DISCOUNT 的数据集。由于该数据集已经依据 ExerciseType 排序，所以不需要再对它进行排序。第三个 DATA 步创建一个名为 PRICES 的新数据集，对前两个数据集依据变量 ExerciseType 进行合并，然后通过计算创建一个新变量 NewPrice。输出报表如 6-9 所示。

表 6-9 5 月价格列表

Obs	Style	ExerciseType	RegularPrice	Adjustment	NewPrice
1	Zip Sneak	c-train	92.99	0.25	69.74
2	Max Flight	running	142.99	0.30	100.09
3	Zoom Airborne	running	112.99	0.30	79.09
4	Zip Fit Leather	walking	83.99	0.20	67.19
5	Light Step	walking	73.99	0.20	59.19
6	Max Step Woven	walking	75.99	0.20	60.79

请注意，来自 DISCOUNT 数据集的 Adjustment 的值对 REGULAR 数据集中具有相同 ExerciseType 值的每个观测都重复一遍。

6.6 合并汇总统计量和原始数据

有时你需要将汇总统计量与你的原始数据合并，例如当你要对每一条观测值与组均值进行比较，或当你要计算组合计百分比。为了实现这个目的，首先使用 PROC MEANS 计算汇总统计量，并将这些结果输出到新数据集。然后，使用一对多匹配将汇总数据与原始数据合并。

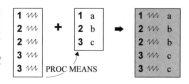

示例 一个运动鞋经销商考虑对最高销量的运动鞋款式做一个特别促销。营销副总裁要求你生成一个报表，该报表按照各个运动类型（跑步、行走或者综合训练）分别进行显示，并且在每一个类型内显示每个款式的销售百分比。对于每款运动鞋，原始数据文件包含其款式名称、运动类型和上季度销售量：

```
Max Flight        running  1930
Zip Fit Leather   walking  2250
Zoom Airborne     running  4150
Light Step        walking  1130
Max Step Woven    walking  2230
Zip Sneak         c-train  1190
```

以下是用于生成所需报表的程序：

```
DATA shoes;
   INFILE 'c:\MyRawData\Shoesales.dat';
   INPUT Style $ 1-15 ExerciseType $ Sales;
```

```
RUN;
PROC SORT DATA = shoes;
   BY ExerciseType;
RUN;
*依据ExerciseType汇总sales并打印;
PROC MEANS NOPRINT DATA = shoes;
   VAR Sales;
   BY ExerciseType;
   OUTPUT OUT = summarydata SUM(Sales) = Total;
RUN;
PROC PRINT DATA = summarydata;
   TITLE 'Summary Data Set';
RUN;
*将变量total与原始数据集合并;
DATA shoesummary;
   MERGE shoes summarydata;
   BY ExerciseType;
   Percent = Sales / Total * 100;
RUN;
PROC PRINT DATA = shoesummary;
   BY ExerciseType;
   ID ExerciseType;
   VAR Style Sales Total Percent;
   TITLE 'Sales Share by Type of Exercise';
RUN;
```

该程序虽然较长但简单明了。它首先使用 DATA 步读取原始数据，并使用 PROC SORT 对其排序。接下来，使用 PROC MEANS 按照变量 ExerciseType 汇总统计数据。OUTPUT 语句指示 SAS 创建一个名为 SUMMARYDATA 的新数据集，其中包含名为 Total 的变量，它等于 Sales 变量取值的总和。NOPRINT 选项指示 SAS 不要打印标准的 PROC MEANS 报表，最后是通过 PROC PRINT 打印该汇总数据集（见表 6-10）。

表 6-10 汇总数据集表

Obs	ExerciseType	_TYPE_	_FREQ_	Total
1	c-train	0	1	1190
2	running	0	2	6080
3	walking	0	3	5610

在该程序的最后一部分，原始数据集 SHOES 与 SUMMARYDATA 合并生成一个新数据集 SHOESUMMARY。该 DATA 步计算并创建名为 Percent 的新变量。最后的 PROC PRINT 输出最终报表，包含每种 ExerciseType 的销售百分比。同时使用 BY 和 ID 语句，

使得生成的报表更清晰（见表 6-11）。

表 6-11 不同运动类型的鞋的市场占有率表

ExerciseType	Style	Sales	Total	Percent
c-train	Zip Sneak	1190	1190	100.000
ExerciseType	Style	Sales	Total	Percent
running	Max Flight	1930	6080	31.743
	Zoom Airborne	4150	6080	68.257
ExerciseType	Style	Sales	Total	Percent
walking	Zip Fit Leather	2250	5610	40.107
	Light Step	1130	5610	20.143
	Max Step Woven	2230	5610	39.750

6.7 合并总计与原始数据

若要创建含有总计而非 BY 组合计的数据集，你可以使用 MEANS 过程。但是不能使用 MERGE 语句合并总计和原始数据，因为没有用于合并的公共变量。幸运的是，还有一个办法，你可以使用两条 SET 语句实现该目的：

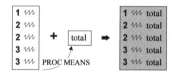

```
DATA new-data-set;
    IF _N_ = 1 THEN SET summary-data-set;
    SET original-data-set;
```

在该 DATA 步中，数据集 *original-data-set* 有多条数据（原始数据），而数据集 *summary-data-set* 只有一条观测（即总计数据）。SAS 采用普通的 SET 语句读取 *original-data-set* 时，是以直接的方式简单地读取全部观测。同时，SAS 也通过一条 SET 语句读取 *summary-data-set*，但只是在该 DATA 步的第一次迭代时（当 _N_ 等于 1）[①]。对于 *new-data-set* 的全部观测，SAS 会保留来自 *summary-data-set* 的变量的值。

这里起关键作用的是 SAS 自动保留了通过 SET 语句读取的变量值。通常你不会注意这一点，因为保留的值会被下一个观测覆盖。但在本例中，来自 *summary-data-set* 的变量仅在 DATA 步的第一次迭代读取一次，对于其他观测全部保留这个值。这个效果与

---

① 有关 _N_ 的说明，请参见第 6.15 节。

RETAIN 语句（在第 3.10 节中介绍）相似。在你要将单条观测与多条观测合并但却没有公共变量的时候，就可以使用这个方法。

示例 为了表明本方法与合并 BY 组汇总统计量和原始数据的不同，我们使用与上一节相同的数据。一个运动鞋经销商考虑对最高销量的运动鞋款式做一个特别促销。营销副总裁要求你生成一个报表，该报表显示每款运动鞋的销售百分比。对于每款运动鞋，原始数据文件包含款式名称、运动类型和上季度销售量：

```
Max Flight       running 1930
Zip Fit Leather  walking 2250
Zoom Airborne    running 4150
Light Step       walking 1130
Max Step Woven   walking 2230
Zip Sneak        c-train 1190
```

以下是用于生成所需报表的程序：

```
DATA shoes;
   INFILE 'c:\MyRawData\Shoesales.dat';
   INPUT Style $ 1-15 ExerciseType $ Sales;
RUN;
*将sales总和输出到一个数据集并打印;
PROC MEANS NOPRINT DATA = shoes;
   VAR Sales;
   OUTPUT OUT = summarydata SUM(Sales) = GrandTotal;
RUN;
PROC PRINT DATA = summarydata;
   TITLE 'Summary Data Set';
RUN;
*将总和与原始数据集合并;
DATA shoesummary;
   IF _N_ = 1 THEN SET summarydata;
   SET shoes;
   Percent = Sales / GrandTotal * 100;
RUN;
PROC PRINT DATA = shoesummary;
   VAR Style ExerciseType Sales GrandTotal Percent;
   TITLE 'Overall Sales Share';
RUN;
```

该程序第一个 DATA 步用于读取原始数据。接下来，PROC MEANS 创建一个名为 SUMMARYDATA 的输出数据集，该数据集有一条观测，它包含名为 GrandTotal 的变量，变量 GrandTotal 的值为 Sales 的总和。由于没有 BY 或 CLASS 语句，这里只有一个总计。

第二个 DATA 步使用两条 SET 语句合并原始数据和总计，然后使用总计数据计算 Percent 变量。

输出结果如表 6-12、表 6-13 所示。

表 6-12 汇总数据集表

Obs	_TYPE_	_FREQ_	GrandTotal
1	0	6	12880

表 6-13 整体市场占有率表

Obs	Style	ExerciseType	Sales	GrandTotal	Percent
1	Max Flight	running	1930	12880	14.9845
2	Zip Fit Leather	walking	2250	12880	17.4689
3	Zoom Airborne	running	4150	12880	32.2205
4	Light Step	walking	1130	12880	8.7733
5	Max Step Woven	walking	2230	12880	17.3137
6	Zip Sneak	c-train	1190	12880	9.2391

6.8 通过事务更新主数据集

UPDATE 语句的使用远少于 MERGE 语句，但如果主数据集的信息需要少许的更新，使用 UPDATE 语句会更合适。银行的账户数据是这类面向事务数据的一个很好的例子，因为它会定期地更新信用和借记情况。

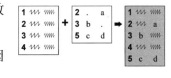

UPDATE 语句与 MERGE 语句相似，都通过公共变量匹配观测来合并数据集[①]。然而，它们之间也存在很大的区别。

首先，使用 UPDATE 语句，产生的主数据集对应公共变量的每个唯一值始终只有一条观测。这样，在你每次存款时就不会针对你的银行账户生成一条新观测。

其次，事务数据集中的缺失值不会覆盖主数据集中的现有值。这样，你就不必每次取款时输入你的地址和税务 ID 号。

以下是 UPDATE 语句的基本形式：

```
DATA master-data-set;
```

---

① MODIFY 语句是更新主数据集的另一种方式。详细信息请参见 SAS 帮助文档。

```
UPDATE master-data-set transaction-data-set;
   BY variable-list;
```

关于 UPDATE 语句有几点需要谨记。你只可以指定两个数据集：一个是主数据集，另一个是事务数据集。两个数据集必须都按照公共变量排序。而且，这些 BY 变量的值在主数据集中必须是唯一的。使用银行的例子，你的一个账户可以有很多交易，但在主数据集中每个账户只有单条观测。

示例　一家医院在主数据库中维护关于患者的信息。一个样本显示如下。每一个记录包含患者的账号、姓氏、地址、生日、性别、保险公司代码和患者信息最后更新日期。

```
620135 Smith      234    Aspen St.       12-21-1975 m   CBC 02-16-1998
645722 Miyamoto   65     3rd Ave.        04-03-1936 f   MCR 05-30-1999
645739 Jensvold   505    Glendale Ave.06-15-1960 f   HLT 09-23-2006
874329 Kazoyan    76-C La Vista          .              .   MCD 01-15-2011
```

每当患者住院治疗，住院部员工会检查该患者的数据。他们对每个新患者和状态有变化的复诊患者创建一条事务记录。这里是三条事务：

```
620135 .          .                      .              . HLT   06-15-2012
874329 .          .                      04-24-1954 m .         06-15-2012
235777 Harman  5656 Land Way       01-18-2000 f MCD       06-15-2012
```

第一个事务是一个保险公司变更的复诊患者。第二个事务数据是对复诊患者补充缺失信息。最后一个事务将一位新患者添加到数据库中。

由于主数据集更新频繁，它们通常存储为永久 SAS 数据集。为了让该示例更加真实，以下程序将主数据放入 C 盘（Windows）MySASLib 目录下的名为 PATIENTMASTER 的永久数据集中。

```
LIBNAME perm 'c:\MySASLib';
DATA perm.patientmaster;
   INFILE 'c:\MyRawData\Admit.dat';
   INPUT Account LastName $ 8-16 Address $ 17-34
      BirthDate MMDDYY10. Sex $ InsCode $ 48-50 @52 LastUpdate MMDDYY10.;
RUN;
```

下一个程序读取事务数据，并且使用 PROC SORT 对其排序。接下来，通过 UPDATE 语句将事务添加到 PATIENTMASTER 中。主数据集已经按照 Account 排序，因此不需要再次排序：

```
LIBNAME perm 'c:\MySASLib';
DATA transactions;
   INFILE 'c:\MyRawData\NewAdmit.dat';
   INPUT Account LastName $ 8-16 Address $ 17-34 BirthDate MMDDYY10.
       Sex $ InsCode $ 48-50 @52 LastUpdate MMDDYY10.;
RUN;
PROC SORT DATA = transactions;
   BY Account;
RUN;
*使用数据集transactions更新病人数据;
DATA perm.patientmaster;
   UPDATE perm.patientmaster transactions;
   BY Account;
RUN;
PROC PRINT DATA = perm.patientmaster;
   FORMAT BirthDate LastUpdate MMDDYY10.;
   TITLE 'Admissions Data';
RUN;
```

PROC PRINT 的结果如表 6-14 所示。

表 6-14　住院数据

Obs	Account	LastName	Address	BirthDate	Sex	InsCode	LastUpdate
1	235777	Harman	5656 Land Way	01/18/2000	f	MCD	06/15/2012
2	620135	Smith	234 Aspen St.	12/21/1975	m	HLT	06/15/2012
3	645722	Miyamoto	65 3rd Ave.	04/03/1936	f	MCR	05/30/1999
4	645739	Jensvold	505 Glendale Ave.	06/15/1960	f	HLT	09/23/2006
5	874329	Kazoyan	76-C La Vista	04/24/1954	m	MCD	06/15/2012

6.9　使用 OUTPUT 语句输出多个数据集

到目前为止，除了 DATA _NULL_ 语句不生成数据集，本书提及的全部 DATA 步都只创建一个数据集。一般情况下，每个 DATA 步只需要创建一个数据集。然而，有时候在单个 DATA 步中创建多个数据集更高效和便捷。只需在 DATA 语句中输入多个数据集名称便可一次创建多个数据集。以下语句指示 SAS 创建三个名字分别为 LIONS、TIGERS 和 BEARS 的数据集：

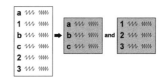

```
DATA lions tigers bears;
```

如果仅仅这么做，SAS 就会将所有观测写入所有数据集中，你会得到三个完全相同的数据集。不过通常你需要的是创建内容不同的数据集，这时需要使用 OUTPUT 语句。

事实上，每个 DATA 步的末尾都会有一个隐含的 OUTPUT 语句，指示 SAS 将当前观测写入输出数据集中，然后再返回到该 DATA 步的开头处下一条观测。你可以用自己写的 OUTPUT 语句覆盖这个隐含的 OUTPUT 语句。以下是 OUTPUT 语句的基本形式：

```
OUTPUT data-set-name;
```

如果你省略数据集名称，那么该观测会写入 DATA 语句中指定的所有数据集中。OUTPUT 语句可以单独使用，或者在 IF-THEN 或 DO 循环中使用。

```
IF family = 'Ursidae' THEN OUTPUT bears;
```

示例　一家本地动物园维护一个关于动物喂食的数据库。一部分的数据显示如下。对于每组动物，数据包括动物种类、居住笼舍和喂食时间（早上、下午或两个时段都有）：

```
bears       Mammalia    E2 both
elephants   Mammalia    W3 am
flamingos   Aves        W1 pm
frogs       Amphibia    S2 pm
kangaroos   Mammalia    N4 am
lions       Mammalia    W6 pm
snakes      Reptilia    S1 pm
tigers      Mammalia    W9 both
zebras      Mammalia    W2 am
```

为了帮助喂食动物，以下程序生成两份列表，一个为早上喂食的动物信息，另一个为下午喂食的动物信息。

```
DATA morning afternoon;
   INFILE 'c:\MyRawData\Zoo.dat';
   INPUT Animal $ 1-9 Class $ 11-18 Enclosure $ FeedTime $;
   IF FeedTime = 'am' THEN OUTPUT morning;
      ELSE IF FeedTime = 'pm' THEN OUTPUT afternoon;
      ELSE IF FeedTime = 'both' THEN OUTPUT;
RUN;
PROC PRINT DATA = morning;
   TITLE 'Animals with Morning Feedings';
PROC PRINT DATA = afternoon;
   TITLE 'Animals with Afternoon Feedings';
```

```
RUN;
```

该 DATA 步创建两个名为 MORNING 和 AFTERNOON 的数据集。接下来，IF-THEN-ELSE 语句告知 SAS 每一条观测对应输出到哪个数据集中。因为最后的 OUTPUT 语句没有指定数据集，SAS 将符合条件的观测输出到所有数据集中。从日志信息可以看出 SAS 读取了一个输入文件，输出了两个数据集：

```
NOTE: 从 INFILE 'c:\MyRawData\Zoo.dat' 中读取了 9 条记录。
NOTE: 数据集 WORK.MORNING 有 5 个观测和 4 个变量。
NOTE: 数据集 WORK.AFTERNOON 有 6 个观测和 4 个变量。
```

表 6-15、表 6-16 是每个数据集的输出报表。

表 6-15 上午喂食的动物列表

Obs	Animal	Class	Enclosure	FeedTime
1	bears	Mammalia	E2	both
2	elephants	Mammalia	W3	am
3	kangaroos	Mammalia	N4	am
4	tigers	Mammalia	W9	both
5	zebras	Mammalia	W2	am

表 6-16 下午喂食的动物列表

Obs	Animal	Class	Enclosure	FeedTime
1	bears	Mammalia	E2	both
2	flamingos	Aves	W1	pm
3	frogs	Amphibia	S2	pm
4	lions	Mammalia	W6	pm
5	snakes	Reptilia	S1	pm
6	tigers	Mammalia	W9	both

除了在单个 DATA 步中输出多个数据集的用途外，OUTPUT 语句还可以在你需要明确控制观测何时写入数据集的时候使用。

6.10 使用 OUTPUT 语句将一条观测变为多条观测

通常情况下，SAS 在 DATA 步末尾将一条观测写入数据集中，但你可以使用 OUTPUT 语句覆盖默认设置。如果你要在 DATA 步的每次迭代输出多条观测，你可以将 OUTPUT 语句放在 DO 循环中或直接使用多条 OUTPUT 语句。OUTPUT 语句可以控制观测何时写入 SAS 数据集中。如果你的 DATA 步没有 OUTPUT 语句，那么在 DATA 步的最后隐含有 OUTPUT 语句。一旦你在 DATA 步中放置 OUTPUT 语句，隐含的 OUTPUT 语句将失效，而且 SAS 只在遇到 OUTPUT 语句时才输出一条观测。

示例　下列程序示范了如何在 DO 循环中使用 OUTPUT 语句生成数据。我们要对一个数学方程式（$y=x^2$）作图，首先我们要生成数据点：

```
*为变量x和y创建数据;
DATA generate;
   DO x = 1 TO 6;
      y = x ** 2;
      OUTPUT;
   END;
PROC PRINT DATA = generate;
   TITLE 'Generated Data';
RUN;
```

该程序没有 INPUT 或 SET 语句，因此整个 DATA 步中只有 1 次迭代，但它的 DO 循环共有 6 次迭代。因为 OUTPUT 语句在 DO 循环内部，每次循环就会创建一条观测。如果没有该 OUTPUT 语句，SAS 只会在 DATA 步的最后到达隐含的 OUTPUT 时输出一条观测。表 6-17 是 PROC PRINT 的结果。

表 6-17　6 次迭代生成的数据

Obs	x	y
1	1	1
2	2	4
3	3	9
4	4	16
5	5	25
6	6	36

示例　下面的示例演示了如何使用 OUTPUT 语句从 DATA 步的单次循环中创建多条观

测。以下是三个电影院的电影票销售数据，在月份的后面是三个电影院的名称和销售额：

```
Jan Varsity 56723 Downtown 69831 Super-6 70025
Feb Varsity 62137 Downtown 43901 Super-6 81534
Mar Varsity 49982 Downtown 55783 Super-6 69800
```

为了分析的需要，你要将电影院的名称作为一个变量而电影票销售量作为另一个变量。对每个电影院，月份应该重复三次。

下列程序有三条 INPUT 语句，全部从同一个原始数据文件读取数据。第一条 INPUT 语句读取 Month、Location 和 Tickets 的值，末尾的 @ 符号将数据读取保持在当前数据行。接下来的 OUTPUT 语句输出一条观测。下一条 INPUT 语句读取第二组 Location 和 Tickets 的数据，并再次保持当前数据行。第二条 OUTPUT 语句输出这条观测。Month 的值不变因为它不在第二条 INPUT 语句中。最后一条 INPUT 语句读取最后一对 Location 和 Tickets 的值，这次就为通过该 DATA 步的下次迭代释放当前数据行。最后的 OUTPUT 语句输出该次 DATA 步迭代的第三条观测。该程序有三条 OUTPUT 语句，用于输出在 DATA 步的每次迭代中创建的三条观测：

```
*为读入的每行数据创建三条观测;
*使用三个OUTPUT语句;
DATA theaters;
   INFILE 'c:\MyRawData\Movies.dat';
   INPUT Month $ Location $ Tickets @;
   OUTPUT;
   INPUT Location $ Tickets @;
   OUTPUT;
   INPUT Location $ Tickets;
   OUTPUT;
RUN;
PROC PRINT DATA = theaters;
   TITLE 'Ticket Sales';
RUN;
```

表 6-18 是 PROC PRINT 的结果。请注意，原始数据文件中每一行数据对应生成了数据集中的三条观测，并且 Month 的值在三条观测中是相同的。

表 6-18　票房销售数据表

Obs	Month	Location	Tickets
1	Jan	Varsity	56723
2	Jan	Downtown	69831

(续表)

Obs	Month	Location	Tickets
3	Jan	Super-6	70025
4	Feb	Varsity	62137
5	Feb	Downtown	43901
6	Feb	Super-6	81534
7	Mar	Varsity	49982
8	Mar	Downtown	55783
9	Mar	Super-6	69800

6.11 使用 SAS 数据集选项

在本书中，你已经见过很多选项。以下分类可能有助于你搞清楚这些选项，SAS 语言有三种基本类型的选项：系统选项、语句选项和数据集选项。从影响范围来看，系统选项有最广泛的全局影响，其次是语句选项，最后是影响力最有限的数据集选项。

系统选项在你的作业或会话持续期间一直有效。这些选项影响 SAS 如何操作，系统选项通常在调用 SAS 时发布或通过 OPTIONS 语句发布。CENTER 系统选项指示 SAS 将输出结果全部居中，而 "YEARCUTOFF=" 系统选项指示 SAS 如何解释年份为两位数的日期。[①]

语句选项出现在个别语句中，影响 SAS 如何运行该特定的 DATA 或 PROC 步。例如，PROC MEANS 的 "NOPRINT" 选项指示 SAS 不产生打印的报表。"DATA=" 是一个语句选项，它告知 SAS 在过程中使用哪个数据集。你可以在读取 SAS 数据集的任何过程中使用 "DATA="。如果没有 "DATA="，SAS 默认使用最新创建的数据集。

比较而言，数据集选项只影响 SAS 如何读取或输出个别的数据集。你可以在 DATA 步（在 DATA、SET、MERGE 或 UPDATE 语句）或在 PROC 步（与 "DATA=" 语句选项配合）中使用数据集选项。要使用数据集选项，你只需把它放在数据集名称后面的括号之中。以下是最常用的数据集选项：

```
KEEP = variable-list              指示SAS保留哪些变量
DROP = variable-list              指示SAS删除哪些变量
RENAME = (oldvar = newvar)        指示SAS重命名某些变量
```

---

① 其他系统选项在第 1.13 节中介绍。

```
FIRSTOBS = n                            指示SAS从第n条观测开始读取
OBS = n                                 指示SAS读取到第n条观测
LABEL = 'data-set-label'                为SAS数据集指定描述性标签
IN = new-var-name                       创建一个临时的变量以追踪当前的观测是否来
                                        自该数据集（在第6.12节中介绍）
WHERE = condition                       选择符合指定条件的观测（在第6.13节中介绍）
```

选择和重命名变量　以下是"KEEP="、"DROP="和"RENAME="数据集选项的示例：

```
DATA selectedvars;
   SET animals (KEEP = Class Species Status);

PROC PRINT DATA = animals (DROP = Habitat);

DATA animals (RENAME = (Class = Type Habitat = Home));
   SET animals;

PROC PRINT DATA = animals (RENAME =(Class = Type Habitat = Home));
```

你不使用这些选项也可能完成工作，但它们在精调SAS程序上起到重要的作用。例如，数据集有累积多余变量的习惯，删除多余的变量将会使你的程序运行得更快而且占用更少的磁盘空间。同样地，当你读取一个大数据集时，通常你只需要几个变量，通过使用"KEEP="选项可以避免读取其他不打算使用的变量。

"DROP="、"KEEP="和"RENAME="选项与DROP、KEEP和RENAME语句是相似的。然而，这些语句应用于DATA语句中指定的全部数据集，但这些选项只应用于它们跟随着的特定数据集。而且，这些语句比这些选项更有局限，因为它们只能在DATA步中使用，并且只应用于要创建的数据集。比较而言，数据集选项可以在DATA步或PROC步中使用，而且可以应用于输入或输出数据集。请注意，这些选项不更改输入数据集，它们只更改从输入数据集中读取的内容。

通过观测编号选择观测　你可以同时使用"FIRSTOBS="和"OBS="数据集选项指示SAS从数据集中读取哪些观测。下列语句的该选项指示SAS只读取20条观测：

```
DATA animals;
   SET animals (FIRSTOBS = 101 OBS = 120);

PROC PRINT DATA = animals (FIRSTOBS = 101 OBS = 120);
```

如果你使用大数据集，你可以通过"FIRSTOBS="和"OBS="选项生成数据子集来测试程序，从而节省开发时间。

"FIRSTOBS="和"OBS="数据集选项与同名的语句选项和系统选项相似。语句选项只对使用 INFILE 语句读取的原始数据文件有效,但数据集选项只对在 DATA 步或 PROC 步读取的现有 SAS 数据集有效。系统选项应用于全部文件或数据集。如果你使用相似的系统选项或数据集选项,数据集选项将在该选项指定的数据集上覆盖系统选项。

添加 SAS 数据集标签　"LABEL="选项与本节介绍的其他选项有些不同。所有其他选项都影响你的数据,而"LABEL="则不会。"LABEL="选项向数据集描述部分添加一个文本字符串。在本示例中,SAS 创建一个名为 RARE 的数据集,而且给它添加一个"Endangered Species Data"标签:

```
DATA rare (LABEL = 'Endangered Species Data');
   SET animals;
   IF Status = 'Endangered';
```

"LABEL="数据集选项与 DATA 步和 PROC 步中使用的 LABEL 语句相似。然而,LABEL 语句应用标签到个别的变量,而"LABEL="数据集选项应用标签到整个数据集。使用数据集标签是个好习惯,因为这有助于记录你的工作。数据集标签显示在 PROC CONTENTS 的输出中,并且显示在 VIEWTABLE 窗口的顶部。

6.12 使用"IN="选项追踪和选择观测

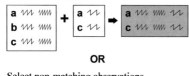

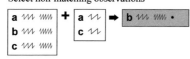

当你合并两个数据集时,你可以使用"IN="选项来追踪新数据集的每一条观测的数据集来源。你可以将"IN="选项想象成一种标签。例如,有几个国家的数据集,这里的标签不是直接说"加拿大的产品",而是用"数据集 1 的产品"之类的标签代替。一旦有了这些信息,你可以使用它做很多事情,包括在合并时选择匹配的或不匹配的观测。

任何时候你在 DATA 步中使用 SET、MERGE 或 UPDATE 语句读取 SAS 数据集时都可以使用"IN="选项,但是该选项最常用于 MERGE 语句。要使用"IN="选项,你只需将该选项放在你要追踪的数据集后面的括号中,然后为"IN="变量指定一个名称。"IN="变量的名称必须符合标准 SAS 命名规范(以字母或下划线作为开头,不超过 32 个字符,并且只包含字母、数字或下划线)。

以下 DATA 步通过合并两个名为 STATE 和 COUNTY 的数据集创建一个名为 BOTH 的数据集。然后，"IN="选项创建名为 InState 和 InCounty 的两个变量：

```
DATA both;
   MERGE state (IN = InState) county (IN = InCounty);
   BY StateName;
```

不像大多数的变量，"IN="变量是临时的，只在当前 DATA 步的运行期间存在。SAS 赋予"IN="变量 0 或 1 两个值。值为 1 表示当前观测来源于该数据集，值为 0 表示当前观测并非来源于该数据集。假设上面的 COUNTY 数据集不包含路易斯安那州的数据（路易斯安那只有教区，没有县）。在这种情况下，BOTH 数据集中路易斯安那州的那条观测在变量 InState 取值为 1 而 InCounty 取值为 0，因为该观测来源于 STATE 数据集，而不来源于 COUNTY 数据集。

你可以在当前 DATA 步中像其他变量那样使用"IN="变量，但是它最常用在诸如以下的取子集 IF 语句或 IF-THEN 语句中：

```
取子集IF:        IF InState = 1;
                IF Incounty = 0;
                IF InState = 1 AND InCounty = 1;
IF-THEN:        IF InCounty = 1 THEN Origin = 1;
                IF InState = 1 THEN State ='Yes';
```

示例　一家运动产品制造商想要派一个销售代表去联络今年第三季度没有下任何订单的客户。该公司有两个数据文件，一个包含全部客户，另一个包含第三季度的全部订单。为了编制没有下订单的客户列表，你使用"IN="选项合并两个数据集，然后选择在订单数据集里没有观测的客户。客户数据文件包含客户编号、名称和地址。订单数据文件包含客户编号和总价，第三季度下的每个订单对应一条观测。以下是两个原始数据文件的样本：

```
客户数据                                              订单数据
101 Murphy's Sports      115 Main St.                102 562.01
102 Sun N Ski            2106 Newberry Ave.          104 254.98
103 Sports Outfitters    19 Cary Way                 104 1642.00
104 Cramer & Johnson     4106 Arlington Blvd.        101 3497.56
105 Sports Savers        2708 Broadway               102 385.30
```

以下是找出没有下订单的客户的程序：

```
DATA customer;
   INFILE 'c:\MyRawData\CustAddress.dat' TRUNCOVER;
   INPUT CustomerNumber Name $ 5-21 Address $ 23-42;
DATA orders;
   INFILE 'c:\MyRawData\OrdersQ3.dat';
   INPUT CustomerNumber Total;
PROC SORT DATA = orders;
   BY CustomerNumber;
RUN;
*合并数据集时使用"IN="选项;
DATA noorders;
   MERGE customer orders (IN = Recent);
   BY CustomerNumber;
   IF Recent = 0;
RUN;
PROC PRINT DATA = noorders;
   TITLE 'Customers with No Orders in the Third Quarter';
RUN;
```

客户数据已经按照客户编号排序，所以不需要使用 PROC SORT 排序。然而订单数据是根据接收的时间排序的，所以在合并之前必须按照客户编号排序。在最后的 DATA 步，"IN=" 选项创建一个名为 Recent 的变量，如果该观测来源于 ORDERS 数据集，则取值为 1，否则取值为 0。接下来，一条取子集 IF 语句只保留变量 Recent 为 0 的观测（即那些没有订单数据的观测）。请注意，CUSTOMER 数据集没有 "IN=" 选项。只需一个 "IN=" 选项用来识别没有下订单的客户。表 6-19 是可以提供给销售代表的报表。

表 6-19　在第三季度没有下订单的客户列表

Obs	CustomerNumber	Name	Address	Total
1	103	Sports Outfitters	19 Cary Way	.
2	105	Sports Savers	2708 Broadway	.

变量 Total 的值是缺失的，这是因为这些客户在 ORDERS 数据集中没有观测。变量 Recent 没有出现在输出结果中，因为作为临时变量，它没有添加到 NOORDERS 数据集中。

6.13　使用 "WHERE=" 选项选择观测

到目前为止，你可能已经意识到 SAS 程序完成一个任务通常有多种实现方式。在你需要用 SAS 做的所有事情中，取子集的实现方式可能是最多的。理由很简单：你有一个数据集，但你只需要其中的一部分。假设你有整个美国的人口普查数据，但你只需要阿肯色州的数据，或者只需要男性的或者 10 人以上家庭的数据。在任何特定的情况下，取数据子集的最好方式取决于数据文件类型以及取数据子集之后要做什么。这就是 SAS 提供多种取数据子集方式的原因。

这本书已经介绍了若干取数据子集的方式。如果你的数据是在原始数据文件中，那么你可以使用多条 INPUT 语句（详见第 2.13 节）读取部分文件。如果你的数据在 SAS 数据集中，你可以在 DATA 步使用取子集 IF 语句（详见第 3.7 节）。如果你在使用一个过程，你可以使用 WHERE 语句取数据子集（详见第 4.2 节）。WHERE 语句也可以用在 DATA 步中（详见附录）。你可以使用 OUTPUT 语句控制哪些观测输出到数据集中（详见第 6.9 节）。即使有这些取数据子集的方式，但还是有一种方式值得了解："WHRER="数据集选项。

"WHERE="数据集选项是最灵活的取数据子集的方式。当你读取现有数据集或输出新的数据集时，你可以在 DATA 步或 PROC 步中使用该选项。"WHERE="数据集选项的基本形式如下所示：

```
WHERE = (condition)
```

只有满足条件的观测会被 SAS 读取。不出意外，"WHERE="数据集选项与 WHERE 语句类似，而且使用第 4.2 节列出的相同符号运算符和助记运算符。要在 DATA 步中使用"WHERE="数据集选项，只需在要应用该选项的数据集名称后的括号中放置该选项。如果用在 SET、MERGE 或 UPDATE 语句中，"WHERE="选项将应用于读取的数据集。如果用在 DATA 语句中，"WHERE="选项将应用于写入的数据集。

```
DATA gone;
   SET animals (WHERE = (Status = 'Extinct'));

DATA uncommon (WHERE = (Status IN ('Endangered', 'Threatened')));
   SET animals;
```

下面的过程将只使用满足"WHERE="条件的观测。

```
PROC IMPORT DATAFILE = 'c:\MyRawData\Wildlife.csv'
   OUT = animals (WHERE = (Class = 'Mammalia')) REPLACE;

PROC PRINT DATA = animals (WHERE = (Habitat='Riparian'));

PROC EXPORT DATA = animals (WHERE = (Status='Threatened'))
```

```
       OUTFILE = 'c:\MyRawData\Wildlife.xls';
```

需要注意的是，要在 PROC IMPORT 中使用"WHERE="选项，你必须提前知道 SAS 给变量赋予的名称。有关 IMPORT 过程的详细信息，请参见第 2.16 节和第 2.17 节。有关 EXPORT 过程的详细信息，请参见第 10.3 节和第 10.4 节。

示例 下列数据包含关于七大洲最高峰的信息。每一行数据包括山峰的名称、它所在的洲及其高度（米）。

```
         Kilimanjaro        Africa              5895
         Vinson Massif      Antarctica          4897
         Everest            Asia                8848
         Elbrus             Europe              5642
         McKinley           North America       6194
         Aconcagua          South America       6962
         Kosciuszuko        Australia           2228
```

以下程序使用 INPUT 语句读取数据，然后创建两个名为 TALLPEAKS 和 AMERICAN 的数据集。"WHERE="数据集选项控制哪些观测被包含在每个数据集中。

```
*输入数据并创建两个子数据集;
DATA tallpeaks (WHERE = (Height > 6000))
       american (WHERE = (Continent CONTAINS ('America')));
   INFILE 'c:\MyRawData\Mountains.dat';
   INPUT Name $1-14 Continent $15-28 Height;
RUN;
PROC PRINT DATA = tallpeaks;
   TITLE 'Members of the Seven Summits above 6000 Meters';
RUN;
PROC PRINT DATA = american;
   TITLE 'Members of the Seven Summits in the Americas';
RUN;
```

结果如表 6-20 所示。

表 6-20　七大洲最高峰中超过 6000 米的山峰

Obs	Name	Continent	Height
1	Everest	Asia	8848
2	McKinley	North America	6194
3	Aconcagua	South America	6962

表 6-21　Members of the Seven Summits in the Americas

Obs	Name	Continent	Height
1	McKinley	North America	6194
2	Aconcagua	South America	6962

6.14　使用 PROC TRANSPOSE 将观测转置为变量

我们已经见识了合并数据集、创建新变量和排序数据的多种方式。现在，使用 PROC TRANSPOSE，我们将会转置你的数据，请做好准备。

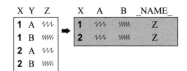

TRANSPOSE 过程可以转置 SAS 数据集，将观测转为变量或变量转为观测。在大多数情况下，将观测转置为变量，你可以使用下列语句：

```
PROC TRANSPOSE DATA = old-data-set OUT = new-data-set;
    BY variable-list;
    ID variable-list;
    VAR variable-list;
```

在 PROC TRANSPOSE 语句，*old-data-set* 是指你要转置的 SAS 数据集，而 *new-data-set* 是转置后的数据集名称。

BY 语句　如果你有分组变量需要保留作为变量，你可以使用 BY 语句。这些变量包含在转置数据集中，但它们本身不转置。转置数据集将会对每一个 BY 组，转置每一个变量成为一条观测。例如，在上图中，变量 X 是 BY 变量。数据集在转置前必须根据这些 BY 变量排序。

ID 语句　ID 语句列出的变量的格式化值将会变成新变量名。如果列出多个变量，那么 ID 语句中的全部变量的值将会连接起来形成新的变量名。ID 值在数据集中必须是唯一的，或者如果使用 BY 语句，那么在每个 BY 组中，ID 值必须是唯一的。如果第一个 ID 变量是数值型的，那么新变量名有一个下划线作为前缀（例如 _1 或 _2）。如果你不使用 ID 语句，那么新变量将会命名为 COL1、COL2 等，依此类推。在上图中，变量 Y 是 ID 变量。请注意它的值如何成为转置数据集的新变量的名称。

VAR 语句　VAR 语句列出你需要转置其值的变量。在上图中，变量 Z 是 VAR 变量。SAS 创建一个新变量 _NAME_，它以 VAR 语句中的变量名作为值。如果有多个 VAR 变量，那么 _NAME_ 将会有多个值。

示例 假设你有下面关于美国职棒小联盟的选手数据。有队伍名称、选手编号、数据类型（薪水或打击率）及其取值：

```
Garlics    10    salary    43000
Peaches    8     salary    38000
Garlics    21    salary    51000
Peaches    10    salary    47500
Garlics    10    batavg    .281
Peaches    8     batavg    .252
Garlics    21    batavg    .265
Peaches    10    batavg    .301
```

分析打击率和薪水的关系时，薪水和打击率需要从观测转置为变量。以下程序将原始数据读取到 SAS 数据集中，然后按照队伍和选手排序。接下来，使用 PROC TRANSPOSE 转置数据。

```
DATA baseball;
   INFILE 'c:\MyRawData\Transpos.dat';
   INPUT Team $ Player Type $ Entry;
PROC SORT DATA = baseball;
   BY Team Player;
PROC PRINT DATA = baseball;
   TITLE 'Baseball Data After Sorting and Before Transposing';
RUN;
*转置数据，因此salary和batavg成为新变量;
PROC TRANSPOSE DATA = baseball OUT = flipped;
   BY Team Player;
   ID Type;
   VAR Entry;
PROC PRINT DATA = flipped;
   TITLE 'Baseball Data After Transposing';
RUN;
```

在 PROC TRANSPOSE 步中，BY 变量是 Team 和 Player。你需要将这些变量保留在数据集中，而且给它们定义新观测（你要求每个队伍和选手的组合只有一条观测）。ID 变量是 Type，它的值（salary 和 batavg）将会成为新变量名。要被转置的变量 Entry 在 VAR 语句中指定。请注意，它的名称 Entry 现在显示为变量 _NAME_ 的值。TRANSPOSE 过程自动生成 _NAME_ 变量，但在这个应用中它不是非常有意义，可以被去除。表 6-22 和表 6-23 是输出结果。

表 6-22 排序后和转置前的棒球数据

Obs	Team	Player	Type	Entry
1	Garlics	10	salary	43000.00
2	Garlics	10	batavg	0.28
3	Garlics	21	salary	51000.00
4	Garlics	21	batavg	0.27
5	Peaches	8	salary	38000.00
6	Peaches	8	batavg	0.25
7	Peaches	10	salary	47500.00
8	Peaches	10	batavg	0.30

表 6-23 转置后的棒球数据

Obs	Team	Player	_NAME_	salary	batavg
1	Garlics	10	Entry	43000	0.281
2	Garlics	21	Entry	51000	0.265
3	Peaches	8	Entry	38000	0.252
4	Peaches	10	Entry	47500	0.301

6.15 使用 SAS 自动变量

除了在 SAS 数据集中创建的变量，SAS 会多创建几个自动变量。你通常看不到这些变量，因为它们是临时的，没有被保存在数据中。但它们在 DATA 步中可用，而且你可以像使用你自己创建的变量一样地使用它们。

_N_ 和 _ERROR_ _N_ 和 _ERROR_ 变量在 DATA 步中始终都是可用的。_N_ 指出 SAS 在 DATA 步中循环的次数。但它不一定等于观测数，因为简单地取子集 IF 语句可以改变观测数和 DATA 步迭代数的关系。当 _ERROR_ 变量值为 1 时表示该观测有数据错误，0 表示正常。可以导致数据错误的原因包括无效数据（例如数值字段中出现字符）、转换错误（比如除以 0）以及函数存在非法参数（包括对零取对数）。

FIRST.*variable* 和 LAST.*variable* 其他的自动变量只在特殊情况下可用。FIRST.*variable* 和 LAST.*variable* 自动变量在 DATA 步中使用 BY 语句时可用。当 SAS 处理按该变量分组的组中第一条观测时，FIRST.*variable* 取值为 1，否则为 0；当 SAS 处理按该变量分组的组中最后一条观测时，LAST.*variable* 取值为 1，否则为 0。

示例 你的家乡正在举办环绕城镇广场徒步的活动，用于为图书馆募集资金。你有以下数据：登记编号、年龄组和完成时间（请注意，每个数据行有多条观测）。

```
54 youth   35.5 21 adult   21.6  6 adult  25.8 13 senior 29.0
38 senior  40.3 19 youth   39.6  3 adult  19.0 25 youth  47.3
11 adult   21.9  8 senior  54.3 41 adult  43.0 32 youth  38.6
```

你首先要做的是为整体完赛名次创建一个新变量，然后打印这个结果。以下程序的第一部分读取原始数据，然后按照完赛时间（Time）排序。接下来的 DATA 步创建新的 Place 变量，然后给它赋予 _N_ 的当前值。PRINT 过程输出完赛者的列表：

```
DATA walkers;
   INFILE 'c:\MyRawData\Walk.dat';
   INPUT Entry AgeGroup $ Time @@;
PROC SORT DATA = walkers;
   BY Time;
*创建新变量Place;
DATA ordered;
   SET walkers;
   Place = _N_;
PROC PRINT DATA = ordered;
   TITLE 'Results of Walk';
RUN;
PROC SORT DATA = ordered;
   BY AgeGroup Time;
*保留每一个年龄组的第一条观测;
DATA winners;
   SET ordered;
   BY AgeGroup;
   IF FIRST.AgeGroup = 1;
PROC PRINT DATA = winners;
   TITLE 'Winners in Each Age Group';
RUN;
```

该程序的第二部分生成每个年龄段的最先完赛者列表。包含新的 Place 变量的 ORDERED 数据集是按照 AgeGroup 和 Time 排序的。在 DATA 步，SET 语句读取 ORDERED 数据集。DATA 步的 BY 语句生成 FIRST.AgeGroup 和 Last.AgeGroup 临时变量。取子集 IF 语句 IF FIRST.AgeGroup=1 只保留 BY 组的第一条观测。因为 Winners 数据集是按照 AgeGroup 和 Time 排序的，所以每个 BY 组的第一条观测就是该组的最先完赛者。

以下是两个 PRINT 过程的结果。第一个报表显示按照 Time 排序并包含新变量 Place 之后的数据。请注意，临时变量 _N_ 不在输出结果中显示。第二个报表显示该程序第二部分的结果，即每个年龄段的优胜者和他们的整体名次：

表 6-24 徒步结果记录表

Obs	Entry	AgeGroup	Time	Place
1	3	adult	19.0	1
2	21	adult	21.6	2
3	11	adult	21.9	3
4	6	adult	25.8	4
5	13	senior	29.0	5
6	54	youth	35.5	6
7	32	youth	38.6	7
8	19	youth	39.6	8
9	38	senior	40.3	9
10	41	adult	43.0	10
11	25	youth	47.3	11
12	8	senior	54.3	12

表 6-25 各年龄组获胜者列表

Obs	Entry	AgeGroup	Time	Place
1	3	adult	19.0	1
2	13	senior	29.0	5
3	54	youth	35.5	6

第 7 章 使用 SAS 宏编写灵活的代码

没有人太老，不能学习，但很多人不断放弃。[1]

——威廉·奥尼尔

---

[1] 出自《官方的解释》，作者保罗·迪克森。德拉柯尔特出版社版权所有（1980 年）。经作者许可转载。

7.1 宏概述

不久之前，SAS 宏还被认为是专属于经验丰富的 SAS 用户的高级主题。然而，随着时间的推移，宏已经变得更加普遍了，现在即便是 SAS 初学者也应该好好了解一些关于 SAS 宏的功能。幸运的是，基本宏语言概念并不难理解。本章将介绍 SAS 宏语言最常用的几个功能。

相比于标准 SAS 代码，编写和调试宏程序往往需要更长的时间，为此，程序中的宏程序一般不应只运行几次。但是，如果能正确地使用宏程序，生产环境中的代码开发与维护就会变得更容易一些。可以通过下面几种方式做到：首先，利用宏，你在程序的某一处进行一个小小的变动，SAS 会将这个变动传递到整个程序；其次，利用宏，可以只写一次代码，然后在相同或不同程序中反复使用，甚至可以将宏存储到一个集中位置——一个自动调用库——供不同程序和程序员共享；第三，可以编写数据驱动的程序，让 SAS 根据实际数据值决定做什么。

宏处理器　将一段标准的 SAS 程序提交给 SAS 后，SAS 会先进行编译，然后立即执行。但是当你编写一段宏程序时，还需一个额外的步骤，即在 SAS 编译和执行程序之前，SAS 需要将宏程序传递给宏处理器，"解析"宏程序，生成标准的 SAS 代码。这个过程就像编写程序的程序，所以有时这种编程方式也被称为元编程。

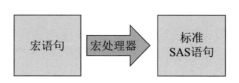

图 7-1　生成标准 SAS 语句

宏与宏变量　SAS 宏程序包含两个基本部分：宏与宏变量。宏变量名称带"&"符号前缀，而宏名称带"%"符号前缀[①]。宏变量与普通数据变量类似，区别在于：它只有一个值，该值不属于任何数据集，且始终为字符型。宏变量的值可以是变量名、数字，或者在程序中想要替换的任何文本。宏的代码长度要更长一些，其中可能包含复杂的逻

[①] 当然也有例外，前缀为 % 的宏名称称为命名型宏（name-style macros），另外两种类型的宏不以 % 开头：命令型（command-style）和语句型（statement-style）。一般来说，以前缀开头的宏比没有前缀的宏优先级更高，因为它们更有效（宏处理器更快地识别它们），并且它们不太容易与 SAS 关键字混淆。此外，%INCLUDE、%LIST 和 %RUN 语句不属于宏，尽管它们的前缀为 %。

辑关系，例如完整的 DATA 步、PROC 步以及如 %DO，%END 和 %IF-%THEN/ELSE% 这样的宏语句。

SAS 用户谈及"宏"时，大多是指宏（macro），但有时也指宏处理（macro process）；而"宏变量"一词通常指宏变量（macro variables）。

局部与全局 根据作用范围的不同，宏变量分为局部宏变量与全局宏变量。一般情况下，局部宏变量是在宏中定义的。而如果宏变量在"开放代码"中定义，即程序中除去宏以外的所有其他代码，这时的宏变量往往是全局的。全局宏变量可以在程序的任何位置使用，但局部宏变量仅可以在自己的宏中使用[①]。如果牢牢记住这一点，编写代码时可以避免两种常见错误：试图在宏以外使用局部宏变量以及创建的局部宏变量与全局宏变量的名称相同。

开启处理器 在使用宏之前，必须将 MACRO 系统选项开启。在默认情况下，这个选项通常已经开启了，但也有可能被关闭。特别是在大型机上，因为不需要麻烦地检查宏，SAS 运行速度会更快一些。如果不确定"MACRO"选项是否开启，可以通过提交下面代码确定：

```
PROC OPTIONS OPTION = MACRO;
RUN;
```

检查 SAS 日志，如果看到"MACRO"选项，则说明宏处理器已开启，就可以使用宏了；如果看到了"NOMACRO"选项，就需要在调用时或配置文件中指定"MACRO"选项。指定这种选项依赖于系统。有关如何执行此操作的详细信息，请参阅相应操作系统文档和 SAS 帮助文档。

避免宏错误 毫无疑问，宏程序让人头疼。但通过分段开发程序，可以做到避免头疼。首先，编写标准 SAS 程序，接下来确定代码没有错误后，将其转换为宏逻辑，一次添加一个功能。这种模块化编程方式始终是个好办法，对于宏编程来说尤其重要。

7.2 用宏变量替换文本

宏变量可能是宏中最简单易用的部分。然而，你只需掌握宏编程中的这一特性，就

---

① 有办法使局部宏变量转为全局宏变量，反之亦然。如果需要更改宏变量的作用范围，请参阅 SAS 宏语言文档和 SAS 帮助文档。

可大大提高 SAS 程序的灵活性。假设你有一段每周都运行一次的 SAS 程序,每次运行它时,都必须编辑程序,确保选取的数据在正确的日期范围内,并在标题中打印正确的日期。这个过程很耗时,并且还容易出错,比如不小心删除了分号。然而,如果使用宏变量来插入正确的日期,则可以闲下来喝杯咖啡,找个对 SAS 知之不多的人替你运行这个程序。

当 SAS 遇到宏变量的名称时,宏处理器简单地用宏变量的值替换该宏变量的名称,该值是被指定的字符常量。

使用 %LET 语句创建宏变量　将值赋给宏变量最简单的方式是用 %LET 语句,其一般形式为:

```
%LET macro-variable-name = value;
```

其中,macro-variable-name(宏变量名)必须遵循 SAS 变量命名规则(长度不超过 32 个字符,以字母或下划线开头,只包含字母、数字和下划线)。value(值)是被替换为宏变量名称的文本,长度可以超过 65000 个字符,实际往往不需要这么长。以下语句各自创建一个宏变量:

```
%LET iterations = 10;
%LET country = New Zealand;
```

注意:与普通的赋值语句不同,value 不需要引号,即使包含字符串也不需要。除了开头和结尾的空白(会被剪切掉),等号和分号之间的所有内容都会成为该宏变量值的一部分。

使用宏变量　要使用宏变量的值,只需在宏变量名前添加前缀符号(&),并与宏变量名一起放在需要的位置即可。记住,宏处理器不会查找单引号内的宏。为了解决这个问题,可以使用双引号。下面语句显示了以上定义的宏变量的两种方法:

```
DO i = 1 to &iterations;
TITLE "Addresses in &country";
```

在被宏处理器解析之后,这些语句就会变成:

```
DO i = 1 to 10;
TITLE "Addresses in New Zealand";
```

示例　热带花卉种植者在原始数据文件中记录了有关各种花卉的销售信息,数据包括客户 ID、销售日期、花卉种类、销售数量和销售金额。

```
240W     02-07-2012    Ginger       120    960
240W     02-10-2012    Protea       180    1710
356W     02-10-2012    Heliconia    60     720
356W     02-15-2012    Anthurium    300    1050
188R     02-16-2012    Ginger       24     192
188R     02-18-2012    Anthurium    24     96
240W     02-21-2012    Heliconia    48     600
240W     02-27-2012    Protea       48     456
356W     02-29-2012    Ginger       240    1980
```

种植者需要定期得到每一个品种的销售报告。该程序中的宏变量允许种植者选择一种花卉品种生成报告，而不需要编辑 DATA 或 PROC 步。相反，他只需在 %LET 语句中输入一次品种的名称。

```
%LET flowertype = Ginger;
*读入数据，使用宏变量获取子数据集;
DATA flowersales;
   INFILE 'c:\MyRawData\TropicalFlowers.dat';
   INPUT CustomerID $4. @6 SaleDate MMDDYY10. @17 Variety $9.
         SaleQuantity SaleAmount;
   IF Variety = "&flowertype";
RUN;
*使用宏变量打印报表;
PROC PRINT DATA = flowersales;
   FORMAT SaleDate WORDDATE18. SaleAmount DOLLAR7.;
   TITLE "Sales of &flowertype";
RUN;
```

该程序以 %LET 语句开头，创建一个名为 &FLOWERTYPE 的宏变量，为其分配一个 Ginger 值。因为变量 &FLOWERTYPE 是在宏之外定义的，所以它是一个全局宏变量，可以在该程序的任何地方使用。在这种情况下，Ginger 在内嵌的 IF 语句和 TITLE 语句中代替 &FLOWERTYPE。结果如表 7-1 所示。

表 7-1 姜花销售报告

Obs	客户 ID	销售日期	花卉种类	销售数量	销售金额
1	240W	February 7, 2012	Ginger	120	$ 960
2	188R	February 16, 2012	Ginger	24	$ 192
3	356W	February 29, 2012	Ginger	240	$1980

这是一个简短的程序，所以使用宏变量没有发挥很大优势。然而，如果有一个 100 行甚至 1000 行的程序，宏变量可能就会大显身手。

7.3 拼接宏变量与其他文本

上一节介绍了如何使用宏变量来提高 SAS 程序的灵活性。宏变量保存的文本块可以插入程序中使用。这些文本可以单独使用，也可以与其他文本结合使用。

拼接文本与宏变量 当 SAS 遇到嵌入在文本中的"&"符号时，会开始查找宏变量的名字，即将"&"符号后第一个字符开始到部分符号为止之间的字符作为宏变量名。这些符号包括：空格、分号、另一个"&"符号或者句点。因此，如果要在宏变量之前添加文本，只需用"&"符号连接文本和宏变量名。如果要在宏变量之后添加文本，则需要在宏变量名末尾和文本之间插入一个句点。该句点表示宏变量的结尾，解析文本不会将其包含在内。将两个宏变量连接在一起不需要在两个宏变量名之间增加句点，因为第二个宏变量的"&"符号表示第一个宏变量的结尾。

下面是两个宏变量 &REGION 和 &MYNAME 的示例，定义如下：

```
%LET Region = West;
%LET MyName = Sam;
```

解析前的语句	解析后的语句
`Office = "NorthAmerica&Region";`	`Office = "NorthAmericaWest";`
`Office = "&Region.Coast";`	`Office = "WestCoast";`
`DATA &MyName..Sales;`	`DATA Sam.Sales;`
`DATA &MyName&Region.ern_Sales;`	`DATA SamWestern_Sales;`

自动宏变量 每次调用 SAS 时，宏处理器会自动创建某些宏变量。下面是一些自动宏变量的示例：

变量名	示例	描述
&SYSDATE	28MAY12	SAS作业或会话开始时日期的字符值
&SYSDAY	Wednesday	SAS作业或会话开始时是星期几
&SYSNOBS	312	最近创建的SAS数据集中的观测数

这些宏变量可以在程序中使用，就像自己创建的宏变量一样。

示例 下面是上一节的热带花卉销售数据，包括客户 ID、销售日期、花卉种类、销售数量和销售金额。

240W	02-07-2012	Ginger	120	960
240W	02-10-2012	Protea	180	1710
356W	02-10-2012	Heliconia	60	720
356W	02-15-2012	Anthurium	300	1050
188R	02-16-2012	Ginger	24	192
188R	02-18-2012	Anthurium	24	96
240W	02-21-2012	Heliconia	48	600
240W	02-27-2012	Protea	48	456
356W	02-29-2012	Ginger	240	1980

该程序创建一个名为 &SUMVAR 的宏变量，与前缀"Sale"一起使用，用来决定汇总的是哪个变量。如本例所示，当宏变量的值为"Quantity"时，PROC MEANS 的 VAR 语句中的变量变为"SaleQuantity"。&SUMVAR 宏变量也出现在 TITLE 语句中。

```
%LET SumVar = Quantity;
*读入数据，使用宏变量获取子数据集;
DATA flowersales;
    INFILE 'c:\MyRawData\TropicalFlowers.dat';
    INPUT CustomerID $4. @6 SaleDate MMDDYY10. @17 Variety $9.
        SaleQuantity SaleAmount;
RUN;
*创建RTF文件，在文件名中使用今天的日期;
ODS RTF FILE="c:\MyRTFFiles\FlowerSales_&SYSDATE..rtf";
*为选择的变量汇总销售量;
PROC MEANS DATA = flowersales SUM MIN MAX MAXDEC=0;
    VAR Sale&SumVar;
    CLASS Variety;
TITLE "Summary of Sales &SumVar by Variety";
RUN;
*关闭RTF文件;
ODS RTF CLOSE;
```

该程序创建一个 RTF 文件，该文件的名字取决于 SAS 作业或会话开始的日期。如果会话开始日期为 2017 年 7 月 12 日，则文件名为 FlowerSales_12JUL2017.rtf。注意：ODS RTF 语句指定文件时用了两个句点，第一个句点表示宏变量名 &SYSDATE 的结尾，而第二个句点为文件名的一部分。图 7-2 是 RTF 文件用 Microsoft Word 打开后看到的结果：

图 7-2

7.4 使用宏创建模块代码

每当需要一遍又一遍编写相同或相似的 SAS 语句时，都应考虑使用宏。宏能够让你将一段无错代码打包起来，然后在单个或多个 SAS 程序中重复使用。

如果把宏看作是三明治的话，%MACRO 和 %MEND 语句就像两片面包，二者之间，可以放置任何想要的语句。宏的一般形式为：

```
%MACRO macro-name;
   macro-text
%MEND macro-name;
```

%MACRO 语句告诉 SAS 这是宏的开始，而 %MEND 标志着宏结束。macro-name 是自定义的宏名称，其长度不超过 32 个字符，以字母或下划线开头，只包含字母、数字和下划线。在 MEND 语句中 macro-name 是可选的，但如果有的话，宏的调试和维护会变得更容易一些。毫无疑问，%MACRO 语句与 %MEND 语句是成对出现的。macro-text（也称为宏定义）为一组 SAS 语句。

调用宏 定义了一个宏后，可以通过在其名称前添加一个百分号（%）前缀来调用：

```
%macro-name
```

调用宏时可以不加分号，但添加了通常不会有任何坏处。

示例　在该示例中创建了一个简单的宏，数据为前面已经使用过的数据，包括客户ID、销售日期、花卉种类、销售数量和销售金额。

```
240W    02-07-2012    Ginger       120    960
240W    02-10-2012    Protea       180    1710
356W    02-10-2012    Heliconia    60     720
356W    02-15-2012    Anthurium    300    1050
188R    02-16-2012    Ginger       24     192
188R    02-18-2012    Anthurium    24     96
240W    02-21-2012    Heliconia    48     600
240W    02-27-2012    Protea       48     456
356W    02-29-2012    Ginger       240    1980
```

以下程序创建一个名为 %SAMPLE 的宏，按 SaleQuantity 为变量对数据进行排序，并打印销售量最大的前五个观察值。接着用标准的 DATA 步读取数据，并调用该宏。

```
*使用宏打印最大的5个销售量;
%MACRO sample;
   PROC SORT DATA = flowersales;
     BY DESCENDING SaleQuantity;
   RUN;
   PROC PRINT DATA = flowersales (OBS = 5);
     FORMAT SaleDate WORDDATE18. SaleAmount DOLLAR7.;
     TITLE 'Five Largest Sales by Quantity';
   RUN;
%MEND sample;

*读取花卉销售数据;
DATA flowersales;
   INFILE 'c:\MyRawData\TropicalFlowers.dat';
   INPUT CustomerID $4. @6 SaleDate MMDDYY10. @17 Variety $9.
      SaleQuantity SaleAmount;
RUN;

*调用宏;
%sample
```

表 7-2 是输出结果。

表 7-2　销售量最大的前五种花卉

Obs	客户 ID	销售日期	销售种类	销售数量	销售金额
1	356W	February 15, 2012	Anthurium	300	$1050
2	356W	February 29, 2012	Ginger	240	$1980
3	240W	February 10, 2012	Protea	180	$1710
4	240W	February 7, 2012	Ginger	120	$960
5	356W	February 10, 2012	Heliconia	60	$720

这个宏的作用相当有限，因为它每次都只做同样的事情。如果要提高宏的灵活性，可以与 %LET 语句结合或添加参数，如下一节所述。

宏自动调用库　在本书中宏的定义和调用都是在单个的程序中进行的，但其实也可以将宏存储在一个集中位置，称为自动调用库。库中的宏可以供程序和程序员共享。基本上，先将宏作为文件保存在目录中或作为分区数据集的成员（这取决于你的操作系统），接着使用 "MAUTOSOURCE" 和 "SASAUTOS" 系统选项来告知 SAS 在哪里查找宏。这样，即使程序中没有出现原始宏定义，也可以调用宏。有关更多信息，请参阅 SAS 帮助文档。

7.5　向宏添加参数

宏可以帮你省去很多麻烦，代码只需编写一次，就能够多次重复使用。但是，你通常并不希望每次都重复完全相同的代码，而是允许适当的修改。例如，对于不同的数据集、产品或患者，而要得到一样的报告。利用参数可以完成这样的任务。

所谓的参数是指在调用宏时，所设定的宏变量的值。最简单的宏不带参数，如上一节中的宏。向宏添加参数，只需在 %MACRO 语句中的两个括号之间列出宏变量名称。下面是参数列表的形式之一：

```
%MACRO macro-name (parameter-1= ,parameter-2= , … parameter-n=);
    macro-text
%MEND macro-name;
```

例如，名为 %QUARTERLYREPORT 的宏可能是这样开始的：

```
%MACRO quarterlyreport(quarter =, salesrep =);
```

这个宏含有两个参数：&QUARTER 和 &SALESREP。可以使用这样的语句调用宏：

```
%quarterlyreport(quarter=3, salerep=Smith)
```

SAS 宏处理器每次遇到宏变量时，都会将宏变量替换为相应的值。例子中宏变量 &QUARTER 替换为 3，宏变量 &SALEREP 替换为 Smith。

示例　再一次以热带花卉的数据为例，假设种植者需要经常得到各个客户的销售报告。以下程序定义了一个宏，可以让种植者选定客户，然后对结果进行排序。如前所述，数据包含客户 ID、销售日期、花卉种类、销售数量和销售金额。

```
240W    02-07-2012    Ginger       120    960
240W    02-10-2012    Protea       180    1710
356W    02-10-2012    Heliconia     60    720
356W    02-15-2012    Anthurium    300    1050
188R    02-16-2012    Ginger        24    192
188R    02-18-2012    Anthurium     24    96
240W    02-21-2012    Heliconia     48    600
240W    02-27-2012    Protea        48    456
356W    02-29-2012    Ginger       240    1980
```

以下程序定义了一个名为 %SELECT 的宏，然后调用了该宏两次。该宏用参数创建两个名为 &CUSTOMER 和 &SORTVAR 的宏变量，并排序和打印 FlowerSales 数据。

```
*宏使用参数;
%MACRO select(customer=,sortvar=);
   PROC SORT DATA = flowersales OUT = salesout;
      BY &sortvar;
      WHERE CustomerID = "&customer";
   RUN;
   PROC PRINT DATA = salesout;
      FORMAT SaleDate WORDDATE18. SaleAmount DOLLAR7.;
      TITLE1 "Orders for Customer Number &customer";
      TITLE2 "Sorted by &sortvar";
   RUN;
%MEND select;

*读取所有花卉销售数据;
DATA flowersales;
   INFILE 'c:\MyRawData\TropicalFlowers.dat';
   INPUT CustomerID $4. @6 SaleDate MMDDYY10. @17 Variety $9.
         SaleQuantity SaleAmount;
```

```
RUN;

*调用宏;
%select(customer = 356W, sortvar = SaleQuantity)
%select(customer = 240W, sortvar = Variety)
```

表 7-3 和表 7-4 是输出结果。

表 7-3　按销售数量分类的 356W 号客户的订单

Obs	客户 ID	销售日期	销售种类	销售数量	销售金额
1	356W	February 10, 2012	Heliconia	60	$720
2	356W	February 29, 2012	Ginger	240	$1980
3	356W	February 15, 2012	Anthurium	300	$1050

表 7-4　按销售数量分类的 240W 号客户的订单

Obs	客户 ID	销售日期	销售种类	销售数量	销售金额
1	240W	February 7, 2012	Ginger	120	$960
2	240W	February 21, 2012	Heliconia	48	$600
3	240W	February 10, 2012	Protea	180	$1710
4	240W	February 27, 2012	Protea	48	$456

7.6　编写带条件逻辑的宏

宏与宏变量的联合使用让编程有了很大的灵活性。此外，还可以使用诸如 %IF 的宏语句来提高灵活性。幸运的是，大部分宏语句在标准 SAS 代码中有对等语句，因此你对它们应该不会感到陌生。下面是在宏中使用的条件逻辑语句的一般形式：

```
%IF condition %THEN action;
    %ELSE %IF condition %THEN action;
    %ELSE action;

%IF condition %THEN %DO;
    SAS statements
%END;
```

这些宏语句只能在宏中使用。

或许读者会想知道为什么需要这样的语句，而不直接使用标准的 IF-THEN 语句？

确实可以在宏中使用标准的 IF-THEN 语句，但使用它们完成的是不同的操作。%IF 语句可以完成标准 IF 语句不能完成的操作，例如完成 DATA 或 PROC 步，甚至其他宏语句。%IF-%THEN 语句不会出现在由宏生成的标准 SAS 代码中。注意：宏编程实际上是在编写一个写程序的程序。

例如，可以将条件逻辑与自动宏变量 &SYSDAY 联合使用，如下所示：

```
%IF &SYSDAY = Tuesday %THEN %LET country = Belgium;
%ELSE %LET country = France;
```

如果该段代码在星期二运行，宏处理器会将语句解析为：

```
%LET country = Belgium;
```

如果在其他日期运行该程序，则宏处理器将语句解析为：

```
%LET country = France;
```

示例　再次使用热带花卉数据，本示例显示了带条件逻辑的宏。种植者想在星期一打印一份报告，星期二打印不同的报告。你可以编写一个程序，该程序使用自动宏变量 &SYSDAY 运行每个报告。原始数据包含客户 ID、销售日期、花卉种类、销售数量和销售金额。

```
240W    02-07-2012    Ginger       120    960
240W    02-10-2012    Protea       180    1710
356W    02-10-2012    Heliconia    60     720
356W    02-15-2012    Anthurium    300    1050
188R    02-16-2012    Ginger       24     192
188R    02-18-2012    Anthurium    24     96
240W    02-21-2012    Heliconia    48     600
240W    02-27-2012    Protea       48     456
356W    02-29-2012    Ginger       240    1980
```

下面是程序：

```
%MACRO dailyreports;
   %IF &SYSDAY = Monday %THEN %DO;
      PROC PRINT DATA = flowersales;
         FORMAT SaleDate WORDDATE18. SaleAmount DOLLAR7.;
         TITLE 'Monday Report: Current Flower Sales';
```

```
        RUN;
    %END;
    %ELSE %IF &SYSDAY = Tuesday %THEN %DO;
        PROC MEANS DATA = flowersales MEAN MIN MAX;
           CLASS Variety;
           VAR SaleQuantity;
           TITLE 'Tuesday Report: Summary of Flower Sales';
        RUN;
    %END;
%MEND dailyreports;

DATA flowersales;
   INFILE 'c:\MyRawData\TropicalFlowers.dat';
   INPUT CustomerID $4. @6 SaleDate MMDDYY10. @17 Variety $9.
        SaleQuantity SaleAmount;
RUN;

%dailyreports
```

当星期二提交这段代码时，宏处理器会编写这样的程序：

```
DATA flowersales;
   INFILE 'c:\MyRawData\TropicalFlowers.dat';
   INPUT CustomerID $4. @6 SaleDate MMDDYY10. @17 Variety $9.
        SaleQuantity SaleAmount;
RUN;
PROC MEANS DATA = flowersales MEAN MIN MAX;
   CLASS Variety;
   VAR SaleQuantity;
   TITLE 'Tuesday Report: Summary of Flower Sales';
RUN;
```

如果在星期二运行该程序，则输出结果如表 7-5 所示。

表 7-5　Tuesday Report: Summary of Flower Sales The MEANS Procedure

	分析变量：SaleQuantity			
Variety	观测的个数	均值	最小值	最大值
Anthurium	2	162.0000000	24.0000000	300.0000000
Ginger	3	128.0000000	24.0000000	240.0000000
Heliconia	2	54.0000000	48.0000000	60.0000000
Protea	2	114.0000000	48.0000000	180.0000000

7.7 使用 CALL SYMPUT 编写数据驱动程序

当提交包含宏的 SAS 程序时，程序首先进入到宏处理器，宏处理器将宏引用生成标准 SAS 代码。然后 SAS 编译并执行你的程序。SAS 只有到了最后的执行阶段，才能看到实际的数据值。编写数据驱动程序的棘手部分在于：SAS 在执行阶段之前并不知道数据的具体值是什么，而知道的时候又通常太晚了。然而，有一种方法可以使鱼与熊掌兼得——CALL SYMPUT。

CALL SYMPUT 在 DATA 步获取一个值，赋值给宏变量，在后续步骤可以使用此宏变量。要将值赋给单个宏变量，CALL SYMPUT 用法的一般形式如下：

```
CALL SYMPUT("macro-variable", value);
```

其中，在引号中的 macro-variable 是宏变量名，可以是新创建的，也可以是已有的；value 是要赋给宏变量的值，可以是变量名，也可以是引号内的常量，SAS 将要使用变量或者常量的值作为宏变量的值。

CALL SYMPUT 常用于 IF-THEN 语句中，如下所示：

```
IF Age> = 18 THEN CALL SYMPUT("status", "Adult");
ELSE CALL SYMPUT("status","Minor");
```

上面的语句创建了一个名为 &STATUS 的宏变量，并根据变量 Age 为其赋值"Adult"或"Minor"。下面的 CALL SYMPUT 使用变量作为 value：

```
IF TotalSales> 1000000 THEN CALL SYMPUT("bestseller", BookTitle);
```

这个语句告诉 SAS 创建一个名为 &BESTSELLER 的宏变量。该宏变量的值等于 TotalSales 超过 1000000 时变量 BookTitle 的值。

注意：不能在同一个 DATA 步中既用 CALL SYMPUT 创建宏变量又使用该宏变量。因为只有到了 DATA 步的执行阶段，SAS 才给宏变量赋值，而 SAS 只有遇到边界（包括一个后续 DATA 步、PROC 步或 RUN 语句）时，DATA 步才执行。

示例　下面是由客户 ID、销售日期、花卉种类、销售数量和销售金额组成的花卉销售数据。

240W	02-10-2012	Protea	180	1710
356W	02-10-2012	Heliconia	60	720
356W	02-15-2012	Anthurium	300	1050
188R	02-16-2012	Ginger	24	192
188R	02-18-2012	Anthurium	24	96
240W	02-21-2012	Heliconia	48	600
240W	02-27-2012	Protea	48	456
356W	02-29-2012	Ginger	240	1980

在这个示例中，种植者想要通过代码，找到以美元计数的最大订单的客户，并打印该客户的所有订单。

```
*读取原数据;
DATA flowersales;
   INFILE 'c:\MyRawData\TropicalFlowers.dat';
   INPUT CustomerID $4. @6 SaleDate MMDDYY10. @17 Variety $9.
         SaleQuantity SaleAmount;
PROC SORT DATA = flowersales;
   BY DESCENDING SaleAmount;
RUN;

*找到最大订单，并把相应的顾客ID传递给宏变量;
DATA _NULL_;
   SET flowersales;
   IF _N_ = 1 THEN CALL SYMPUT("selectedcustomer",CustomerID);
   ELSE STOP;
RUN;
PROC PRINT DATA = flowersales;
   WHERE CustomerID = "&selectedcustomer";
   FORMAT SaleDate WORDDATE18. SaleAmount DOLLAR7.;
   TITLE "Customer &selectedcustomer Had the Single Largest Order";
RUN;
```

这个程序的步骤很多，但每一步都是相当简单的。第一个 DATA 步从原始数据文件中读取数据。然后 PROC SORT 按照 SaleAmount 对数据进行降序排序。这样，最大的单个订单将是排序后新数据集中的第一个观测。

第二个 DATA 步，当 _N_ 等于 1（DATA 步的第一次迭代）时，用 CALL SYMPUT 将变量 CustomerID 的值赋值给宏变量 &SELECTEDCUSTOMER。因为我们只想要通过 DATA 步获取该客户 ID 的值，所以可以使用 STOP 语句来告诉 SAS 结束这个 DATA 步。STOP 语句不是必需的，但很有效，因为它阻止了 SAS 毫无缘由地读取剩余的观测。

当 SAS 运行到 RUN 语句时，SAS 知道这是 DATA 步末尾，因此 SAS 执行 DATA 步。此时，宏变量 &SELECTEDCUSTOMER 的值为 356W（即以美元计价，最大订单的客户 ID），该宏变量可在 PROC PRINT 语句中使用。输出结果如表 7-6 所示。

表 7-6　356W 号客户单笔订单最大

Obs	客户 ID	销售日期	销售种类	销售数量	销售金额
1	356W	February 29, 2012	Ginger	240	$ 1980
3	356W	February 15, 2012	Anthurium	300	$ 1050
5	356W	February 10, 2012	Heliconia	60	$ 720

有关 CALL 子程序的更多信息，请参阅 SAS 帮助文档。

7.8　调试宏错误

许多人发现，编写宏程序并不是很困难，但是调试它们则是另一回事。本节介绍了简化调试过程的技术。

避免宏错误　首先尽可能开发标准的 SAS 程序。然后，确定程序无错后，才逐步添加宏逻辑功能。最后再添加 %MACRO 和 %MEND 语句。这些代码起作用后，再添加宏变量，一次一个，不断重复这个过程，直到宏程序编写完成且没有错误。

引用问题　宏处理器不能解析单引号内的宏。要解决这个问题，请使用双引号引用宏或宏变量，这样 SAS 才能解析。例如，下面是两个 TITLE 语句，其中包含一个名为 &MONTH 的宏变量，如果 &MONTH 的值为 January，则 SAS 将双引号标题中的宏变量替换为 January，而单引号标题不发生替换。

```
原来语句                              解析后语句
TITLE 'Report for &month';           TITLE 'Report for &month';
TITLE "Report for &month";           TITLE "Report for January";
```

调试宏的系统选项　下面五个系统选项影响 SAS 将什么消息输出到日志，默认设置以粗体显示。

```
MERROR | NOMERROR      若此选项开启，当调用SAS找不到的宏时，SAS会发出警告
SERROR | NOSERROR      若此选项开启，当使用SAS找不到的宏变量时，SAS会发出警告
MLOGIC | NOMLOGIC      若此选项开启，SAS会在日志中打印有关宏的详细执行情况
MPRINT | NOMPRINT      若此选项开启，SAS会在日志中打印由宏生成的标准SAS代码
```

SYMBOLGEN | NOSYMBOLGEN　　若此选项开启，SAS会在日志中打印宏变量的值

正如你所需要的，"MERROR"和"SERROR"选项始终处于开启状态。只有进行调试时，你才希望打开"MLOGIC""MPRINT"和"SYMBOLGEN"选项，因为它们会使 SAS 日志难以阅读。打开（或关闭）这些选项，请使用 OPTIONS 语句，例如：

```
OPTIONS MPRINT NOSYMBOLGEN NOMLOGIC;
```

MERROR 消息 如果 SAS 不能找到宏，并且该"MERROR"选项也开启了，那么 SAS 将显示如下消息：

```
WARNING: 没有解析宏 "SAMPL"的调用。
```

检查宏名称是否拼写错误。

SERROR 消息 如果 SAS 不能解析开放代码的宏变量，并且"SERROR"选项也开启了，那么 SAS 将显示如下消息：

```
WARNING: 没有解析符号引用 FLOWER。
```

检查宏变量名称是否拼写错误。如果名称拼写正确，则作用域有可能出错。那么就需检查是否在宏之外使用其定义的局部变量。有关局部和全局宏变量的定义，请参见第 7.1 节。

MLOGIC 消息 当"MLOGIC"选项开启时，SAS 在日志打印描述宏处理器活动信息。下面是一个名为 %SAMPLE 的宏：

```
%MACRO sample(flowertype=);
    PROC PRINT DATA = flowersales;
        WHERE Variety = "&flowertype";
    RUN;
%MEND sample;
```

如果在"MLOGIC"选项开启时运行 %SAMPLE，则 SAS 日志将如下所示：

```
24     OPTIONS MLOGIC;
25     %sample(flowertype=Anthurium)
MLOGIC(SAMPLE): 准备开始执行。
MLOGIC(SAMPLE): 参数 FLOWERTYPE 的值为 Anthurium
MLOGIC(SAMPLE): 准备结束执行。
```

MPRINT 消息 当"MPRINT"选项开启时，SAS 在日志中打印由宏生成的 SAS 语句。如果在"MPRINT"选项开启时运行 %SAMPLE，则 SAS 日志将如下所示：

```
36    OPTIONS MPRINT;
37    %SAMPLE(flowertype=Anthurium)
MPRINT(SAMPLE):    PROC PRINT DATA = flowersales;
MPRINT(SAMPLE):    WHERE Variety = "Anthurium";
MPRINT(SAMPLE):    RUN;
```

SYMBOLGEN 消息 当"SYMBOLGEN"选项开启时，SAS 在日志中打印每个宏变量的解析后的值。如果在"SYMBOLGEN"选项开启时运行 %SAMPLE，则 SAS 日志将如下所示：

```
30    OPTIONS SYMBOLGEN;
31    %SAMPLE(flowertype=Anthurium)
SYMBOLGEN:  宏变量 FLOWERTYPE 解析为 Anthurium
```

第 8 章　可视化数据

> 图形揭示发现，正如芽儿展开花儿。[1]
> ——亨利·哈伯德

---

[1] 出自《图示》，作者威廉·柯布·布林顿，1939 年。

8.1 ODS 图形概述

ODS 图形设计的目的是，以最小的代价得到高质量图形。正如大家所料，ODS 图形是输出传送系统（ODS）的延伸，它创建的是图形而非表格式输出，并且采用与 ODS 表格式输出同样的输出目标和样式来绘制图形。从 SAS 9.3 开始，ODS 图形是 Base SAS 的一部分，所以不需要额外产品授权。[①]

在统计过程中使用 ODS 图形　超过 80 个统计过程可以通过 ODS 图形创建图形，他们来自于 SAS Base、SAS/STAT、SAS/ETS 和 SAS/QC[②] 等产品。当运行这些过程时，ODS 图形将产生专门针对相应统计分析的图形。

从 SAS 9.3 开始，在 Windows 和 UNIX 操作系统上的 SAS 窗口环境中，ODS 图形选项默认是开启的，而你在批处理模式或在其他操作系统下运行时程序时该选项默认是关闭的，此时若要启用此功能，在将要运行的程序之前插入下面这个语句：

```
ODS GRAPHICS ON;
```

则支持 ODS 图形的统计过程将绘制相应的图形。

一般情况下，没有必要关闭 ODS 图形选项，但如果想将其关闭（要么为了加快程序运行速度，要么仅仅只是不想输出图形），可以使用以下语句实现：

```
ODS GRAPHICS OFF;
```

需要注意的是，ODS 图形并不是目标（如 HTML 或 PDF），打开和关闭 ODS 输出目标，也就打开或关闭 ODS 图形。

使用 ODS 图形绘制单独图形　ODS 图形还包括一系列旨在创建单独图形（图形没有嵌入在统计过程的输出结果中）的程序，SGPLOT 和 SGPANEL 是其中的两个过程。你无须指定 ODS GRAPHICS ON 语句，因为这些程序总是产生图形，甚至在批处理模式下也不用。然而，某些情况下，仍需要通过该语句指定图形选项。

SGPLOT 过程绘制单框图 (single-celled graphs)，而 SGPANEL 过程可绘制基于分类变量的多框图（multi-celled graphs）。图形可分为三大类：

[①] ODS 图形与 SAS/GRAPH 不同，SAS/GRAPH 需要单独授权，并且创建的图形类型更多。SAS/GRAPH 制绘制图形基于设备，而 ODS Graphics 制绘制图形是基于模板。

[②] SAS/STAT、SAS/ETS 和 SAS/QC 需要单独授权。

类别	图的类型
X Y坐标图	带状图、气泡图、椭圆图、高-低图、Loess图、针图、惩罚B样条图、回归图、散点图、序列图、步骤图和矢量图
连续分布	盒形图、密度图和直方图
分类分布	点图、条形图和线图

你可以将同一类图形中的多个图形堆叠在一起，只要有意义的话。本章介绍最常见的几种图形，其他图形的语法和选项与此类似。

ODS 输出目标 从 SAS 9.3 开始，Windows 或 UNIX 操作系统上的 SAS 窗口环境会默认将图形发送到 HTML 输出目标，当在批处理和其他操作系统中运行时，传统的 LISTING 仍为默认的输出目标。有关控制输出目标的信息，请参见第 5 章。

保存图形 还是从 SAS 9.3 开始，图形写到 WORK 临时逻辑库中，退出 SAS 时会被删掉。这是好事，因为它可以防止硬盘有太多旧图而变得杂乱。有关如何保存图形信息，见第 8.12 节。

图形样式 ODS 样式模板控制输出的整体外观，和表格式输出一样，你也可以给图形采用相同的样式目标。然而，有些样式更适合于统计图形。下表列出了推荐用于统计结果的样式。

所需的输出	样式名称	默认目标
Color	ANALYSIS	
	HTMLBLUE	HTML
	LISTING	LISTING（只有绘制图形）
	PRINTER	PRINTER、PDF、PS
	RTF	RTF
	STATISTICAL	
Gray scale	JOURNAL	
Black和white	JOURNAL2	

在指定输出目标的 ODS 语句中，你可以通过"STYLE="选项指定图样式。例如，在 LISTING 输出目标创建一个灰度图形，可以用下面的语句：

```
ODS LISTING STYLE = JOURNAL;
```

对于 LISTING 输出目标，"STYLE="选项仅适用于图形输出，表格式输出仍然呈现为文本。并且，需要注意的是，每一个输出目标都有一个与之关联的默认样式，因此，如果更改图形的输出目标,其外观可能会随之改变。

查看 ODS 图形　当你在 SAS 窗口环境创建 ODS 图形,结果查看器窗口一般会打开以显示结果。但是,当你使用 LISTING 输出目标时,图形结果不会自动显示。你可以在结果窗口,通过双击图形结果图标来查看图形[①],如图 8-1 所示。

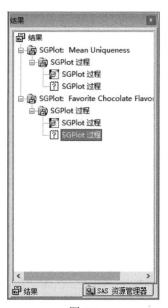

图 8-1

8.2　绘制条形图

条形图显示分类变量的分布,其中每个条形长度与该类别的观测频数呈正比。用 VBAR 语句可以创建垂直条形图,其一般形式为:

```
PROC SGPLOT;
  VBAR variable-name / option;
```

而创建水平条形图,用 HBAR 关键字替换 VBAR 即可。条形图选项包括:

---

① 如果你已启用图形编辑(使用 "SGE=ON" 选项),那么你也可以从结果窗口打开 ODS 图形编辑器。请参阅 SAS 帮助文档的详细信息。

ALPHA = n	指定置信水平，n的值必须在0（100%的置信度）和1（0%置信度）之间，默认值为0.05（95%置信度）
BARWIDTH = n	设置条形的宽度，值的范围为0.1~1，，默认值为0.8
DATALABEL = variable-name	显示每个直条的标签，如果指定一个变量名，则该变量的值将被使用，否则，SAS将计算适当的值
DISCRETEOFFSET = n	直条距中点的偏移量，对叠加条形图有用，该值的范围为-0.5（左）~0.5（右），默认值是0，即无偏移
LIMITSTAT = statistic	指定要显示的限制线的类型，可能的值是CLM、STDDEV（标准偏差）或者STDERR（标准误差）；此选项不能与"GROUP="选项一起使用，必须指定"RESPONSE="选项和"STAT=MEAN"
MISSING	指定缺失值成为一个直条
GROUP = variable-name	指定数据分组变量
GROUPDISPLAY = style	指定显示分组直条的方式，STACK（堆叠，默认值）或CLUSTER（成簇）
RESPONSE = variable-name	指定要汇总的数值变量
STAT = statstic	指定一个统计量，包括FREQ、MEAN或SUM，如果没有指定响应变量，默认统计量为FREQ，而SUM是指定响应变量时的默认值
TRANSPARENCY = n	指定直条的透明度，n的值范围为0~1之间，其中0为默认值，表示完全不透明，1表示完全透明

示例　一家巧克力制造商正在考虑是否增加四个新品种的巧克力产品线，该公司要求志愿者品尝新口味，数据包括每个人的年龄组（A 表示成人，C 表示儿童），以及喜欢的味道（80%Cacao、Earl Gre、Ginger 和 Pear）。注意，每行数据包含六个观察对象。

```
A Pear A 80%Cacao A EarlGrey C 80%Cacao A Ginger C Pear
C 80%Cacao C Pear C Pear A EarlGrey A 80%Cacao C 80%Cacao
A Ginger A Pear C EarlGrey C 80%Cacao A 80%Cacao A EarlGrey
A 80%Cacao C Pear C Pear A 80%Cacao C Pear C 80%Cacao
```

下面的程序读取原始数据，并创建一个用户自定义的输出格式。然后 PROC SGPLOT 用 "GROUP=" 和 "GROUPDISPLAY=" 选项创建一个条形图，如图 8-2 所示。

```
DATA chocolate;
   INFILE 'c:\MyRawData\Choc.dat';
   INPUT AgeGroup $ FavoriteFlavor $ @@;
RUN;
PROC FORMAT;
   VALUE $AgeGp 'A' = 'Adult' 'C' = 'Child';
RUN;
```

```
*为最喜欢的味道绘制条形图;
```

```
PROC SGPLOT DATA = chocolate;
  VBAR FavoriteFlavor / GROUP = AgeGroup GROUPDISPLAY = CLUSTER;
  FORMAT AgeGroup $AgeGp.;
  LABEL FavoriteFlavor = 'Flavor of Chocolate';
  TITLE 'Favorite Chocolate Flavors by Age';
RUN;
```

图 8-2 用成簇的直条展示了选择每种口味的各年龄组的人数。LABEL 语句将 X 轴标签中的 FavoriteFlavor 变量名替换为短语 "Flavor of Chocolate"。FORMAT 语句将图例中的数据值（A 和 C）替换成更有说明性的值（Adult 和 Child）。

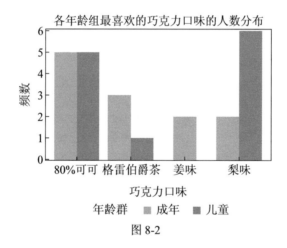

图 8-2

8.3 绘制直方图和密度曲线

前一节中的条形图显示分类数据的分布，而要显示连续数据的分布，可以使用直方图（或者将在下一节中描述的盒形图）。在直方图中，数据被分成多个离散间隔，称为直条（bin）。每个直条分别由一个矩形表示，这类似于条形图。然而，条形图中的两个直条之间通常有间隙，而直方图没有。

直方图 用 HISTOGRAM 语句绘制直方图，其基本形式如下：

```
PROC SGPLOT;
HISTOGRAM variable-name / options;
```

可能的选项包括：

BINSTART = *n*	指定了第一箱的中点
BINWIDTH = *n*	指定箱宽度（在水平轴的单位），SAS确定箱的数量；如果指定"NBINS="选项,此选项将被忽略
NBINS = *n*	指定直条的数量,SAS确定直条的宽度
SCALE = *scaling-type*	指定垂直轴的尺度,包括PERCENT（默认值）、COUNT或PROPORTION
SHOWBINS	在直条的中点放置刻度线,默认情况下,刻度线基于最小值和最大值,按固定间隔排列
TRANSPARENCY= *n*	指定直条的透明度,n的值范围为0~1之间,其中0为默认值,表示完全不透明,1表示完全透明

密度曲线 你可以用你的数据绘制密度曲线。DENSITY 语句的基本形式如下：

```
PROC SGPLOT;
  DENSITY variable-name / options;
```

常见的选项有：

TYPE = *distribution-type*	指定分布曲线类型,包括NORMAL（默认值）和KERNEL
TRANSPARENCY= *n*	指定直条的透明度,n的值范围为0~1之间,其中0为默认值,表示完全不透明,1表示完全透明

HISTOGRAM 语句和 DENSITY 语句可以一起使用，但不能与其他类型的图形一起使用。需要注意的是，叠加图形时，语句的顺序很重要，因为第二个图绘制于第一个图之上，可能会将其遮盖。

示例 某四年级举办了一次比赛，看看谁在一个月读过的书最多。对于每一个学生，老师记录了学生的姓名和阅读的图书数量，每一行数据包括六名学生。

```
Bella 4 Anthony 9 Joe 10 Chris 6 Beth 5 Daniel 2
David 7 Emily 7 Josh 7 Will 9 Olivia 7 Matt 8
Maddy 8 Sam 13 Jessica 6 Jose 6 Mia 12 Elliott 8
Tyler 15 Lauren 10 Cate 14 Ava 11 Mary 9 Eric 10
Megan 13 Michael 9 John 18 Alex 5 Cody 11 Amy 4
```

下面的 DATA 步从名为 Reading.dat 文件中读取原始数据，然后用 SGPLOT 过程绘制图书数量的直方图，直条的宽度为 2，在横轴上每个直条中心标记刻度，纵轴显示计数（在这个例子中为学生的数量）。直方图中两个密度分布曲线叠加：正态分布曲线和核密度估计曲线。

```
DATA contest;
   INFILE 'c:\MyRawData\Reading.dat';
   INPUT Name $ NumberBooks @@;
RUN;

*绘制直方图和密度曲线;
PROC SGPLOT DATA = contest;
   HISTOGRAM NumberBooks / BINWIDTH = 2 SHOWBINS SCALE = COUNT;
   DENSITY NumberBooks;
   DENSITY NumberBooks / TYPE = KERNEL;
   TITLE 'Reading Contest';
RUN;
```

结果如图 8-3 所示。

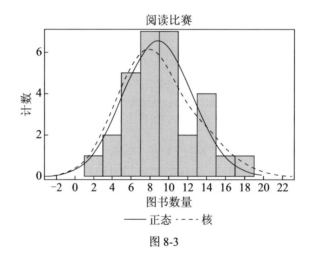

图 8-3

8.4 绘制盒形图

类似于直方图，盒形图也显示连续数据的分布，因为其图形的样式，这种类型图也被称为盒须图（如图 8-4）。盒形图的每一部分都在说明一些关于数据的分布。

盒子的两端表示第 25 和 75 分位数（之间的距离也称为四分位数间距），盒子内竖线表示第 50 分位数（即中位数），棱形标记表示平均值。默认情况下，长须的长度不超过盒子长度的 1.5 倍，超越长须的任何点可以被认为是异常值，并以圆圈标记。如果指定了"EXTREME"选项，则长须将延长至整个数据范围。

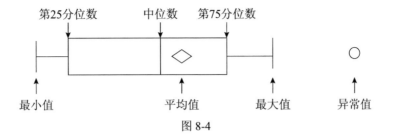

图 8-4

盒形图用 VBOX 语句绘制，其基本形式如下：

```
PROC SGPLOT;
  VBOX variable-name / options ;
```

而绘制水平盒形图，用 HBOX 关键字替换 VBOX，盒形图选项包括：

CATEGORY = *variable-name*	指定分类变量，会为该变量的每个值分别绘制盒形图
EXTREME	指定长须延伸到最大值和最小值，异常不会被识别。
GROUP = *variable-name*	指定第二个分类变量，在第一个分类变量类别内，会为该变量的每个值分别绘制盒形图
MISSING	缺失值当作分组或分类变量的一个值，会为缺失值绘制盒形图
TRANSPARENCY= *n*	指定直条的透明度，n的值范围为0~1之间，其中0为默认值，表示完全不透明，1表示完全透明

VBOX 和 HBOX 语句不能与创建其他图形的语句一起使用。

示例 某个小镇赞助每年自行车比赛，比赛是自行车骑行绕圈，自行车骑手划分为三组：Youth、Adult 和 Masters。这些数据包括每一个自行车选手的分组和他们在一个小时内完成的圈数，其中，每一行数据结果包含 5 个选手。

```
Adult    44  Adult    33  Youth    33  Masters  38  Adult
Masters  32  Youth    32  Youth    38  Youth    33  Adult
Masters  37  Masters  46  Youth    34  Adult    42  Youth
Masters  33  Adult    44  Youth    35  Adult    49  Adult
Adult    39  Adult    42  Adult    32  Youth    42  Youth
Masters  33  Adult    33  Masters  32  Youth    37  Masters
```

下面的 DATA 步从 Criterium.dat 文件中读取原始数据。然后，SGPLOT 过程绘制圈数的垂直盒形图。该 "CATEGORY=" 选项告诉 SAS 为每个分组单独绘制盒形图。

```
DATA bikerace;
   INFILE 'c:\MyRawData\Criterium.dat';
   INPUT Division $ NumberLaps @@;
RUN;
*绘制盒形图;
PROC SGPLOT DATA = bikerace;
   VBOX NumberLaps / CATEGORY = Division;
   TITLE 'Bicycle Criterium Results by Division';
RUN;
```

图 8-5 是按分组绘制的圈数盒形图。

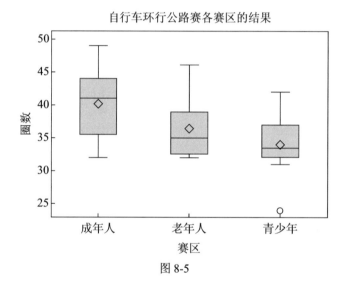

图 8-5

8.5 绘制散点图

散点图是一种展示两个连续变量之间的关系的有效方式。对于实验数据,自变量是通常放在横轴,而因变量放在纵轴上。散点图用 SCATTER 语句绘制,一般形式为:

```
PROC SGPLOT;
   SCATTER X=horizoal-variable Y=vertical-variable / options;
```

选项包括:

DATALABEL = *variable-name*	显示每个数据点的标签，如果指定了变量名，该变量的值将被用作标签；如果不指定变量名称，则使用Y变量的值。
GROUP = *variable-name*	指定用于分组数据的变量
NOMISSINGGROUP	指定不包括分组变量的缺失值观测
TRANSPARENCY= *n*	指定直条的透明度，n的值范围为0~1之间，其中0为默认值，表示完全不透明，1表示完全透明

示例 用有关鸟类的数据说明散点图的使用。每个种类有四个变量：name、type（S 为 Songbirds（鸣禽），R 为 Raptors（猛禽））、length（即从喙的尖端到尾巴尖的长度，单位：cm）和 wingspan（翼展，单位：cm）。其中，每行包括多只鸟的数据。

```
Robin          S  28   41 Bald Eagle  R 102 244 Barn Owl    R  50 110
Osprey         R  66  180 Cardinal    S  23  31 Goldfinch   S  11  19
Golden Eagle   R 100  234 Crow        S  53 100 Magpie      S  60  60
Elf Owl        R  15   27 Condor      R 140 300
```

下面程序读取数据，绘制按 type 分组的散点图。由于值 S 和 R 不能提供很多描述性信息，用 PROC FORMAT 创建用户定义的输出格式，然后在 SGPLOT 过程中用 FORMAT 语句指定该输出格式，将 S 改为 Songbirds，R 改为 Raptors。

```
DATA wings;
   INFILE 'c:\MyRawData\Birds.dat';
   INPUT Name $12. Type $ Length Wingspan @@;
RUN;

*绘制Wingspan和Length的散点图;
PROC FORMAT;
   VALUE $birdtype
      'S' = 'Songbirds'
      'R' = 'Raptors';
RUN;
PROC SGPLOT DATA = wings;
   SCATTER X = Wingspan Y = Length / GROUP = Type;
   FORMAT Type $birdtype.;
   TITLE 'Comparison of Wingspan vs. Length';
RUN;
```

下面是散点图[①]：

---

① 如果用默认（HTMLBLUE）样式模板绘制该图，标记将会是不同颜色的圆圈，而不是圆圈和加号。在这个例子中，若样式模板改为 JOURNAL，标记会有不同的形状。有关如何更改标记属性或样式模板的信息，参见第 8.10 和 8.12 节。

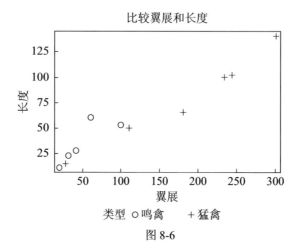

图 8-6

8.6 绘制序列图

序列图与散点图相似，不同的是前者会对数据点进行标记，然后用直线连接起来。当数据需要按照特定顺序显示时，这时候适合用序列图。日期或者其他类型的时间用于序列图都是很好的选择。序列图用 SERIES 语句绘制，一般形式为：

```
PROC SGPLOT;
   SERIES X=horizontal-variable Y = vertical-variable / options;
```

选项包括：

`CURVELABEL = 'text-string'`	为曲线增添标签，如果不指定文本字符串，则SAS使用Y变量的标签
`DATALABEL = variable-name`	显示每个数据点的标签，如果指定了变量名，该变量的值将被用作标签；如果不指定变量名称，则使用Y变量的值
`GROUP = variable-name`	指定要用于分组数据的变量，分组变量的每个唯一值都绘制单独的线
`MARKERS`	增加了对每个数据点的标记
`NOMISSINGGROUP`	指定不包括分组变量的缺失值观测
`TRANSPARENCY= n`	指定直条的透明度，n的值范围为0~1之间，其中0为默认值，表示完全不透明，1表示完全透明

SAS 按照数据点在数据集中出现的顺序连接每个数据点，为了确保连接点的顺序

正确，数据必须按水平轴变量进行排序。如果数据尚未排序，需要在绘制图形之前使用 PROC SORT 对数据排序。

示例 某科技作家收集了她一天用电的数据，每个小时她检查电表，并记录消耗的千瓦时数。数据包括时间（24 小时制）和千瓦时数，每行数据包含六个读数。

```
0 0.22 1 0.15 2 0.17 3 0.18 4 0.19 5 0.23
6 0.5 7 0.63 8 0.61 9 0.6 10 0.48 11 0.45
12 0.44 13 0.44 14 0.39 15 0.35 16 0.42 17 0.47
18 0.7 19 0.66 20 0.7 21 0.69 22 0.6 23 0.4
```

她可以用散点图来显示这些数据，但因其中一个变量是时间，此时采用序列图更合理。下面的程序从 Hourly.dat 原始数据文件中读取数据，然后绘制时间与千瓦时的序列图。"MARKERS"选项通知 SAS 为线上的每个数据点添加标记。

```
DATA electricity;
    INFILE 'c:\MyRawData\Hourly.dat';
    INPUT Time kWh @@;
RUN;

*绘制temperatures和time的序列图;
PROC SGPLOT DATA = electricity;
    SERIES X = Time Y = kWh / MARKERS;
    TITLE 'Hourly Use of Electricity';
RUN;
```

图形如图 8-7 所示。

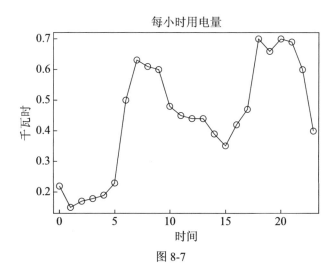

图 8-7

注意，示例中的数据不需要进行排序，因为它们已经按 X 轴（时间）变量进行排序了。

绘制拟合曲线

散点图展示两个变量之间的关系，进一步探索这种关系的一种方式是绘制拟合曲线图。SGPLOT 过程可以绘制几种拟合曲线，包括回归线、loess 曲线和惩罚 B 样条曲线。要绘制这些类型拟合曲线，语句一般形式为：

```
PROC SGPLOT;
    statement-name X=horizontal-variable Y=vertical-variable / options;
```

其中 *statement-name* 可以是

REG	回归直线或曲线
LOESS	loess曲线
PBSPLINE	惩罚B样条曲线

拟合曲线的选项包括

ALPHA = *n*	指定置信水平，n值必须是在0（100%的置信度）和1（0%置信度）之间。默认值是0.05（95%置信度）
CLI	增加单个预测值（只为REG和PBSPLINE）的预测限
CLM	增加平均预测值的置信限
CURVELABEL = "*text-string*"	增加曲线标签，如果不指定文本字符串，则SAS使用从Y变量的标签
GROUP = *variable-name*	指定要用于分组数据的变量，分组变量的每个唯一值都绘制单独的线
NOLEGCLI	取消CLI带图例项
NOLEGCLM	取消CLM带图例项
NOLEGFIT	取消拟合曲线图例项
NOMARKERS	取消数据点标记
CLMTRANSPARENCY = *n*	指定置信限的透明度，n的值必须在0（默认值）和1之间，其中1为完全透明，0为完全不透明

每个类型的拟合曲线都有控制插值参数的附加选项，请参阅 SAS 帮助文档以获取更多信息。

示例　下面的数据显示，奥运会男子 1500 米赛跑获奖的比赛时间，数据包括参加奥运会的年份和四舍五入到秒的比赛时间，每一行包含了 7 个数据。

```
1896 273 1900 246 1904 245 1906 252 1908 243 1912 237 1920 242
1924 234 1928 233 1932 231 1936 228 1948 230 1952 225 1956 221
1960 216 1964 218 1968 215 1972 216 1976 219 1980 218 1984 213
1988 216 1992 220 1996 216 2000 212 2004 214 2008 213 2012 215
```

这个程序读取数据，并绘制两条关于比赛的拟合曲线：Loess 图和回归图。LOESS 语句中的"CLM"选项生成平均预测值的 95% 置信限带，而"NOLEGCLM"选项告诉 SAS 不显示置信限带图例。

```
DATA Olympic1500;
   INFILE 'C:\MyRawData\Olympic1500.dat';
   INPUT Year Men @@;
RUN;
PROC SGPLOT DATA = Olympic1500;
   LOESS X = Year Y = Men / NOMARKERS CLM NOLEGCLM;
   REG X = Year Y = Men;
   LABEL Men = 'Time in Seconds';
   TITLE "Olympic Times for Men's 1500 Meter Run";
RUN;
```

结果如图 8-8 所示。

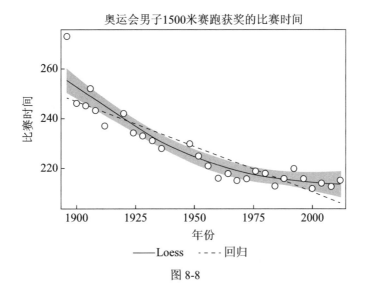

图 8-8

该图展示了关于数据点的两条线，一条回归线和一条 loess 曲线，由于在 LOESS 语句中含有"NOMARKERS"选项，这些数据点只绘制一次。灰色条带为基于 loess 拟合的均值预测值的置信限，环绕着 loess 曲线。

8.8 控制坐标轴和参考线

像 VBAR 和 LOESS 之类的语句告诉 SAS 要绘制的图形类型，然而 SGPLOT 过程还支持控制图形其他特征的语句，如控制坐标轴和参考线。

坐标轴 指定横轴选项，语句一般形式：

```
PROC SGPLOT;
   XAXIS options;
```

对于纵坐标轴，将关键字 XAXIS 替换为 YAXIS，选项包括：

GRID	绘制坐标轴上每个刻度标记的线
LABEL = "text-string"	指定坐标轴的标签，文本字符串放在引号中，也可以使用 LABEL 语句，但是 AXIS 语句将覆盖其他所有来源中指定的标签，如果没有变量标签，则 SAS 使用变量名替代
TYPE = axis-type	指定坐标轴类型，DISCRETE 是字符变量的默认类型，LINEAR 为数值变量的默认类型，TIME 是日期、时间、日期时间类型变量的默认类型，LOG 指定一个对数标度
VALUES = (value-list)	指定坐标轴上刻度标记的值，值用括号括起来，并且可以指定列表（0 5 10 15 20）或范围（0 TO 20 BY 5）。

参考线 在图形中添加参考线，显示了哪些点在重要水平的上方或下方。要添加一条水平或垂直参考线，可以用 REFLINE 语句[①]：

```
PROC SGPLOT;
    REFLINE values / options;
```

语句中的值（*values*）是参考线应被绘制的某点，该值可以是一个列表，0 5 10 15 20 或一个范围，0 TO 20 BY 5[②]。选项包括

AXIS = axis	指定包含参考线值的坐标轴，X轴或Y轴，默认为水平线，即Y轴

---

① 要绘制斜线，使用 LINEPARM 语句。请参阅 SAS 帮助文档以获取更多信息。
② 不仅可以指定值，还可以指定变量名，SAS 会为变量的每个值绘制参考线。

LABEL =(label-list)	指定一个或多个文本字符串（每个引号括起来并且用空格隔开）被基准线的标签
TRANSPARENCY= n	指定直条的透明度，n的值范围为0~1之间，其中0为默认值，表示完全不透明，1表示完全透明

如果 REFLINE 语句在绘图语句前面，则参考线会画在这些图形元素的后面；相反，如果 REFLINE 语句在后，则参考线会画在这些图形元素的前面。

示例　本示例比较三个城市平均高温：明尼苏达的国际瀑布城、北卡罗来纳州的罗利市、亚利桑那州的优马市，变量包括月份和每个城市的高温，温度的单位为华氏，每行有三个月的数据。

```
1 12.2 50.7 68.5 2 20.1 54.5 74.1 3 32.4 63.7 79.0
4 49.6 72.7 86.7 5 64.4 79.7 94.1 6 73.0 85.8 103.1
7 78.1 88.7 106.9 8 75.6 87.4 105.6 9 64.0 82.6 101.5
10 52.2 72.9 91.0 11 32.5 63.9 77.5 12 17.8 54.1 68.9
```

为了比较这三个城市，有三个 SERIES 语句，分别对应一个城市。参考线画在 32 度和 75 度处。在该数据中，变量 Month 仅为一个数值（1~12），而不是 SAS 日期值，为了避免出现类似 3.5 月的值，坐标轴类型用 XAXIS 语句设为 DISCRETE，YAXIS 语句指定坐标轴标签。

```
DATA cities;
   INFILE 'c:\MyRawData\ThreeCities.dat';
   INPUT Month IntFalls Raleigh Yuma @@;
RUN;

*按照城市绘制平均高温和低温;
PROC SGPLOT DATA = cities;
   SERIES X = Month Y = IntFalls;
   SERIES X = Month Y = Raleigh;
   SERIES X = Month Y = Yuma;
   REFLINE 32 75 / LABEL = ('32 degrees' '75 degrees') TRANSPARENCY = 0.5;
   XAXIS TYPE = DISCRETE;
   YAXIS LABEL = 'Average High Temperature (F)';
   TITLE 'Temperatures for International Falls, Raleigh, and Yuma';
RUN;
```

结果图形如图 8-9 所示。

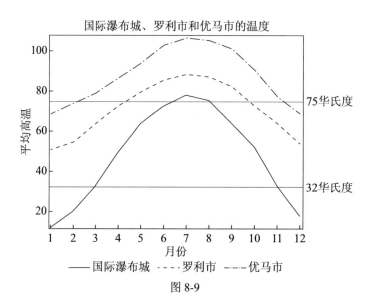

图 8-9

8.9 控制图例和插入项

SGPLOT 和 SGPANEL 过程会自动为图形生成合适的图例,这很好,因为你可以不用去想该怎么做。但有时你可能需要删掉图例,或将其移动到其他不同的位置,或添加你需要的注释和评论。

修改图例 用 KEYLEGEND 语句更改图例,一般形式为 [①]

```
KEYLEGEND / options;
```

关于图例的选项包括:

```
ACROSS = n            指定图例的列数
DOWN = n              指定图例的行数
LOCATION = value      指定图例的位置,无论是轴线区域内部或外部(默认值)
NOBORDER              去除边框
POSITION = value      指定图例的方位,可以是TOP、TOPLEFT、TOPRIGHT、BOTTOM
                      (默认值)、BOTTOMLEFT、BOTTOMRIGHT、LEFT和RIGHT
```

---

① 如果有多个图形语句,可以使用多个 KEYLEGEND 语句来独立控制每个图例,要做到这一点,请在图形中使用 "NAME=" 选项和 KEYLEGEND 语句。请参阅 SAS 帮助文档以获取更详细信息。

删除图例 有时你不需要图例，要删掉它，只需将"NOAUTOLEGEND"选项添加到 PROC SGPLOT 语句中。

```
PROC SGPLOT DATA = data-set NOAUTOLEGEND;
```

如果同时指定了 KEYLEGEND 语句和"NOAUTOLEGEND"选项，则后者被忽略。

添加插入项 使用 INSET 语句将文本放置在轴线区域，其一般形式为 [1]

```
INSET 'text-string-1' 'text-string-2' ... 'text-string-n' / options;
```

如果有一个以上的文本字符串，那么字符串将被置于在另一个字符串之下，对插入项的选项包括：

BORDER	增加边框
POSITION = value	指定插入项的方位，可以是TOP、TOPLEFT、TOPRIGHT、BOTTOM（默认值）、BOTTOMLEFT、BOTTOMRIGHT、LEFT和RIGHT

示例 下面的数据显示，奥运会男子 1500 米赛跑获奖的比赛时间，数据包括参加奥运会的举办年份和四舍五入到秒的比赛时间，每一行包含了几条观测。

```
1896 273 1900 246 1904 245 1906 252 1908 243 1912 237 1920 242
1924 234 1928 233 1932 231 1936 228 1948 230 1952 225 1956 221
1960 216 1964 218 1968 215 1972 216 1976 219 1980 218 1984 213
1988 216 1992 220 1996 216 2000 212 2004 214 2008 213 2012 215
```

在这段程序中，SCATTER 语句画出了每年奥运会举办年份，SERIERS 语句绘出了每年的世界纪录时间。KEYLEGEND 语句指定图例应该位于右上角的图形区域内。INSET 语句在左下角添加一个注释。

```
DATA Olympic1500;
   INFILE 'c:\MyRawData\OlympicWithWR1500.dat';
   INPUT Year OlympicTime WorldRecord @@;
RUN;
PROC SGPLOT DATA = Olympic1500;
   SCATTER X = Year Y = OlympicTime;
   SERIES X = Year Y = WorldRecord;
   KEYLEGEND / LOCATION = INSIDE POSITION = TOPRIGHT;
   INSET 'Olympics not held in' '1940 and 1944' / POSITION = BOTTOMLEFT;
   YAXIS LABEL = 'Time in Seconds';
```

---

[1] 还有其他的方法在图形中添加文本，可以使用 ODS Graphics 编辑器作一次性更改，或者也可以使用"SGANNO="选项设置注释数据。请参阅 SAS 帮助文档以获取更多信息。

```
   TITLE "Times for Men's 1500 Meter Run";
RUN;
```

图 8-10 是输出结果。

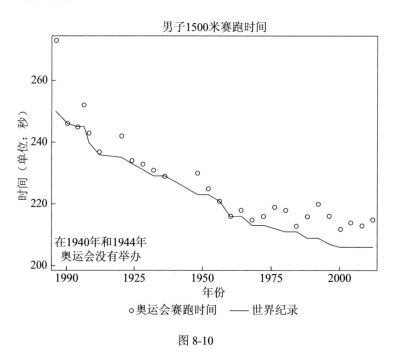

图 8-10

8.10 自定义图形属性

绘制图形时，你总是希望它们有吸引力且易于阅读，这就是为什么 SAS 要设计专门的图形（第 8.1 节所列）样式模板。但是，即使这样还是不能完全满足所有的需求，例如有时你需要的是星形图形，而不是圆圈、较粗的线，或是不同的颜色。幸运的是，SGPLOT 过程包含一些选项，可以用于控制图形的属性[①]。

使用这些选项，只需把它们放在基本绘图语句的斜线之后，例如：

```
PROC SGPLOT;
   SCATTER X = Score Y = HoursOfStudy / MARKERATTRS = (SYMBOL = STAR);
```

---

① 还可以使用 ODS 图形编辑器进行一次性修改，请参阅 SAS 帮助文档以获取详细信息。

有许多控制图形的属性选项。一些常见的有

ILLATTRS = (*attribute=value*)	指定填充区域的外观，唯一属性是COLOR =。
LABELATTRS = (*attribute=value*)	指定坐标轴的标签的外观，属性包括COLOR =、SIZE =、STYLE =和WEIGHT=。
LINEATTRS = (*attribute=value*)	指定线的外观，属性包括COLOR =、PATTERN =和WEIGHT=。
MARKERATTRS = (*attribute=value*)	指定的标记的外观，属性包括COLOR =、SIZE =和SYMBOL =。
VALUEATTRS = (*attribute=value*)	指定坐标轴刻度标记的标签外观。属性包括COLOR =、SIZE =、STYLE =和WEIGHT=。

每个属性都有许多可能的值。这里只列出其中几个值：

属性	可能的值
COLOR =	RGB表示法如#FF0000（红色）或者命名值如RED，还有其他值
PATTERN =	SOLID、DASH、SHORTDASH、LONGDASH、DOT、DASHDASHDOT或DASHDOTDOT
SIZE =	单位为CM，IN，MM，PCT，PT，或者PX（默认值）的数字
STYLE =	ITALIC或NORMAL（默认）
SYMBOL =	CIRCLE、CIRCLEFILLED、DIAMOND、DIAMONDFILLED、PLUS、SQUARE、SQUAREFILLED、STAR、STARFILLED、TRIANGLE或TRIANGLEFILLED
THICKNESS=	单位为CM，IN，MM，PCT，PT，或者PX（默认值）的数字
WEIGHT=	BOLD或NORMAL

当然，并非所有图形类型支持全部图形属性，例如，你不能把"FILLATTRS="选项用于散点图，因为散点图没有任何需要填充的区域。还有其他图形属性，有关图形属性的完整列表，请检查 SAS 帮助文档。

示例 下面的数据显示了奥运会男子 1500 米赛跑获奖的比赛时间和当年的世界纪录时间，数据包括奥运会举办年份、比赛时间和世界纪录时间（单位：秒），每一行包含了多条观测。

```
1896 273 250 1900 246 246 1904 245 245 1906 252 245 1908 243 240
1912 237 236 1920 242 235 1924 234 233 1928 233 231 1932 231 229
1936 229 229 1948 230 223 1952 225 223 1956 221 221 1960 216 216
1964 218 216 1968 215 213 1972 216 213 1976 219 212 1980 218 211
1984 213 211 1988 216 209 1992 220 209 1996 216 207 2000 212 206
2004 214 206 2008 213 206 2012 215 206
```

下面程序读取数据和绘制两幅图形，首先 SCATTER 语句用 2mm 大小的实心圆点绘制关于奥运会时间的散点图，然后 SERIES 语句绘制一条关于世界纪录的线，厚度为 2mm、透明度为 75%，坐标轴标签和标题字体加粗。

```
DATA Olympic1500;
   INFILE 'c:\MyRawData\OlympicWithWR1500.dat';
   INPUT Year OlympicTime WorldRecord @@;
RUN;
PROC SGPLOT DATA = Olympic1500;
   SCATTER X = Year Y = OlympicTime /
      MARKERATTRS = (SYMBOL = CIRCLEFILLED SIZE = 2MM);
   SERIES X = Year Y = WorldRecord /
      LINEATTRS = (THICKNESS = 2MM) TRANSPARENCY = .75;
   XAXIS LABELATTRS = (WEIGHT = BOLD);
   YAXIS LABEL = 'Time in Seconds' LABELATTRS = (WEIGHT = BOLD);
   TITLE BOLD "Times for Men's 1500 Meter Run";
RUN;
```

图 8-11 是输出结果。

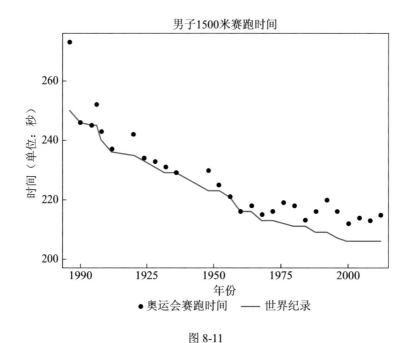

图 8-11

8.11 绘制面板图形

SGPANEL 过程是 SGPLOT 过程的近亲，二者绘制的图形类型几乎全部相同，但是 SGPLOT 过程只能绘制单框图，而 SGPANEL 可以绘制多框图。PROC SGPANEL 为所指定的分类变量的值的每个组合情况生成单独的框图，这些框图的 X 轴和 Y 轴使用相同的变量。①

PROC SGPANEL 的语法几乎是与 PROC SGPLOT 完全相同的，所以只需对代码做几处修改，就可以很容易将其中一种转换成另一种。你只需将关键字 SGPLOT 替换为 SGPANEL，并添加 PANELBY 语句，如下：

```
PROC SGPANEL;
  PANELBY variable-list / options;
        plot-statement;
```

PANELBY 语句必须在所有的绘图语句之前，其中可能用到的选项包括：

COLUMNS = n	指定面板的列数。
MISSING	指定要包括PANELBY变量的缺失值的观测。
NOVARNAME	删除框图标题的变量名称。
ROWS = n	指定面板的行数
SPACING = n	指定在面板行和列之间的像素数量，默认值为0
UNISCALE = value	指定将要共享相同的取值范围的坐标轴，可能值为COLUMN、ROW和ALL（默认值）。

SGPANEL 过程不用 XAXIS 和 YAXIS 语句，而使用 COLAXIS 和 ROWAXIS 语句来控制坐标轴，坐标轴选项见第 8.8 节。

示例 为了说明面板图表，这里用有关鸟类的数据为例。每个种类有四个变量：name（名称）、type（类型，S 为鸣禽，R 为猛禽）、length（身长，即从喙的尖端到尾巴尖的长度，单位：cm）和 wingspan（翼展，单位：cm）。其中，每行包括多只鸟的数据。

```
Robin         S   28   41 Bald Eagle  R 102 244 Barn Owl   R  50 110
Osprey        R   66  180 Cardinal    S  23  31 Goldfinch  S  11  19
Golden Eagle  R  100  234 Crow        S  53 100 Magpie     S  60  60
Elf Owl       R   15   27 Condor      R 140 300
```

下面程序绘制了一个面板图形，该图与第 8.5 节的分组图类似，在分组图中，鸣

---

① 使用 SGSCATTER 过程可以产生具有不同坐标轴的面板曲线图。该 SGSCATTER 程序所使用的语法和 SGPLOT 与 SGPANEL 程序使用的不同。更多详细信息请参阅 SAS 帮助文档。

禽和猛禽在一个框图中叠加一起，而在这个例子中，两组分别绘制在单独的框中。"NOVARNAME"选项删除列标题中单词"Type="，"SPACING="选项在两个框图之间插入很小的间隙。例子中还使用 PROC FORMAT 为 Type 变量创建用户定义的输出格式，因此最终显示的列标题是完整的单词而不是编码值 R 和 S。

```
DATA wings;
   INFILE 'c:\MyRawData\Birds.dat';
   INPUT Name $12. Type $ Length Wingspan @@;
RUN;
*绘制Wingspan和Length的面板图;
PROC FORMAT;
   VALUE $birdtype
      'S' = 'Songbirds'
      'R' = 'Raptors';
RUN;
PROC SGPANEL DATA = wings;
   PANELBY Type / NOVARNAME SPACING = 5;
   SCATTER X = Wingspan Y = Length;
   FORMAT Type $birdtype.;
   TITLE 'Comparison of Wingspan vs. Length';
RUN;
```

图 8-12 是结果。

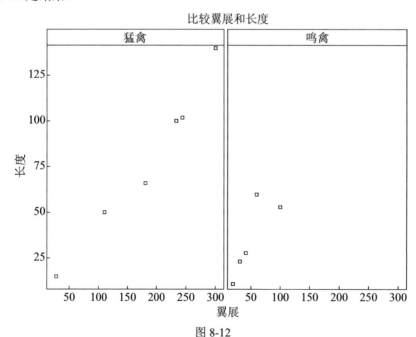

图 8-12

注意，可以在 PROC SGPLOT 中使用一个标准的 BY 语句来代替 PROC SGPANEL 中的 PANELBY 语句，但随后 SAS 将产生两个完全独立的图形（一个用于猛禽，另一个用于鸣禽），而不是包含两个框图的一幅图形。同时，当要使用 BY 语句时，数据必须按 BY 变量的值预先排序，但是当使用 PANELBY 语句时，数据不需要预先排序。

8.12 指定图像属性和保存图形输出

如果你在写论文或作演示文稿，可能需要访问各个图形。Windows 操作系统下，在 SAS 中查看时，可以简单地复制和粘贴图片。有时，这些就可以满足我们的需要。然而，在其他时候可能希望指定图形属性，或将其保存为文件以便以后使用。

指定图像属性　使用 ODS 图形语句指定图形的属性，其一般形式为：

```
ODS GRAPHICS / options;
```

选项包括：

`HEIGHT = n`	指定图形高度，单位为CM、IN、MM、PT或者PX；
`IMAGENAME = 'filename'`	指定基本图形文件名，图形文件的默认名称是它的ODS输出对象名称，有关输出对象的讨论，请参阅第5.2节；
`OUTPUTFMT = file-type`	指定图形格式，默认格式根据输出目标不同而不同，可选的值包括BMP、GIF、JPEG、PDF、PNG、PS、SVG、TIFF和其他；
`RESET`	将选项重置为默认值；
`WIDTH = n`	指定图形宽度，单位为CM、IN、MM、PT或者PX。

在大多数情况下，图形默认大小为 640 像素宽×480 像素高。如果只指定一个维度（指定了宽度但没有指定高度，反之亦然），则 SAS 将调整另一个维度的尺度以保持默认纵横比 4:3。

当要保存图形文件时，SAS 将追加数字到图形名称末尾。例如，如果指定了图像的名称为"Final"，那么输出的文件将被命名为"Final""Final1""Final2"等。如果重新运行代码，在默认情况下，SAS 继续计数以确保新的文件不会覆盖旧文件。在"IMAGENAME="选项之前指定"RESET"选项告诉 SAS 每次重新开始。

保存图形输出　对于某些输出目标（包括 PDF 和 RTF），图形和表格一起输出到单个文件中，而其他输出目标（包括 LISTING 和 HTML），输出图形和表格分开保存。使用保存图表的选项取决于图形保存方式，是独立于表格，还是与表格集成。但无论哪种方式，都可以使用 ODS 输出目标语句，其一般形式为：

```
ODS destination-name options;
```

其中 *destination-name* 为 ODS 的输出目标，如 HTML、LISTING、PDF 或 RTF。选项包括

FILE = 'path/ filename'	指定用于从保存输出图像的路径和文件名 PDF和RTF输出目标。图片将和表格式输出一起保存在一个文件中；
GPATH = 'path'	指定从LISTING和HTML输出目标输出的图像文件的保存路径，图像将被保存在单独的文件中；
DPI = n	指定了PDF输出目标的图像分辨率，默认值是200；
IMAGE_DPI = n	指定的HTML、LISTING和RTF输出目标的图像分辨率，默认值是100；
STYLE = style-name	指定样式模板，有关样式的列表参见第8.1节。

LISTING 通常是很好的获取单个图形的输出目标，因为它提供了绝大多数的图像格式，并且将图形保存到单独的文件中。以下语句将 ODS 图形图像保存到单独文件中，文件放置到 C 盘（Windows）下名为 MyGraphics 的文件夹里，图形样式为 STATISTICAL，每英寸点数为 300：

```
ODS LISTING GPATH = 'C:\My图形' STYLE = STATISTICAL IMAGE_DPI = 300;
```

例如 这里依旧是有关鸟类的数据，每个种类有四个变量：name（名称）、type（类型，S 为鸣禽，R 为猛禽）、length（身长，即从喙的尖端到尾巴尖的长度，单位：cm）和 wingspan（翼展，单位：cm）。其中，每行包括多只鸟的数据。

```
Robin         S  28  41 Bald Eagle R 102 244 Barn Owl   R  50 110
Osprey        R  66 180 Cardinal   S  23  31 Goldfinch  S  11  19
Golden Eagle  R 100 234 Crow       S  53 100 Magpie     S  60  60
Elf Owl       R  15  27 Condor     R 140 300
```

下面的程序产生的散点图，并送到 ODS LISTING 输出目标，保存图形输出，并使用选项来控制样式、图像名、格式、高度和宽度。

```
DATA wings;
   INFILE 'c:\MyRawData\Birds.dat';
   INPUT Name $12. Type $ Length Wingspan @@;
RUN;

*绘制Wingspan和Length的散点图;
```

```
ODS LISTING GPATH = 'c:\MyGraphs' STYLE = JOURNAL;
   ODSGRAPHICS / RESET
      IMAGENAME = 'BirdGraph'
      OUTPUTFMT = BMP
      HEIGHT = 2IN WIDTH = 3IN;
PROC SGPLOT DATA = wings;
   SCATTER X = Wingspan Y = Length;
   TITLE 'Comparison of ''Wingspan vs. Length';
RUN;
```

生成的结果如图 8-13 所示。

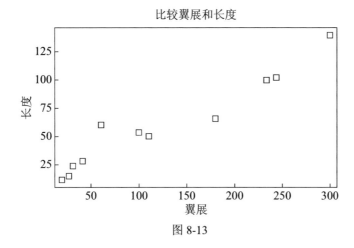

图 8-13

第 9 章　基本统计过程的使用方法

在试验中，1/3 的小白鼠被测试药物治愈；1/3 的小白鼠对药物没有反应，并且保持濒死状态；剩下 1/3 的小白鼠已经死亡。[①]

——欧文表

[①] 出自《科技论文写作教程》，作者罗伯特 A. 戴，1975 年发表于美国微生物学会新闻（AMS News）41 卷，7 期，486-494 页。经出版社和作者许可转载。同时也出自《科技论文写作与发表教程》第四版，作者罗伯特 A. 戴，逸轩图书出版社版权所有（1994 年）。

9.1 使用 PROC UNIVARIATE 检验数据的分布

当你做统计分析时，你通常会带着一个目标，一个想尝试回答的问题或者一个想验证的假设。但是在做统计实验之前，不妨先停下来做一些探索分析。PROC UNIVARIATE 就是一个专门用来做探索分析的过程步。

PROC UNIVARIATE 是 Base SAS 软件中的一部分，是用以生成单变量的统计量和分布图的统计过程，其生成的统计量包括均值、中位数、众数、标准差、偏度以及峰度。

PROC UNIVARIATE 的使用很简单，在 PROC 语句之后，使用 VAR 语句来指定一个或多个数值变量：

```
PROC UNIVARIATE;
   VAR variable-list;
```

没有 VAR 语句，SAS 会计算数据集内所有数值变量的统计量。PROC 语句中也可以指定其他的选项，比如生成正态检验的"NORMAL"选项：

```
PROC UNIVARIATE NORMAL;
```

示例 下面的数据是一个统计课程的考试分数，每一行包含 10 位同学的得分：

```
56 78  84 73 90 44 76 87 92 75
85 67  90 84 74 64 73 78 69 56
87 73 100 54 81 78 69 64 73 65
```

下面的代码从 Scores.dat 文件中读取数据并运行 PROC UNIVARIATE：

```
DATA class;
   INFILE 'c:\MyRawData\Scores.dat';
   INPUT Score @@;
RUN;
PROC UNIVARIATE DATA = class;
   VAR Score;
   TITLE;
RUN;
```

结果输出如表 9-1 所示。首先输出的是关于数据分布的基本信息：观测数 (N)、均值以及标准差。偏度描述的是分布形态的对称性（是否更分散在某一边），而峰度描述的是分布形态的陡缓程度。正态分布的偏度和峰度的取值都是 0。[1] 其他的输出包括三种衡

---

[1] 关于峰度的计算方式有两种。SAS 软件所使用的是具有正态分布的值为 0 的计算方式。有关 SAS 用于计算峰度公式的详细信息，请参见 SAS 帮助文档。

量集中趋势的统计量：均值，中位数以及众数；总体均值为 0 的假设检验；分位数，以及极端值（如果数据中存在异常值）。

表 9-1 The UNIVARIATE PROCEDURE

变量：Score

矩				
N	30	权重总和	30
均值	74.6333333	观测总和	2239
标准差	12.5848385	方差	158.378161
偏度	-0.3495061	峰度	0.10385765
未校平方和	171697	校正平方和	4592.96667
变异系数	16.8622222	标准误差均值	2.29766665

基本统计测度			
位置		变异性	
均值	74.63333	标准差	12.58484
中位数	74.50000	方差	158.37816
众数	73.00000	极差	56.00000
		四分位间距	17.00000

位置检验：Mu0=0				
检验	统计量		p 值	
Student t	t	32.48223	Pr > |t|	<.0001
符号检验	M	15	Pr >= |M|	<.0001
符号秩检验	S	232.5	Pr >= |S|	<.0001

分位数（定义 5）	
水平	分位数
100% 最大值	100.0
99%	100.0
95%	92.0
90%	90.0
75% Q3	84.0
50% 中位数	74.5
25% Q1	67.0
10%	56.0
5%	54.0
1%	44.0
0% 最小值	44.0

(续表)

极值观测			
最小值		最大值	
值	观测	值	观测
44	6	87	21
54	24	90	5
56	20	90	13
56	1	92	9
64	28	100	23

9.2 使用 PROC UNIVARIATE 创建统计图形

UNIVARIATE 过程能够生成一些对数据探索有用的图形。比如，直方图能够直观的显示单变量的分布，概率图和 Q-Q 图能够用来显示样本数据与理论分布的区别。要生成这些图形，加入相应的绘图请求语句即可。下面是带有绘图请求语句的 PROC UNIVARIATE 过程的一般形式：

```
PROC UNIVARIATE;
  VAR variable-list;
  Plot-request variable-list / options;
RUN;
```

绘图请求 下面的图都可以借助 PROC UNIVARIATE 过程创建：

```
CDFPLOT           绘制经验累积分布函数图
HISTOGRAM         绘制直方图
PPPLOT            绘制P-P图
PROBPLO           绘制概率图
QQPLOT            绘制Q-Q图
```

如果没有在绘图语句中指定任何用于绘图的变量，则会为 VAR 语句中指定的所有变量生成图形。如果也没有 VAR 语句，则将会为所有的数值变量生成图形。

绘图选项 CDFPLOT 和 HISTOGRAM 的图显示指定变量的分布。若要在分布图上再绘制一条标准分布曲线，可以使用绘图选项来添加期望的分布。支持的分布选项包括：BETA（贝塔分布），EXPONENTIAL（指数分布），GAMMA（伽马分布），LOGNORMAL（对数正态分布），NORMAL（正态分布）以及 WEIBULL（威布尔分布）。PPPLO、PROBPLOT 和 QQPLOT 的绘图选项默认为正态分布，使用绘图选项可以为其指定其他分布。比如，可以使用下面的语句来为 Score 变量创建一个指数分布的概率图：

```
PROBPLOT Score / EXPONENTIAL;
```

示例 以下是来自上一节的一个统计课程的考试分数的数据，每一行包含了 10 位同学的分数。

```
56 78 84 73 90 44 76 87 92 75
85 67 90 84 74 64 73 78 69 56
87 73 100 54 81 78 69 64 73 65
```

使用下面的程序读取数据，并为 Score 变量创建一个带有正态分布曲线的直方图，以及一个使用正态分布的概率图：

```
DATA class;
   INFILE 'c:\MyRawData\Scores.dat';
   INPUT Score @@;
RUN;
PROC UNIVARIATE DATA = class;
   VAR Score;
   HISTOGRAM Score / NORMAL;
   PROBPLOT Score;
   TITLE;
RUN;
```

图 9-1 和图 9-2 是直方图和概率图（HISTOGRAM 语句的"NORMAL"选项所生成的附加报表没有展示出来）。概率图上由散点形成的近似线性的模式表明样本数据的分布很近似于正态分布。

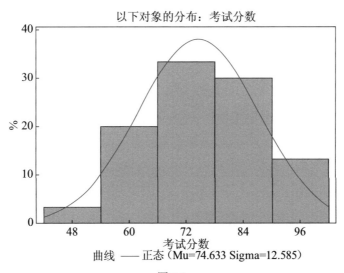

图 9-1

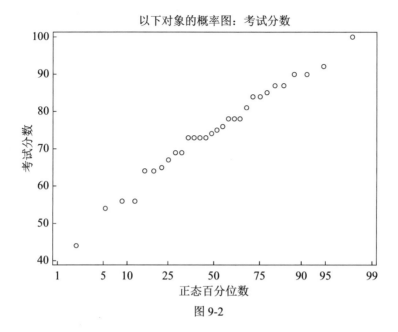

图 9-2

9.3 使用 PROC MEANS 生成统计量

使用 PROC UNIVARIATE 生成的大部分描述性统计量也可以使用 PROC MEANS 生成。PROC UNIVARIATE 适用于对数据分布进行深入的统计分析。但是如果只需要生成一些简单的统计量，MEANS 过程步是更好的选择。使用 PROC MEANS 可以仅生成需要的统计量。MEANS 过程不会生成任何 ODS 图形。

PROC MEANS 过程仅需要一个语句：

```
PROC MEANS statistic-keywords;
```

如果语句中不包含任何统计关键字，PROC MEANS 将会为每个数值变量生成均值、非缺失观测个数、标准差、最小值以及最大值。下面的表格展示了该过程可以生成的统计量（有些统计量有两种名称，括号内是别名）。如果在 PROC MEANS 语句中添加任何统计关键字，MEANS 过程不会再生成默认的统计量，除非你指定对应的统计关键字。

| CLM | 双侧置信区间 | RANGE | 极差 |
| CSS | 调整的平方和 | SKEWNESS | 偏度 |

CV	变异系数	STDDEV	标准差
KURTOSIS	峰度	STDERR	均值的标准误
LCLM	置信下限	SUM	总和
MAX	最大值	SUMWGT	加权变量和
MEAN	平均值	UCLM	置信上限
MIN	最小值	USS	未调整的平方和
MODE	众数	VAR	方差
N	非缺失观测个数	PROBT	T检验的P值
NMISS	缺失观测个数	T	T统计量
MEDIAN(P50)	中位数	Q3(P75)	75%分位数
Q1(P25)	25%分位数	P5	5%分位数
P1	1%分位数	P90	90%分位数
P10	10%分位数	P99	99%分位数
P95	95%分位数		

置信限 置信限默认置信水平为 0.05 或 95%,如果需要其他的置信水平,则可以在 PROC MEANS 语句中使用"ALPHA="选项得到。比如想得到 90% 的置信水平,指定 ALPHA=.10 并要在后面添加"CLM"选项,则 PROC MEANS 语句为:

```
PROC MEANS ALPHA = .10 CLM;
```

VAR 语句 PROC MEANS 默认为数据集中所有的数值变量生成统计量。如果不需要为所有的变量生成统计量,则可以使用 VAR 语句指定需要生成统计量的变量。以下是带有 VAR 语句的 MEANS 过程的一般形式:

```
PROC MEANS options;
  VAR variable-list;
```

示例 你的朋友是一位有抱负的儿童书籍作者。为了增加她出版书籍的机会,她想知道她的书应该写多少页。在当地图书馆,她统计了随机选择的儿童图画书的页数。以下是数据:

```
34 30 29 32 52 25 24 27 31 29
24 26 30 30 30 29 21 30 25 28
28 28 29 38 28 29 24 24 29 31
30 27 45 30 22 16 29 14 16 29
32 20 20 15 28 28 29 31 29 36
```

使用 MEANS 过程可以确定儿童图画书的平均页数,并且可以生成页数的中位数以及 90% 的置信水平。下面的代码可以读取数据并生成需要的统计量：

```
DATA booklengths;
        INFILE 'c:\MyRawData\Picbooks.dat';
        INPUT NumberOfPages @@;
RUN;
*生成汇总统计量;
PROC MEANS DATA = booklengths N MEAN MEDIAN CLM ALPHA = .10;
    TITLE 'Summary of Picture Book Lengths';
RUN;
```

表 9-2 是 MEANS 过程生成的结果。

表 9-2　Summary of Picture Book Lengths

The MEANS PROCEDURE

分析变量：NumberOfPages			
N	均值	中位数	均值 90% 置信下限	均值 90% 置信上限
50	28.0000000	29.0000000	26.4419136	29.5580864

结果表明：这批儿童图画书样本的页数平均值是 28 页，中位数 29 说明样本数据中有一半的书籍样本的页数是 29 页或者更少。90% 的置信水平意味着有 90% 的把握确认实际的总体均值（所有儿童图画书的页数）落在 26.44 页和 29.56 页之间。通过这个分析，可以得到一个结论：为了最大限度地增加书籍出版的机会，书籍页数应该控制在 26 页到 30 页之间（当然，写作的主题和风格也可以起到作用）。

9.4　使用 PROC TTEST 检验样本均值

顾名思义，TTEST 过程是 SAS/STAT 软件中用于对样本数据均值进行 t 检验的过程。当我们想对比两组样本的均值时，就需要使用 t 检验。比如一位统计学的教师随机抽取部分学生进行额外辅导，然后，她可以检验这些学生考试分数的平均水平是否真的高于某一个水平（称为单样本 t 检验），可以将这些学生的考试分数与那些没有受过额外辅导的做对比（独立双样本 t 检验），也可以将这些学生接受额外辅导前后的考试分数做对比（配对 t 检验）。PROC TTEST 过程可以做所有这些检验。

单样本 t 检验　将要进行均值的单样本 t 检验的变量列在 VAR 语句中，SAS 将会检验该变量的样本均值与原假设 H0 的假设值是否有显著差异，默认取值为 0，可以通过使

用 "H0=" 选项为其指定其他值。

```
PROC TTEST H0 = n options;
VAR variable;
```

独立双样本 t 检验 使用 CLASS 和 VAR 语句对两组独立样本进行 t 检验。在 CLASS 语句中，列出能够区分两组独立样本的变量名。在 VAR 语句中，列出响应变量。

```
PROC TTEST options;
   CLASS variable;
   VAR variable;
```

配对样本均值 t 检验 使用 PAIRED 语句对两组配对样本进行 t 检验，该语句的形式最简单，仅需在 PAIRED 后面列出要对比的两个变量，并用星号分隔开

```
PROC TTEST options;
   PAIRED variable1 * variable2;
```

选项 下面是一些可以使用的选项：

ALPHA = n	指定置信限的水平，n的取值必须是0（100%的置信度）和1（0%的置信度）之间，默认为0.05（95%的置信限）。
CI = type	指定标准差的置信区间类型，如果不指定该选项，则默认的类型取值为EQUAL，将会生成等尾的置信区间。 其他选项包括区间是基于一致无偏检验的"UMPU"选项，以及请求不输出标准差的置信区间的"NONE"选项。
H0 = n	指定原假设检验H0 = n的取值，默认取值为0。
NOBYVAR	将变量的名称从标题中移动到输出表格中。
SIDES = type	指定p值和置信区间是单侧还是双侧的，对于双侧类型的可能取值是2（默认），L（单边假设检验的下限）or U（单边假设检验的上限）。

示例 以下数据是女子50米自由泳比赛的半决赛和决赛完成时间，每个游泳运动员首字母后面是以"秒"为单位的决赛和半决赛的完成时间，每行数据包含四位运动员的时间。

```
RK 24.05 24.07 AH 24.28 24.45 MV 24.39 24.50 BS 24.46 24.57
FH 24.47 24.63 TA 24.61 24.71 JH 24.62 24.68 AV 24.69 24.64
```

下面的程序读取原始数据并使用两组配对 t 检验来对半决赛和决赛所用时间的平均差异进行检验：

```
DATA Swim;
   INFILE 'c:\MyRawData\Olympic50mSwim.dat';
```

```
   INPUT Swimmer $ FinalTime SemiFinalTime @@;
RUN;
PROC TTEST DATA=Swim;
   TITLE '50m Freestyle Semifinal vs. Final Results';
   PAIRED SemiFinalTime * FinalTime;
RUN;
```

表 9-3 是由 PROC TTEST 过程生成的结果表，图形结果将会在下一小节中展示。

表 9-3 50m Freestyle Semifinal vs. Final Results

The TTEST 过程

差分：SemiFinalTime – FinalTime

N	均值	标准差	标准误差	最小值	最大值
8	0.0850	0.0731	0.0258	-0.0500	0.1700

均值	95% 置信限均值		标准差	95% 置信限标准差	
0.0850	0.0239	0.1461	0.0731	0.0483	0.1488

自由度	t 值	Pr > |t|
7	3.29	0.0133

这个例子中，每位游泳运动员在半决赛和决赛所用时间的平均差异是 0.0850 秒。t 检验结果显示了决赛和半决赛所用时间的平均差异具有显著性（$t_{df}=7 = 3.29, p = 0.0133$）。

9.5 使用 PROC TTEST 绘制统计图形

TTEST 过程使用 ODS 图形的方式生成包括直方图、盒形图以及 Q-Q 图等图形来帮助你可视化数据。很多图形都是默认生成的，但是你可以通过使用 PROC TTEST 语句中的"PLOTS"选项来控制需要生成哪些图形。下面是带有"PLOTS"选项的 PROC TTEST 语句的一般形式：

```
PROC TTEST PLOTS = (plot-request-list);
```

绘图请求　可用的图形取决于你请求的检验类型，以下是你可以为单样本、独立双样本配对 t 检验请求的绘图类型：

```
ALL                     请求所有的合适的图形
BOXPLOT                 绘制盒形图
```

HISTOGRAM	绘制带有正态分布和核密度曲线的直方图
INTERVALPLOT	绘制均值置信区间图
NONE	不绘制任何图
QQPLOT	绘制正态分布Q-Q图
SUMMARYPLOT	绘制一个包含直方图和盒形图的图形

下面的图形也适用于配对 t 检验：

AGREEMENTPLOT	绘制一致性图
PROFILESPLOT	绘制概略图

移除自动绘图 在进行单样本、独立双样本配对 t 检验时，QQPLOT 和 SUMMARYPLOT 图形是默认自动生成的。对于配对 t 检验，AGREEMENTPLOT 和 PROFILESPLOT 图形也是默认生成的。如果在绘图列表中指定了具体的绘制图形选项，那些默认的图形仍然会生成，除非加上全局选项 ONLY：

```
PROC TTEST PLOTS(ONLY) = (plot-request-list);
```

示例 以下数据是女子 50 米自由泳比赛的半决赛和决赛完成时间，每个游泳运动员首字母后面是以"秒"为单位的决赛和半决赛的完成时间，每行数据包含四位运动员的时间。

```
RK 24.05 24.07 AH 24.28 24.45 MV 24.39 24.50 BS 24.46 24.57
FH 24.47 24.63 TA 24.61 24.71 JH 24.62 24.68 AV 24.69 24.64
```

下面的程序读取原始数据并使用配对 t 检验来对半决赛和决赛所用时间的平均差异进行检验，并仅请求绘制 Summary 图和 Q-Q 图：

```
DATA Swim;
   INFILE 'c:\MyRawData\Olympic50mSwim.dat';
   INPUT Swimmer $ FinalTime SemiFinalTime @@;
RUN;
PROC TTEST DATA=Swim PLOTS(ONLY) = (SUMMARYPLOT QQPLOT);
   TITLE '50m Freestyle Semifinal vs. Final Results';
   PAIRED SemiFinalTime * FinalTime;
RUN;
```

图 9-3 和图 9-4 是 Q-Q 图和 Summary 图的结果，配对 t 检验所生成的结果表在上一节中已经展示过。

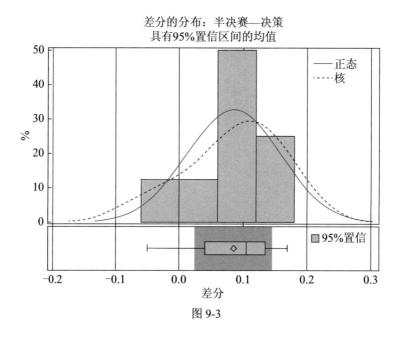

图 9-3

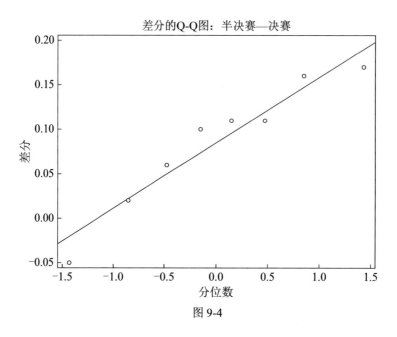

图 9-4

9.6 使用 PROC FREQ 检验分类数据

PROC FREQ 是 Base SAS 软件的一部分，可以为分类数据生成很多统计量，其中最著名的是卡方。PROC FREQ 最常见的用法之一就是检验两个变量之间无关联的假设，另一个用法是计算关联关系度量以说明两个变量之间关系强度。PROC FREQ 的基本形式为：

```
PROC FREQ;
   TABLES variable-combinations / options;
```

选项　以下是一些可用的统计选项：

AGREE	要求对分类的一致性进行测度和检验，输出包括McNemar's 检验、Bowker's 检验、Cochran's Q 检验以及kappa统计量
CHISQ	对二维表进行齐性的独立性检验，并计算基于卡方统计量的关联度
CL	输出关联测度的置信限
CMH	输出常用于分层二维表的Cochran-Mantel-Haenszel统计量
EXACT	为大于2×2的列联表作Fisher's 精确检验
MEASURE	一致性测量，输出包括皮尔逊和斯皮尔曼相关系数、gamma值、Kendall's tau-b统计量、Stuart's tau-c统计量、Somer's D统计量、lambda值、优比、风险比以及置信区间的关联度
RELRISK	计算2×2列联表的相对风险测量
TREND	对趋势进行Cochran-Armitage检验

示例　有一天，你的邻居抱怨他乘公交车上班的时候公交车总是不按时到站，但快速公交通常都是准时的。考虑到这是一个分类数据，你决定对公交的类型和到达时间之间是否存在关系进行检验。你分别搜集到了公交类型（E 代表快速公交，R 代表普通公交）和是否准时（L 代表迟到，O 代表准时）的数据，每一行包含若干个观测：

```
E O E L E L R O E O E O E O R L R O R L R O E O R L E O R L R O E O
E O R L E L E O R L E O R L E O R O E L E O E O E O E L
E O E O R L R L R O R L E L E O R L R O E O E O E O E L R O R L
```

使用下面的程序读取原始数据，并运行带有 CHISQ 卡方检验选项的 PROC FREQ 过程：

```
DATA bus;
   INFILE 'c:\MyRawData\Bus.dat';
   INPUT BusType $  OnTimeOrLate $ @@;
RUN;
```

```
PROC FREQ DATA = bus;
   TABLES BusType * OnTimeOrLate / CHISQ;
   TITLE;
RUN;
```

表 9-4 和表 9-5 表明，普通公交不准时的概率为 61.90%，而快速公交不准时的概率仅为 24.14%。假设公交类型和到达时间之间是独立的，那么以一个大的或者更大的偶然得到一个卡方值的概率仅有 0.0071。因此，通过数据检验证实了公交类型和到达时间之间存在一致性。Fisher 检验的 p- 值为 0.0097 提供了相同的结论。

表 9-4 FREQ 过程

表 - BusType by OnTimeOrLate			
BusType	OnTimeOrLate		
频数 百分比 行百分比 列百分比	L	O	合计
E	7 14.00 24.14 35.00	22 44.00 75.86 73.33	29 58.00
R	13 26.00 61.90 65.00	8 16.00 38.10 26.67	21 42.00
合计	20 40.00	30 60.00	50 100.00

表 9-5 "OnTimeOrLate-BusType" 的统计量

统计量	自由度	值	概率
卡方	1	7.2386	0.0071
似然比卡方检验	1	7.3364	0.0068
连续调整卡方	1	5.7505	0.0165
Mantel-Haenszel 卡方	1	7.0939	0.0077
Phi 系数		-0.3805	
列联系数		0.3556	
Cramer V		-0.3805	

（续表）

Fisher 精确检验	
单元格 (1,1) 频数 (F)	7
左侧 Pr <= F	0.0081
右侧 Pr >= F	0.9987
表概率 (P)	0.0067
双侧 Pr <= P	0.0097

样本大小 = 50

9.7 使用 PROC FREQ 创建统计图形

FREQ 过程使用 ODS 图形的方式生成包括频率图、优比图、一致性图、偏差图以及两类带 Kappa 统计量和置信限的图等图形来帮助你可视化数据。下面是带有绘图选项的 PROC FREQ 过程的一般形式：

```
PROC FREQ;
   TABLES variable-combinations / options PLOTS = (plot-list);
RUN;
```

绘图请求　可选的图形取决于你请求的表格的类型，比如当在 TABLES 语句上使用"CHISQ"选项时，DEVIATIONPLOT 仅仅适用于单向表。下面是你可以请求的绘图类型、TABLES 语句中的选项以及对应的表格类型：

图形名称	表格类型	TABLES语句中的选项
AGREEPLOT	双向表	AGREE
CUMFREQPLOT	单向表	
DEVIATIONPLOT	单向表	CHISQ
FREQPLOT	任意	
KAPPAPLOT	三维表	AGREE
ODDSRATIOPLOT	hx2x2	MEASURES or RELRISK
RELREISKPLOT	hx2x2	MEASURES or RELRISK
RISKDIFFPLOT	hx2x2	RISKDIFF
WTKAPPAPLOT	hxrxr (r>2)	AGREE

如果要生成 CUMFREQPLOT 或者 FREQPLOT 图形，必须在 TABLES 语句的"PLOTS="

选项中指定。如果在 TABLE 语句中未指定任何图形，则会默认生成与请求表相关联的所有图形。

绘图选项　有很多可以控制所生成图形样式的选项，有关选项的完整列表，请参看 SAS 帮助文档。比如 FREQPLOT 有可以控制双向表图形布局的选项。默认情况下，条形图是垂直分布的，如果希望改为水平分布可以使用：

```
TABLES variable1 * variable2 / PLOTS = FREQPLOT(TWOWAY = GROUPHORIZONTAL);
```

若要堆叠的条形图，使用"TWOWAY=STACKED"选项。

示例　这个例子使用的是上一节关于公交准时性的检验数据，每一行数据包含公交类型（E 代表快速公交，R 代表普通公交）和是否准时（L 代表迟到，O 代表准时）。

```
E O E L E L R O E O E O E O R L R O R L R O E O R L E O R L R O E O
E O R L E L E O R L E O R L E O R L E O R O E L E O E O E O E O E L
E O E O R L R L R O R L E L E O R L R O E O E O E O E L R O R L
```

下面的程序读取数据并使用 PROC FREQ 来生成一个双向的频率表。在 TABLES 语句中使用 "PLOTS=FREQPLOT"选项生成频率图，向 FREQPLOT 增加"TWOWAY=GROUPHORIZONTAL" 选项生成水平分布的条形图。在 FREQ 过程中使用 FORMAT 语句为变量 BusType 和 OnTimeOrLate 创建一个格式。这为图形增加了更多的描述性标签。

```
DATA bus;
   INFILE 'c:\MyRawData\Bus.dat';
   INPUT BusType $  OnTimeOrLate $ @@;
RUN;
PROC FORMAT;
  VALUE $type 'R'='Regular'
              'E'='Express';
  VALUE $late 'O'='On Time'
              'L'='Late';
RUN;
PROC FREQ DATA = bus;
   TABLES BusType * OnTimeOrLate /PLOTS=FREQPLOT(TWOWAY=GROUPHORIZONTAL);
   FORMAT BusType $Type. OnTimeOrLate $Late.;
RUN;
```

图 9-5 是结果图，注意表格部分输出，例如频率表，不做展示。

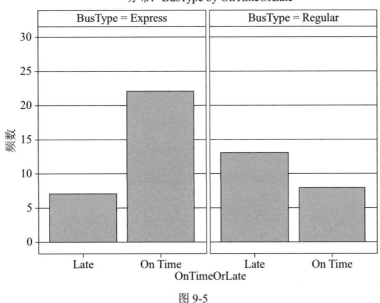

图 9-5

9.8 使用 PROC CORR 检验数据的相关性

CORR 是 Base SAS 软件中计算相关系数的一个过程，相关系数是用来衡量两个变量之间线性关系强度的。如果两个变量完全不相关，它们的相关系数是 0；如果两个变量具有很强的线性关系，它们的相关系数是 1 或者 -1。在实际应用中，相关系数的大小介于 1 和 -1 之间。PROC CORR 的基本语句很简单：

```
PROC CORR;
```

这两个单词告诉 SAS 计算所有可能的数值变量对之间的相关性，你可以通过添加 VAR 和 WITH 语句来指定变量：

```
VAR variable-list;
WITH variable-list;
```

VAR 语句中的变量出现在相关性表顶部，而 WITH 语句中的变量出现在表的左侧。如果仅使用了 VAR 语句而没有使用 WITH 语句，则变量会在表的顶部和左侧都会出现。

默认情况下，PROC CORR 计算的是皮尔逊积差相关系数。你可以向 PROC 语句中添加选项来请求非参数相关系数。下面语句中的"SPEARMAN"选项告诉 SAS 计算斯皮尔曼秩相关系数，而不是皮尔逊相关系数：

```
PROC CORR  SPEARMAN;
```

其他还有如 HOEFFDING（Hoeffding D 统计量）和 KENDALL（Kendall tau-b 系数）选项。

示例　在一个统计班级中向每个学生搜集三种数据：考试分数，考试前一周花在看电视上的小时数以及花在学习上的小时数，下面是原始数据：

```
56 6 2     78 7 4     84 5 5     73 4 0     90 3 4
44 9 0     76 5 1     87 3 3     92 2 7     75 8 3
85 1 6     67 4 2     90 5 5     84 6 5     74 5 2
64 4 1     73 0 5     78 5 2     69 6 1     56 7 1
87 8 4     73 8 3     100 0 6    54 8 0     81 5 4
78 5 2     69 4 1     64 7 1     73 7 3     65 6 2
```

注意每行包含五名学生的数据，下面的程序从 Exercise.dat 文件中读取数据，然后使用 PROC CORR 计算变量的相关性：

```
DATA class;
   INFILE 'c:\MyRawData\Exercise.dat';
   INPUT Score Television Exercise @@;
RUN;
PROC CORR DATA = class;
   VAR Television Exercise;
   WITH Score;
   TITLE 'Correlations for Test Scores';
   TITLE2 'With Hours of Television and Exercise';
RUN;
```

表 9-6 是 PROC CORR 过程生成的报表。

表 9-6 Correlations for Test Scores

With Hours of Television and Exercise

CORR 过程

1 With 变量：	Score
2 变量：	Television Exercise

（续表）

简单统计量						
变量	N	均值	标准差	总和	最小值	最大值
Score	30	74.63333	12.58484	2239	44.00000	100.00000
Television	30	5.10000	2.33932	153.00000	0	9.00000
Exercise	30	2.83333	1.94906	85.00000	0	7.00000

① Pearson 相关系数，N = 30 ② Prob > |r| under H0: Rho=0		
	Television	Exercise
Score	① -0.55390 ② 0.0015	① 0.79733 ② < .0001

这份报表首先给出的是每个变量的描述性统计量，然后列出相关性矩阵，包含①相关系数（Pearson）以及②假定总体相关为零，各相关取得较大绝对值的概率。

在这个例子中，看电视的时间和学习的时间都与考试分数相关，但是学习时间是正相关而看电视的时间是负相关。这意味着看电视更久的学生考试成绩趋向于更低，而学习更久的学生考试成绩趋向于更高。

9.9 使用 PROC CORR 创建统计图形

CORR 过程是用来评估两个变量之间线性关系强度的。表格式输出给出了相关系数以及其他简单统计量，而 ODS 图形输出可以可视化相关关系。图形不是默认会产生的，所以你需要使用"PLOTS="选项来指定期望输出的图形。下面是带有"PLOTS="选项的 PROC CORR 过程的一般形式：

```
PROC CORR PLOTS = (plot-list);
   VAR variable-list;
   WITH variable-list;
RUN;
```

绘图请求 CORR 过程能够生成两种类型的图形：

| SCATTER | 为成对变量生成散点图，包括预测或者置信椭圆 |
| MATRIX | 为所有变量生成散点矩阵图 |

绘图选项 默认情况下，散点图包括用于新观测的预测椭圆。如果你想要均值的置信椭圆，则在散点图中指定 "ELLIPSE=CONFIDENCE" 选项：

```
PROC CORR PLOTS = SCATTER(ELLIPSE = CONFIDENCE);
```

如果不需要散点图上出现任何椭圆，则使用 "ELLIPSE=NONE" 选项。

如果没有使用 WITH 语句，则矩阵图上所有的变量组合出现两次而将显示为一个对称的图形。默认情况下，矩阵的对角单元将为空。如果在矩阵绘图语句中使用 "HISTOGRAM" 选项，则将为每个变量生成直方图，并显示在对角线上。

```
PROC CORR PLOTS = MATRIX(HISTOGRAM);
```

示例 下面的数据来自于上一节中关于一个统计班级的学生，每一个学生我们有考试分数，考试前一周花在看电视上的小时数以及花在学习上的小时数。每一行包含五名学生的数据：

```
56 6 2    78 7 4    84 5 5    73 4 0    90 3 4
44 9 0    76 5 1    87 3 3    92 2 7    75 8 3
85 1 6    67 4 2    90 5 5    84 6 5    74 5 2
64 4 1    73 0 5    78 5 2    69 6 1    56 7 1
87 8 4    73 8 3    100 0 6   54 8 0    81 5 4
78 5 2    69 4 1    64 7 1    73 7 3    65 6 2
```

下面的程序读取数据，并且使用上一节中除了散点图和矩阵图的绘图请求之外相同的 PROC CORR 语句：

```
DATA class;
   INFILE 'c:\MyRawData\Exercise.dat';
   INPUT Score Television Exercise @@;
RUN;
PROC CORR DATA = class PLOTS = (SCATTER MATRIX);
   VAR Television Exercise;
   WITH Score;
   TITLE 'Correlations for Test Scores';
   TITLE2 'With Hours of Television and Exercise';
RUN;
```

该程序生成了三个图形：一个是看电视时长和考试分数的散点图（如图 9-6 所示），一个是学习时长和考试分数的散点图（未显示），以及散点图矩阵（如图 9-7 所示）。

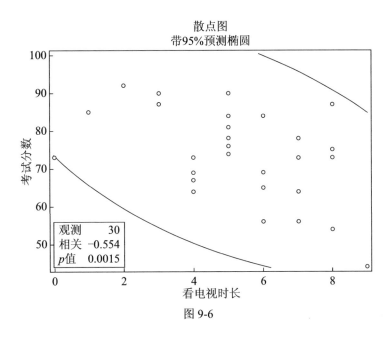

图 9-6

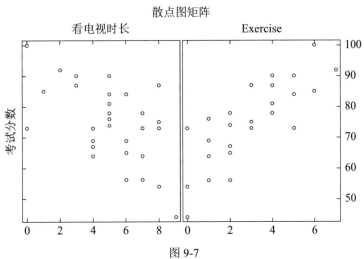

图 9-7

9.10 使用 PROC REG 进行简单回归分析

REG 过程使用最小二乘法拟合线性回归模型,是 SAS 很多做回归分析过程之一。

PROC REG 是 SAS/STAT 中的一部分，SAS/STAT 和 SAS BASE 软件的许可证书是分开的。我们将使用带有一个解释变量的连续性数值变量来展示一个简单回归分析的例子。然而，PROC REG 可以使用多种模型选择方法来对具有多个解释变量的模型进行分析，包括逐步回归法、前进法、后退法。在 SAS/STAT 中可以使用其他过程来进行非线性、Logistic 回归分析。在 SAS/ETS 产品中有进行时间序列分析的过程。如果你不确定你需要什么类型的分析，或者不熟悉基本统计原理，我们建议你从训练有素的统计学家那里寻求建议，或者查阅一本好的统计教科书。

REG 过程步仅仅有两个必须的语句，它必须以 PROC REG 语句开始，并且有一个 MODEL 语句指定分析模型。REG 过程的基本形式为：

```
PROC REG;
   MODEL dependent = independent;
```

在 MODEL 语句中，因变量在等号的左边，自变量或者解释变量在等号的右边。

示例　在你年轻的邻居所玩的 T-ball 游戏活动上（球员从球座的顶端击球而不是将球拿给他们），他对你说："你可以根据球员的身高来判断他们将会把球击多远。"为了给他一些统计学的实际经验，你决定检验他的假设。你搜集了 30 位球员的数据，按英尺测量了他们的身高以及三次击球最长的长度。下面是记录的数据，注意一行列出了几个球员的数据：

```
50 110   49 135   48 129   53 150   48 124   50 143   51 126   45 107
53 146   50 154   47 136   52 144   47 124   50 133   50 128   50 118
48 135   47 129   45 126   48 118   45 121   53 142   46 122   47 119
51 134   49 130   46 132   51 144   50 132   50 131
```

使用下面的程序读取数据并且做回归分析，在 MODEL 语句中，Distance 是因变量，Height 是自变量。

```
DATA hits;
   INFILE 'c:\MyRawData\Baseball.dat';
   INPUT Height Distance @@;
RUN;
*执行回归分析;
PROC REG DATA = hits;
   MODEL Distance = Height;
   TITLE 'Results of Regression Analysis';
RUN;
```

REG 过程默认生成表格结果和几个图形。下面仅展示了几个表格结果，图形结果将在下一节的例子中展示。报表首先输出的是方差分析部分，给出了模型对数据拟合程度的信息，如表 9-7 所示。

表 9-7 Results of Regression Analysis

REG 过程
模型：MODEL1
因变量：Distance

读取的观测数	30
使用的观测数	30

方 差 分 析					
源	① 自由度	平方和	② 均方	③ F 值	④ Pr > F
模型	1	1365.50831	1365.50831	16.86	0.0003
误差	28	2268.35836	81.01280		
校正合计	29	3633.86667			

⑤均方根误差	9.00071	R^2	0.3758
因变量均值	130.73333	⑦调整 R^2	0.3535
⑥变异系数	6.88479		

① 自由度　　　　　来自源的自由度
② 均方　　　　　　均方（平方和除以自由度）
③ F 值　　　　　　检验原假设的 F 值(除截距外所有的参数值为0)
④ Pr > F　　　　　显著性概率或p-值
⑤ 均方根误差　　　均方根误差
⑥ 变异系数　　　　变异系数
⑦ 调整R-方　　　　调整R-方

方差分析之后是参数估计，参数估计给出了模型中每个参数的估计值，包括截距，如表 9-8 所示。

表 9-8 参数估计

参 数 估 计					
变量	① 自由度	参数估计	标准误差	② t 值	③ Pr > |t|
Intercept	1	-11.00859	34.56363	-0.32	0.7525
Height	1	2.89466	0.70506	4.11	0.0003

① 自由度　　　　　变量自由度
② t 值　　　　　　参数等于0的检验的T值
③ Pr > |t|　　　　双尾显著性概率

你可以根据参数估计表构造回归方程：

```
Distance = -11.00859 + (2.89466 * Height)
```

在这个例子中，击球的距离确实会随着球员身高的增加而增加。模型的斜率是显著的（$p=0.0003$），但是两者的关系不是很强（$R^2 = 0.3758$）。可能使用球员的年龄或经验年限能够更好地预测球能被击多远。

9.11 使用 PROC REG 创建统计图形

有很多图形对回归分析结果的可视化以及模型拟合好坏的评估有用。PROC REG 使用 ODS 图形来生成很多类似包含诊断面板的图形，一个图像中最多可以包含九个图形的诊断面板。有些图形是自动生成的，但是有些需要指定。下面是带有"PLOTS"选项的 PROC REG 的一般形式：

```
PROC REG PLOTS(options) = (plot-request-list);
  MODEL dependent = independent;
RUN;
```

绘图请求　　下面是一些可以用于简单线性回归模型中的绘图请求

FITPLOT	带有回归线、置信区间和预测区间的散点图
RESIDUALS	对于自变量的残差图
DIAGNOSTICS	包含下面所有图形的拟合诊断面板
COOKSD	基于观测数的Cook's D 统计量图
OBSERVEDBYPREDICTED	预测值的因变量图
QQPLOT	残差正态概率图
RESIDUALBYPREDICTED	预测值的残差图
RESIDUALHISTOGRAM	残差直方图
RFPLOT	残差拟合图
RSTUDENTBYLEVERAGE	T分布化的杠杆率残差图
RSTUDENTBYPREDICTED	T分布化的预测值的残差图

移除自动绘图　　默认情况下，RESIDUALS 和 DIAGNOSTICS 图形是自动生成的。根据模型的类型也可能会默认生成额外的图形。比如，当只有一个解释变量时，会自动生成 FITPLOT 图形。如果你在绘图请求选项中选择了指定的图形，默认的图形仍然会生成，除非你使用了全局选项 ONLY：

```
PROC REG PLOTS(ONLY) = (plot-request-list);
```

示例 下面的例子使用了前一节中关于 T-ball 球员的相同的数据。紧跟着球员的身高数据的是三次击球中最长的距离，注意一行包含几个球员的数据：

```
50 110 49 135 48 129 53 150 48 124 50 143 51 126 45 107
53 146 50 154 47 136 52 144 47 124 50 133 50 128 50 118
48 135 47 129 45 126 48 118 45 121 53 142 46 122 47 119
51 134 49 130 46 132 51 144 50 132 50 131
```

下面的程序读取数据并且像上一节一样做回归分析。然而，在这个程序中仅仅请求绘制 FITPLOT 和 DIAGNOSTICS 图形：

```
DATA hits;
   INFILE 'c:\MyRawData\Baseball.dat';
   INPUT Height Distance @@;
RUN;
PROC REG DATA = hits PLOTS(ONLY) = (DIAGNOSTICS FITPLOT);
   MODEL Distance = Height;
   TITLE 'Results of Regression Analysis';
RUN;
```

图 9-8 和图 9-9 分别是拟合诊断面板以及拟合图形的结果，这里没有展示出表格结果，但是结果是和上一节一样的。

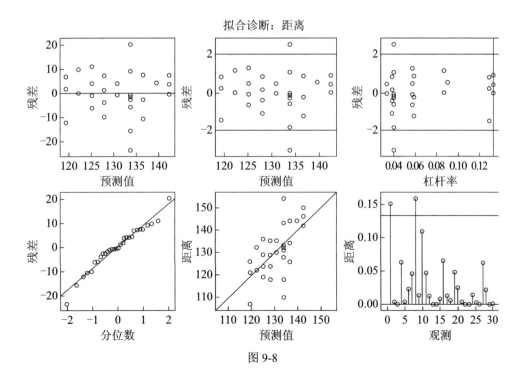

图 9-8

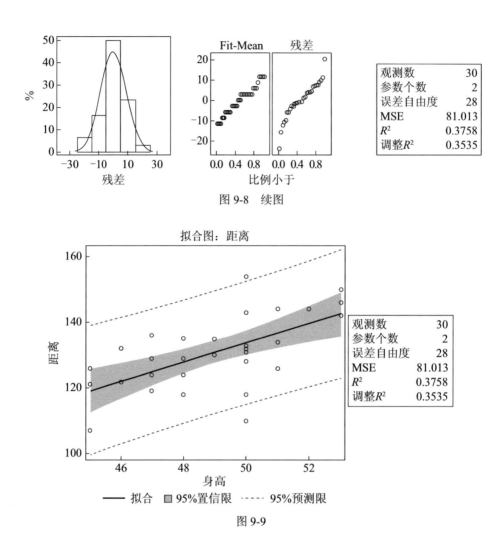

图 9-8 续图

图 9-9

9.12 使用 PROC ANOVA 进行单因素方差分析

ANOVA 过程是 SAS 中很多做方差分析的过程之一。PROC ANOVA 是 SAS/STAT 模块的一部分，SAS/STAT 的许可证独立于 SAS Base。PROC ANOVA 是专为均衡数据（在分类因素的每个组合中有相等数量的观测值的数据）而设计的。但也有一个例外是做单因素方差分析不需要均衡数据。如果你不是做单因素方差分析，并且你的数据不是均衡的，那么你应该使用 GLM 过程，这个过程的语句和 PROC ANOVA 几乎相同。虽然我们在这一节中仅讨论简单的单因素方差分析，PROC ANOVA 能够处理多种分类变量和包含嵌套、交叉效应以及重复测量的模型。如果你不确定如何对你的数据进行适当的分析，或者不熟悉基本统计原理，我们建议你从训练有素的统计学家那里寻求建议，或者查阅一本好的统计教科书。

ANOVA 过程有两个必须的语句：CLASS 和 MODEL 语句。下面是 ANOVA 过程的一般形式：

```
PROC ANOVA;
  CLASS variable-list;
  MODEL dependent = effects;
```

CLASS 语句用于定义分类变量，必须在 MODEL 语句之前使用。对于单因素方差分析，仅需要在 CLASS 语句中列出一个变量。MODEL 语句定义因变量和效应。对于单因素方差分析，效应就是分类变量。

就像你所期待的那样，PROC ANOVA 有很多选项语句，其中 MEANS 语句是最有用的，为 MODEL 语句中所有主要效应计算因变量的均值。另外，MEANS 语句还可以做几种多重比较检验，包括 Bonferroni t 检验（BON）、Duncan 多重范围检验（DUNCAN）、Scheffe 多重比较过程（SCHEFFE）、成对 t 检验（T）以及 Tukey t 分布化范围检验（TUKEY）。MEANS 语句的基本形式如下：

```
MEANS effects / options;
```

效应可以是 MODEL 语句中的任何效应，选项包括所期望的多重比较检验的名称（例如 Duncan）。

示例 你的女儿在一个洲际巡回的团队里打篮球，她抱怨说好像来自其他地区的女孩都比她所在区的女孩身高要高，你决定通过获得 4 个地区的女孩身高的样本来检验她的假设，并进行单因素方差分析来看看是否有任何差异。每行数据包含 8 个女孩所在的区域以及她们的身高：

```
West 65 West 58 West 63 West 57 West 61 West 53 West 56 West 66
West 55 West 56 West 65 West 54 West 55 West 62 West 55 West 58
East 65 East 55 East 57 East 66 East 59 East 63 East 58 East 57
East 58 East 63 East 61 East 62 East 58 East 57 East 65 East 57
South 63 South 63 South 68 South 56 South 60 South 65 South 64 South 62
South 59 South 67 South 59 South 65 South 66 South 67 South 64 South 68
North 63 North 65 North 58 North 55 North 57 North 66 North 59 North 61
```

North 65 North 56 North 57 North 63 North 61 North 60 North 64 North 62

你想知道哪个区域的女孩比其他女孩高，所以你在程序中使用 MEANS 语句并且选择 Scheffe 多重对比过程来比较均值。下面是读取数据并且做方差分析的程序：

```
DATA heights;
   INFILE 'c:\MyRawData\GirlHeights.dat';
   INPUT Region $ Height @@;
RUN;
*使用ANOVA过程执行单因素方差分析;
PROC ANOVA DATA = heights;
   CLASS Region;
   MODEL Height = Region;
   MEANS Region / SCHEFFE;
   TITLE "Girls' Heights from Four Regions";
RUN;
```

在这个例子中，Region 是分类变量也是 MODEL 语句中的效应，Height 是因变量。MEANS 语句将会生成各个区域女孩身高的平均值，且"SCHEFFE"选项将会检验哪个区域与其他的不同。

图 9-10 是自动生成的盒形图。p- 值（$p=0.0051$）表明四个区域中至少有两个区域女孩的身高与平均身高有差异。表格式输出结果将会在下一节中展示和讨论。

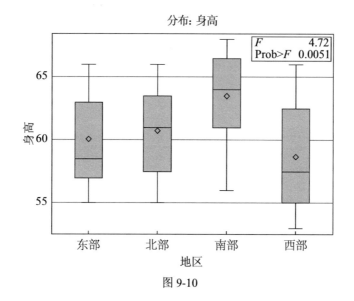

图 9-10

9.13 理解 PROC ANOVA 的输出

PROC ANOVA 的表格式输出至少有两个部分。首先，ANOVA 生成一个关于分类变量信息的表格，包括：水平数、变量值、观测数。其次，生成一个方差分析表。如果你使用了如 MEANS 的选项语句，那么他们的结果将会紧接着输出。

上一节的例子使用的是下面的 PROC ANOVA 语句：

```
PROC ANOVA DATA = heights;
  CLASS Region;
  MODEL Height = Region;
  MEANS Region / SCHEFFE;
  TITLE "Girls' Heights from Four Regions";
RUN;
```

由 ANOVA 过程生成的图形在上一节已经展示过。表格式输出（见表 9-9）的第一页给出了关于分类变量 Region 的信息。一共有东部、北部、南部和西部四个水平，以及 64 个观测值。

表 9-9 4 个地区的女孩身高

ANOVA 过程

分类水平信息		
分类	水平	值
Region	4	东部、北部、南部、西部

读取的观测数	64
使用的观测数	64

输出的第二个部分是方差分析表，如表 9-10 所示。

表 9-10 4 个地区的女孩身高

ANOVA 过程

因变量：Height

①源	②自由度	③平方和	④均方	⑤ F 值	⑥ $Pr > F$
模型	3	196.625000	65.541667	4.72	0.0051
误差	60	833.375000	13.889583		
校正合计	63	1030.000000			

(续表)

⑦ R^2	⑧变异系数	⑨均方根误差	⑩ Height 均值
0.190898	6.134771	3.726873	60.75000

源	自由度	Anova 平方和	均方	F 值	Pr > F
Region	3	196.6250000	65.5416667	4.72	0.0051

输出结果中突出显示的是：

①源	变异来源
②自由度	模型、误差和合计的自由度
③平方和	归于模型、误差和合计的平方和
④均方	均方（平方和除以自由度）
⑤F值	F统计量（模型均方除以误差均方）
⑥Pr>F	F统计量的显著性概率
⑦R^2	R^2
⑧变异系数	变异系数
⑨均方根误差	均方根误差
⑩Height均值	因变量均值

由于变量 Region 的效应显著（p =0.0051），我们得出四个地区的女孩平均身高有差异的结论。在 MEANS 语句中的"SCHEFFE"选项对比不同区域的女孩平均身高。字母 A/B 是用来给均值分组的，且具有相同字母的均值彼此不具有显著性差异（在 0.05 的显著性水平）。以下结果表明，你朋友的女儿说对了一部分——其中一个地区（南部）女孩的身高比她所在区域（西部）高，但是其他两个区域平均身高没有显著差异（见表 9-11）。

表 9-11　4 个地区的女孩身高

ANOVA 过程

Scheffe's Test for Height

Note: This test controls the Type I experimentwise error rate.

Alpha	0.05
Error Degrees of Freedom	60
Error Mean Square	13.88958
Critical Value of F	2.75808
Minimum Significant Difference	3.7902

（续表）

		具有相同字母的均值稍有不同。		
Scheffe 分组		均值	N	Region
	A	63.500	16	South
	A			
B	A	60.750	16	North
B	A			
B	A	60.063	16	East
B				
B		58.688	16	West

第 10 章 导出数据

> 当我们尝试自己来选择任何东西时,我们会发现它与宇宙中的一切息息相关。[1]
>
> ——约翰·缪尔

---

[1] 出自《夏季走过山间》,作者约翰·缪尔。公共领域。

10.1 数据导出方法

在我们日益复杂的世界中，人们通常需要将数据从一个应用程序传送至另一个应用程序。幸运的是，SAS 在这方面可以给你提供很多的选择。你可以创建的文件类型以及用于创建这些文件的方法取决于你所使用的操作系统以及是否有 SAS/ACCESS 软件。

将数据导出到其他应用程序的方法可以概括为以下几种：
- 生成其他软件能够读取的带分隔符的文件或者文本文件
- 生成其他软件能够读取的类似 HTML、RTF 或者 XML 文件
- 用其他软件的本机格式创建数据

创建带有分隔符的文件或文本文件 不论你的系统环境是什么，几乎都可以创建带分隔符的文件或者文本文件，且大部分软件都有能力读取这些类型的数据文件：

- DATA 步，将在第 10.5 节中讨论，可以让你很好地控制文件的格式，但是需要的步骤比较多。
- 数据导出向导，将在第 10.2 节中讨论，EXPORT 过程将在第 10.3 节介绍，EXPORT 工具都易于使用，但是对结果的控制机会较少，并不是每个人都有权限使用这些工具。
- 输出传送系统（ODS），将在第 10.6 节中讨论，能够从任何过程的输出创建逗号分隔的文件（CSV），并且一个简单的 PROC PRINT 将会生成一个合理文件，该文件可以导入到其他程序。

创建 HTML、RTF 以及 XML 文件 使用 ODS，将在第 10.6 节中讨论，你可以从任何过程的输出创建 HTML、RTF 以及 XML 文件。有很多应用程序可以读取这些类型的文件。虽然我们没有讲解创建 RTF 和 XML 文件的方法，但其一般方法与创建 HTML 文件的方法相同。

创建本机格式文件 有几种可以创建其他应用软件本机格式的方法，但并不是所有的方法都适用于所有的软件应用。有些方法取决于你所安装的是哪款 SAS 软件产品，在哪种操作系统上，以及你所使用的是哪种版本的 SAS。本书并没有涉及所有的方法，所以请参考 SAS 帮助文档查询完整的信息。

- PC文件包括：Microsoft Excel、Microsoft Access、dBase、Paradox、SPSS、Stata以及 JMP文件。你可以使用导出向导（将在第10.2节中讨论）或者EXPORT过程（将在第10.4节中讨论）创建这些文件，例如用EXPORT过程创建Excel文件。然而，你需要SAS/ACCESS Interface to PC Files产品来生成绝大多数这些文件。SAS Base现在支持JMP文件，这个方法仅适用于Windows或者UNIX操作系统。
- 在你的SAS环境中可能有一个运行的PC文件服务应用程序。PC文件服务器方便PC文件在不同的Windows计算机之间、Windows和UNIX计算机之间，或者甚至在Windows单机上共享。PC文件服务应用需要安装SAS/ACCESS Interface to PC Files，你可以通过导出向导或者EXPORT过程来使用PC文件服务器。
- 如果你没有SAS/ACCESS Interface to PC Files产品，且你使用的是Windows系统，你或许可以使用动态数据交换(Dynamic Data Exchange，DDE)将数据从SAS移动到一些PC应用程序中，且不需要创建任何中间文件。
- 对于不是PC的数据库管理系统，包括ORACLE、DB2、INGRES、MYSQL以及SYBASE，SAS/ACCESS产品允许你创建这些应用程序的本机格式文件。

10.2 使用导出向导生成文件

导出向导在 Windows 和 UNIX 操作系统都可以使用，它提供了一个简单的方式来生成能够导入其他软件的文件。导出向导是 EXPORT 过程（将在第 10.3 节和第 10.4 节中讨论）的图形化用户界面（GUI）。如果只是偶尔需要导出一份数据，使用导出向导要比努力记住 PROC EXPORT 语句容易得多。导出向导能够输出很多不同格式的数据文件，包括带分隔符的文件、列格式文件以及很多常用的 PC 文件（如果你拥有 SAS/ACCESS Interface to PC Files）。

从菜单栏中选择**文件▶导出数据** 来启动导出向导。

在 Export Wizard 的第一个窗口（见图 10-1），为要导出的数据集选择逻辑库和成员名。如果导出一个临时 SAS 数据集，则逻辑库是 WORK。如果导出一个永久 SAS 数据集，则需确保你在开启导出向导之前已经定义了该逻辑库，然后从下拉菜单中选择逻辑库。成员名是 SAS 数据集的名称。在这个窗口也可以选择使用变量标签而不是变量名字来作为列名。

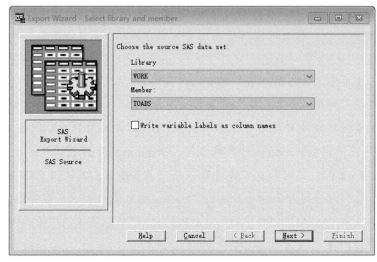

图 10-1

在下一个窗口中（见图 10-2），选择将要创建的文件类型。从下拉列表中选择标准数据源，或者勾选用户自定义输出格式（User-defined formats）旁边的复选框。"用户自定义输出格式"选项转到外部文件接口（External File Interface，EFI），支持你对变量指定输出格式，你还可以选择带分隔符格式的文件，或是可以列排列的文件。有些数据源的选择需要额外的窗口来指定。在这个例子中，数据集将导出为逗号分隔符格式（CSV）文件。

图 10-2

在下一个窗口（见图10-3），选择导出数据的保存位置。如果你正在导出CSV、Tab键分隔符或者其他类型的带分隔符的文件，点击 Options…带分隔符的文件按钮，打开带分隔符的文件选项窗口（见图10-4），会有更多的选项可以设置。

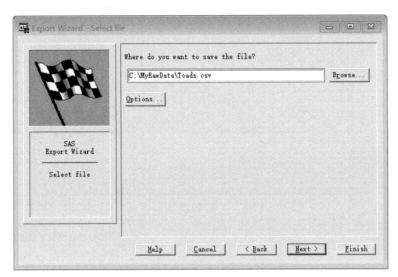

图 10-3

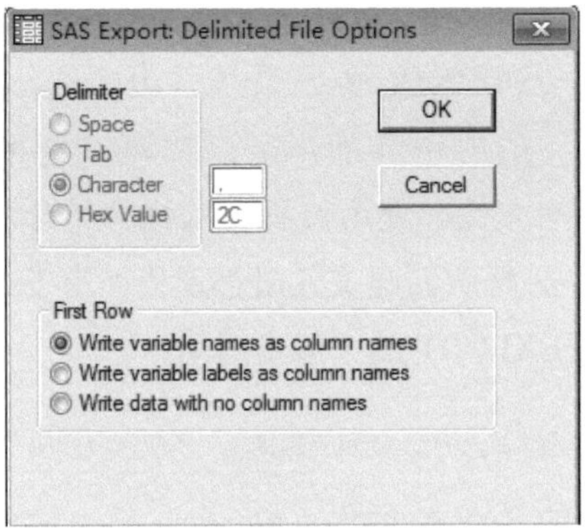

图 10-4

对于带分隔符的文件，在分隔符选项框中指定使用哪一种分隔符。对于分隔符已经确定了的CSV或者带制表符分隔的文件，对应部分选项框是灰色的，不可编辑。如果你数据中的某个值包含分隔符，则该值将会被双引号引起来。在这个窗口中你也可以选择在文件的第一行写变量名或者变量标签，或者仅写数据。

在最后一个窗口（见图10-5）可以选择保存 Export Wizard 生成的 PROC EXPORT 语句。

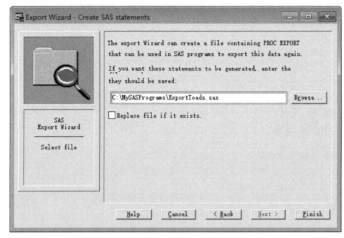

图 10-5

10.3 使用 EXPORT 过程导出带分隔符的文件

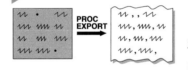

EXPORT 过程像 Export Wizard 一样，适用于 Windows 和 UNIX 操作系统。由于 Export Wizard 是 EXPORT 过程的一个界面，所以你可以使用 EXPORT 过程创建 Export Wizrd 可以创建的相同类型的文件。使用过程步的优势是你可以将过程步的代码集成到已有的 SAS 程序，这样就不必每次创建文件时都遍历所有 Export Wizard 的窗口。

EXPORT 过程 PROC EXPORT 的一般形式为：

```
PROC EXPORT DATA = data-set OUTFILE = 'filename';
```

其中 *data-set* 是要导出的 SAS 数据集，*filename* 是为输出数据文件定义的名称。下面的语句告诉 SAS 读取一个名为 HOTELS 的 SAS 数据集，并在 C 盘（Windows）名为 MyRawData 的目录中写入带逗号分隔符的文件 Hotels.csv：

```
PROC EXPORT DATA = hotels OUTFILE = 'c:\MyRawData\Hotels.csv';
```

SAS 使用文件名的最后一部分（称为文件扩展名）来决定要创建的文件类型。你还可以将"DBMS="选项添加到 PROC EXPORT 语句以指定文件类型。下表显示当前可用于带分隔符的文件的文件扩展名和 DBMS 标识符。如果指定了"DBMS="选项,则它将优先于文件扩展名起作用。

文件类型	拓展名	DBMS标识符
逗号分隔符	.csv	CSV
制表符分隔符	.txt	TAB
空格分隔符		DLM

注意:对于带空格分隔符的文件,没有标准扩展名,因此你必须使用"DBMS="选项。下面包含"DBMS="选项的语句告诉 SAS 创建一个名为 Hotels.spc 的空格分隔符文件。"REPLACE"选项告诉 SAS 遇到同名文件时进行替换。

```
PROC EXPORT DATA = hotels OUTFILE = 'c:\MyRawData\Hotels.spc'
     DBMS = DLM REPLACE;
```

如果你要创建逗号、制表符或空格分隔符以外的带分隔符的文件,则可以添加 DELIMITER 语句。如果你使用了 DELIMITER 语句,则不管使用的是什么文件扩展名,或者指定的是什么 DBMS 标识符,该文件都将带有你在 DELIMITER 语句中指定的分隔符。例如,以下将生成 Hotels.txt 文件,它带有分隔符 (&):

```
PROC EXPORT DATA = hotels OUTFILE = 'c:\MyRawData\Hotels.txt'
     DBMS = DLM REPLACE;
  DELIMITER='&';
```

示例 一家旅游公司维护了一个 SAS 数据集,包含关于高尔夫球场信息的数据。对于每个高尔夫球场,该文件包括其名称、洞数目、标准杆、码数和果岭费用。

```
Kapalua Plantation   18 73 7263 125.00
Pukalani             18 72 6945  55.00
Sandlewood           18 72 6469  35.00
Silversword          18 71    .  57.00
Waiehu Municipal     18 72 6330  25.00
Grand Waikapa        18 72 6122 200.00
```

以下程序使用 INFILE 和 INPUT 语句读取数据,并存入 C 盘 (Windows)MySASLib 目录中名为 GOLF 的永久 SAS 数据集中。这个例子使用一个 LIBNAME 语句来告诉 SAS 在哪里存储永久 SAS 数据集,也可以使用直接引用替代:

```
LIBNAME travel 'c:\MySASLib';
DATA travel.golf;
```

```
    INFILE 'c:\MyRawData\Golf.dat';
    INPUT CourseName $18. NumberOfHoles Par Yardage GreenFees;
RUN;
```

现在,假设你要给潜在客户写一封信,并插入高尔夫数据。以下程序编写了一个你可以使用任何文本编辑器或文字处理器读取的制表符分隔的纯文本文件:

```
LIBNAME travel 'c:\MySASLib';
*创建制表符分隔的纯文本文件;
PROC EXPORT DATA = travel.golf  OUTFILE = 'c:\MyRawData\Golf.txt'
   REPLACE;
RUN;
```

因为输出文件的名称以 .txt 结尾,且没有 DELIMITER 语句,SAS 将输出一个制表符分隔符的文件。如果运行此程序,日志将包含关于输出文件的以下注释:

```
NOTE: 有7条记录写入到 FILE 'c:\MyRawData\Golf.txt' 中。
```

注意:虽然数据集包含六个观测值,但 SAS 写了七条记录。额外的记录包含了变量名。如果你将此文件读入一个文字处理器并设置制表符,它将如图 10-6 所示。

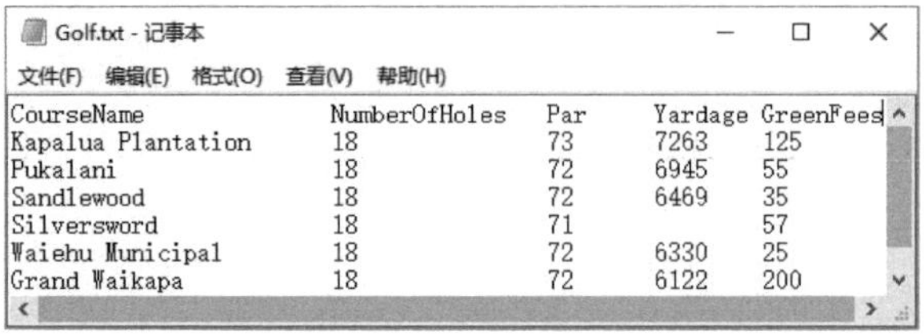

图 10-6

在创建带分隔符的文件时,PROC EXPORT 将使用你在 SAS 数据集中给变量分配的任何格式。如果要更改格式,请在运行 PROC EXPORT 之前,在 DATA 步中使用 FORMAT 语句 (在第 4.6 节中讨论)。

▶ 10.4 使用 EXPORT 过程导出 Microsoft Excel 文件

如果你正在使用 Windows 或 UNIX 操作系统,并且你有 SAS/ACCESS Interface to PC Files,那么你可以使用 PROC EXPORT 过程创建 Microsoft Excel 文件。

以下是导出 Excel 文件的 PROC EXPORT 的一般形式:

```
PROC EXPORT DATA = data-set OUTFILE = 'filename'
  DBMS = identifier REPLACE;
```

其中，*data-set* 是要导出的 SAS 数据集，*filename* 是为输出数据文件创建的名称。"DBMS=" 选项告诉 SAS 要创建的 Excel 文件类型。"REPLACE" 选项告诉 SAS 如果文件已经存在，则替换该文件。

DBMS 标识符　你可以使用多个 DBMS 标识符来创建 Excel 文件。三个常用的标识符是 EXCEL、XLS 和 XLSX。EXCEL 标识符仅在 Windows 上可用。XLS 标识符创建较旧的样式文件 (.xls 扩展)，XLSX[①] 标识符创建较新的样式文件 (.xlsx 扩展)，两者在 Windows 和 UNIX 上都可用。如果你的 Windows 计算机既有 64 位又有 32 位的应用程序，则不是所有这些标识符你都可以使用。此外，某些计算机配置可能需要安装 PC File Server。PC File Server 使用 EXCELCS 标识符。更多详细信息，请参见 SAS 帮助文档。

命名工作表　默认情况下，Microsoft Excel 工作表的名称与 SAS 数据集的名称相同。如果你希望工作表有不同的名称，则需在 "SHEET=" 语句中指定它。工作表名称中的特殊字符将转换为下划线，并且不允许在工作表名称的末尾使用 $。以下语句创建一个名为 Golf_Hotels 的工作表：

```
SHEET = 'Golf Hotels';
```

你可以通过提交多个 EXPORT 过程来创建带有多个工作表的 Excel 文件，具体做法是在 "OUTFILE=" 选项中指定相同的文件名，但在 "SHEET=" 语句中使用不同的名称。如果文件中已存在某个工作表的名称，则除非指定 "REPLACE" 选项，否则该工作表不会被覆盖。

示例　一家旅游公司维护了一个 SAS 数据集，包含关于高尔夫球场信息的数据。对于每个高尔夫球场，该文件包括其名称、洞数目、标准杆、码数和果岭费用。

```
Kapalua Plantation 18 73 7263 125.00
Pukalani           18 72 6945  55.00
Sandlewood         18 72 6469  35.00
Silversword        18 71    .  57.00
Waiehu Municipal   18 72 6330  25.00
Grand Waikapa      18 72 6122 200.00
```

以下程序使用 INFILE 和 INPUT 语句读取数据，并将它们放在 C 盘 (Windows)

---

① 从 SAS 版本 9.3M1 开始的 EXPORT 过程可用 xlsx 标识符。

MySASLib 目录中名为 GOLF 的永久 SAS 数据集中。

```
LIBNAME travel 'c:\MySASLib';
DATA travel.golf;
   INFILE 'c:\MyRawData\Golf.dat';
   INPUT CourseName $18. NumberOfHoles Par Yardage GreenFees;
RUN;
```

现在假设你的办公室同事需要该信息，但她想要 Microsoft Excel 格式的文件。以下程序从 SAS 数据集 GOLF 中读取数据写入 Microsoft Excel 文件：

```
LIBNAME travel 'c:\MySASLib';
*创建Microsoft Excel文件;
PROC EXPORT DATA=travel.golf OUTFILE = 'c:\MyExcel\Golf.xls'DBMS=EXCEL
      REPLACE;
RUN;
```

图 10-7 中是 Microsoft Excel 格式文件。请注意：工作表的名称与 SAS 数据集的名称相同。

图 10-7

如果变量中具有用户自定义的输出格式，则仅将未格式化的值导出到 Excel。EXPORT 过程不支持 FORMAT 语句。

10.5 使用 DATA 步导出原始数据文件

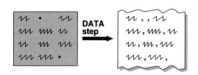

你在创建原始数据文件时，需要完全控制文件的内容和格式，可以使用 DATA 步来实现。在 DATA 步中使用 FILE 和 PUT 语句，你可以导出几乎任何形式的

原始数据文件。在某种程度上，这种方法已被更易于使用的 PROC EXPORT 和 Export Wizard[①] 所取代。但是 PROC EXPORT 只提供了文件格式化的几个选项，而 DATA 步支持灵活地根据需要的方式创建源数据文件。

你只需做几处更改，就可以用与读取原始数据相同的方式导出原始数据。在 FILE 语句中而不是在 INFILE 语句中指定外部文件；使用 PUT 语句读取变量而不是使用 INPUT 语句。换句话说，你使用 INFILE 和 INPUT 语句将原始数据导入 SAS，而使用 FILE 和 PUT 语句导出原始数据（见图 10-8）。

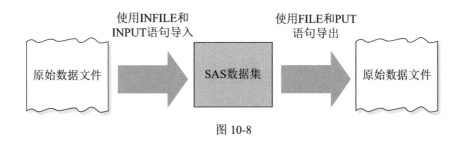

图 10-8

PUT 语句和 INPUT 语句一样可以是列表、列或格式化的样式，但是由于 SAS 已经知道变量是数值型还是字符型，所以你不必在字符变量后面加 $ 符号。如果使用列表样式的 PUT 语句，SAS 将自动在每个变量之间加入一个空格，创建一个空格分隔符的文件。要使用其他分隔符导出文件，请使用列表样式的 PUT 语句，并在 FILE 语句中使用"DSD="和"DLM="选项[②]。

```
FILE 'file-specification' DSD DLM = 'delimiter';
```

如果使用 PUT 语句的列或格式化样式，SAS 将在指定的位置放置变量。你可以使用与 INPUT 语句相同的指针控制来控制间距：@n 移动到第 n 列，+n 移动 n 列，/ 跳到下一行，# 跳至第 n 行，且在尾部加上 @ 表示保持在当前行。除了打印变量之外，还可以在引号中插入一个文本字符串。

示例　为了展示使用 DATA 步比使用 PROC EXPORT 过程更好控制，此示例使用同一个包含有关高尔夫球场信息的数据。对于每个球场，文件包括球场的名称、洞数、标准杆、码数和果岭费用。

---

① 在 z/OS 操作系统中，不能使用 EXPORT，但可以使用 DATA 步来编写源数据文件。
② 有关"DSD="和"DLM="选项的讨论，请参见第 2.15 节。

```
Kapalua Plantation 18 73 7263 125.00
Pukalani           18 72 6945  55.00
Sandlewood         18 72 6469  35.00
Silversword        18 71  .    57.00
Waiehu Municipal   18 72 6330  25.00
Grand Waikapa      18 72 6122 200.00
```

以下程序使用 INFILE 和 INPUT 语句从一个名为 Golf.dat 的文件中读取数据，并将它们放在 C 盘 (Windows) MySASLib 目录中名为 GOLF 的永久 SAS 数据集中：

```
LIBNAME travel 'c:\MySASLib';
DATA travel.golf;
   INFILE 'c:\MyRawData\Golf.dat';
   INPUT CourseName $18. NumberOfHoles Par Yardage GreenFees;
RUN;
```

假设你要将数据导出到原始数据文件中，但仅导出三个变量，按新的顺序排列，并且将美元符号添加到变量 GreenFees 中。以下程序读取 SAS 数据集并使用 FILE 和 PUT 语句导出到原始数据文件：

```
LIBNAME travel 'c:\MySASLib';
DATA _NULL_;
   SET travel.golf;
   FILE 'c:\MyRawData\Newfile.dat';
   PUT CourseName 'Golf Course' @32 GreenFees DOLLAR7.2@40 'Par ' Par;
RUN;
```

DATA 步语句中使用 _NULL_ 替代 SAS 数据集名称，你可以在那里放一个数据集名称，但 _NULL_ 是一个特殊的关键字，它告诉 SAS 不需要生成一个新的 SAS 数据集。不生成新的 SAS 数据集可以节省你的计算机资源。

SET 语句仅告诉 SAS 读取永久 SAS 数据集 GOLF，FILE 语句告诉 SAS 你想要创建的输出文件的名称，然后 PUT 语句告诉 SAS 要导出什么和在哪里导出。PUT 语句包含两个加引号的字符串 "Golf Course" 和 "Par"，SAS 将它们插入在源数据文件中。PUT 语句还使用 @ 列指针告诉 SAS 精确地放置每个变量的数据值，并使用 DOLLAR7.2 格式将 GreenFees 变量值导出。使用 PUT 语句，你可以完全控制原始数据文件的内容。

如果运行此程序，日志将包含以下注释，告诉你写入输出文件的记录有多少：

```
NOTE: 有 6 条记录写入到 FILE 'c:\MyRawData\Newfile.dat' 中。
```

图 10-9 是输出文件在文本编辑器 Microsoft 记事本中的样式：

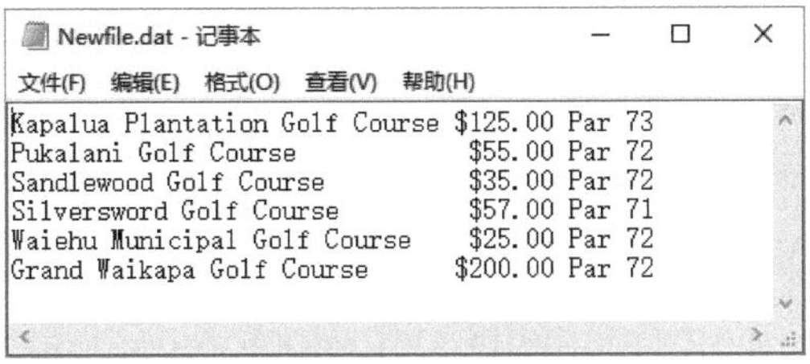


```
Kapalua Plantation Golf Course $125.00 Par 73
Pukalani Golf Course            $55.00 Par 72
Sandlewood Golf Course          $35.00 Par 72
Silversword Golf Course         $57.00 Par 71
Waiehu Municipal Golf Course    $25.00 Par 72
Grand Waikapa Golf Course      $200.00 Par 72
```

图 10-9

10.6 使用 ODS 生成带分隔符的文件和 HTML 文件

输出交付系统（ODS）是创建各种输出格式的强大工具，其创建的一些输出格式有助于将数据从 SAS 传送到其他应用程序。许多应用程序可以读取 CSV 或 HTML 格式的数据，最重要的是，你可以在任何操作系统中使用此方法，并且它包括在 Base SAS 软件中。

由于所有过程的输出都经过 ODS，你可以使用 ODS 为应用程序选择适当的输出目标导出数据，并使用 PROC PRINT 打印数据列表。默认情况下，SAS 将为任何缺失的数值型数据打印一个句点。如果你不希望 SAS 打印缺失的数值型数据，则可以使用“`MISSING=''`”系统选项。此外，默认情况下，PROC PRINT 打印观测编号。如果你不想在输出文件中包含观测编号，那么在 PROC PRINT 语句中使用“NOOBS”选项。

CSV 文件 CSV 的输出目标是在数据值之间放逗号以及使用双引号标记字符值，双引号标记允许数据值包含逗号。使用下面的 ODS 语句创建一个包含你的数据的 CSV 文件：

```
ODS CSV FILE = 'filename.csv';
     Your PROC PRINT statements go here
RUN;
ODS CSV CLOSE;
```

其中 *filename.csv* 是你创建的 CSV 文件的名称，并为你的数据键入恰当的 PROC PRINT 语句。CSV 输出目标不包括标题或脚注；如果要在 CSV 文件中显示标题和脚注，则使用 CSVALL 代替 CSV 输出目标。

HTML 文件 使用以下语句为你的数据（以及任何标题或脚注）生成具有默认样式的 HTML 文件。你可以通过在 ODS HTML 语句中增加“STYLE=”选项来选择不同的样式。或者如果你不需要任何样式，则使用 CHTML（简洁的 HTML）代替 HTML 输出目标。

ODS HTML 语句的"FILE="选项与"BODY="选项是相同的意思。

```
ODS HTML FILE = 'filename.html';
    Your PROC PRINT statements go here
RUN;
ODS HTML CLOSE;
```

示例 这个例子使用永久 SAS 数据集，GOLF（在上一节创建），它包括关于在夏威夷高尔夫球场的信息。以下程序使用 ODS，从 PRINT 过程的结果中，创建 CSV 文件 golfinfo.csv：

```
LIBNAME travel 'c:\MySASLib';
ODS CSV FILE='c:\MyCSVFiles\golfinfo.csv';
PROC PRINT DATA = travel.golf;
    TITLE 'Golf Course Information';
RUN;
ODS CSV CLOSE;
```

如果你在一个简单的编辑器如 Microsoft 记事本中打开该 CSV 文件，golfinfo.csv，样式如图 10-10 所示。

图 10-10

如果使用 Microsoft Excel 打开同样的文件 golfinfo.csv，你会看到图 10-11 所示的界面。

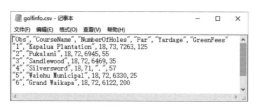

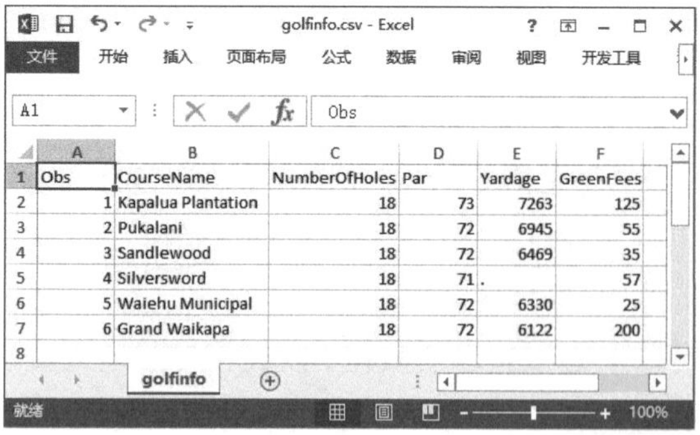

图 10-11

下面的程序创建了一个关于 GOLF 数据的 HTML 文件：golfinfo.html[①]。这次是在 PROC PRINT 语句中使用 NOOBS 选项来移除 Obs 列：

```
LIBNAME travel 'c:\MySASLib';
ODS HTML FILE='c:\MyHTMLFiles\golfinfo.html';
PROC PRINT DATA = travel.golf NOOBS;
   TITLE 'Golf Course Information';
RUN;
ODS HTML CLOSE;
```

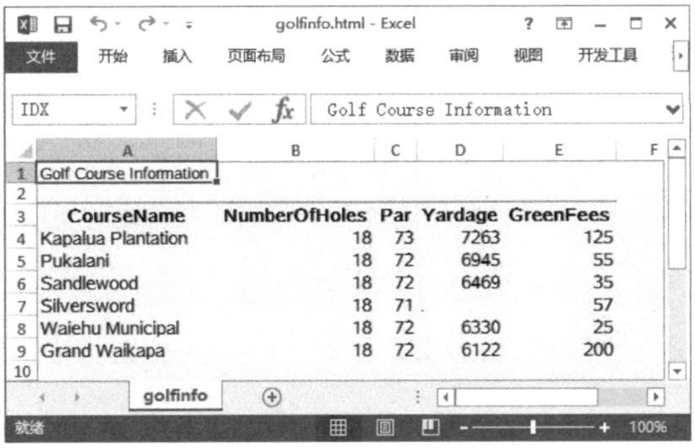

图 10-12

这是当你在 Microsoft Excel 中打开 HTML 文件时的样式。你可以看到虽然数据和在 CSV 文件里面一样，但是 HTML 文件也同时包含了标题和默认的 HTML 样式。

[①] 如果你想要使 HTML 文件能自动的被识别为 Microsoft Excel 文件，则给文件的拓展名是 .xls 而不是 .html。

第 11 章　调试 SAS 程序

> 自行消失的问题也会自行重现。[1]
>
> ——马西·E. 戴维斯

---

[1] 出自《官方的解释》,作者保罗·迪克森。德拉柯尔特出版社版权所有(1980 年)。经作者许可转载。

11.1 编写有效的 SAS 程序

编写的程序首次运行就能成功不总是那么容易。即使是经验丰富的 SAS 程序员，程序首次运行就成功时也会很惊喜。程序越大越复杂，则越可能有语法或逻辑错误。但是不要气馁，遵循这里讲的一些规则，可以让你的程序更快地正确运行，并且帮助你更轻松地发现错误。

让程序更加易读　一个简单的方法就是养成以整洁和一致的方式进行编程的习惯。易读的程序更容易调试，而且长期来看会节约你的时间。以下是关于如何编程的建议：

- 每行只放置一条SAS语句。SAS 允许你根据喜好在一行中放置多条语句，这样可以在程序中节省空间，但是节省的空间是以牺牲可读性为代价的。
- 使用缩进区分程序的不同部分。缩进 DATA 步和 PROC 步中的所有语句。这样只需一眼就可了解程序中有多少个 DATA 步和 PROC 步，以及每个语句属于哪个步。将 DO 语句及其 END 语句之间的所有语句都缩进，对易读性也有帮助。
- 大量使用注释语句记录你的程序。这需要你的自觉，但是很重要，特别是对于其他人有可能要读或者使用你的程序的情况。每个人都有不同的编程风格，很多情况下我们无法看出其他人所写程序的目的和原因。注释语句有助于拨开程序中的谜团。

测试程序的每个部分　确保程序的每个部分都工作正常，然后再继续编写下一部分，这样可以显著提高你的编程效率。假设你在建造一座房子，你会首先确保地基水平和周正，之后才会开始砌墙。在浴室完工之前，你会检验管道工程。你必须对房屋建造的每个阶段进行检查，完成之后才会进入下一阶段。同样的过程也适用于你的 SAS 程序，但是你不必等待检验员，你自己就可以做这项工作。

如果要从文件中读取数据，请使用 VIEWTABLE 或者 PROC PRINT 至少检查一遍 SAS 数据集，这样可以在进入下一步之前确保数据正确。有时即使 SAS 日志中没有错误消息或者可疑的提示消息，SAS 数据集也可能不正确。出现这种情况的原因是：SAS 没有按照你想象的方式读取数据（毕竟它按照你的指令操作，而不是按照你的设想行事），或者数据中具有某些你没有意识到的特别之处。

养成好的习惯，即至少查看一遍你在程序中创建的所有 SAS 数据集，从而确保它们的正确性。在读取原始数据文件过程中，有时即使没有错误消息，合并以及复制数据集也可能产生错误的结果。因此，如果有任何疑问的话，请使用 VIEWTABLE 或 PROC

PRINT 进行验证。

使用小数据集测试程序　有时使用整个数据集测试你的程序不太现实。如果你的数据文件非常大，你可能不想打印所有数据，并且程序运行时间可能会很长。在这种情况下，你可以使用部分数据测试你的程序。

如果要从文件中读取数据，你可以在 INFILE 语句中使用"OBS="选项，指示 SAS 在到达文件中某行时停止读取。通过这种方法，你可以只读取前 50 或 100 行的数据，或者读取有足够代表性的数据量。以下语句将会只读取原始数据文件 Mydata.dat 的前 100 行：

```
INFILE 'Mydata.dat' OBS = 100;
```

你也可以使用"FIRSTOBS="选项从数据文件中间开始读取。因此，如果前 100 个数据行没有充分的代表性，但是 101 到 200 行很有代表性，你可以使用以下语句只读取那些行的数据：

```
INFILE 'Mydata.dat' FIRSTOBS = 101 OBS = 200;
```

其中，"FIRSTOBS="和"OBS="与文件中原始数据的记录数有关。它们不必与所创建的 SAS 数据集中的观测对应。例如，如果你要为每个观测读取两条记录，则需要读取 200 条记录以获得 100 个观测。

如果你要读取 SAS 数据集而不是原始数据文件，则可以在 SET、MERGE 或 UPDATE 语句中使用"OBS="和"FIRSTOBS="数据集选项。[①] 这样可以控制在 DATA 步中处理哪些观测。例如，以下 DATA 步将会读取 CATS 数据集中的前 50 个观测。请注意，读取 SAS 数据集时，"OBS="和"FIRSTOBS="真正对应的是观测而不是数据行：

```
DATA sampleofcats;
   SET cats (OBS = 50);
```

使用有代表性的数据进行测试　使用"OBS="和"FIRSTOBS="是测试程序的简单方法，但是有时这种方式很难取得有代表性的数据。你可能需要从较大数据集中提取出有代表性的数据，从而创建一个小的测试数据集。或者，你可能要编造一些有代表性的数据用于测试。编造数据具有以下优点：你可以简化数据，并确保你要测试的每种可能的值的组合都包含在其中。

---

① 数据集选项在第 6.11 节中有介绍。

有时，你可能要编造一些数据，并编写一个小程序，用于测试较大程序的一个方面。在又大又复杂的程序中查找错误原因时，这样做对于缩小可能范围非常有帮助。

识别语法的编辑器 SAS 窗口环境和 Enterprise Guide 中，编辑器会将你的代码标识成不同颜色。SAS 关键字和变量以不同的颜色显示。引号内的所有文本都以同样的颜色显示，因此如果遗漏了结尾的引号，立刻就能很明显地发现。同样，缺失分号也很容易发现，因为程序中的颜色不正确。在你键入代码时就能发现错误，这样会节省很多时间。

11.2 修复无效程序

虽然尽了最大努力，有时程序就是无法运行。程序第一次无法运行是常有的事情，即使是简单的程序，也容易忘记一个分号或者拼错关键字，每个人都有可能犯错。如果你的程序无法运行，问题的原因可能如同错误消息一样明显，程序中有问题的部分用下划线标出。有的时候没有出现错误消息，但是仍然无法获得预期的结果，这样问题的原因就不那么明显。无论是什么问题，总有一些准则可以帮助你修复程序。

阅读 SAS 日志 SAS 日志包含关于程序的丰富信息。除了列出程序语句，它还告诉你诸如从原始数据文件读取了多少行数据，以及最小和最大行长度之类的信息。它也给出你创建的每个 SAS 数据集的观测数和变量数。此类信息乍看之下无关紧要，但是却非常有助于排查错误原因。

SAS 日志含有关于程序的三种类型的消息：错误、警告和提示。

错误 此类消息不容忽视。不仅是因为它们在屏幕上以红色显示，而且有错误的程序无法运行。错误通常是由于某些语法或拼写错误导致。如果你在 PROC PRINT 和 DATA= 关键字之间添加一个斜线，以下代码就会显示错误消息。SAS 会在有问题的地方（斜线）以下划线标出，通知你此处有语法错误。有时 SAS 会告诉你出错的位置应该是什么内容，通常是很直接的答案。

```
1    PROC PRINT / DATA=one;
                -
                22
                200
ERROR 22-322: 语法错误，期望下列之一: ;, BLANKLINE, CONTENTS, DATA, DOUBLE,
              GRANDTOTAL_LABEL, GRANDTOT_LABEL, GRAND_LABEL, GTOTAL_
```

```
LABEL, GTOT_LABEL,
              HEADING, LABEL, N, NOOBS, NOSUMLABEL, OBS, ROUND, ROWS,
SPLIT, STYLE,SUMLABEL, UNIFORM, WIDTH.
ERROR 200-322: 该符号不可识别,将被忽略。
```

出错的位置很容易找到,因为它通常以下划线标出,但是错误的原因有时却迷雾重重。有时出错的地方没有下划线,却在程序中出错之处前面的某个地方标记下划线。

警告 警告的严重性低于错误,因为警告不妨碍程序运行。但是你要知道,警告可能意味着 SAS 执行了你意图之外的任务。例如,SAS 将会尝试更正你拼写的某些关键字。如果你将 INPUT 错拼为 IMPUT,则会在日志中看到以下消息:

```
WARNING 1-322: 假定符号 INPUT 被错拼为 imput。
```

通常你会这样想:"SAS 太聪明了,它知道我要什么。"但有时候,这可能根本就不是你想写的。请你真正理解这些警告,并且对其内容没有异议。

提示 提示消息不像警告或错误消息那么直接。有时提示消息只是给出参考信息,例如告诉你程序每一步的执行时间。但有时提示消息也会表示程序存在问题,假设你的 SAS 日志中包含以下提示消息:

```
NOTE: INPUT 语句到达一行的末尾,SAS 已转到新的一行。
```

这可能表示 SAS 完全按照你的想法操作了,也可能表示你的程序或数据有问题。确保你了解每条提示消息的含义以及它出现的原因。

从头开始 在阅读 SAS 日志时,一定要从头开始。这听起来有些荒唐可笑,谁不会从头开始呢?好吧,假设你在使用 SAS 窗口环境,SAS 日志在日志窗口中翻滚。当程序结束时,日志的结尾会显示在你的面前。如果你碰巧在日志结尾看到一条错误,你会很自然地要去首先修复你看到的第一个错误。请不要尝试这样做,日志结尾的错误常常是前面的错误导致的。如果你修复了第一个错误,通常大多数甚至所有其他错误都会消失。如果你的剪草机没油了,并且无法启动,最好先加油,然后再看看它为啥无法启动。同样的逻辑也适用于调试 SAS 程序,修复一个问题常常也会一并修复其他问题。

首先查找常见错误 程序无法运行的原因往往很简单。首先寻找简单的原因,然后再尝试查找复杂的原因。本章的其余小节将会探讨 SAS 编程中遇到的最常见错误。当你在章节的右上角看到这个小虫子图标,就表明该部分内容介绍如何调试你的程序。

有时候错误消息完全没有道理。例如，你收到一条错误消息，通知你 INPUT 语句无效。该消息没有任何道理，因为你知道 INPUT 是有效的 SAS 语句。在此类情况下，请在该错误前面的语句中查找缺失的分号。如果 SAS 以下划线标记了某项，那么不仅要查看带下划线的那项，也一定要查看前面的几条语句。

最后，如果你就是无法查明为何不能得到预期的结果，那么一定要使用 VIEWTABLE 或 PROC PRINT 检查你创建的任何新 SAS 数据集。这样确实会帮助你发现逻辑错误，有时还会发现数据中令人惊讶的细节。

检查语法　如果数据集较大，你可能希望首先检查程序中的语法错误，然后再处理你的数据。要实现这样的目的，请在程序中添加以下代码行，然后按照通常的方式提交：

```
OPTIONS OBS=0 NOREPLACE;
```

"OBS=0" 选项通知 SAS 不要处理任何数据，而 "NOREPLACE" 选项通知 SAS 不要以空数据集替换现有 SAS 数据集。在确保语法正确之后，你可以以批处理模式重新提交没有该 OPTIONS 语句的程序。如果你使用 SAS 窗口环境，也可以用以下代码行替代 OPTIONS。

```
OPTIONS OBS=MAX REPLACE;
```

请记住，该语法检查不会发现与数据或逻辑有关的任何错误。

11.3　查找缺失的分号

缺失分号是 SAS 程序中最常见的错误原因。不管因为什么，我们好像总是记不住要在所有语句结尾放置一个分号，也许是我们的右小指总不听话所致。这是一件不幸的事情，因为忘记分号很容易，想要找到缺失的分号却不总是那么简单。产生的错误消息常常具有误导性，导致查找错误更加困难。

SAS 在分号之间读取语句，而不考虑程序的布局。如果你漏掉一个分号，实际上就将两条 SAS 语句连接到一起。那么 SAS 会感到混乱，因为看起来好像有语句缺失，或者它尝试将整条语句解释为之前语句的选项。这种情况会产生非常令人困惑的消息。因此，如果你收到毫无道理的错误消息，请查看是否有缺失的分号。

示例 以下程序在 DATA 语句前面的注释语句中缺失一个分号：

```
*使用列表输入，读取数据文件ToadJump.dat
DATA toads;
   INFILE 'c:\MyRawData\ToadJump.dat';
   INPUT ToadName $ Weight Jump1 Jump2 Jump3;
RUN;
```

以下是该程序运行之后产生的 SAS 日志：

```
1     *使用列表输入，读取数据文件ToadJump.dat
2     DATA toads;
3            INFILE 'c:\MyRawData\ToadJump.dat';
             ------
             180

ERROR 180-322: 语句无效或未按正确顺序使用。

4            INPUT ToadName $ Weight Jump1 Jump2 Jump3;
             -----
             180

ERROR 180-322: 语句无效或未按正确顺序使用。
5     RUN;
```

在这种情况中，DATA toads 变成了注释语句的一部分。因为没有 DATA 语句，所以 SAS 用下划线标记 INFILE 和 INPUT 关键字，并指出"这些语句的位置不对，它们应该包含在 DATA 步中"。该消息对你没有任何意义，因为你知道 INFILE 和 INPUT 是有效的语句，并且确实已将它们放置在 DATA 步中（或者你是这么认为的）。这时候，你就应该考虑是否有分号缺失的情况。

示例 以下示例使用同一个程序，但是这次是 DATA 语句缺失分号。INFILE 语句成为 DATA 语句的一部分，SAS 会尝试创建一个名为 INFILE 的 SAS 数据集。SAS 还会尝试将文件名 c:\MyRawData\ToadJump.dat 解释为 SAS 数据集名称，但是 .dat 扩展名对于 SAS 数据集无效。它还会显示错误消息，指出缺少 DATALINES 或 INFILE 语句。此外，你还会收到关于数据集不完整的警告。这是一个很好的例子，充分说明了一个简单的错误如何产生诸多令人困惑的消息：

```
30    *使用列表输入，读取数据文件ToadJump.dat;
31    DATA toads
32           INFILE 'c:\MyRawData\ToadJump.dat';
```

```
33         INPUT ToadName $ Weight Jump1 Jump2 Jump3;
34     RUN;
ERROR: 没有 CARDS 或 INFILE 语句。
ERROR: 物理文件名"c:\MyRawData\ToadJump.dat"的扩展与有效的成员类型不一致。
NOTE: 由于出错，SAS 系统停止处理该步。
WARNING: 数据集 WORK.TOADS 可能不完整。该步停止时，共有 0 个观测和 5 个变量。
WARNING: 数据集 WORK.TOADS 由于该步已停止，而没有被替换。
WARNING: 数据集 WORK.INFILE 可能不完整。该步停止时，共有 0 个观测和 5 个变量。
WARNING: 数据集 WORK.INFILE 由于该步已停止，而没有被替换。
```

缺失分号会产生各种错误消息。通常此类消息会指出语句无效，或者选项或参数无效或无法识别。有时你没有收到错误消息，但是结果仍然不正确。当在 SAS 窗口环境中提交程序时，如果在最后一个 RUN 语句中漏掉分号，则你不会收到错误消息，但是 SAS 也不会运行程序的最后一部分。

"DATASTMTCHK" 系统选项 有些缺失的分号很容易使用 "DATASTMTCHK" 系统选项进行查找，例如对于上一个示例中的情况。该选项控制哪些名称可以在 DATA 语句中用于 SAS 数据集。它默认设置为你不能使用以下名称用做 SAS 数据集名称：MERGE、RETAIN、SET 或 UPDATE。这样可以防止你仅仅因为忘记了在 DATA 语句结尾输入分号而错误地覆盖现有数据集。将 "DATASTMTCHK" 选项设置为 ALLKEYWORDS，还可以将所有 SAS 关键字设置为无效的 SAS 数据集名称。以下日志片段也指出 DATA 语句结尾缺失分号，但是这次 DATASTMTCHK 设置为 ALLKEYWORDS：

```
35     OPTIONS DATASTMTCHK=ALLKEYWORDS;
36     *使用列表输入，读取数据文件ToadJump.dat;
37     DATA toads
38         INFILE 'C:\MyRawData\ToadJump.dat';
           ------
           57
ERROR 57-185: 使用DATASTMTCHK=ALLKEYWORDS 选项时，在DATA语句中不允许使用 INFILE。
              请在 DATA 语句中查看是否缺失分号，或使用 DATASTMTCHK=NONE。

39         INPUT ToadName $ Weight Jump1 Jump2 Jump3;
40     RUN;
```

11.4 提示：INPUT 语句到达一行的末尾

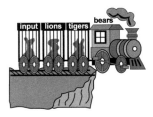

提示消息"INPUT 语句到达一行的末尾，SAS 已转到新的一行"不像看起来那么简单，它的出现也可能表示有问题。该提示消息常常被忽视。它不是以红色甚至绿色显示，而且也不会让你的程序停止。但是请在你的 SAS 日志中查找该项提示，因为这个常见提示通常意味着有问题存在。

该提示消息表示 SAS 在读取数据时，在尚未为 INPUT 语句中的所有变量读取到值之前，就已经到达数据行的末尾。发生这种情况时，SAS 默认转到数据的下一行为剩余的变量获取值。有时这正是你要 SAS 这样做的，但是如果不是这样，请仔细查看 SAS 日志和输出，去了解为什么会这样。

查看 SAS 日志中的以下信息：从数据文件读取的行数以及 SAS 数据集中的观测数。如果观测数少于读取的行数，并且你本来计划每行一个观测，那么你就知道出了问题。这时可以使用 PROC PRINT 或 VIEWTABLE 检查该 SAS 数据集，该方法对于确定问题的原因非常有帮助。

示例 本示例显示了如果你使用列表输入并且没有用句点表示缺失值的情况下会发生什么。下列数据来自蟾蜍跳跃比赛，其中首先是蟾蜍编号，然后是它的重量以及三次跳跃的距离。如果蟾蜍的某次跳跃犯规，则不会记录该次跳跃的成绩：

```
13 65 1.9 3.0
25 131 2.5 3.1 .5
10 202 3.8
8 128 3.2 1.9 2.6
3 162
21 99 2.4 1.7 3.0
```

以下是使用列表输入读取原始数据的程序产生的 SAS 日志：

```
1    DATA toads;
2       INFILE 'c:\MyRawData\ToadJmp2.dat';
3       INPUT ToadNumber Weight Jump1 Jump2 Jump3;
4    RUN;

NOTE: INFILE 'c:\MyRawData\ToadJmp2.dat' 是:
      文件名=c:\MyRawData\ToadJmp2.dat,
      RECFM=V,LRECL=256
```

```
❶NOTE: 从 INFILE 'c:\MyRawData\ToadJmp2.dat' 中读取了 6 条记录。
      最小记录长度是 5。
      最大记录长度是 17。
❸NOTE: INPUT 语句到达一行的末尾，SAS 已转到新的一行。
❷NOTE: 数据集 WORK.TOADS 有 3 个观测和 5 个变量。
 NOTE: "DATA 语句"所用时间（总处理时间）：
      实际时间              0.37 秒
```

❶ 请注意，从原始数据文件一共读取了六条记录。
❷ 但是在 SAS 数据集中只有三个观测。
❸ 消息"…INPUT 语句到达…"提醒你可能有问题。

如图 11-1 所示，如果你在 VIEWTABLE 中查看该数据集，你会发现存在问题。数值看起来全然不正确：蟾蜍怎么可能跳 128 米？

	ToadNumber	Weight	Jump1	Jump2	Jump3
1	13	65	1.9	3	25
2	10	202	3.8	8	128
3	3	162	21	99	2.4

图 11-1

在此情形中，SAS 在你不希望的地方转到了下一行。要修复该问题，最简单的方法就是在 INFILE 语句中使用"MISSOVER"选项。MISSOVER 指示 SAS 为没有数据的所有变量分配缺失值，而不是转到数据的下一行。该 INFILE 语句如下所示：

```
INFILE 'c:\MyRawData\Toadjmp2.dat' MISSOVER;
```

可能的原因 你收到"INPUT 语句到达一行的末尾"消息的其他原因包括：

- 你本来就计划 SAS 在缺少数据时就转到下一个数据行。
- 数据文件的空行（通常在开头或结尾）会导致出现此项提示消息。此时要查看 SAS 日志中的最小行长度，如果它为零，则表明存在空行。在这种情况下，可以通过编辑删除空行，然后重新运行程序。
- 如果你使用的是列表输入，且不是在每个数据值之间都有空格，则会收到此提示消息。例如，你尝试使用列表输入读取以下数据，SAS 将会缺少 Gilroy Garlics 的数据，因为 15 和 1035 之间没有空格。SAS 会将它读取为一个数值，然后在应该读取 1035 的位置读取 12，以此类推。要修复该问题，可以在两个数值之间添加一个空格，或者使用列或格式化输入。

```
Columbia Peaches        35  67  1 10 2 1
Gilroy Garlics         151035 12 11 7 6
Sacramento Tomatoes    124  85 15  4 9 1
```

- 如果某些数据行比其他数据行短，而且你要使用列或格式化输入，则会导致出现问题。例如，如果你要从 60 到70列读取名称，但是某些名称就截止到 68 列，而且你没有在该行的结尾添加空格以填充到70 列，则 SAS 将会转到下一行去读取名称。要避免该问题，请在INFILE 语句中使用"TRUNCOVER"选项（在第 2.14节中介绍）。例如：

```
INFILE 'c:\MyRawData\Addresses.dat' TRUNCOVER;
```

11.5 提示：LOST CARD

LOST CARD？你确定你是在编写 SAS 程序，而不是在玩纸牌游戏？如果你联想到以前的计算机程序和数据是在计算机卡片上打孔的话，这条提示消息才有意义。丢牌意味着 SAS 预期读取另一个数据行（或卡片），但是却没有找到它。

如果你要为每个观测读取多个数据行，则丢牌可能意味着数据行缺失或重复。如果你要为每个观测读取两个数据行，则 SAS 将预期数据文件的行数为偶数。如果行数为奇数，则你会收到 LOST CARD 消息。查找缺失或重复行常常比较困难，特别是对于较大的数据文件。打印 SAS 数据文件以及认真审阅数据文件有助于识别出有问题的区域。

示例 以下示例显示如果缺失数据行会发生什么情况。原始数据显示每个城市七月份常年的最高和最低温度以及最高和最低温度纪录，但是最后一个城市缺少一个数据行：

```
Nome AK
55 44
88 29
Miami FL
90 75
97 65
Raleigh NC
88 68
```

以下是为每个观测读取三行数据的程序产生的 SAS 日志：

```
1     DATA highlow;
2       INFILE 'c:\MyRawData\temps1.dat';
3       INPUT City $ State $ / NormalHigh NormalLow / RecordHigh RecordLow;
4     RUN;

NOTE: INFILE 'c:\MyRawData\temps1.dat' 是：
      文件名=c:\MyRawData\temps1.dat,
      RECFM=V,LRECL=256

NOTE: LOST CARD.
City=Raleigh State=NC NormalHigh=88 NormalLow=68 RecordHigh=.
RecordLow=. _ERROR_=1 _N_=3
NOTE: 从 INFILE 'c:\MyRawData\temps1.dat' 中读取了 8 条记录。
      最小记录长度是 5。
      最大记录长度是 11。
NOTE: 数据集 WORK.HIGHLOW 有 2 个观测和 6 个变量。
NOTE: "DATA 语句"所用时间（总处理时间）：
      实际时间            0.06 秒
      CPU时间             0.06 秒
```

在这种情况下，你会收到 LOST CARD 提示消息，并且 SAS 还会为缺失数据的观测打印所读取的数据值。在日志中可以看到 SAS 从文件中读取了 8 条记录，但是 SAS 数据集仅有 2 个观测。不完整的观测未包含在其中。

示例 有时还会经常随着 LOST CARD 提示消息一起收到其他消息。"数据无效"提示就是 LOST CARD 提示最常见的伴生消息。如果温度数据的第二行缺失，则你会收到"数据无效"的消息，因为 SAS 将尝试将 Miami FL 读取为 Nome AK 最高和最低温度纪录。

```
Nome AK
88 29
Miami FL
90 75
97 65
Raleigh NC
88 68
105 50
```

以下是显示"数据无效"提示消息的 SAS 日志：

```
NOTE: 在第 3 行、第 1-5 列中有对"RecordHigh"无效的数据。
```

```
NOTE: 在第 3 行、第 7-8 列中有对"RecordLow"无效的数据。
RULE:         ----+----1----+----2----+----3----+----4----+----5----+---
-6----+----7----+----8---
3            Miami FL 8
City=Nome  State=AK NormalHigh=88 NormalLow=29 RecordHigh=.
RecordLow=. _ERROR_=1 _N_=1
```

示例　除了收到 LOST CARD 消息，常常还会收到"INPUT 语句到达一行的末尾"消息。如果在如下例所示的文件中漏掉最后一个数值，则你会一起收到这两个提示消息：

```
Nome AK
55 44
88 29
Miami FL
90 75
97 65
Raleigh NC
88 68
105
```

当程序使用列表输入时，SAS 会尝试转到下一行为最后一个变量获取数据。因为该文件已经没有下一行数据，你会收到 LOST CARD 提示消息。

```
NOTE: LOST CARD.
City=Raleigh State=NC NormalHigh=88 NormalLow=68 RecordHigh=105
RecordLow=. _ERROR_=1 _N_=3
NOTE: 从 INFILE 'c:\MyRawData\temps3.dat' 中读取了 9 条记录。
      最小记录长度是 3。
      最大记录长度是 10。
NOTE: INPUT 语句到达一行的末尾，SAS 已转到新的一行。
```

11.6 提示：无效的数据

一般的 SAS 新用户在看到"数据无效"消息时通常会忽略它，希望它会自行消失。这有点反讽的意味，因为一旦你了解如何解读此类消息，它就会变得简单易懂。

解读该消息　当由于数据与 INPUT 语句不一致导致 SAS 无法读取原始数据文件时，就会产生"数据无效"消息。例如，一个常见的错误就是键入字母 O 而不是数字 0。如果变量为数值型，则 SAS 无法解释字母 O。因此 SAS 会执行两个操作：一是将该变量的值设置为缺失；二是为有问题的观测打印输出如下所示的消息：

```
❶ NOTE: 在第 8 行、第 1-5 列中有对"IDNumber"无效的数据.
❷ RULE:----+----1----+----2----+----3----+----4----+----5----+----6----+
     8  0O7 James Bond SA341
❸ IDNumber=. Name=James Bond Class=SA Q1=3 Q2=4 Q3=1 _ERROR_=1 _N_=8
```

❶ 第一行通知你问题发生在哪里。它会具体指出 SAS 卡在哪个变量，以及 SAS 要尝试读取的原始数据文件中的行号和列。在本示例中，SAS 执行以下操作时发生错误：它尝试从输入文件的第 8 行的 1～5 列读取名为 IDNumber 的变量。

❷ 下一行是以列为增量的一个标尺。数字 1 标记第 10 列，数字 2 标记第 20 列，依此类推。在该标尺之下，SAS 列出实际的原始数据行，以便你可以看清出问题的地方。使用该标尺作为向导，你可以预计到有问题的列。在此，你可以将实际的原始数据与你的 INPUT 语句进行比较，错误通常是显而易见的。IDNumber 的值应该是 007，但是仔细查看一下实际的数据行，你会发现粗心的录入员键入的是 0O7。此类错误似乎对你而言很微小，但是你很快会了解到计算机是要求绝对的精确。

❸ 仿佛还嫌不够充分，SAS 还打印了更多的信息：SAS 读取的该观测的每个变量的值。在本例中，你可以看到 IDNumber 的值缺失，Name 的值为 James Bond，等等。该行的结尾是两个自动变量：_ERROR_ 和 _N_。该观测有数据错误时，_ERROR_ 变量的值为 1，如果没有错误，则该值为 0。在"数据无效"提示消息中，_ERROR_ 总是等于 1。自动变量 _N_ 是 SAS 循环执行 DATA 步的次数。

不可打印字符　偶尔情况下无效数据会包含不可打印字符。在这些情况下，SAS 以十六进制显示原始数据。

```
     NOTE: 在第 10 行、第 1-5 列中有对"IDNumber"无效的数据.
         RULE: ----+----1----+----2----+----3----+----4----+----5----+----6----+
❶        CHAR .. Indiana Jones PI83.
❷    ZONE 20222466666624666725433222222222222222222222222222222222222222
❷    NUMR E90009E491E10AFE5300983E0000000000000000000000000000000000000
     IdNumber=. Name=Indiana Jones Class=PI Q1=8 Q2=3 Q3=. _ERROR_=1 _N_=10
```

❶ 如前所述，SAS 打印包含无效数据的原始数据行。

❷ 紧接着原始数据行下面，SAS 打印包含数据十六进制对等值的两行数据。你不必了解十六进制值就可以读懂它。SAS 以这样的方式打印该数据，是因为常规的 10 个数字和 26 个字母无法提供足够的值来唯一表示所有计算机符号。十六进制使用两个字符表示每个符号。要读十六进制值，从第一行（标记为 ZONE）取一个数字，并从第二行（标记为 NUMR）取一个对应的数字。在本例中，一个制表符进入到第 2 列，在数据行中显

示为看似无害的句点。然而，在十六进制中制表符显示为 09，而第 1 列中的真正句点在十六进制中显示为 2E。①

可能的原因 收到"数据无效"消息的常见原因包括：
- 字段中的字符值应该为数值型（包括使用了字母 O 代替数字 0）
- 忘记指定变量为字符型（SAS 假定其为数值型）
- 列指定不正确导致数值型数据中出现嵌入式空格
- 列表型输入中出现连续的两个句点，并且它们之间没有空格
- 列表型输入中没有将缺失值标记为句点，导致 SAS 读取下一个数据值
- 数值型数据中的特殊字符，诸如制表符、回车换行符或换页符
- 使用错误的输入格式，例如使用 MMDDYY. 而不是 DDMMYY.
- 使用日期输入格式读取无效的日期（例如 September 31）

双问号输入格式修饰符 有时对于无效数据，你也没有什么可做的。你知道数据不理想，但是你只想 SAS 继续处理这些数据，并且将无效值设置为缺失，同时不在日志中写入有关的消息。在这种情况下，你可以使用"??"输入格式修饰符。"??"输入格式修饰符禁止"数据无效"消息，并且防止自动变量 _ERROR_ 设置为 1。只需在有问题的变量名称之后和任何输入格式或列指定之前插入两个问号。例如，要防止变量 IdNumber 的前述"数据无效"消息，你可以在 INPUT 语句中添加"??"，如下所示：

```
INPUT IdNumber ?? 1-5 Name $ 6-18 Class $ 20-21 Q1 22 Q2 23 Q3 24;
```

11.7 提示：生成缺失值

当 SAS 因为数据中先前存在的缺失值导致无法计算变量值时，则会出现"缺失值"消息。这不一定是一个问题，有可能数据包含正当的缺失值，并且将新变量设置为缺失正是所需的响应。但是也有可能缺失值是由于错误导致，那么你就需要修复程序或数据。好的做法是将"缺失值"消息视为一个标记，提醒你查看是否有错误。

示例 此处仍以蟾蜍跳跃比赛的数据为例，其中包含蟾蜍的名称、重量以及三次跳跃的每次跳跃距离：

---

① 在 z/OS 系统中，制表符的十六进制表示为 05。

```
Lucky 2.3 1.9 . 3.0
Spot 4.6 2.5 3.1 .5
Tubs 7.1 . . 3.8
Hop 4.5 3.2 1.9 2.6
Noisy 3.8 1.3 1.8
1.5
Winner 5.7 . . .
```

请注意，有几只蟾蜍的一次或多次跳跃没有成绩。要计算跳跃的平均距离，以下 SAS 日志中的程序读取原始数据，并将三次跳跃的距离相加，然后除以三：

```
1    DATA toads;
2       INFILE 'c:\MyRawData\ToadJump.dat';
3       INPUT ToadName $ Weight Jump1 Jump2 Jump3;
4     AverageJump = (Jump1 + Jump2 + Jump3) / 3;
5    RUN;

NOTE: INFILE 'c:\MyRawData\ToadJump.dat' 是:
      文件名=c:\MyRawData\ToadJump.dat,
      RECFM=V,LRECL=32767,文件大小（字节）=121,
      上次修改时间=2017年06月17日  23时06分53秒,
      创建时间=2017年06月17日  23时06分53秒

NOTE: 从 INFILE 'c:\MyRawData\ToadJump.dat' 中读取了 7 条记录。
      最小记录长度是 3。
      最大记录长度是 19。
NOTE: INPUT 语句到达一行的末尾，SAS 已转到新的一行。
NOTE: ❶缺失值的生成是对缺失值执行操作的结果。
      ❷指定每个位置的方式：（次数）（行:列）。
      3, 位置: 65:23。
   NOTE: 数据集 WORK.TOADS 有 6 个观测和 6 个变量。
```

由于数据中有缺失值，SAS 无法为某些蟾蜍计算 AverageJump。作为响应，SAS 打印了由两部分组成的"缺失值"消息：

❶ 该消息的第一部分说明 SAS 强制将某些值设置为缺失。

❷ 第二部分消息有点神秘。SAS 列出了值设置为缺失的次数。除非问题发生在一个 DO 循环中，否则它通常对应于生成缺失值的观测的个数。接下来，SAS 指出程序中发生问题的位置。在前述示例中，SAS 在第 4 行、第 25 列将三个值设置为缺失。查看一下该程序，你会看到第 4 行是用于计算 AverageJump，而第 25 列包含第一个加号。查看原始数据，可以看到三个观测在 Jump1、Jump2 或 Jump3 有缺失值。"缺失值"消息中提到的三次就是指这些观测。

查找缺失值　在本示例中，查找有缺失值的观测很容易。但是对于有数百甚或数百万观测的数据集，则不能只是简单看看数据。在这种情况下，你可以通过取子集的 IF 语句取出包含有问题观测的子集，如下所示：

```
DATA missing;
   INFILE 'c:\MyRawData\ToadJump.dat';
   INPUT ToadName $ Weight Jump1 Jump2 Jump3;
   AverageJump = (Jump1 + Jump2 + Jump3) / 3;
   IF AverageJump = .;
RUN;
```

一旦仅选定包含缺失值的观测后，你可以使用 VIEWTABLE 或 PROC PRINT 检查这些观测。图 11-2 中的 VIEWTABLE 窗口显示了在 AverageJump 中有缺失值的观测。

VIEWTABLE: Work.Missing

	ToadName	Weight	Jump1	Jump2	Jump3	AverageJump
1	Lucky	2.3	1.9	.	3	.
2	Tubs	7.1	.	.	3.8	.
3	Winner	5.7	.	.	.	.

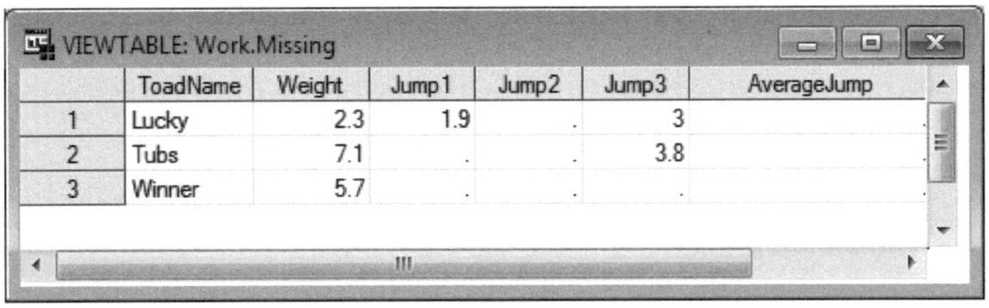

图 11-2

使用 SUM 和 MEAN 函数　在使用 SUM 或 MEAN 函数而非算术表达式求和或均值时，你可能会绕过这个问题。在前面的程序中，你可以删除此行：

```
AverageJump = (Jump1 + Jump2 + Jump3) / 3;
```

并替换为：

```
AverageJump = MEAN(Jump1, Jump2, Jump3);
```

SUM 和 MEAN 函数仅使用非缺失值进行计算。在本示例中，你仍然会收到关于蟾蜍 Winner 有缺失值的提示消息，因为它所有的三次跳跃都是缺失值。

11.8 提示：数值已转换为字符（或反之）

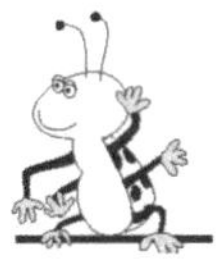

即使只有两个数据类型：数值型和字符型，SAS 程序员还是时不时会将变量类型弄混。

当你意外弄混数值型和字符型变量时，SAS 会根据需要将变量从数值型转换为字符型（或反之），从而尝试修复你的程序。程序员有时会忽略该问题，但是这不是一个好主意。如果你忽略该消息，它可能会继续困扰你，因为你会发现自动修复会导致新的不兼容问题。如果变量确实需要转换，你应该自行进行显式转换，这样你就会了解变量的具体情况。

示例 要显示 SAS 如何处理此类不兼容问题，此处使用一个班级的数据为例。该数据的每行包含一名学生的 ID 编号、姓名和两次测验的得分。

```
110 Linda 53 60
203 Derek 72 64
105 Kathy 98 82
224 Michael 80 55
```

指导教师运行以下程序读取该数据,然后创建一个名为 SCORES 的永久 SAS 数据集。

```
LIBNAME students 'c:\MySASLib';
DATA students.scores;
   INFILE 'c:\MyRawData\TestScores.dat';
   INPUT StudentID Name $ Score1 Score2 $;
RUN;
```

在创建永久 SAS 数据集之后，指导教师运行程序计算总成绩，并提取 StudentID 的第一个数字（班级第一组学生的 ID 以 1 开头，第二组学生的 ID 以 2 开头）。以下是该程序的日志：

```
2   DATA grades;
3      SET students.scores;
4      TotalScore = Score1 + Score2;
5      Class = SUBSTR(StudentID,2,1);
6   RUN;

NOTE: 字符值已转换为数值，位置:（行:列）。
      4:26
NOTE: 数值已转换为字符值，位置:（行:列）。
      5:19
NOTE: 从数据集 STUDENTS.SCORES. 读取了 4 个观测
NOTE: 数据集 WORK.GRADES 有 4 个观测和 6 个变量。
NOTE: "DATA 语句"所用时间（总处理时间）:
      实际时间            0.10 秒
      CPU时间             0.01 秒
```

该程序产生了两条"值已经被转换"消息。第一个转换发生在第 4 行、第 26 列。查看日志的第 4 行,可以看到变量名 Score2 出现在第 26 列。Score2 意外地输入为字符型变量,因此 SAS 必须将其转换为数值型,然后将其与 Score1 相加以计算 TotalScore。

第二个转换发生在第 5 行、第 19 列。查看日志的第 5 行,可以看到变量 StudentID 出现在第 19 列。StudentID 是以数值型变量输入的,但是 SUBSTR 函数要求使用字符型变量,因此 SAS 强制将 StudentID 转换为字符。

转换变量 你当然可以返回以正确类型输入原始数据,但是有时这样不太现实。其实,你可以将该变量的类型进行转换。要将变量从字符型转换为数值型,你可以使用 INPUT 函数。要从数值型转换为字符型,你可以使用 PUT 函数。在多数情况下,你可以在赋值语句中按照以下语法使用这些函数:

字符值转换为数值   数值转换为字符值
newvar = INPUT(*oldvar, informat*);   *newvar* = PUT(*oldvar, format*);

这两个有点古怪的函数与 PUT 和 INPUT 语句有类似之处。正如 INPUT 语句使用输入格式,INPUT 函数也使用输入格式;同样地,正如 PUT 语句使用输出格式,PUT 函数也使用输出格式。这些函数可能令人困惑,因为它们相似却又有不同之处。对于 INPUT 函数,输入格式必须是要转换的目标类型,即数值型。与此相反,PUT 格式的输出格式必须是要转换的源类型,即数值型[①]。要转换前面程序中有问题的变量,你可以使用以下语句:

字符转换为数值   数值转换为字符
NewScore2 = INPUT(Score2, 2.);   NewID = PUT(StudentID, 3.);

以下日志显示的程序包含转换 Score2 和 StudentID 的语句:

```
7    DATA grades;
8        SET students.scores;
9        NewScore2 = INPUT(Score2, 2.);
10       TotalScore = Score1 + NewScore2;
11       NewID = PUT(StudentID,3.);
12       Class = SUBSTR(NewID,2,1);
13   RUN;

NOTE: 从数据集 STUDENTS.SCORES. 读取了 4 个观测
```

---

① 在本讨论中,涉及的是将变量从数值型转换为字符型或者反之,但是你也可以使用 PUT 函数将一种字符值更改为其他字符值。当你这样做时,*oldvar* 和 *newvar* 将是字符型变量,而输出格式将是字符格式。

```
NOTE: 数据集 WORK.GRADES 有 4 个观测和 8 个变量。
NOTE: "DATA 语句"所用时间（总处理时间）：
      实际时间              0.08 秒
      CPU时间               0.01 秒
```

请注意，本版程序运行结果没有任何可疑的消息。

11.9 DATA 步产生错误结果而没有错误消息

某些最难调试的错误甚至根本不是错误，至少对于 SAS 而言不是。如果你在进行复杂编程，编写的 DATA 步可能运行良好，虽然没有产生任何错误消息或可疑的提示消息，但是却生成了错误的结果。程序越复杂，越有可能产生此类错误。有时，DATA 步就如同一个黑盒子。你知道输入是什么，也知道输出是什么，但是中间过程却是一个谜。该问题其实是一个逻辑错误，SAS 在中间过程接受了错误的指令。

示例 本例的程序说明了该问题以及如何调试它。下面的原始数据文件包含来自一个班级的信息，每个学生有三个测验成绩以及一个作业成绩：

```
Linda 53 60 66 42
Derek 72 64 56 32
Kathy 98 82 100 48
Michael 80 55 95 50
```

该程序本来要选择平均成绩低于 70 分的学生，但是却没有达到预想的结果。以下是这个任性的程序产生的日志：

```
1     *只选择平均成绩低于70分的学生;
2     DATA lowscore;
3        INFILE 'c:\MyRawData\Class.dat';
4        INPUT Name $ Score1 Score2 Score3 Homework;
5        Homework = Homework * 2;
6        AverageScore = MEAN(Score1 + Score2 + Score3 + Homework);
7        IF AverageScore < 70;
8     RUN;

NOTE: INFILE 'c:\MyRawData\Class.dat' 是:
      文件名=c:\MyRawData\Class.dat,
      RECFM=V,LRECL=32767,文件大小（字节）=77,
```

```
        上次修改时间=2017年06月18日 09时16分09秒,
        创建时间=2017年06月18日 09时16分09秒
NOTE: 从 INFILE 'c:\MyRawData\Class.dat' 中读取了 4 条记录。
        最小记录长度是 20。
        最大记录长度是 20。
NOTE: 数据集 WORK.LOWSCORE 有 0 个观测和 6 个变量。
NOTE: "DATA 语句"所用时间（总处理时间）:
        实际时间              0.06 秒
        CPU 时间              0.01 秒
```

首先，DATA 步从名为 Class.dat 的文件读取原始数据。作业的满分为 50 分。要让作业的权重与第一次测验相同，该程序将 Homework 的值加倍。然后，该程序计算三次测验成绩与 Homework 的平均值，最后仅选择平均成绩低于 70 分的观测创建子数据集。但是 LOWSCORE 数据集并没有包含任何观测，粗略一看原始数据，就可以确定有学生的平均成绩低于 70 分。

使用 PUT 和 PUTLOG 语句进行调试　要调试此类问题，你必须搞清楚 DATA 步中到底发生了什么。好的方法是使用 PUT 或 PUTLOG 语句进行调试，特别是对于 DATA 步较长且复杂的情况更是如此。在本书的其他章节，PUT 语句与 FILE 语句一起用于写入原始数据文件和定制报表。如果在没有 FILE 语句的情况下使用 PUT 语句，则 SAS 会将其写入 SAS 日志。PUTLOG 语句也是同样的情况，但是有一点除外：即使有 FILE 语句，PUTLOG 语句也始终写入日志中。

PUT 和 PUTLOG 语句可以有许多格式，但是如果用于调试，以下是最方便的样式：

```
PUTLOG _ALL_;
```

SAS 将会打印数据集中的所有变量。如果有许多变量，可以通过以下方式仅打印相关的变量：

```
PUTLOG variable-1= variable-2= ... variable-n=;
```

以下 DATA 步与之前显示的 DATA 步基本相同，唯一的区别是添加了 PUTLOG 语句。在较长的 DATA 步中，你可以在几个点选择使用 PUTLOG 语句。在本例中，一个 PUTLOG 语句就可以满足需求。该条 PUTLOG 语句放置在取子集的 IF 语句之前，因为在该特定程序中，取子集的 IF 语句排除了所有观测：

```
9        *只选择平均成绩低于70分的学生;
10       DATA lowscore;
```

```
11          INFILE 'c:\MyRawData\Class.dat';
12          INPUT Name $ Score1 Score2 Score3 Homework;
13          Homework = Homework * 2;
14          AverageScore = MEAN(Score1 + Score2 + Score3 + Homework);
15          PUTLOG Name= Score1= Score2= Score3= Homework= AverageScore=;
16          IF AverageScore < 70;
17       RUN;

NOTE: INFILE 'c:\MyRawData\Class.dat' 是:
      文件名=c:\MyRawData\Class.dat,
      RECFM=V,LRECL=32767,文件大小（字节）=86,

Name=Linda Score1=53 Score2=60 Score3=66 Homework=84 AverageScore=263
Name=Derek Score1=72 Score2=64 Score3=56 Homework=64 AverageScore=256
Name=Kathy Score1=98 Score2=82 Score3=100 Homework=96 AverageScore=376
Name=Michael Score1=80 Score2=55 Score3=95 Homework=100 AverageScore=330
NOTE: 从 INFILE 'c:\MyRawData\Class.dat' 中读取了 4 条记录。
      最小记录长度是 20。
      最大记录长度是 20。
NOTE: 数据集 WORK.LOWSCORE 有 0 个观测和 6 个变量。
```

查看该日志，你可以看到 PUTLOG 语句的结果。显示在该日志中间的数据表明变量输入正确，并且变量 Homework 经过了适当的调整。然而，AverageScore 的值是错误的，这些值高出许多。计算 AverageScore 的代码行存在语法错误。在 MEAN 函数中没有使用逗号分隔三个成绩变量，而是使用了加号。因为函数可以包含算术表达式，SAS 仅仅是根据指令将四个变量相加在一起，然后计算所生成的单个数值的平均值。这就是为什么没有 AverageScore 低于 70 的观测的原因。

11.10 错误：选项无效、选项无法识别、语句无效

如果 SAS 无法理解你的某条语句，它会停止执行当前的 DATA 或 PROC 步，并打印以下消息之一：

```
ERROR 22-7: 选项名称无效。
ERROR 202-322: 该选项或参数不可识别，将被忽略。
ERROR 180-322: 语句无效或未按正确顺序使用。
```

"选项无效"消息以及类似的"选项无法识别"消息，通知你有一条有效语句，但是 SAS 无法理解看似选项的部分。另外，"语句无效"消息则意味着 SAS 完全无法理解该语句。值得庆幸的是，对于所有这三个消息，SAS 都会在其感到困惑的位置以下划

线标出，以便你了解在何处查看问题。

示例　以下 SAS 日志包含无效选项：

```
1    DATA scores (ROP = Score1);
                  ---
                  22
ERROR 22-7: 选项名称"ROP"无效。

2        INFILE 'c:\MyRawData\Class.dat';
3        INPUT  Name $ Score1 Score2 Score3 Homework;
4    RUN;

NOTE: 由于出错，SAS 系统停止处理该步。
NOTE: "DATA 语句"所用时间（总处理时间）：
      实际时间              0.02 秒
      CPU时间               0.00 秒
```

在该 DATA 步中，单词 DROP 误拼为 ROP。因为 SAS 无法解释它，所以对单词 ROP 标记下划线和打印"选项无效"消息，并且停止处理 DATA 步。

示例　以下日志包含"选项无法识别"消息：

```
5    PROC PRINT
6       VAR Score2;
         ---
         22
         202
ERROR 22-322: 语法错误，期望下列之一：;, BLANKLINE, CONTENTS, DATA, DOUBLE,
              GRANDTOTAL_LABEL, GRANDTOT_LABEL, GRAND_LABEL, GTOTAL_
LABEL, GTOT_LABEL,
              HEADING, LABEL, N, NOOBS, NOSUMLABEL, OBS, ROUND, ROWS,
SPLIT, STYLE,
              SUMLABEL, UNIFORM, WIDTH.
ERROR 202-322: 该选项或参数不可识别，将被忽略。
7    RUN;

NOTE: 由于出错，SAS 系统停止处理该步。
NOTE: "PROCEDURE PRINT"所用时间（总处理时间）：
      实际时间              0.01 秒
      CPU 时间              0.01 秒
```

SAS 用下划线标出 VAR 语句。该消息似乎令人费解，因为 VAR 不是一个选项而是一条语句，而且是一条有效的语句。但是如果查看前面的语句，你会发现 PROC 语句缺失了令人厌烦的分号。因此 SAS 试图将单词 VAR 和 Score2 解释为 PROC 语句中的选项。

由于没有那些名称的选项，SAS 停止处理该步，并打印"选项无法识别"消息。SAS 还打印了"语法错误"消息，列出了 PROC PRINT 语句的所有有效选项。

示例　以下是包含"语句无效"消息的日志：

```
8      PROC PRINT
9          VAR Score2;
              ---
              22
              202
ERROR 22-322: 语法错误，期望下列之一: ;, BLANKLINE, CONTENTS, DATA, DOUBLE,
              GRANDTOTAL_LABEL, GRANDTOT_LABEL, GRAND_LABEL, GTOTAL_
LABEL, GTOT_LABEL,
              HEADING, LABEL, N, NOOBS, NOSUMLABEL, OBS, ROUND, ROWS,
SPLIT, STYLE,
              SUMLABEL, UNIFORM, WIDTH.
ERROR 202-322: 该选项或参数不可识别，将被忽略。
10     RUN;

NOTE: 由于出错，SAS 系统停止处理该步。
NOTE: "PROCEDURE PRINT"所用时间（总处理时间）:
      实际时间            0.01 秒
      CPU 时间            0.01 秒
```

在此例中，SET 语句用在了 PROC 步中。因为 SET 语句仅可用在 DATA 步中，所以 SAS 以下划线标出单词 SET，并打印"语句无效"消息。

可能的原因　一般而言，对于这些错误消息，问题的原因比较容易检测。你应该查看下划线标出的部分以及它前面的语句，从而查找可能的错误。可能的原因包括：

- 关键字拼写错误
- 分号缺失
- DATA 步语句包含在 PROC 步中（或反之）
- DATA 或 PROC 步中间的 RUN 语句（对于某些过程，这不会导致错误）
- 正确的选项用在错误的语句中
- 引号不匹配
- 注释不匹配

11.11 提示：变量未初始化 / 错误：变量未找到

如果你在 SAS 日志中发现以下消息，则 SAS 通知你消息中指定的变量不存在：

```
NOTE：变量X 未初始化.
WARNING：变量X 没有找到.
ERROR：变量X 没有找到.
```

一般而言，你首次收到此类消息，会有一点震惊。你可能非常肯定该变量确实存在，毕竟你记得创建了它。幸运的是，一旦你理解了 SAS 通知你的消息，该问题就很容易修复。

如果问题发生在 DATA 步中，则 SAS 会打印"变量未初始化"消息。初始化该变量，然后继续执行你的程序即可。通常而言，变量在读取时（通过 INPUT、SET、MERGE 或 UPDATE 语句）或在通过赋值语句创建时获得初始化。如果你首次使用变量时没有赋值（例如在赋值语句的右侧、在 IF 语句的条件中或在"DROP"或"KEEP"选项中），则 SAS 会通过为所有观测的该变量赋予缺失值，进而尝试修复该问题。SAS 这么做非常主动，但是这几乎从来无法修复该问题，因为你可能不希望所有观测的该变量都是缺失值。

如果问题发生在 PROC 步中，则结果会更严重。如果错误发生在关键语句（例如 VAR 语句）中，则 SAS 会打印"变量未找到"错误消息，并且不执行该步。如果错误发生在不太重要的语句（例如 LABEL 语句）中，则 SAS 会打印"变量未找到"警告消息，并尝试运行该步。

示例　以下日志来自 DATA 和 PROC 步均有缺失变量问题的程序：

```
1    DATA highscores (KEEP = Name Total);
2       INFILE 'c:\MyRawData\TestScores.dat';
3       INPUT StudentID Name $ Score1 Score2;
4       IF Scor1 > 90;
5       Total = Score1 + Score2;
6    RUN;

NOTE：变量 Scor1 未初始化。
NOTE：INFILE 'c:\MyRawData\TestScores.dat' 是：
      文件名=c:\MyRawData\TestScores.dat,
      RECFM=V,LRECL=32767,文件大小（字节）=68,
```

```
NOTE: 从 INFILE 'c:\MyRawData\TestScores.dat' 中读取了 4 条记录。
      最小记录长度是 15。
      最大记录长度是 17。
NOTE: 数据集 WORK.HIGHSCORES 有 0 个观测和 2 个变量。
NOTE: "DATA 语句"所用时间（总处理时间）：
      实际时间           0.03 秒
      CPU时间            0.03 秒
7
8   PROC PRINT DATA = highscores;
9     VAR Name Score2 Total;
ERROR: 变量 SCORE2 没有找到。
10  RUN;
NOTE: 由于出错，SAS 系统停止处理该步。
NOTE: "PROCEDURE PRINT"所用时间（总处理时间）：
      实际时间           0.03 秒
      CPU时间            0.00 秒
```

在该 DATA 步中，INPUT 语句读取四个变量：StudentID、Name、Score1 和 Score2。但是取子集的 IF 语句中的一个误拼导致 SAS 初始化了一个名为 Scor1 的新变量。因为 Scor1 缺失值，没有观测能够符合取子集的 IF 语句，所以数据集 HIGHSCORES 中没有留下任何观测。

在 PROC PRINT 中，VAR 语句请求三个变量：Name、Score2 和 Total。Score2 的确曾经存在，但是被 DATA 语句中的"KEEP="选项从数据集中删除。该"KEEP="选项仅保留两个变量：Name 和 Total。因此，SAS 打印"变量未找到"的错误消息，并且不执行 PROC PRINT。

可能的原因 "丢失"变量的常见原因包括：

● 误拼变量名
● 使用前面删除的变量
● 使用错误的数据集
● 犯了逻辑错误，例如使用尚未创建的变量

如果问题的原因不是那么明显，查看一下数据集的属性通常有助于找到问题所在。你可以使用"属性"窗口或 PROC CONTENTS 检查数据集的属性。"属性"窗口（在第 1.12 节中介绍）和 PROC CONTENTS（在第 2.21 节中介绍）可以向你提供包括变量名在内的有关 SAS 数据集的信息。

11.12 SAS 截断字符型变量

有时你会发现字符型变量的部分或全部值被截断。你可能期望 peanut butter，但是却获得 peanut b，或者期望 chocolate ice cream，但是却获得 chocolate ice。这通常发生在以下情形中：你使用 IF 语句创建新字符型变量，或者使用列表型输入并且值的长度超过八个字符。

所有字符型变量都有一个固定长度，长度由以下方法之一确定。

INPUT 语句 如果变量的值是从原始数据文件读取的，则该长度由 INPUT 语句确定。如果你使用列表型输入，则该长度默认设置为 8。如果你使用列或格式化输入，则该长度由列数或输入格式确定。以下示例显示为变量 Food 读取值的 INPUT 语句以及产生的 Food 长度：

```
INPUT 语句              Food 的长度
INPUT Food $;            8
INPUT Food $ 1-10;       10
INPUT Food $15.;         15
```

赋值语句 如果你在赋值语句中创建变量，则该长度由新变量名称的第一个实例确定。例如，以下程序创建一个变量 Status，该变量的值由变量 Temperature 决定：

```
DATA summer;
   SET temps;
   IF Temperature > 100 THEN Status = 'Hot';
   ELSE Status = 'Cold';
RUN;
```

因为单词 Hot 有三个字符，而且这是使用该变量的第一条语句，因此 Status 的长度即为 3。该变量的任何其他值都将被截断为三个字符（例如，Cold 截断为 Col）。

LENGTH 语句 DATA 步中的 LENGTH 语句用于定义变量的长度，并且如果它在 INPUT 或赋值语句之前，它将会覆盖确定长度的前述两个方法。以下 LENGTH 语句将 Status 变量的长度设置为 4，将 Food 变量的长度设置为 15：

```
LENGTH Status $4 Food $15;
```

ATTRIB 语句 你也可以在 DATA 步的 ATTRIB 语句中指定变量长度，在这一条语句中就可以将输出格式、输入格式、标签和长度与变量进行关联。在 ATTRIB 语句中，"LENGTH"选项始终要放在"FORMAT"选项的前面，以确保为变量指定合适的长度。例如，以下语句为字符型变量 Status 指定长度为 4 以及标签为 Hot or Cold：

```
ATTRIB Status LENGTH = $4 LABEL = 'Hot or Cold';
```

示例 以下示例显示如果你让 SAS 确定字符型变量的长度（在本例中，使用赋值语句方法），会发生什么情况。以下是汽车颜色偏好的消费者调查数据。第一列是年龄，接下来分别是性别（1 代表男性，2 代表女性）、年收入以及偏好的颜色（黄色、灰色、蓝色或白色）：

```
19 1 14000 Y
45 1 65000 G
72 2 35000 B
31 1 44000 Y
58 2 83000 W
```

你要创建一个具有以下值的新变量 AgeGroup：Teen 代表 20 岁以下的消费者，Adult 代表 20～64 岁的消费者，Senior 代表 65 岁及以上的消费者。在以下程序中，一系列 IF-THEN/ELSE 语句创建了变量 AgeGroup：

```
DATA carsurvey;
   INFILE 'c:\MyRawData\Cars.dat';
   INPUT Age Sex Income Color $;
   IF Age < 20 THEN AgeGroup = 'Teen';
      ELSE IF Age < 65 THEN AgeGroup = 'Adult';
      ELSE AgeGroup = 'Senior';
PROC PRINT DATA = carsurvey;
   TITLE 'Car Color Survey Results';
RUN;
```

PROC PRINT 的结果（见表 11-1）显示了 AgeGroup 的值如何被截断为四个字符，即 Teen 的字符数。

表 11-1 汽车颜色调查表

Obs	Age	Sex	Income	Color	AgeGroup
1	19	1	14000	Y	Teen
2	45	1	65000	G	Adul

(续表)

Obs	Age	Sex	Income	Color	AgeGroup
3	72	2	35000	B	Seni
4	31	1	44000	Y	Adul
5	58	2	83000	W	Adul

在 DATA 步中添加 LENGTH 语句即可消除截断问题，如下所示：

```
DATA carsurvey;
   INFILE 'c:\MyRawData\Cars.dat';
   INPUT Age Sex Income Color $;
   LENGTH AgeGroup $6;
   IF Age < 20 THEN AgeGroup = 'Teen';
      ELSE IF Age < 65 THEN AgeGroup = 'Adult';
      ELSE AgeGroup = 'Senior';
RUN;
```

11.13 SAS 在程序的中间停止

SAS 用户遇到的最令人不安的错误是 SAS 在程序中间停止。这就像你的 SAS 代码突然死掉，但是却没有错误消息作为确切的证据。没有错误消息，你就只能依靠自己查看该问题。很多时候，该问题和 SAS 没有任何关系，而是操作环境停止了你的程序。另外一些情况下，该问题是由于某些错误阻止 SAS 看到完整程序所导致的。

一些完全无关的原因也可能导致 SAS 停止。下面列出了这些可能的原因，首先从最常见的问题开始，直到特定于某些执行模式或操作环境的问题。

不匹配的引号 不匹配的引号会严重破坏 SAS 程序，包括导致 SAS 在程序中间停止。在这种情况下，SAS 停止运行实际上是因为它认为程序的其余部分是被引用的内容。在批处理模式中，解决方法很简单，只需插入缺失的引号，然后重新提交该程序。在 SAS 窗口环境中，你不能只是简单地重新提交该程序，因为 SAS 仍在等待另一个匹配的引号。解决方法是提交一个用于抵消的引号，如下所示：

```
';
RUN;
```

接下来，编辑你的程序以更正该问题（记住要删除多余的引号和结尾的 RUN 语句），然后重新运行该程序。有些程序员宁愿先退出 SAS，然后重新启动。如果这样的话，请记住在退出前保存程序。

不匹配的注释　不匹配的注释会导致 SAS 在程序中间停止，这与不匹配的引号很相似。该问题是 SAS 无法读取整个程序，因为程序的一部分错误地放入注释中。如果你使用以星号开头并以分号结尾的那类注释，当然，这看起来不太容易发生。因为程序包含很多分号，任意分号都会结束一条注释。但是如果你使用以 /* 开头、以 */ 结尾的那类注释，并且忘记了包含最后的 */，则 SAS 会假定程序的其余部分是一个长注释。在批处理模式中，解决方法是插入缺失的注释结尾，并重新提交该程序。在 SAS 窗口环境中，解决方法是提交一个单独的注释结尾，如下所示：

```
*/;
RUN;
```

接下来，编辑你的程序以更正该问题（记住要删除多余的注释结尾和结尾的 RUN 语句），然后重新运行该程序。有些程序员宁愿先退出 SAS，然后重新启动。如果这样的话，请记住在退出前保存程序。

程序结尾没有 RUN 语句　该问题仅发生在 SAS 窗口环境中。在批处理模式中，在每个 SAS 程序的结尾都有一个隐性的 RUN 语句。问题是，在 SAS 窗口环境中，SAS 没有办法知道何时执行你的最后一步，除非你使用 RUN 语句通知它。解决方法是提交这条必需的语句：

```
RUN;
```

无法确定是什么问题?　如果你在使用 SAS 窗口环境，并认为有不匹配的引号、不匹配的注释或缺失 RUN 语句，但是无法确定，则你可以提交以下一组语句：

```
*';
*";
*/;
RUN;
```

这些语句共同构成 SAS 程序的通用结束符。如果程序没有问题，这些语句什么也不会做，因为前三条语句将成为注释，而程序步之间的多余 RUN 语句什么也不会做。这意味着你可以提交这些语句，而无需担心导致任何问题。

超时　批处理系统可能对计算机作业有时间限制（以 CPU 秒计），这些限制由系统程序员在本地设定。这些限制是有帮助的，因为它们允许小作业提交到优先级较高的特殊队列中。这样，小作业就不必等待某些大作业完成再处理。时间限制也可以设定为停止意外进入无限循环中的作业。如果你的作业以批处理模式运行时在中间停止，并且你未发现不匹配的引号或注释，则你要考虑作业是否由于超时而停止。要找出如何修复该问题，请与你的软件安装点的系统程序员或其他 SAS 用户联系。

/* 位于第一列 在 z/OS 环境中，存在一种独特的危险情况。你应该还记得，其中一种 SAS 注释以斜杠星号 (/*) 开头。z/OS 环境中的批处理作业使用作业控制语言 (JCL)。在 JCL 中，在第一列开始的 /* 表示程序文件的结束。因此，如果 SAS 程序员在第一列以 /* 表示注释的开始，其实是在不经意间指示计算机立即停止。SAS 甚至都没有看到作业的其余部分。当然，解决方法就是将注释从第一列移出，或者将注释更改为以星号 (*) 开头并以分号 (;) 结尾。

11.14 SAS 耗尽内存或磁盘空间

你的程序终于可以运行了，但是却收到计算机内存或磁盘空间不足的消息，你该如何应对？当然你可以申请购置更强大的计算机，这主意不错。但是在花钱解决问题之前，你可以尝试几个方法。因为该问题取决于你的操作环境，本章节不可能涵盖你所能做的方方面面。但是，本章节介绍了你可以采取的用于补救该问题的一些通用方法。

了解问题发生的原因有助于问题的解决。内存耗尽通常发生在以下情形中：执行密集型计算或对含有许多变量的数据集进行排序。例如，如果你的模型比较复杂，并且每个分类变量有许多水平，则 GLM 过程（广义线性模型）就会占用大量内存。耗尽磁盘空间是因为 SAS 使用磁盘空间存储所有临时工作文件，包括临时 SAS 数据集、SAS 日志和输出。在 SAS 会话的过程中，你会创建许多大的临时 SAS 数据集，这将很快填满磁盘空间。

内存和磁盘空间 减少磁盘存储消耗的一个方法是降低存储数据所需的字节数。对于用字符型数据对数据集进行排序所引起的内存问题，该方法也起作用。因为 SAS 处理数据时所有数值都会扩展到最长的全精度，更改数值型数据的存储需求无助于解决内存问题。字符型（如果使用列表输入的话）和数值型变量的默认存储大小都是八个字节。多数情况下均是如此，但是如果内存或磁盘空间非常短缺，你通常会找到需要更少字节的变量。

对于字符型数据，每个字符需要一个字节的存储空间。字符型变量的长度由以下其中一项确定：INPUT 语句、LENGTH 或 ATTRIB 语句，或者该变量第一个值的长度（如果它是在赋值语句中被创建的话）。如果你使用列表输入，则变量的长度指定为 8。如果你的数据只有一个字符长（例如 Y 或 N），则使用的存储空间是实际所需的八倍。你可以在 INPUT 语句之前使用 LENGTH 语句更改默认长度。例如以下语句指定字符型变量 Answer 的长度为一个字节：

```
LENGTH Answer $1;
```

如果你使用列输入，则该长度等于你要读取的列数；如果你使用格式化输入，则该长度等于输入格式的宽度。你可以更改现有 SAS 数据集中变量的长度，方法是在 DATA 语句和 SET、MERGE 或 UPDATE 语句之间使用 LENGTH 语句。

磁盘空间　　如果你耗尽了磁盘空间，除了缩短字符型变量的长度，也可以降低数值型变量的长度。相对于字符型数据，数值型数据在长度问题上有点难以捉摸。所有数值都可以安全地存储在 8 个字节中，这就是为什么其默认长度为 8。有些数值在更少的字节中也可安全地存储，但是具体的字节数取决于你的操作环境。要确定数值型变量的长度和精度，请查看针对你的操作环境的 SAS 帮助文档。例如，在 Windows 和 UNIX 环境中，你可以在 3 个字节中安全地存储最大至 8 192 的整数。一般而言，如果你的数值包含小数位值，则必须使用 8 个字节。如果整数值较小，则可以使用 4 个字节（在某些操作环境中，2 个或 3 个字节也可）。使用 LENGTH 语句可以更改数据的长度：

```
LENGTH Tigers 4;
```

该语句将数值型变量 Tigers 的长度更改为 4 个字节。如果数值是分类数据（例如 1 代表男性，2 代表女性），则你可以将它们读取为长度为 1 的字符数据，这样可以节省更多空间。

另一个值得一试的方法是减少 SAS 会话期间创建的数据集的数量和大小。如果你只要使用一部分数据进行分析，则尽早使用取子集的 IF 语句对数据取子集。例如，如果你只需针对女性的观测，则在 DATA 步中使用以下语句：

```
IF Sex = 'female';
```

如果只需查看数据集中的一部分变量，则可以使用"KEEP="（或"DROP="）数据集选项减少变量的数量。例如，如果数据集中包含动物园所有动物的信息，但是你只想查看关于狮子和老虎的信息，则可以使用以下语句创建仅含这些变量的数据集：

```
DATA partial;
   SET zooanimals (KEEP = Lions Tigers);
```

压缩 SAS 数据集也是可能的方法。如果数据包含许多重复值，压缩可以节省一些空间。但是必须注意到，在某些情况下压缩实际上会增大数据集的大小。幸运的是，SAS 会在日志窗口显示消息，通知你数据集大小的变化。你可以通过使用"COMPRESS=YES"系统选项或"COMPRESS=YES"数据集选项开启压缩。如果你希望创建的所有 SAS 数据集都压缩，则使用系统选项。如果要控制压缩哪些 SAS 数据集，则使用数据集选项。例如：

```
DATA compressedzooanimals (COMPRESS = YES);
   SET zooanimals;
```

如果你的系统中有多个磁盘，则你可以让 SAS 在空间更大的其他位置存储其工作文件。详细信息，请参见针对你的操作环境的 SAS 帮助文档。

内存　　如果内存出现问题，则尽可能消除占用计算机内存的其他程序。如果你在使用窗口环境运行 SAS 程序，请尝试改为以批处理模式运行它。窗口会占用大量内存，而且可能占总可用内存的大部分。此外，请查看针对你的操作环境的 SAS 帮助和文档，查找提高系统可用内存的其他可能途径。

如果你倾尽了以上所有方法，仍然耗尽了内存或磁盘空间，那你可以尝试使用更强大的计算机。SAS 的一个优点就是它的语言在所有操作环境中都是一样的。要将你的程序移到其他操作环境，你只需更改少数直接与操作环境打交道的语句（例如，INFILE）。

附录 从 SQL 到 SAS

> 在观测领域，机遇只偏爱有准备的头脑。[1]
>
> ——路易·巴斯德

---

[1] 出自伊丽莎白·诺尔斯．牛津名人名言大词典（The Oxford Dictionary）第 5 版．牛津：牛津大学出版社，1999．

如果你已经了解结构化查询语言 (SQL)，那么就会欣喜地发现可以在 SAS 程序中使用 SQL 语句创建、读取和修改 SAS 数据集。在 SAS 中使用 SQL 有两种基本方式：

- 你可以在 SQL 过程中嵌入完整的 SQL 语句。
- 你可以在标准的 SAS DATA 和 PROC 步中使用 WHERE 语句或 "WHERE=" 数据集选项选择行。

这两项功能在 Base SAS 中均可使用，因此你无需任何其他 SAS 软件的许可就能使用 SQL。

术语　诸如表、行或列等源自于关系型数据库的术语现在也是标准的 SAS 术语。但是，SAS 还使用其他一些术语。为了帮助你理解 SAS 术语，以下是可类比术语的简要词典：

SQL 术语	类似的 SAS 术语
列	列或变量
行	行或观测
表	表或数据集
连接	连接、合并、复制、更新或修改
NULL 值	缺失值
别名	别名
视图	视图
没有类似的术语	DATA 步
没有类似的术语	PROC 步

SQL 没有类似于 SAS DATA 和 PROC 步的结构。基本上，DATA 步读取和修改数据，而 PROC（过程的缩写）步执行特定的分析或函数，诸如排序、写报表或运行统计分析。在 SQL 中，只要使用 SELECT 语句，报表就会自动生成，而排序是由 ORDER BY 子句执行。大多数其他 SAS 过程执行的操作在 SQL 中不存在。

SAS 的数据类型较标准 SQL 语言要少。字符型数据类型在两种语言中都是一样的。所有其他的 SQL 数据类型（数值、小数、整型、小整型、浮点型、实数型、双精度和日期型）都映射为 SAS 数值型数据类型。

PROC SQL　SAS 中的 SQL 过程遵循美国国家标准学会 (ANSI) 针对 SQL 实施制定的绝大多数规定，只有少数除外。其中一个例外就是表名称、列名称和别名长度限制为 32 个字符，这符合标准的 SAS 命名规范。SQL 的 ANSI 标准允许更长的名称。关于在 PROC SQL 中实施 ANSI 标准的更多详细信息，请参见 SAS 帮助文档。

以下是 SQL 过程的基本格式：

```
PROC SQL;
sql-statement;
```

PROC SQL 中的 *sql-statement* 的可能值包括 ALTER、CREATE、DELETE、DESCRIBE、DROP、INSERT、SELECT、UPDATE 和 VALIDATE 语句，语句结尾要添加分号。一个 PROC SQL 步中可以包含任意数量的 SQL 语句。

你可以以交互方式或在批处理作业中使用 PROC SQL。与多数其他 SAS 过程不同，PROC SQL 可以交互式运行，你只需提交程序语句即可，而无须 RUN 语句。SELECT 语句的任何结果都会自动显示，除非你在 PROC 语句中指定 NOPRINT 选项，如下所示：

```
PROC SQL NOPRINT;
```

SQL 视图是在运行时执行的已存储 SELECT 语句。PROC SQL 可以创建视图，而其他过程可以读取通过 PROC SQL 创建的视图。

示例 SQL（也即 PROC SQL）执行的任务在 SAS 中也可由 DATA 步、PROC PRINT、PROC SORT 和 PROC MEANS 完成。要显示 PROC SQL 如何工作并提供与 DATA 和 PROC 步的对比，请参见以下使用 PROC SQL 和其他 SAS 语句执行相同操作的程序。

创建表 第一个程序使用 PROC SQL 创建并打印一个包含 3 列的简单表。该程序在单个 PROC SQL 步中使用 CREATE、INSERT 和 SELECT 语句：

```
LIBNAME sports 'c:\MySASLib';
PROC SQL;
 CREATE TABLE sports.customer
   (CustomerNumber num,
    Name char(17),
    Address char(20));

 INSERT INTO sports.customer
   VALUES (101, 'Murphy''s Sports', '115 Main St.')
   VALUES (102, 'Sun N Ski', '2106 Newberry Ave.')
   VALUES (103, 'Sports Outfitters', '19 Cary Way')
   VALUES (104, 'Cramer & Johnson', '4106 Arlington Blvd.')
   VALUES (105, 'Sports Savers', '2708 Broadway');
TITLE 'Sports Customer Data';
SELECT *
  FROM sports.customer;
```

请注意，LIBNAME 语句生成一个名为 SPORTS 的逻辑库，它指向 C 驱动器上名为 MySASLib 的子目录 (Windows)。LIBNAME 语句可能会因操作环境的变化而有所不同。有关 LIBNAME 的详细信息，请参见第 2.19 节。该程序在 MySASLib 子目录中创建一个名为 CUSTOMER 的永久 SAS 表。这里不需要 RUN 语句，要运行该程序只需将其提交给 SAS 即可。附表 1 是程序输出。

附表 1　Sports Customer Data

CustomerNumber	Name	Address
101	Murphy's Sports	115 Main St.
102	Sun N Ski	2106 Newberry Ave.
103	Sports Outfitters	19 Cary Way
104	Cramer & Johnson	4106 Arlington Blvd.
105	Sports Savers	2708 Broadway

下一个程序使用标准的 SAS 语句创建相同的表。请注意：LIBNAME 语句、表名称和 TITLE 语句在两个程序中都是完全一样的。LIBNAME 语句在单个会话或作业中持续有效。因此，如果你在单个会话或作业中运行这些程序，则不必重复该 LIBNAME 语句。此处重复该语句仅是出于完整性考虑。

```
LIBNAME sports 'c:\MySASLib';
DATA sports.customer;
   INPUT CustomerNumber Name $ 5-21 Address $ 23-42;
   DATALINES;
101 Murphy's Sports    115 Main St.
102 Sun N Ski          2106 Newberry Ave.
103 Sports Outfitters  19 Cary Way
104 Cramer & Johnson   4106 Arlington Blvd.
105 Sports Savers      2708 Broadway
   ;
PROC PRINT DATA = sports.customer;
TITLE 'Sports Customer Data';
RUN;
```

附表 2 是标准 SAS 程序的输出，它看起来和前一个报表有些不同，但是包含了相同的信息。

附表 2　Sports Customer Data

Obs	CustomerNumber	Name	Address
1	101	Murphy's Sports	115 Main St.
2	102	Sun N Ski	2106 Newberry Ave.
3	103	Sports Outfitters	19 Cary Way
4	104	Cramer & Johnson	4106 Arlington Blvd.
5	105	Sports Savers	2708 Broadway

读取现有表　接下来的两个程序读取 CUSTOMER 表，然后选择一行。以下是该程序的 PROC SQL 版本：

```
LIBNAME sports 'c:\MySASLib';
PROC SQL;
   TITLE 'Customer Number 102';
   SELECT *
      FROM sports.customer
      WHERE CustomerNumber = 102;
```

PROC SQL 输出如附表 3 所示。

附表 3　Customer Number 102

CustomerNumber	Name	Address
102	Sun N Ski	2106 Newberry Ave.

以下程序使用 SAS DATA 和 PROC 步从 CUSTOMER 表选取和打印同一行：

```
LIBNAME sports 'c:\MySASLib';
DATA sunnski;
   SET sports.customer;
   IF CustomerNumber = 102;
PROC PRINT DATA = sunnski;
   TITLE 'Customer Number 102';
RUN;
```

附表 4 是 PROC PRINT 的输出。

附表 4　Customer Number 102

Obs	CustomerNumber	Name	Address
1	102	Sun N Ski	2106 Newberry Ave.

WHERE 语句与 IF 语句　SAS 中的 WHERE 语句仿效 SQL 的 WHERE 子句，类似

于取子集的 IF 语句。然而，WHERE 语句和取子集的 IF 语句工作机制有所不同。取子集的 IF 语句仅可出现在 DATA 步中，但是 WHERE 语句可以用在 DATA 或 PROC 步中。WHERE 语句通常比取子集 IF 语句更高效，特别是通过在过程中直接取子集让你少用一个 DATA 步。在 DATA 步中使用 WHERE 语句时，SAS 在 IF 语句之前应用 WHERE 语句。这样做带来以下几方面的影响：

- WHERE 语句比取子集 IF 语句更高效，因为它避免了读取不需要的行。
- WHERE 语句仅可从现有 SAS 表中选择行。但是，IF 语句不仅可以从现有 SAS 表中选择行，还可以从被 INPUT 语句读取的原始数据文件中选择行。
- 使用 WHERE 语句时，你只能根据所读取的列的值选择行。使用取子集 IF 语句，你还可以根据在当前 DATA 步中创建的列的值选择行。
- 当两个表在 MERGE、SET 或 UPDATE 语句中合并时，WHERE 和 IF 语句可能会产生不同的结果。在 SAS 应用 WHERE 语句之后，但是在 SAS 应用 IF 语句之前发生的操作可能导致语句选择不同的行。

有关取子集 IF 语句的详细信息，请参见第 3.7 节；有关 WHERE 语句的详细信息，请参见第 4.2 节。

"WHERE=" 数据集选项与 WHERE 语句　"WHERE=" 数据集选项与 WHERE 语句类似，但是它更灵活。二者都可以用在 DATA 和 PROC 步中，但是 WHERE 语句仅影响读取的 SAS 数据集，而 "WHERE=" 数据集选项既可以应用于读取的表，也可以应用于写入的表。事实上，你可以在同一 DATA 步或 PROC 步中使用两个 "WHERE=" 选项，一个用于选择输入行，另一个用于选择输出行。有关 "WHERE=" 数据集选项的详细信息，请参见第 6.13 节。

示例　要说明 WHERE 语句和 "WHERE=" 数据集选项的工作机制，以及体现与 IF 语句的对比，以下程序使用上述这些技术完成同一功能。所有这 5 个程序都读取前面程序创建的 SAS 数据表 CUSTOMER。这些程序的目标是从现有 SAS 表中选择并打印一行。这 5 个程序的输出几乎完全相同，只是每个方法具有前述的不同优点。

DATA 步中的取子集 IF 语句　该程序使用取子集 IF 语句选择一行：

```
LIBNAME sports 'c:\MySASLib';
DATA outfitters;
   SET sports.customer;
   IF Name = 'Sports Outfitters';
PROC PRINT DATA = outfitters;
```

```
   TITLE 'Sports Outfitters';
RUN;
```

附表 5 是该程序的输出结果。

附表 5　Sports Outfitters

Obs	CustomerNumber	Name	Address
1	103	Sports Outfitters	19 Cary Way

DATA 步中的 WHERE 语句　下一个程序在 DATA 步中使用 WHERE 语句，然后通过 PROC PRINT 打印结果：

```
LIBNAME sports 'c:\MySASLib';
DATA outfitters;
   SET sports.customer;
   WHERE Name = 'Sports Outfitters';
PROC PRINT DATA = outfitters;
   TITLE 'Sports Outfitters';
RUN;
```

输出结果如附表 6 所示。

附表 6　Sports Outfitters

Obs	CustomerNumber	Name	Address
1	103	Sports Outfitters	19 Cary Way

DATA 步中的"WHERE="数据集选项　下一个程序在 DATA 步中使用"WHERE="数据集选项，然后通过 PROC PRINT 打印输出结果：

```
LIBNAME sports 'c:\MySASLib';
DATA outfitters (WHERE = (Name = 'Sports Outfitters'));
   SET sports.customer;
PROC PRINT DATA = outfitters;
   TITLE 'Sports Outfitters';
RUN;
```

输出结果如附表 7 所示。

附表 7　Sports Outfitters

Obs	CustomerNumber	Name	Address
1	103	Sports Outfitters	19 Cary Way

PROC 步中的 WHERE 语句　接下来的程序在 PROC PRINT 中直接使用 WHERE 语句：

```
LIBNAME sports 'c:\MySASLib';
PROC PRINT DATA = sports.customer;
   WHERE Name = 'Sports Outfitters';
   TITLE 'Sports Outfitters';
RUN;
```

附表 8 是输出结果。

附表 8　Sports Outfitters

Obs	CustomerNumber	Name	Address
3	103	Sports Outfitters	19 Cary Way

PROC 步中的"WHERE="数据集选项　该程序在 PROC PRINT 中使用"WHERE="数据集选项：

```
IBNAME sports 'c:\MySASLib';
PROC PRINT DATA = sports.customer (WHERE = (Name = 'Sports Outfitters'));
   TITLE 'Sports Outfitters';
RUN;
```

附表 9 是输出结果。

附表 9　Sports Outfitters

Obs	CustomerNumber	Name	Address
3	103	Sports Outfitters	19 Cary Way

请注意，前三个报表的行号（标签为 Obs）为 1，而后两个报表的行号为 3。发生这种情况是因为，前三个程序创建了只有一行的表，然后打印它。与之对比，后两个程序没有创建表，它们只读取现有表然后再搜索符合要求的行，而它恰巧是第 3 行。